U0446727

云南玉龙县九河白族乡少数民族的语言生活

The Status of Ethnic Minority Languages in Jiuhe(Bai) Township, Yulong County, Yunnan

戴庆厦　主编
余金枝　副主编

Edited by
Dai Qingxia and Yu Jinzhi

作者	戴庆厦	余金枝	闻　静
	李春风	范丽君	杨　露
	和智利	李旭芳	木粲成

Authors	Dai Qingxia	Yu Jinzhi	Wen Jing
	Li Chunfeng	Fan Lijun	Yang Lu
	He Zhili	Li Xufang	Mu Cancheng

商务印书馆
The Commercial Press

2014年·北京

图书在版编目(CIP)数据

云南玉龙县九河白族乡少数民族的语言生活/戴庆厦主编.—北京：商务印书馆，2014
(新时期中国少数民族语言使用情况研究丛书)
ISBN 978-7-100-10737-2

Ⅰ.①云… Ⅱ.①戴… Ⅲ.①少数民族—民族语—语言调查—调查研究—玉龙县 Ⅳ.①H2

中国版本图书馆 CIP 数据核字(2014)第 217872 号

所有权利保留。
未经许可，不得以任何方式使用。

本书为"云南师范大学汉藏语研究院文库"之一种。

YÚNNÁN YÙLÓNGXIÀN JIǓHÉ BÁIZÚXIĀNG SHǍOSHÙ MÍNZÚ DE YǓYÁN SHĒNGHUÓ
云南玉龙县九河白族乡少数民族的语言生活
戴庆厦　主编

商　务　印　书　馆　出　版
(北京王府井大街36号　邮政编码100710)
商　务　印　书　馆　发　行
北京市艺辉印刷有限公司印刷
ISBN 978-7-100-10737-2

2014年11月第1版　　　开本 787×1092　1/16
2014年11月北京第1次印刷　印张 20 1/2　插页 5
定价：59.00元

全体作者在九河乡

(从左至右:杨露、李春风、闻静、余金枝、戴庆厦、李旭芳、范丽君、和智利、木粲成)

目 录

第一章 绪论 …………………………………………………………………… 1
  第一节 立题缘由 …………………………………………………………… 1
  第二节 调查要求及实施手段 ……………………………………………… 2

第二章 九河乡概况 …………………………………………………………… 9
  第一节 民族和谐交融的走廊——九河乡 ………………………………… 9
  第二节 积极向上、艰苦奋斗的民族精神 ………………………………… 11
  第三节 多元共通的民族文化 ……………………………………………… 15
  第四节 互补和谐的语言生活 ……………………………………………… 18
  第五节 访谈录 ……………………………………………………………… 20

第三章 九河乡语言使用情况个案调查 …………………………………… 24
  第一节 中古村新文一组、雄古二组语言使用情况个案调查 …………… 24
  第二节 关上村梅瓦小组语言使用情况个案调查 ………………………… 50
  第三节 南高寨村彼古小组语言使用情况个案调查 ……………………… 69
  第四节 南高寨村易之古小组语言使用情况个案调查 …………………… 93
  第五节 龙应村史家坡小组语言使用情况个案调查 ……………………… 114
  第六节 九河村高登小组语言使用情况个案调查 ………………………… 144
  第七节 金普村拉普小组语言使用情况个案调查 ………………………… 167
  第八节 河源村普米族语言使用情况个案调查 …………………………… 183
  第九节 和志强一家三代人语言使用情况的变迁 ………………………… 193

第四章 九河乡少数民族母语使用现状及其成因分析 …………………… 200
  第一节 九河乡少数民族稳定使用自己的母语及其成因 ………………… 200
  第二节 青少年母语能力的新变化 ………………………………………… 215
  第三节 九河乡少数民族稳定使用自己母语的启示 ……………………… 218

第五章 九河乡少数民族兼用语现状及其成因分析 ……………………… 222

第一节　九河乡少数民族兼用语类型……………………………………………222
第二节　九河乡少数民族兼用汉语的特点及其成因……………………………226
第三节　九河乡少数民族相互兼用语言的特点及其成因………………………232

附录……………………………………………………………………………………245
　一　九河乡关上村白语音系………………………………………………………245
　二　九河乡关上村白族说普通话（中介语）的音系……………………………249
　三　九河乡关上村白族说当地汉语方言的音系…………………………………252
　四　九河乡梅瓦村白语长篇话语材料……………………………………………255
　五　九河乡南高寨村纳西语音系…………………………………………………260
　六　九河乡南高寨村纳西族说普通话（中介语）的音系………………………264
　七　九河乡南高寨村纳西族说当地汉语方言的音系……………………………267
　八　九河乡南高寨村纳西语长篇话语材料………………………………………270
　九　九河乡关上村白语和南高寨村纳西语的词汇表……………………………273
　十　照片……………………………………………………………………………311
　十一　调查日志……………………………………………………………………319

参考文献………………………………………………………………………………328
后记……………………………………………………………………………………329

Contents

Chapter I　Introduction ·· 1
　1.1　Rationale of the Research Project ··· 1
　1.2　Design of the Research Project ·· 2

Chapter II　Survey of Jiuhe Township ·· 9
　2.1　Jiuhe Township: An Ethnically Harmonious Corridor ················· 9
　2.2　Positive and Struggling National Spirit ····································· 11
　2.3　Pluralistic and Harmonious Culture ·· 15
　2.4　Language Life with Complementation and Harmony ················ 18
　2.5　Interviews ··· 20

Chapter III　Case Studies: Language Use in Jiuhe Township ················ 24
　3.1　A Case Study of Language Use in Xinwen and Xionggu Groups,
　　　Zhonggu Village ·· 24
　3.2　A Case Study of Language Use in Meiwa Group, Guanshang Village ········· 50
　3.3　A Case Study of Language Use in Bigu Group, Nangaozhai Village ·········· 69
　3.4　A Case Study of Language Use in Yizhigu Group, Nangaozhai Village ······ 93
　3.5　A Case Study of Language Use in Shijiapo Group, Longying Village ······· 114
　3.6　A Case Study of Language Use in Gaodeng Group, Jiuhe Village ··········· 144
　3.7　A Case Study of Language Use in Lapu Group, Jinpu Village ················ 167
　3.8　A Case Study of Language Use by Pumi People in Heyuan Village ········· 183
　3.9　Changes of Language Use by Three Generations of He Zhiqiang's Family ······ 193

**Chapter IV　Status Quo of Mother Tongue Used by Ethnic Minorities in Jiuhe
　　　　　　Township and Analysis of Its Contributing Factors** ············ 200
　4.1　Steady Use of Mother Tongue by Ethnic Minorities in Jiuhe Township
　　　and Its Contributing Factors ·· 200
　4.2　New Changes of Teenagers' Ability to Use Mother Tongue ··············· 215

    4.3   Revelations from Steady Use of Mother Tongue by Ethnic Minorities in Jiuhe Township ······ 218

Chapter V Status Quo of the Second or Third Language Used by Ethnic Minorities in Jiuhe Township and Analysis of Its Contributing Factors ······ 222

    5.1   Types of the Second or Third Language Used by Ethnic Minorities in Jiuhe Township ······ 222

    5.2   Features of Chinese Language Used by Ethnic Minorities in Jiuhe Township and Its Contributing Factors ······ 226

    5.3   Features of the Second or Third Language Used between Ethnic Minorities in Jiuhe Township and Its Contributing Factors ······ 232

Appendices ······ 245

   1   Phonetic System of Bai Language in Guanshang Village, Jiuhe Township ······ 245

   2   Phonetic System of Mandarin Chinese Spoken by Bai People in Guanshang Village, Jiuhe Township ······ 249

   3   Phonetic System of Local Chinese Dialect Spoken by Bai People in Guanshang Village, Jiuhe Township ······ 252

   4   Reading Passages of Bai Language in Meiwa Village, Jiuhe Township ······ 255

   5   Phonetic System of Naxi Language in Nangao Village ······ 260

   6   Phonetic System of Mandarin Chinese Spoken by Naxi People in Nangao Village, Jiuhe Township ······ 264

   7   Phonetic System of Local Chinese Dialect Spoken by Naxi People in Nangao Village, Jiuhe Township ······ 267

   8   Reading Passages of Naxi Language in Nangao Village, Jiuhe Township ······ 270

   9   Vocabulary of Bai Language and Naxi Language in Jiuhe Township ······ 273

  10   Photos ······ 311

  11   Journals of the Survey ······ 319

References ······ 328

Postscript ······ 329

第一章 绪 论

《云南玉龙县九河白族乡少数民族的语言生活》一书，是中央民族大学"985"工程语言国情系列研究项目之一。本项目由中央民族大学"985"工程语言中心和云南师范大学汉藏语研究院联合实施。在绪论这一章里，主要介绍立题缘由、调查要求及实施手段，目的是帮助读者更好地理解本书所排列的材料和所要论述的观点。

第一节 立题缘由

先从"语言国情"谈起。

语言国情是国情的一个重要内容之一。语言国情调查研究既有理论价值又有应用意义，它是社会科学研究特别是语言学研究所必不可少的。

在理论价值上，语言国情调查研究所获得的成果，能为社会科学理论的建设和丰富发展提供语言方面的信息。由于语言与其他社会人文科学存在密切的关系，所以从语言国情的特点和变化中，能够窥见与语言有关的经济、文化、教育等方面的特点。而且，语言国情的存在是有规律的，变化是有哲理性的，科学地认识其存在和变化能为社会科学理论方法的建设提供新鲜养料。对于语言学科来说，由于语言国情包括语言共时和语言历时两方面的内容，语言生活状况形成有其共时和历时的原因，因而其研究成果能够为共时语言学、历时语言学的深入研究提供新的认识。

在应用意义上，语言国情调查研究有助于国家语文方针政策的制定。一个国家的语文方针政策的制定，必须建立在对语言国情科学认识的基础上。比如，要摆好少数民族语言和通用语汉语的关系，使其和谐互补，就要对具体的语言做科学的定位。从这个意义说，语言国情调查是民族语文工作不可缺少的一个方面。

我国语言国情的调查任务繁重。因为我国是一个多民族、多语种、多文种的国家，语言国情十分复杂。少数民族语言在80种以上，少数民族文字有30多种。语言、文字的类型表现出多样性、交叉性的特点。在地域上，北方语言和南方语言不同；在人口上，人口多的民族的语言和人口少的民族的语言不同；在分布上，聚居民族语言和杂居民族语言不同，跨境语言和非跨境语言不同，等等。因此，要开展不同类型的语言国情调查研究，才能获得我国语言国情的总体认识。

六年来，中央民族大学"985"工程陆续进行了10多个少数民族语言的语言国情调查，对蒙古、藏、彝、布依、傣、哈尼、拉祜、景颇、基诺等民族的语言进行了比较细致的、深入的个案调查，取得了许多前所未有的新认识。但是还很不够，还有大量的语言国情等待我们去调查、去研究。

在当今现代化加速发展的进程中，有许多人口少的民族语言会因为经济一体化、基础教育的普及、人口的大量流动等因素而出现功能上的衰退，甚至出现濒危，这是近年来比较流行的一个观点。在一个多语兼用的少数民族地区，由于语言的兼用，人口少的弱势语言容易出现功能衰退，被强势的通用语所代替，这也是近年来比较流行的另一个观点，也是许多人所担心的语言演变结果。甚至有不少民族学家、语言学家、社会学家都认为，人类80％的语言将在21世纪消亡，并为此忧心忡忡。我国的语言现状果真也是如此吗？

云南省丽江市玉龙县九河白族自治乡是一个多民族分布的多语区。这里的少数民族主要是白族、纳西族、普米族，他们是普遍能使用多种语言的多语人。我们知道，白族、纳西族是我国少数民族中在经济、文化、教育上比较先进的民族，也是善于吸收汉民族文化的民族。在现代化进程中，他们是否面临着语言功能衰退的窘境，他们普遍兼用汉语，而且有不少人汉语水平很高，是否也会因此而专用汉语？这里的普米族人口很少，只有1286人，居于强势语言汉语和地区优势语言白语、纳西语的包围之中，他们的语言会不会走向衰退甚至走向濒危？这些带有理论价值的现实问题吸引了我们去做深入的个案调查。为此，我们确定以九河白族自治乡为研究对象，试图揭示白族、纳西族、普米族的语言使用现状，包括母语使用、兼用语使用的特点和规律，并试图解释形成目前现状的成因和条件。

2012年4月至6月，我们确定了"云南玉龙县九河乡少数民族的语言生活"的课题。在北京、昆明进行先期准备工作，包括搜集有关这方面的文献资料，物色课题组成员，确定调查方案，计划经费开支等。7月初在京正式召开课题组第一次会议，对课题调查的任务及分工进行布置。8月3号，课题组成员分别由北京、昆明出发到达丽江。8月4号，全体成员到达九河乡乡政府驻地并住在白汉场，调查工作正式拉开帷幕。

第二节　调查要求及实施手段

根据以往语言调查经验和当地的具体情况，课题组力求对九河乡各民族语言的使用情况和类型进行全面、客观地描写记录，并进行必要的理论归纳。其调查要求及实施方案是：

一、总体要求：坚持第一线的田野调查，以获取大量第一手资料为主要目的

语言生活存在于群众的每日每时的生活之中，所以要获取语言生活的真知灼见，必须到群众中去做第一线的田野调查，一点一滴搜集资料，获取感性知识，并进一步提升为理性知识。为此，课题组特别强调课题组成员必须进寨入户，到寨子中亲眼看一看群众是怎么生活的，怎么使用语言的。亲眼看一看、亲耳听一听就会获得比较贴近事实的认识。反对道听途说获取不真实的语料。

比如,我们到了金普村拉普普米寨后,课题组成员们立即奔赴各家各户进行访谈和各户语言状况的记录。大家看到:普米人都会用熟练的汉语方言与我们交谈,甚至许多人还说一口流利的普通话;当他们见到纳西族时,又转用纳西语。几种语言转换自如。我们采访村长张怀军,当问到普米语的前途命运时,他很有自信地告诉我们普米语不会消失,至少三五代人还会使用普米语。我们从他斩钉截铁的回答中感受到普米语的生存力量。这种感觉只有在实地调查中才能体会到。

又如,我们在彼古村看到许多纳西人不仅汉语说得好,而且能够写上一手好毛笔字。在面对面的交谈中,他们抒发了对自己民族语言文化的热爱,还表达了对汉族传统文化的浓厚兴趣。这帮助我们体会到为什么纳西人既会说自己的母语又能兼用汉语的内在力量。

我们为了加深对语言状况的了解,要求详细记录每户每个成员的语言状况,包括母语、兼用语的使用水平和习得顺序,然后在这个基础上进行分类统计,确定百分比,从中看出语言使用在不同年龄段、不同性别、不同文化程度中的具体差异,并进一步归纳多语关系的特点。

例如关于语言的习得途径,过去在认识上是模糊的,通过入寨调查和访谈,我们明确了这一地区少数民族兼用语的习得条件,主要有两种:一种是自然习得,也就是通过自己的家庭生活、同学间的交谈以及在社交场合逐渐学会的;另一种是人为的习得途径,就是要通过学校教育来学习汉语,还有就是家中刻意地教他们学习汉语。这两种不同的途径学习效果不完全一样。

通过一线调查,我们对这里的少数民族的特点有了进一步的认识。比如,我们清楚地看到九河乡的白族、纳西、普米族都非常重视教育,父母再困难也要供孩子读书,九年义务教育在这里已经生根发芽。我们见到拉普村墙上写着一句醒目的标语"家事国事天下事,办好教育是大事",是该地重视教育的一个写照。

总之,第一线的田野调查是形成认识的基础。我们坚持用语言事实说话,认为事实是第一性的,由事实形成的观点是第二性的。在语言国情调查的全过程中,我们防止用空泛的理论或道听途说的感想来代替生动活泼的语言事实。大家体会到下功夫做田野调查是最辛苦的事,但又是能够获取真知的最有效途径,每次下寨回来的课题组成员都会带着一种丰收的喜悦。

二、多学科综合考察是语言国情调查的基本方法

语言国情调查虽然主要属于语言学范畴,但与其他学科却存在密切的联系。因为语言是一种社会现象,它与地理分布、文化习俗、民族关系、宗教习惯等各种因素密切相关。所以,做语言国情调查,要顾及与这个民族生存与发展有关的方方面面。

为此,我们一进入九河乡,就向乡里的领导和有关职能部门提出采集民族分布表和人口统计数据的请求,请他们介绍九河乡少数民族的经济、文化、教育状况。九河乡的民族分布呈南北纵向型,北部靠近纳西族聚居区,越往南越与剑川白族接近,所以他们的语言关系、语言分布、语言能力的特点与民族分布密切相关。不了解民族分布状况,许多现象就得不到合理的解释。

语言是文化的一部分,其使用受其他文化,如民族规约、民族宗教、历史文化传说、婚姻家庭等的制约。母语的保留与衰退,往往与文化的变迁同步。九河乡的纳西族、白族较好地保留了自己母语,与这两个民族传统文化的积淀有着密不可分的关系。

总之,必须明确语言国情调查的使用方法是多学科综合法,即以语言学为主,吸取民族学、人类学、文化学、统计学等有关的知识和方法。但还必须明确语言国情调查中的其他学科的调查是为语言国情调查服务的,是为了解释语言国情的变异和演变,否则就会变成单纯的民族学、社会学调查。也就是说,语言国情调查中的民族学、人类学、文化学的调查有自己的特点,不同于民族学、社会学的调查。

三、调查实施的手段

1. 选点是先期工作的重要环节

选点,这是做好国情调查的重要环节之一。由于一个民族或一个地区的人群分布辽阔,不可能对所有人都进行撒网似的调查,而是要从中选出一些有代表性的点进行调查。这就决定了选点的重要性,点选好了就能通过少量的一些点看到整体的特点。

九河乡的民族分布大体上呈以下几种类型:一是单一民族为主的聚居区。如高登组是以白族为主的聚居区,白族占该村的91.3%;彼古组是纳西族的聚居区,纳西族占该村的95%;易之古是白族的聚居区,白族占该村的90%。二是两个或两个以上的民族聚居区。如:梅瓦村以纳西族和白族为主,纳西族占该村的59.39%,白族占36.24%。

我们共选了7个点作为重点调查的个案。其中有:1. 中古村雄古二组和新文一组(纳西族为主);2. 关上村梅瓦村组(纳西和白族为主);3. 南高寨村彼古村组(纳西族为主);4. 南高寨村易之古小村组(白族为主);5. 九河村高登村组(白族为主);6. 龙应村史家坡村组(白族为主);7. 金普村拉普村组(普米族为主)。

2. 重视采用人物访谈法

选取有代表性的人物进行面对面的访谈,能够直接获得许多真实的、活生生的信息。被访者进入被调查的角色后,都会知无不言地把自己的观点、看法亮出来,我们能够从中提取有价值的"亮点"。通过具体人物访谈获取的各种情况、各种认识,具有文献价值。所以,人物访谈法是国情调查的一个必不可少的方法。

采访任何一个人,首先要重视的就是必须取得对方的信任和好感。特别是调查语言关系,做不到这一点,你就很难采访到真实的、有价值的材料。在采访时,课题组成员必须像知心朋友似的,与采访对象交谈,尊重他、理解他。

采访中,每一句问话的意思,都应当是非常明确的,能让被访者容易理解。在问卷的设计上,要让被访者一下就明白你要听的是什么。态度要热情,使两个人的交流自由放松。

人物访谈法应依据不同人的身份而不同。领导人物、普通村民、知识分子、企业家各有不同的提问内容。但一般都应包括以下几个内容:询问本人的经历;家庭情况;语言使用情况;本人对母语和兼用语的态度;当地的民族关系和语言关系;村寨的历史变迁以及经济文化情况等等。

3. 细心、敏锐的观察法

语言现象是复杂的,有表面和深层之分,甚至还会有假象和真相之分。对语言功能的认识,同一社群的人们往往会存在不同的认识。所以调查者在面对各种不同的现象和不同的认识时,必须通过现象的比较分析,获取能够反映语言本质规律的认识。

为此,我们课题组一直强调必须深入到使用语言的人群中去观察、采集第一手鲜活的语料。要深入群众的语言生活,细心观察语言和谐的表现。特别是语言活力,总是在使用现场中才得到真实的反映。除了访问、聊天外,课题组还要具体观察群众的语言生活。语言关系总是在有人群的日常生活中得以体现,所以课题组在有人群交往的地方,尽可能地靠近他们,仔细观察他们是如何使用语言的。

在田野调查中,对语料的收集应当具有高度的敏锐性,不要让鲜活的语言现象不经意地在面前滑过。

4. 及时总结经验,修改调查方案

语言国情调查是一个新课题,前人没有给我们留下系统的调查经验。所以,在调查方案的实施中,要及时总结经验,不断修改调查方案,使调查设计更贴近语言实际。

比如选点,开始时我们并没有重视对金普村的选择,因为金普村离我们驻地较远,而且听说居住分散,但后来我们逐渐了解到这个点普米人的语言很有特点,于是就增加了一个个案。果然,经过第一线的调查,我们了解到许多普米族语言使用特点,这些特点与白族、纳西族语言使用情况不同。

为了交流田野调查的经验和问题,课题组几乎每天晚上都要开一次碰头会,交流调查心得,商讨、解决存在的问题。在碰头会议上,大家把自己调查中的体会讲出来与其他成员共享。每个成员都认真地记笔记,不放过任何一个闪光点。

在调查过程中,不可避免地要修改、完善调查方案,使调查更符合客观实际。

5. 分工明确,树立合作的风气

为了完成课题的总任务,课题组的工作总是按"一盘棋"的思想来设计如何分工、如何合作。具体是:

下寨调查,大多是全体出动,共同完成一个寨的基本情况、语言能力的测试和访谈等方面的调查。但每个个案调查都分配一个人负责搜集全村调查材料,统一进行统计,并写出调查报告。

全书的专论部分,如母语使用特点及其成因,兼用语特点及其成因等都规定专人负责,提前搜集资料。

分工明确有个好处,就是每个人都知道自己要搜集哪些材料,思考哪些问题,每次下寨做田野调查时,就像吸铁石一样吸取自己所需要的材料,并应用相关的观点。

6. 明确规定课题任务基本完成、写出初稿后才"撤兵",不留尾巴

田野调查重在获取第一手材料。这些材料获取后必须在当地"趁热打铁",及时进行理论归纳,落实到初步的文字中。如果不在当地完成,以后遇到问题就难以解决。所以,最好的办法是在当地完成初稿,不留尾巴,即便大家辛苦一点也是值得的。

四、语言能力的评判标准

1. 关于语言能力等级的划分

语言国情调查的一个重要任务是要掌握居民的语言能力。语言能力的评判要有一个统一的、量化的标准,不能是各有各的标准。所以,在调查之前,要制定好供大家共同遵守的语言能力等级划分的标准。

根据九河乡的具体情况,我们将语言能力等级划分为熟练、略懂、不会三个等级。三个等级的具体标准是:

(1) 熟练:听、说能力俱佳;日常生活中能够自如地运用并进行交际。

(2) 略懂:听、说能力均为一般或较差,或听的能力较强,说的能力较差。

(3) 不会:听、说能力均较为低下或完全不懂;已转用兼用语。

按照这个标准,我们对 10 个点[①]的 510 户、2073 名村民中的 6 岁以上具有正常语言能力的人员进行了穷尽式调查。

由于这里是多语区,每个人都掌握至少两种以上的语言,所以我们在语言测试中,除了母语能力外,还对兼用语的语言能力进行测试。兼用语有第一兼用语、第二兼用语和第三兼用语之分。兼用语习得大多数是有先后顺序的,但有一些青少年或由于族际婚姻家庭的原因,或由于语言习得的外部环境,会存在两种兼用语不分先后同时习得的情况。遇到这种情况,我们将其并列一起,不分先后。

---

① 实际调查 11 个点。这 11 个调查点是:中古村的新文一组、雄古二组,关上村的梅瓦小组,南高寨村的易之古小组和彼古小组,九河村的高登小组,龙应村的史家坡小组,金普村的拉普小组,河源村的河源小组、桥地坪小组、小栗坪社。河源小组是汉族聚居寨,只做了情况了解,没有人口及相关数据统计。书内只对其余 10 个点的语言使用情况进行数据统计。

2. 关于"四百词测试表"的制定

为了能够在较短时间获得被调查者的语言能力,我们设计了"四百词测试表"进行测试。所谓"四百词测试表"是指这些民族的语言中,最常用的一些基本词。通过它的测试,能够掌握被调查者水平的词汇能力。四百词中大部分是最常用的,但也有一些是平时不太用的。也就是说有一定难度的。

由于白、纳西、普米三个民族长期居住在一起,生活条件和社会环境大致相同。所以我们在对这三个不同民族的词汇测试中使用统一的"四百词测试表"。

为了便于测试,四百词都用白语、纳西语的国际音标音,汉语注释。由于普米族普遍会纳西语,所以使用纳西语注释的测试表进行测试。选词的标准以常用词为主,但也收录少量难度较大的词。四百词的类别有:

自然现象类的如"天、太阳、月亮、星星、风、雨、雪、雹子、霜、露水"等;

身体部位类的如"头、头发、辫子、额头、眼睛、鼻子、耳朵、腮、胡子、下巴、脖子、肩膀、脚、手、手指、指甲"等;

人物称谓类的如"男人、妇女、成年人、小孩儿、姑娘、士兵、乞丐、贼、瞎子、聋子、哑巴、主人、客人"等;

动物类的如"牛、黄牛、牦牛、马、绵羊、驴、猪、狗、猫、鸡冠、翅膀、鸭子、猴子、象、熊、野猪、老鹰、麻雀"等;

植物类的如"树、树枝、叶子、花、水果、柳树、松树、竹子、芭蕉、甘蔗、水稻、辣椒、黄豆、花生、蘑菇"等;

饮食类的如"米饭、粥、蛋、酒、茶、药"等;

衣着类的如"线、布、衣服、扣子、裤子、帽子"等;

工具类的如"刀、碗、筷子、针、锄头"等;

数量词类的如"一、二、三、七、八、九、百、个(人)、个(碗)、个(蛋)、条(河)"等;

代词类的如"我、你、他、这、那"等;

方位词类的如"旁边、左边、前边"等;

时间类的如"今天、明天、昨天、从前、晚上"等;

形容词类的如"高、大、长、短、远、近、厚、多、黑、白、红、黄"等;

动词类的如"包(药)、编(辫子)、踩、炒、吃、舂、穿(衣)、打(人)、点(火)、叠(被)、饿、飞、缝、给、关、害羞、害怕、看、看见"等。

有些青少年不很熟悉的词,如"锈、腰带、编(辫子)、蚂蟥、池塘、草木灰"等也收入,便于拉开语言能力的差异。

不收现代的汉语借词。因为这一时期汉语已大量进入,这些词难以反映母语的水平。

3. 四百词测试的标准

对四百词掌握的水平应当有一个统一标准。我们将词的掌握能力分为四级：A、B、C、D。

A级：能脱口而出的；

B级：需想一想才说出的；

C级：经测试人提示后方能想起的；

D级：经提示仍想不起来的。

四百词测试中"综合评分"定为优秀、良好、一般、差四级。具体是：

(1)"优秀"级：A级和B级相加的词汇达到350个以上的，即能较好地掌握母语。

(2)"良好"级：A级和B级相加的词汇在280～349个之间的，即基本掌握母语。

(3)"一般"级：A级和B级相加的词汇在240～279个之间的，即母语使用能力出现轻度衰退。

(4)"差"级：A级和B级相加的词汇在240个以下的，即母语使用能力出现较严重衰退。

4. 关于调查对象的选择和语言能力年龄段的划分

语言调查，就应该以具有完全语言能力的人为调查对象，即该对象具有较成熟的听说能力。不同年龄段的语言能力存在差异。一个调查点语言能力的判断要通过不同年龄段的统计来获得。依据九河乡的特点将年龄段划分为四段：少年段，6岁至19岁；青壮年段，20岁至39岁；中年段，40岁至59岁；老年段，60岁以上。由于6岁以下儿童的语言能力不甚稳定，所以不在测试之列。

五、本次调查的三个阶段

(一) 材料准备阶段(2012年4月～7月)。在北京做立题申请，选择确定课题组成员，搜集相关文献资料，制定调查词表和调查问卷，设计调查方案和经费预算，课题组成员的初步培训。

(二) 田野调查、完成初稿阶段(2012年8月3日～8月26日)。课题组进入调查点，按计划进行调查，广泛搜集第一手原始材料。并在调查过程中逐步按全书的提纲完成初稿。

(三) 统稿成书阶段(2012年9月1日～9月30日)。统一体例；对注释、图表、标点符号等加以规范；设计封面。10月1日送交商务印书馆。

第二章 九河乡概况

第一节 民族和谐交融的走廊——九河乡

玉龙纳西族自治县是我国唯一的纳西族自治县,该县成立于2003年4月。2003年4月以前的丽江为"丽江地区",下辖丽江纳西族自治县、永胜县、华坪县、宁蒗彝族自治县四县。2003年4月,"丽江地区"撤地划市,改称为"丽江市",并将丽江纳西族自治县分为一区一县(古城区及玉龙纳西族自治县),保留原有的永胜、华坪、宁蒗县。现玉龙纳西族自治县是原丽江纳西族自治县的延续。

玉龙纳西族自治县位于云南省西北部,地处东经99°23′~100°32′、北纬26°~27°64′之间。东与丽江市古城区接壤,西邻迪庆藏族自治州维西县,南与大理白族自治州剑川县相连,北与迪庆藏族自治州香格里拉县相望。

全县共辖18个乡镇,100个村委会,913个村民小组,共209170人。幅员面积6392.6平方公里。居住着纳西、白、藏、汉、彝族、傈僳、普米、苗等9个民族。其中纳西族人口11.85万人,占人口总数的56%。县境内有三个民族乡:九河白族乡、黎明傈僳族乡、石头白族乡。

九河白族乡位于玉龙纳西族自治县东南部,乡政府驻地距离县城50公里。地处"三县三乡"结合部,南与大理白族自治州剑川县交界,东与玉龙县太安乡红麦村相连,西北与玉龙县石头乡、石鼓镇接壤,北同迪庆藏族自治州香格里拉县隔金沙江相望。214国道穿境而过,长达32.25公里。

全乡辖10个村(居)民委员会,81个村(居)民小组。共7372户,26969人。境内有白族、纳西族、普米族、傈僳族、藏族、汉族6个世居民族。其中,白族14300人,占总人口的53.02%。纳西族10185人,占人口总数的37.77%。其他民族2484人,占9.21%。纳西族和白族主要聚居在214国道两旁的村落,普米族主要居住在依老君山山脉而建的金普村委会,傈僳族分布在河源煤矿所在地的河源村委会。

全乡土地面积为358.7平方公里,是南北走向的山间坝子。地势北高南低,东西及中间低凹,呈阶梯形展开。最高海拔4207米,最低海拔2090米。属西部季风气候,受金沙江河谷与玉龙雪山干湿气候影响,全年季节性气候差异明显。机关驻地白汉场年均气温15℃,年降水量450毫米。旱季、雨季分明。每年5月至10月为雨季,其中7月降雨量最大,11月至次年4月为旱季。冬季昼夜温差达10℃以上,雨量、气温均伴随海拔的变化而变化,是典型的垂直气候。全乡太阳辐射较强,3月至5月最烈。坝区西部受日照时间较长,年均在2500小时以上。主要自然灾害是霜冻、洪涝、泥石流、冰雹等。

九河乡自然资源丰富。作为"三江并流"老君山核心区的腹地之一,九河乡蕴藏丰富的矿产资源、森林资源及水利资源。乡境内的矿产资源主要有:煤矿、铅矿、蜂窝煤、石灰石、五花石、青花石、黑石等。全乡森林资源集中在老君山风景区。凭借垂直分布气候的有利条件,老君山植物分布十分广泛。生长着云南松、红豆杉、云杉、冷杉、椴木、栎树、高山杜鹃等国家重点保护的珍贵林木。老君山茂密的原始森林,成为滇西北动物最集中的地方。为滇金丝猴、狗熊、野猪、穿山甲、云豹、猕猴、岩羊、斑羚羊、朱雀、藏马鸡、杜鹃、画眉等各类野生动物提供了绝佳的生存环境。老君山药材资源在省内外享有盛誉。灵芝、人参、天麻、雪莲、木香、茯苓、当归、雪茶、虫草等药材品质极佳。松茸、牛肝菌、羊肚菌、鸡枞等菌类产量丰富,每年夏季给乡内民众带来了季节性的经济繁荣。当地群众结合山区、半山区的地理优势,将核桃、花椒、楸木等林木种植业形成区域性种植规模。乡内的主要水系属于澜沧江流域的澜沧江水系,包含中和木瓜菁水系、甸头核桃菁水系、白汉场水库地下水系。人工库塘水利设施有白汉场、大栗树、杜吾、龙应、中和、彼古六个大中型调节水库,保障了85%的农田有效灌溉面积和农业生产用水。全乡坝区稻田蓄水期及谷物成熟期周期相同的特征,给稻田养鱼提供了生产养殖的条件。稻田鱼成为乡里的名特产品,同时成为当地渔业支柱产业。

全乡基础设施完善。有1个卫生院,10个村级卫生室。乡境内的集市共6个:白汉场三角地天天街、星期二杜吴街、星期三九河街、星期四河源街、星期五中和街、星期六高寨街。乡级中学1所,小学41所,幼儿园2所。从机关所在地到各村委会的道路已经修通,到达山区金普的弹石路已经修缮完毕。

近60年来,九河白族乡在各方面都有了巨大的变化。2011年,全乡经济总收入为9860.76万元,农民人均纯收入为3913元;粮食总产达10820万吨,农民人均有粮429公斤。全乡35个村组695户共种植烤烟7420亩,收购烟叶20319.65担,实现产值1711.68万元;劳务输出5247人,收入3448.2万元。开展交通水利设施、人畜饮水工程、产业结构的改造,以及移民安置、大丽(大理丽江)高速公路等项目建设。

丽江纳西、白、汉等民族交流的格局初步形成于唐宋时期。元、明、清以来各民族的融合渗透,形成了丽江现今的格局。九河乡历史悠久,境内民族众多,各民族的分布构成了"大分散、小聚居"的格局。长期以来,各民族在文化、风俗、习惯等方面求同存异,形成了全乡和谐共荣的民族关系。据史料记载,唐、宋、明时期九河在行政上一直隶属于剑川施浪诏。由于九河位于古南诏、土蕃王朝、纳西部落为主的载栖郡大三角结合部,处于滇蕃两大封建土司势力与纳西王国的前沿要塞,是藏区贸易通往文明交易区的必经之地。明代称"久和",清代称"九和",民国后称"九河"。1819年清时期的丽江总督张瑞将九河从大理管辖划归丽江管辖。2003年,丽江撤地设市后,九河变更为玉龙纳西族自治县九河白族乡。

各民族平等互助,在固守本民族文化根源的同时,不断吸纳周边民族的文化。我们课题组的调查期正值全乡一年一度的"会亲节"(也称"羊日节")。乡内白族、纳西族的村子分别在农历六月十八至六月二十八日之间,宴请三亲六眷和朋友们到家中做客,杀羊宰牛,整个九河沉浸在一片农忙落幕、享受收获的欢乐气氛之中。普米族也是九河乡的世居民族之一,主要居住在九河坝西部老君山脉的金普村委会。多民族间的互通婚姻造就了他们别具一格的祭祀方式。金普的普米族人在祭祖之时,首先由家中长者用普米语唱诵首遍祭词;若有他民族的家庭成员(如上门女婿或媳妇儿),再由他们使用自己民族的语言将同样内容的祭词重复一遍。

乡内各民族文化和谐交融,共同谱写了平等互助、团结共荣的新乐章。如今,由于族际通婚频繁,各家各户不再由单一的民族构成。九河白族妇女的服饰不同于其他白族地区,它是白、纳西两族文化交汇的真实写照。这里的白族妇女同时备有两块式样不同的羊皮:一块是与大理相同,保留头尾的羊皮,用作劳动时垫背防寒;另一块则是纳西族传统服装中的七星羊皮,白族妇女们在赶集、做客、节庆、祭祀之时将它换上,作为正式场合使用的"礼服"。

第二节 积极向上、艰苦奋斗的民族精神

九河乡地处并不富裕、并不发达的地区,但是在经济的发展和文化教育建设方面,九河乡白族、纳西族等民族一直居于前列。之所以如此,靠的是他们积极向上的民族精神。这里的白、纳西、汉等民族,敢于面对现实,积极进取,不断完善和发展自己。这种积极向上的民族精神,是九河乡最宝贵的精神财富。

一、九河乡的经济发展蒸蒸日上

九河乡幅员面积358.7平方公里,耕地面积35770亩,人均1.3亩,是传统的农业大乡。多年来,九河乡形成了以传统农业为主、新型产业为辅的发展模式。这能够有效利用乡里的水土、气候资源,发挥人力资源优势,对经济迅速发展起着很好的促进作用。

乡内传统种植业能够因地制宜,发挥资源优势。坝区主要种植水稻、玉米、小麦等粮食作物以及烤烟等经济作物。山区大多种植土豆、大豆和玉米等粮食作物,经济作物主要是药材、核桃等。境内种植量较大的药材有玛咖、续断、附子、木香和桔梗等。

乡内养殖业发展势头良好,并呈规模化的趋势。坝区农户主要养殖猪、鸡、鹅、鱼等,山区则放养有牛、羊。部分村民扩大了养殖规模,如易之古小组的杨亚兵办起了机械化的养猪场。甸头村有村民办起了养鸡场,饲养珍珠鸡和野雉鸡共1200只。此外,稻田鱼是九河乡最主要的水产养殖方式,稻田中的鱼儿鲜嫩肥美,在市场上颇受欢迎。

九河乡自然性水资源缺乏,正采取措施加以改善。九河白族乡以坝区为主,季节干湿分明。旱季雨水稀少,境内没有大江大河等充沛水源流经,农业用水主要通过七八月份境内水库中雨季的地表蓄水进行供给,自然性水资源缺乏较为突出。辖区内有2个小一型水库、11个

小二型水库、33个塘坝,共计满库容为700万方。绝大部分水库、塘坝都没有固定的水源补水,只靠蓄积自然降雨。加上很多水库年久失修,渗漏严重,严重影响了人畜饮水及农业生产。为解决水利问题,九河乡采取了两种办法:一是完善境内的水库,进行除淤加工、防渗处理。现九河乡已完成7个水库的修缮,其中包括1个小一型水库、6个小二型水库。二是打造适合本土乡情的经济发展模式。如进行水田改旱,并种植需水量较小的蔬菜、玉米和烤烟等。

九河乡的交通状况在近年得到了极大改善。贯穿全乡的214国道是九河乡最重要的运输干线。乡政府所在地白汉场曾是通往丽江、昆明、香格里拉的重要交通枢纽。交通状况的发展和完善,往往能够带动一个地区的经济发展。214国道给九河乡带来了今日的繁华,丽大高速公路的开通,又将为九河的发展注入新的活力。此外,村道改善也是九河乡的一项重要举措。目前乡内坝区已经实现村道硬化,做到了村村通车,山区和半山区,也已筑有弹石路。我们课题组即便到非常偏僻的山寨调查,也都能坐上汽车在柏油路或弹石路上顺利行进。

俗话说,靠山吃山。九河乡东靠铁甲山脉,西倚老君山脉,有着丰富的森林资源和物产资源。除了丰富的植被以外,每年的6—8月份,还是野生菌的生长时间。山中除了常见的野生菌外,还有松茸、鸡枞和牛肝菌等珍贵而罕见的菌类。这几个月也成为乡民最繁忙的季节,他们每天早早起床,在山间搜寻野生菌。野生菌特别是松茸等少见的菌类,在城市里颇受欢迎。因此,村民除了自己食用外,还可以拿去出售。为此,乡里还特意设了野生菌收购和加工点,成为村民的又一个经济来源。

在取得经济效益的同时,九河乡更重视资源的合理开发利用和生态环境的保护。以前山区的村民常常违规砍伐林木用作取暖和贩卖,对生态环境造成了很大的影响。近年来,乡里发挥山区的地理环境优势,大力推广药材种植,带动村民走上科学致富的道路。九河乡还充分利用这里的光照优势,在山区推广太阳能代替柴火取暖,以保护当地的森林资源,保持生态平衡。

近几年,在传统农业的基础上,九河乡重点发展三大产业,即万亩烤烟、万头生猪、万亩蔬菜基地。目前,烤烟种植已达15000亩。2013年,烤烟面积将继续扩大,犁田、覆垄以及编烟将实现机械化,烤炉将逐步配备太阳能代替煤炭。万头生猪基地正在启动阶段,前景看好。2011年起,九河乡开始着手发展蔬菜产业。目前共建成并出产的蔬菜生产示范基地有2个,分别是九鑫和源龙。两个基地现已在丽江市打开了市场,其蔬菜产品在象山市场、忠义市场等地方都颇受顾客青睐。

九河乡为各地的发展提供了大量的劳务人员。近年旅游业发展态势良好,可以容纳更多各行各业的从业人员。九河乡具有人力资源优势,离城近,加上九河乡会木匠、泥水匠的人多,因此劳务输出成为九河乡重要的经济来源之一。外出打工的人,主要从事服务业、手工业等。据调查,九河乡平均每户有1到2人外出打工,大多集中在丽江县城,少数远至广东、毛里求斯。

在祖辈的熏染下,勤劳的九河人深知土地对农家人的重要性。因此,虽然几乎每家每户都有人力在外务工,但乡里的田地并没有因此闲置而荒废。近几年来,逐渐有村民承包土地种植烤烟、药材,并雇佣周边村子里的闲余劳力。这些规模化的种植方式,不仅实现了机械化操作,也解决了乡里的剩余劳力,为传统农业转型提供了借鉴。

九河人积极向上的民族精神成就了一批有创新开拓精神的民族企业家。他们除了个人致富外,还带领村寨的村民一起走向小康致富的道路。如梅瓦村的杨志华一家在214国道旁建成了一个空心砖厂,同时借助交通优势,在空心砖厂旁又开了一个汽车加水站和小卖店。拉普村的张怀军借助山地优势种植山嵛菜,规模达200亩。2012年,易之古村的杨亚兵承包村里的土地种植烤烟达260亩,预计一年会请4000多个工时,共支出工资30万元。雄古三组的村民和建华则开办了一个煤厂,一个石子厂和一个饭店。这些企业家为乡民树立了优秀的典范,为经济、社会发展和环境保护带来效益的同时,也在留守妇女和弱势群众就业方面发挥重要作用。

九河乡人多地少,土地贫瘠,资源匮乏,产业模式相对单一,泥石流、干旱、冰雹等自然灾害频繁。自我们入住九河乡以来,已经多次听说此地遭受冰雹。冰雹对于农作物特别是烤烟的危害非常大,烤烟遭受冰雹以后,基本上便不能烤了,因此种烤烟的农民损失惨重。面对这些艰难困苦,九河乡民并不气馁。人均土地少,村民便科学规划,合理利用有限的土地,努力创造出最多的财富。当地政府也积极进行产业规划、提高防灾救灾能力,帮助农民走上致富的道路。有这样积极向上、艰苦奋斗的民族精神,九河乡的明天会更美好。

二、九河人根深蒂固的尊师重教传统

九河乡历来有重视教育的传统。九河由于处于素有"文献名邦"的剑川边缘,受其影响,自古以来皆是文化交流的汇集地。在九河乡的教育历史上,民间教育极为普遍,主要以私塾为载体。明朝开始,官学、书院、府学等层出不穷,出现了以尊孔重教为核心的"文昌阁"、"魁星楼"等。新中国成立以后,九河在中和村本主庙的基础上,成立了国立高等完小,培养出了一批对革命有用的人才。

新中国成立后,九河乡的教育得到了进一步发展。现10个村民委员会村村都设立了小学教学点。现全乡共1所中学(九河中学),11所完小,2所幼儿园(龙应幼儿园和九河蓝天幼儿园)。教学点已辐射全乡10个村民委员会。据统计,2012年全乡在职教职工241人,在校学生2666人。九河中学校园占地面积47亩,建筑面积8881平方米。近年来,九河乡政府不断加大对教育的投入,改善办学条件,进一步完善教学设施,以便为学生创设良好的学习环境。至2011年,各中小学已完成了实验仪器配备,中学已配有多媒体教室。

龙应幼儿园和蓝天幼儿园是响应玉龙县政府鼓励、提倡村民个人创办幼儿园的号召而建立的。现为民办公助幼儿园,即在民办的基础上,由政府给予一定补贴。两个幼儿园的建立,使部分学前儿童得以入园接受教育。这不仅解放了家里的老人,也能提高孩子的交流能力、让孩子提早适应集体环境并养成良好的生活习惯,为入小学做好准备。自2007年全面铺开九年义务教育以来,适龄儿童已能100%按时入学,初中已经实现100%入学率,各学校已经实现了

"两免一补"政策。

值得一提的是,九河乡龙应幼儿园重视乡土教材的开发。教师们利用九河乡得天独厚的民族文化资源,收集白族、纳西族童谣、儿歌进行教授,将汉族诗歌进行翻译并教学,还利用音像教材教授民族舞蹈。8月10日,我们课题组部分人员来到龙应幼儿园,与孩子们度过了一个愉快的下午。在幼儿园,孩子们得意地将老师教他们做的民族手工饰品展示给我们看,并且用清脆而响亮的声音给我们朗诵起了白族童谣和儿歌,之后又用汉语熟练地背起了《三字经》。将乡土文化风情纳入幼儿教学中,目的在于让孩子了解自己的家乡,增强民族自豪感,让孩子有保护和传承民族文化的意识。

九河乡钟灵毓秀的山水养育了一代又一代勤劳朴实的乡民。其优秀的传统文化和良好的教育环境,更铸就了孩子们勤奋好学、吃苦耐劳的精神。11所完小之一的龙应完小至今已有102年的历史,为国家和地方的建设发展培养了许多杰出的人才。2012年,九河中学一共有332人参加了中考,升学率达70%,其中有57人上了重点线。不能直接升入高中的学生,也会选择读职高、民族中专、卫校或技校,通过这些途径来拓展自己的知识面与专业能力。此外,2012年参加高考的学子们捷报频传,现已有54人拿到了本科录取通知书。其中,2012年玉龙县高考文科状元杨秀峰,便是来自九河乡的白族小伙子,现已被武汉大学录取。

九河乡自古以重视教育著称。虽时代变迁,但乡民们重视教育的传统并没有改变。他们深知,唯有知识能够让一个人得到富足,也唯有知识能够改变一代人的命运。因此,无论多艰难,都不能动摇他们把孩子送进学校的决心,无论多困苦,也不会阻挡孩子们迈向美好明天的脚步。这种好学重教的氛围笼罩着九河乡的每一个村落。8月13日上午,我们来到关上梅瓦村,这是一个比较贫困的村子。村民杨灿发今年42岁,妻子44岁,这一对平凡的农民夫妻负担着一双儿女读书的所有费用。今年,儿子刚刚考上了大学,女儿也该上高二了。杨灿发刚刚从外地打工回来,一脸疲惫,他妻子正在往手上贴膏药——她在做农活的时候弄伤了手。他们懂事乖巧的女儿阿江告诉我们,她爸爸很少在家,基本都在昆明、大理打工供他们读书,这几天回来是因为哥哥考上了大学,所以他们才得以见到父亲一面。如此艰难的环境并没有压垮全家人,却赋予了他们改变现实和命运的信念,而且他们坚信只有读书才能够达成这种信念。8月16日,我们课题组来到金普,这是一个处于高寒山区的村子,自然环境更为艰苦。可是一进村,墙上"家事国事天下事,唯有教育是大事"的宣传标语便深深地打动了我们。村长很自豪地告诉我们今年他儿子也考上了大学,在他看来,这是多少财富都比不上的。除此之外,龙应完小所在的龙应村委会因具有重视教育优秀传统,曾获得玉龙县"尊师重教"荣誉称号。

除了乡民对教育怀着虔诚之心,还有更多人为九河乡的教育事业做着贡献。他们有的是从九河乡走出去的成功人士,返回故乡尽反哺之情,有的是素不相识却慷慨解囊的公司和企业。龙应完小、河源完小、九河中学等学校都曾受过资助,用来完善教学设备或资助贫困学生。这些爱心与帮助,不仅解决了一些当地中小学面临的难题,也让每个人都更加深信九河乡的教育前景更加辉煌。

第三节　多元共通的民族文化

九河乡除了世居的白、纳西、汉、普米等民族之外,还有傈僳、彝、藏等各个从他乡迁徙而来的民族。在长期的生产生活中,他们运用自己的勤劳与智慧创造了绚丽多彩的民族文化。各民族在频繁不断的相互交往之间,分享着共同的历史记忆,吸收了彼此文化中的特点。多元共通的民族文化构成了一幅浓墨重彩的人文画卷。

一、白、纳西血脉相连

白族与纳西族是九河乡境内两个人口最多的民族。在纳西族讲述世界起源的东巴经典《崇般图》之中,就有两个民族是同父异母之兄弟的传说。他们在建筑、服饰方面有高度的一致性。九河的纳西民居与白族一样采用了青瓦白墙的"三坊一照壁,四合五天井"建筑模式。两民族参差错落的考究民居或是掩映在葱郁的林间,或是矗立在阡陌交通的田坝之中,与周边的自然生态和谐共融,浑然天成,营造出一个"晴看稚子牵黄犊,夕听邻翁呼白鸡"的宁静世界。九河乡人民武装部的杨部长告诉我们,这里的白族和纳西族都十分注重自己的住房建设,并且愿意把积攒所得的绝大部分投入其中,家家户户都以能起上一栋漂亮气派的房子为荣。

九河白族妇女别具一格的传统服饰也是纳西、白两族人民长期友好交往的真实写照。与其他白族地区的服饰不同,九河妇女的肩背上增添了一张传统纳西服饰之中的"七星羊皮"披肩。羊皮上面的星月符号,象征着两族妇女的勤恳与贤良。田间地头、集市赶场、家庭内外,处处可见她们穿梭忙碌的身影。妇女们披星戴月的辛勤劳作与机敏睿智的持家理财,是一个个和睦有序的家庭赖以维系的关键所在。

白、纳西两族人民互通婚姻,交换有无。广泛的文化接触使得他们的语言使用也发生了微妙的变化。在对九河乡彼古村民小组的调查中我们惊奇地发现,这个户主大多为纳西族的村寨,很多男性的母亲和妻子都是白人。因而人们在聊天的时候能够交替使用白、纳西两种语言。村中的纳西族有393人能熟练掌握白语,其中3.05%的人以白语作为第一语言,89.31%的人以白语作为第二语言,还有7.63%的人以白语作为第三语言。语言是文化的载体,语用的变化无疑成为了两个民族血脉相连的最佳印证。

二、汉文化的影响至深

历史上九河乡各少数民族与汉文化的长期接触与调和,早已使得汉文化中的某些特质成为了少数民族文化中不可分割的部分。早在白族先民建立南诏、大理政权之时,就借鉴了儒家思想作为他们治国安邦与规范社会的伦理道德。从至今遍布九河各村的文昌宫、魁星阁就能看出,白族先祖们崇文尚儒的文化风气仍旧影响至深。纳西族地区自"元跨革囊"之后,便逐渐进入中原王朝的政治空间之中。明代,木氏诸土司又以其"知诗书,好守礼义"而闻名于儒生士林。1723年改土归流以来,儒学开始在纳西族地区大面积铺开。自此,私学遍布村寨,学生竞相应举,尊孔尚礼之风盛行。正是在这样的历史背景之下,孝、义、仁、信等一些传统的儒家礼节逐步成为九河乡各个民族传统知识体系之中的重要部分,并在祖辈沿袭的规训之中得以世代传承。

汉族的一些重要节日已被各少数民族广泛地共享。各民族都与汉族一样隆重地庆祝春节。除夕辞旧迎新,正月访亲会友。红红的鞭炮和对联烘托着节日的美好气氛,年夜饭上四碗八盘的饕餮美食,成为一年之中花费最多时间去精心准备的晚餐。另外,中华传统的清明、端午、中秋在九河人民的生活中也必不可少。人们在清明时节到坟头折柳祭祖;五月端午缝香包、挂艾蒿除秽;八月十五除了普米族不过之外,其他民族都把这一天当作赏月品茗、亲人团聚的佳期。这些共同的节日作为民俗文化的重要事项,加强了族际之间的共通与联系。

三、尊重自然的生态观念

"人与自然和谐相处"是当代人类在现代化进程之中面对生态危机提出的理性回归,而少数民族在自己的传统生存方式中展现出的生态观念,可为认识整个社会的可持续发展问题提供无限的思想空间。

九河乡各民族祖祖辈辈在这块土地上采集狩猎、啜饮山泉、种植作物、放牧牲畜,在源源不断地从储藏丰富的生态环境之中获取物质财富的同时,逐步在长期的生产生活过程之中获得了取之自然、尊重自然的生存智慧,并将其内化到形态各样的民俗文化事项之中。

金普村委会是九河乡境内最主要的普米族聚居村寨,也是这里唯一的高寒山区。八月的金普山气氤氲,油菜遍野,仿佛置身仙境之中。这里的普米族人说,在每年的正月初一,都会到附近的几个泉水口进香祭祀,感谢泉神(龙王)源源不断的水源供给,并祈求风调雨顺。纳西人在正月初一同样也要去涌泉之处进香,并以比别人先抢到新年的第一挑泉水作为吉利的征兆。

这种尊重自然的意识有时会以禁忌的形式对人们的行为加以规范。白族人就有"砍伐小树的孩子会成为孤儿"、"捕捉燕子的人会得癫痫头"、"打死青蛙就会得腮腺炎"等说法。在对"洁净与危险"这一些分类概念的划分当中,人们巧妙地达成了与自然和谐共处的平衡关系。

四、绚丽多姿的婚嫁风俗与艺术表达形式

九河乡内各民族绚丽多姿的婚嫁风俗与衍生的艺术表达方式也是一道不可多得的靓丽风景。"三弦无嘴会说话,曲如流水不断根"。白族闻名遐迩的"本子曲",就经常被青年男女们借以表达爱意,寻求伴侣。结束了一天的劳作,姑娘小伙相邀相随,在花前月下的浪漫之中对歌弹琴、互诉衷肠。清亮的乐歌时而婉转含蓄,时而奔放热情,伴随着青年男女们相识相知,情投意合。他们有的终成眷属,有的却遭极力阻挠。若有父母反对婚事,姑娘便会在子夜私奔于男方家中,并放起鞭炮以示庆贺。这种"先斩后奏"的"跑婚"习俗,成为了当地诸多婚姻形式之中

一朵瑰丽的奇葩。

而纳西族历史上的"殉情"之风,便多了一些悲剧的色彩。1723年,清政府在丽江"改土归流",流官们强行在丽江府推行包办婚姻的封建礼教。这种强制实施的文化同化政策与纳西族传统文化中恋爱婚姻自由的风尚发生了剧烈的冲突。青年男女在恋爱受阻,婚姻无望的情况下,便会相约沐浴华服,雍容赴死。在超度情死者的祭风仪式上吟诵的东巴经典《鲁般鲁饶》,便讲述了一对青年男女在玉龙雪山下殉情而死的凄美故事。在热烈的情歌与凄美的故事之中,九河各少数民族用自己最为真挚的情感,演绎一段段传奇。

五、精湛独特的建筑、手工艺术

白族人巧夺天工的建筑技艺、精细绝伦的刺绣手法、形态各异的银器加工,无不令人叹为观止。木雕艺术是九河最具影响的传统工艺。如今,九河木匠大批到滇西北各个地区从事建筑工作。丽江古城的标志性建筑万古楼、木府,都是九河木工引以为傲的古建精品。

而银匠在滇西北几乎成为了白族人的代名词。手镯、戒指、项链、胸配、碗筷,柔韧亮泽的白银在经历能工巧匠们的烧、锻、雕、铸之后,出落成了一件件剔透玲珑的艺术珍品。

白族妇女们灵秀逸动的刺绣在丽江境内亦是有口皆碑。搭配在服装之上的右衽手巾,便是女子们展示心灵手巧的最佳门面。白色绢帕上绣有的蝴蝶、喜鹊随着姑娘们的一颦一笑翩翩起舞,尽显她们飘逸动人的婀娜风姿。

六、异彩纷呈的饮食文化

"民以食为天",九河乡复杂立体的生态环境、丰富多样的农牧产品,结合不同民族各具特色的品味,造就了这里异彩纷呈的饮食文化。九河盛产蚕豆,"食豆叶"的历史在这里源远流长。坝区秋冬两季易受逆温层空气的影响,由漫长霜期冻嫩的豆叶为食用提供了可能。立春时节采割而来的豆叶可以用来做汤、饼、稀饭,清香祛火,脆嫩非常。秋冬季生长在麦地里的蔓蓝菜也常常是九河人餐桌上的常客。大寒小寒时节将地里鲜嫩青绿的蔓蓝菜采割起来,拌上盐、辣椒等作料,放在土陶罐之中腌制一月就能食用了。吃饭时佐上几筷子鲜辣可口的蔓蓝酸菜,令人食欲大增。

另外,九河各民族在红白喜事、集体换工等场合都会采用传统的八大碗(或四盘八碗)待客。其菜式会因时因地而略有不同,但大致都包括以下几道佳肴:冷荤火腿咸鸭蛋、油炸板栗红烧肉、酸辣挂汁脆皮鲤鱼、百合裹肉丸、鸡肉炖木耳、酥肉烩菜茎、酸菜肉末粉丝、大红肉。开宴之后,人们分长幼主客围坐在八仙桌旁细品这囊括了蒸、炸、煮、烩几种烹饪方式的美味珍馐,并常常在用餐过程之中相互夹菜推让,以这样温良谦恭的美德来表达自己对在席诸人的尊敬与关心。

七、热情洋溢的多民族狂欢

"一匝芦笙吹未断,踏歌舞起月明中。"有"东方狂欢节"之称的火把节是九河彝族、白族、纳西族、普米族、傈僳族最为盛大的夏季节日。在调查期间,我们正巧赶上了农历六月二十五日关上村委会为庆祝火把节举行的篝火芦笙舞会。

响午刚过,村民们砍来了一棵长达20米的青松,沿青松四周用柴火固定成为一个巨大的火炬,撒上松明等,点缀上绿叶红花,并用吊车将火把牢牢竖立在旷地中央。夜幕降临,男女老少举着自家的火把一起将高耸的火炬点燃,音响里随之奏起了欢快的芦笙曲。在一片火海、花海之中,各民族身着节日的盛装,手拉着手围成一个巨大的圆圈,载歌载舞,热情沸腾。红红的火把映照着人们欢畅的笑脸,也点亮了对未来的美好祝愿。九河乡各民族团结和睦,共同携手,一起迈向幸福的明天。

第四节　互补和谐的语言生活

语言作为各民族重要的特征之一,是表达思维和交流情感的工具,也是文化传承的重要载体。长期以来,九河乡的白、纳西、普米、傈僳、汉、藏等民族混杂居住,关系融洽和谐。在民族和谐的大背景下,九河乡各族人民在稳定地传承本民族语言文化的同时,用包容开放的态度对待乡内其他民族的语言文化,书写了互补和谐的语言生活。

一、稳定地使用母语

九河乡母语使用稳定。无论男女老少、学历高低,各民族的人们都能够熟练使用母语。各少数民族的母语是九河乡各家庭内的主要语言。一家老小团聚在一起,用民族语言谈笑风生。语言和家的情感交融在一起,充分发挥了表达个人情感的作用。

强烈的民族自豪感使人们对本民族的语言拥有着深厚的感情。九河乡有很多人在外求学、工作,这些长年在外奔波的人们,通常每隔半年、一年甚至三五年才能回乡一次。但他们依旧能够熟练地使用民族母语。甸头村委会灵芝园小组的杨荣女现今25岁,公务员,纳西族。从高一(15岁)开始一直在外上学。这十年来,她只有寒暑假才回家,如今在外工作更是一年才能回家一次。但是她依旧可以用十分熟练的民族母语和亲友们交谈。她在做纳西语四百词测试时,达到了优秀级。其中387个词为完全熟练,仅10个词需要提醒后才知道,3个词为完全不会。她说使用民族母语总是可以拉近自己和亲友的关系,并且母语在她学习一门新的语言时,起着较大促进的作用。

母语是人们一辈子的记忆。无论走到哪里,永远都不会忘却自己的母语。龙应村委会是九河乡人口较集中的白族聚居村。在村内所有民族中,白族人口占全村总人口的97%。白语成为村内的强势语言。龙应村委会史家坡村民小组不分年龄大小,全民达到母语100%熟练。中古村委会是九河乡较典型的纳西族聚居村之一。中古村委会下辖的8个村委会的人口构成均以纳西族为主。纳西语成为村内主要交际用语。中古人的纳西语保留完好,使用纳西语的能力较强。九河人认为从小接触民族语,使用民族语,民族语将跟随他们一生。这样的民族语言情怀在每一位九河人心中打上了深深的烙印。

本民族语成为人们生活中的倾向性选择。村委会、乡政机关是民众集中办事的场所。乡镇机关、聚居村村委会干部在召开村寨工作会议或到村寨内部处理事情时,通常使用民族语。工作人员根据以往工作经验,他们使用民族母语,群众更容易接受他们的观点和实施方案。人们无论是到卫生院看病,还是到乡镇机关办事,都认为找到使用自己民族语言的人,他们就能更好地理解自己的想法。与汉语相比,民族语在无形之中拉近了干群关系。民族语言成为联系人们的纽带。九河的集市在玉龙县颇有名气,每逢街天,常有附近石鼓、太安、剑川等地的汉、纳西、白等不同民族生意人聚集到此。九河街上货物齐全,品种繁多,但人们在选择卖家时更倾向于能够使用自己民族母语的卖家。

二、普遍使用双语、多语

九河乡双语、多语现象较普遍。与九河乡接壤的乡镇有纳西族聚居乡、白族聚居乡、汉族聚居乡,优越的自然地理位置及发展的经济、文化教育等社会因素为九河人兼用汉语创设了有利的条件。过去使用汉语通常被视为有文化、有身份地位的象征,如今讲汉语对于九河人而言已不是一件难事。九年义务教育的普及,使年轻的一代熟练掌握了汉语当地方言与普通话。

九河乡各民族呈"大杂居、小聚居"分布。九河人多数兼用白语、纳西语及汉语。在民族杂居村中,村民在熟练使用本民族语言的同时,能够兼用杂居民族的语言。关上村委会梅瓦村民小组是一个典型的纳西—白杂居村,梅瓦村民小组分为南社和北社,南社为白族聚居,北社为纳西族聚居,南、北社间以井作为分界。南社白族人能熟练使用纳西语,北社的纳西人能够不同程度地兼用白语。金普村委会拉普村民小组是以普米族为主体民族的村寨,这是一个多语的村寨,大部分人掌握多种语言。拉普的普米人熟练使用母语并熟练兼用纳西语,纳西人也能够熟练使用纳西、普米两种语言。

强烈的多语自豪感,让九河乡各族人民对能够兼用多种民族语言的人们心生敬意。三五友人聚集在一起,甲用白语提问,乙却用纳西语回答。或其中一个人同友人甲讲白语,同友人乙却用纳西语。大家交流顺畅,相谈甚欢。这样的场景在九河乡是较常见的。九河人认为掌握语言多是好事。金普村委会的普米人基本都是"三语人"或"四语人"。他们能够熟练使用普米语、纳西语、汉语,少数还能够使用白语。因而金普普米人在九河乡内被人们公认为是最有语言天赋的群体。

三、独特的多语场

九河乡多语场中多语使用的类型,因不同的民族母语、习得顺序、年龄等因素具有差异性。除极少数外,九河人多把自己的民族语言作为第一语言。九河村委会高登村民小组的白族把白语作为第一语言,把汉语作为第二语言。高登人的白语词汇量略微存在代际差异,汉语兼用水平却基本没有代际差异。关上村委会梅瓦村民小组的白族和纳西族居民都能够使用白语及纳西语。在将梅瓦白族和纳西族兼用语水平对比的过程中,发现白族人使用纳西语的熟练程度高于纳西人使用白语的熟练程度。南高寨村委会彼古村民小组的纳西人大多数能够兼用白语,大部分白族人熟练兼用纳西语,其中存在较明显的代际差异。部分聚居在河源村委会的普米人,出现民族母语转用的现象。河源小组 27 个普米人中有 8 人转用汉语,占该村普米人的 29.63%,小栗坪小组 47 个普米人中有 8 人转用白语,占该村普米人的 17.02%。

九河乡是一个独特而稳定的多语场。九河乡全民稳定使用本民族语言,具有较高的使用水平。深厚且积极的民族感情使九河乡各民族坚定地保留和传承各自的母语文化,也以开放宽容的态度接受其他民族的语言文化。各民族人民共创了和谐互补的语言新生活。课题组选定个案点时,在全面了解全乡概况、各民族语言具体使用情况的基础之上,综合选取了不同类型的具有代表性和典型性的村寨共 10 个。各个个案点的民族母语使用情况都十分稳定。中古村委会新文一组、雄古二组、南高寨村委会彼古小组、九河村委会高登小组、龙应村委会史家坡小组、金普村委会拉普小组、河源村委会桥地坪小组 7 个村寨的民族母语熟练程度均达到 100%。南高寨村委会易之古小组的民族母语使用熟练程度达到 99.70%,关上村委会梅瓦小组白族母语使用熟练程度为 97.56%,纳西族民族母语熟练程度为 99.22%。

九河乡白、纳西、普米、傈僳、汉、藏等各民族呈现出互补和谐的语言生活。无论是集市街边,还是村头巷尾,不同语言在言语的过程之中被九河人转换得娴熟得体。在中古村委会调查时,一位村民向我们这样说道:"什么语言都可以学,都要学,但母语不能忘。"九河人开放包容的语言态度与对母语传承坚定不移的信心,使这块美丽富饶的土地成为了一个开放包容的多语区。

第五节 访谈录

九河乡乡长景灿春访谈录

访谈对象:景灿春,男,白族,36 岁,本科学历,九河乡乡长

访谈时间:2012 年 8 月 4 日下午

访谈地点:九河乡乡政府办公室

访谈者:课题组成员

整理者:余金枝

问:景乡长,请介绍一下您的个人情况?

答:我出生于 1976 年 3 月。1993 年 12 月至 1997 年 12 月在部队服现役。退役后,1998 年考入云南省人民武装学校学习,至 2000 年获得中专学历,后来通过自学考试获得本科学历。

2002年我到金庄乡政府工作,历任武装干事、武装部长;2006年1月调到白沙乡政府工作,任党委委员、武装部长;2007年2月调到拉市乡政府工作,任乡党委委员,人大主席团常务主席;今年5月29日调到九河白族乡当乡长。

我老家是石头白族乡的,现在我自己的家安在丽江。

问:请您介绍九河乡的一些基本情况。

答:九河白族乡位于玉龙纳西族自治县西南部,东与玉龙县太安乡相接,西与石头乡相邻,南与大理州剑川县金华村相连,北与玉龙县石鼓镇、龙蟠乡毗邻,是大理、丽江、迪庆三州市的必经之地。乡人民政府所在地白汉场距离丽江市区45公里。国道214贯穿九河乡的南北而过,历史上滇藏茶马古道曾途径九河,因此,九河乡具有较好的区位优势。

地势呈南北延伸,北窄南宽,东西最大横距28千米,南北最大纵距32.25千米。全乡最高海拔4207米,最低海拔2090米。有山区、半山区、坝区三种地形。其中金普、河源为山区村委会,中古、关上为半山区村委会,其余6个属坝区村委会。全乡面积358.7万平方米,其中耕地面积35770亩,按农业人口计算,人均耕地面积只有1.3亩。

全乡下辖中古、关上、甸头、中和、金普、北高寨、南高寨、龙应、九河、河源10个村委会81个村民小组,7372户27645人。原来,全乡仅有75个村民小组,后因水库移民,增加了6个小组。

境内居住有白、纳西、普米、傈僳、藏、汉6个民族,其中白族人口14384人,占总人口的52.1%。九河乡是玉龙纳西族自治县所辖的三个民族乡之一、玉龙县人口最多的乡镇,也是玉龙县唯一的外迁民移民安置乡镇。

2011年,全乡经济总收入9860.76万元,农民人均收入3913元,粮食总产量达10820吨,人均有粮429公斤。全乡35个村组695户共种植烤烟7420亩,收购烟叶20319.65担,实现产值1711.68万元;劳务输出5247人,农民外出劳务收入3448.2万元。稻田鱼产业、烤烟产业、药材产业、黄皮蜜梨产业、核桃产业等产业都有较好的发展。正在努力创建万亩烤烟、万亩蔬菜、万亩核桃,大力发展特色种植业和养殖业。依托移民安置项目加快九河小城镇建设步伐,依托老君山的保护与开发促进九河的旅游业发展,依托大丽高速公路促进丽江的对外开放。村村通车、通电、通手机信号,电视普及。基本上解决了温饱问题,有部分人达到了小康水平。

全乡境内有白汉场三角地街、杜吾街、九河街、河源街、高寨街5个集市;有乡文化站一个;村级文化活动场所15个,老年活动中心12个;有卫星地面接收站2052个,电视覆盖率95%。乡内有1个中心卫生院和1个分院。全乡有1所中学(九河中学)。学校在校教师71人,学生1130人。有11所小学,教师155人,学生1901人。文化产业主要是修建了一个高禾塔、一个香格里和谐文化会馆,组建一个农民艺术团、一个书画协会、一支舞狮队,编撰一本乡志。

问:九河乡的教育情况如何?

答:全乡有1所初级中学,11所完小,2所幼儿园。其中有2所完小是寄读制学校(河源完小和金普完小)。小学入学率是100%,初中有个别学生辍学。九河乡是玉龙县教育比较好的,乡党委政府和家长都很重视教育,今年玉龙县高考的文科状元是九河人,九河中学今年的中考成绩在全县初级中学中排名第一。这里人多地少,工程性缺水比较严重,很多人都想考出去。我们有助学贷款、农村低保等,我们把供两个高中生以上的困难家庭都基本纳入低保的动态管理范围,确保学生不因贫困而辍学。

我们乡镇府的干部除了部分老职工以外都读过大学。每个村都有村官,村官都是应届大学毕业生。

问:请谈谈九河乡的民族分布和语言分布情况。

答:九河乡居住有白族、纳西族、汉族、藏族、傈僳族、普米族,民族分布的基本情况是:北部是纳西族聚居区,中部是纳西族白族聚居区,南部是白族聚居区。如北边的中古村委会是纳西族聚居村,中部的关上村委会是白族、纳西族杂居村,南部的龙应村委会和九河村是白族聚居村,西部的河源村委会和金普村委会是白族、傈僳族和普米族聚居村。全乡的民族分布呈小聚居大杂居格局。

纳西族聚居村,说纳西语和汉语。白族、纳西族杂居村,说白语、纳西语、汉语。白族聚居村说白语和汉语。

这个乡在语言使用上一个最突出的特点是很多人会讲几种语言。特别是普米族最有语言天赋,他们会讲普米语、白语、纳西语、汉语4种语言。

问:乡干部会不会说民族语?

答:乡干部绝大多数会说民族语。我们的李书记是白族人,不仅会说白语,还会说一口流利的纳西语。乡镇府开会说汉语,平时交谈说白语和纳西语。我们去老百姓家里办事,说民族语,老百姓感到亲切。用民族语沟通,容易得到大家的认同。

问:这里的民族关系如何?

答:民族关系很和谐。不同民族之间相互通婚很普遍,以前彝族与其他民族不通婚,现在都通婚了。我爱人是纳西族,我是白族,我俩就是不同民族通婚的一个例子。不同民族之间可以互相学习对方的语言文化。

问:您家里的语言情况如何?

答:我会听纳西语、白语,但不会讲纳西语。我媳妇跟我讲纳西话,我用汉语回答。我小孩的民族成分填了纳西族,会说白、纳西、汉三种语言。我岳母跟我们一起住,我小孩跟外婆和妈妈说纳西语,跟爷爷、奶奶说白语,跟我说汉语和白语。

问:民族文化能保留下来吗?

答:保留得下来。保留民族文化有民间行为,也有政府行为。民间行为如老百姓自发组织活动,搞一些白族的快板和白族歌曲。民间自发组织白族对歌,大家都会响应。政府行为如各乡镇都有文化站,文化站的任务之一就有传承民族文化;又如国家有特少民族项目,我们乡的普米族群众聚居区(河源村委会和金普村委会)就获得了国家特少民族项目资金的扶持,做了很多基础设施项目和产业扶持项目,群众都得了实惠。

问:九河乡有什么民族习俗?

答:各民族的婚丧习俗都差不多。老人不在了,就披麻戴孝。这里的纳西族丧礼不念《东巴经》,实行土葬。其他地方的纳西族还有念东巴经、火葬的。

婚俗和别的地方也差不多,结婚要穿民族服装。结婚时女的必须有一套白族服装,但结婚那天不穿,第二天回门时要穿。纳西族结婚也要穿纳西服装。

问:丽江的旅游发展对九河乡有什么影响?

答:我们乡境内有"三江并流"核心区老君山九十九龙潭景区,但旅游基础设施还比较滞后,来旅游的游客不是很多,丽江的旅游给我们九河乡带来的经济效益还不大。我们乡是以农产业为主,主要是种植烤烟、蔬菜、药材、传统农作物等,虽然搞旅游我们暂时不占优势,但发展后劲还是优势明显,特别是我乡现在外出打工从事旅游服务行业的人也挺多的,待遇也可以,对人员就业有帮助。相信等老君山旅游全面开发的时候,会给我们九河广大群众带来更多的实惠。

注:①文中部分资料引于《九河乡乡志》;

②文中数据均为2012年九河乡政府最新统计数据。

第三章　九河乡语言使用情况个案调查

第一节　中古村新文一组、雄古二组语言使用情况个案调查

一、中古村概况

九河乡中古村紧邻214国道,北边与龙蟠乡(纳西族乡)交界,东邻太安乡,西面与石鼓镇(纳西族乡)相邻,南面与关上村委会相交,地处三乡交界处。下辖八个村民小组:中南小组、中坪小组、扶仲小组、新文一组、新文二组、雄古一组、雄古二组、雄古三组。其中新文一组是村委所在地。全村总面积约76平方千米,海拔2300米,耕地面积5380亩,人均耕地1.9亩。适宜种植烤烟、玉米等农作物。

全村有640户人家,2800多人。其中90%以上是纳西族,还有少部分嫁过来或者迁过来的藏、白、傈僳、普米、汉等民族,是九河乡的纳西族聚居村,语言使用情况比较一致,大部分村民都会说纳西语和汉语。我们从八个村民小组中选取新文一组和雄古二组作为调查对象。下面分别对这两个调查点的语言使用现状进行分析。

(一)新文一组基本情况

新文一组隶属丽江市玉龙县九河乡中古村村委会。它西靠"好的古"(纳西语)山,东临果乐山,北面与新文三组比邻,南面与新文二组相连。耕地面积800多亩,林地面积6000多亩。

全村共93户,400多人。以纳西族为主,占全村人口的98%,还有少数白族、汉族、傈僳族。村中一直和外族有通婚现象,但并不多。

全村人基本都会纳西语、汉语。村里人相互间只用纳西语,不用汉语;和外族交流时用汉语。

这里水源匮乏,农作物主要是种植玉米、洋芋,经济作物以烤烟为主,还有零星的果树种植。此外,还有小部分养殖业,包括养猪、养羊、养鸡。村民仅靠种植业每户年收入约1.5万元到2万元,最多不超过5万元。部分富裕家庭除了种植烤烟外,还从事运输业,每年收入约十几万元。农闲时,剩余的劳力输出也成为村民的一种主要的经济来源。这里的劳务输出远至广州、西藏,近至周边的香格里拉、永胜、华坪市镇。

这里水资源匮乏,为缓解全村的人畜饮水问题,村里专门修建了一些水利设施。如东面的小型水坝,用来储存地表水,但是由于长年干旱,存水甚少。还有一处是2010年新打的地下

水,水源有限,所以仍然难以解决饮水难题。全村人经常用拖拉机、小货车去南面的白汉场买水喝。水资源的严重缺乏制约了这里的经济发展。

全村家用电器基本普及,95％家庭都有电器,一半以上家庭能够接收数字电视信号。每家都有自己的座机电话、手机类通信工具,与外界沟通极为方便。全村80％以上农户有拖拉机,已经实现机械化耕种。村里有10多辆面包车、两三辆货车,主要用来跑运输。

这里交通便利。村寨紧邻214国道,和其他村镇路路相通,且道路状况良好。村民出行主要靠小型面包车,没有公共汽车,出行较为方便。

九年义务教育在村中已经普及,一个村委会共有一所小学、一所中学:中古川彦小学位于新文二村,九河中学位于九河乡镇。汉语是学校的教学用语,也是不同民族的学生间相互交流的通用语言。全村重视教育,只有初中有少量辍学现象,读高中的基本能考上二本线,大学毕业生越来越多。学生毕业后大多外出找工作。

村里很重视传统的纳西族节日。如每年农历二月八日的"三朵节"。节日当天,村民会邀上自己的亲朋好友在外面山上、空野之地一起烧菜、做饭吃,以此纪念一位名叫"三朵"的山神。

农历七月中旬村民会过"七月半"节,也称纳西族的"鬼节",是纳西族祭祀祖先的传统节日。在农历七月十四这天,全村人烧香、烧纸、摆好水果以祭祀祖先,用米饭迎接祖先的归来。农历七月十六,人们再烧香、放炮,用面条送祖先归去。这几天,已婚妇女都会在夫家做好馒头带回娘家,现在随着生活条件的提高,妇女们多会带一些烟、酒、茶叶等回娘家看望父母。

这里纳西族的服饰简洁、朴素。村中老太多会戴顶青蓝色小檐帽,背后背一块羊皮,以御风寒。这样的羊皮名曰"七星羊皮",是村中妇女的随嫁之物。妇女出嫁之时,娘家会为新娘准备一块羊皮,羊皮上方左、右角分别是星、月图案,意味出嫁之后应辛勤劳作,"披星戴月"。

近几年,新文一组得到了国家新政策的扶持。全村的医疗报销100％覆盖,解决了基本的看病就医问题。新型的养老保险也已覆盖全村,16—60岁的村民每人每年交一次100元到500元的养老保险,交够10年就可以享受这项保险。现在,60岁以上的村民每月都可以领到65元的养老金。村民的保险意识也在不断增强,很多村民自愿去保险公司购买保险产品,每人每年所购买的金额由2000元到20000元不等。

(二) 雄古二组基本情况

雄古二组是九河乡中古村的一个纳西族聚居村。该组以山地为主,海拔2200米。离玉龙县城37公里。全村有71户,308人,主要由纳西、汉、普米、傈僳、藏、白等族构成。其中纳西族人口约占90％。

雄古二组东与太安乡为邻,西靠近石鼓镇,南边是雄古三组,北面是雄古一组。东边距离214国道三四公里,还有一条与214国道并行的公路大香路(大理—香格里拉)正在修建当中。相邻的这几个村镇都是以纳西族为主。各村镇之间相互交往非常密切,民族关系和谐、融洽。整个中古行政村各村民小组之间通婚率非常高,与中古村以外的地方通婚情况较少。

雄古二组全村耕地面积有 1000 多亩,人均耕地面积 1.8 亩左右。近几年来,雄古二组调整农业结构,过去以种植玉米、小麦为主,现在则大力发展烟叶种植。农民年人均收入能达到 2 万元左右。外出务工人员逐渐增多,有利于农村富余劳动力的转移,成为农民增收的有效途径。

生活条件比以前有了很大的改善,村中每家都有电视机,60% 的家庭有电冰箱,30 多户有拖拉机,主要用于农耕和运输。固定电话全村原有 30 部,现在年轻人一般都用手机。近些年村里的路况明显好转,客运面包车走乡串户,方便了村民出行。村民打车一般去九河街、石鼓街、丽江等地购买家用电器、农用工具、日用品等。去玉龙、丽江往返车费 24 元,到九河街往返 12 元,村民大都可以接受这个价位。基本上告别过去"交通靠走,通信靠吼"的状况。

这里的纳西族非常重视文化教育。从随机抽样调查的数据看,40 岁以上的村民,初中毕业的约占 50% 以上。适龄儿童的小学入学率达到 100%,初高中的入学率均能达到 90% 以上。村里出了 8 个大学生。只要孩子能考上,父母再困难也要供。

纳西族的传统习俗在雄古二组存在一定程度的淡化。了解纳西族历史传说、谚语的人已经很少。会表演纳西小调、打跳等民族歌舞的也越来越少,只在三朵节、火把节等重要的节日才能看到。纳西族传统的饮食有锣鼓饭、玉米粑粑,糯米油条等,一般在过春节的时候才会吃,米酒汤圆鸡蛋汤是农民在农忙过后犒劳自己的佳品。村里的人平时大都穿便装,只有老年人经常穿传统服装,但在逢年过节、婚丧嫁娶或接待贵宾等重要日子会穿上纳西族的传统服饰。其样式与新文一组的纳西族服饰基本一致。

雄古二组的纳西族都以自己的母语纳西语为主要交际语言。少量的普米族、傈僳族、藏族兼用纳西语。由普米、藏、傈僳等民族与纳西族结合的家庭的子女,都首先习得纳西语。族际婚姻家庭关系和睦,没有因为不同的民族习俗、语言等问题而产生矛盾。

二、中古村语言使用现状

纳西族是新文一组和雄古二组的主要民族,其人口占到全村总人口的 95% 以上,此外还有少部分的汉、藏、普米、傈僳、白等少数民族。我们随机抽样调查(抽样数据中均不含 6 岁以下儿童)中古村委会新文一组 23 户家庭,计 95 人,其中纳西族有 94 人,白族 1 人;雄古二组 12 户家庭,计 63 人,其中纳西族有 58 人,普米族 2 人,汉、藏、傈僳族各 1 人。将新文一组和雄古二组简称为"中古村"。具体分述如下:

(一)中古村纳西族母语的使用状况及特点
1. 母语使用的基本数据

中古村纳西族全部能熟练使用母语。我们实际统计的纳西族为 152 人,其中新文一组 94 人,雄古二组 58 人。其母语使用情况见下表:

表 3-1 中古村纳西族母语使用情况表

年龄段(岁)	人数	熟练 人数	熟练 百分比(%)	略懂 人数	略懂 百分比(%)	不懂 人数	不懂 百分比(%)
6—19	38	38	100	0	0	0	0
20—39	44	44	100	0	0	0	0
40—59	50	50	100	0	0	0	0
60 以上	20	20	100	0	0	0	0
合计	152	152	100	0	0	0	0

表 3-1 显示：在 152 人中，各年龄段熟练掌握母语的比例均是 100%。由此可以认为，中古村纳西语保留基本完好，没有出现明显的母语衰退迹象。

2. 母语稳定使用的成因

中古村纳西语稳定使用的因素主要有以下几个方面：

(1) 高度聚居的分布特点是中古村纳西语稳定使用的主要原因

中古村是一个典型的纳西族聚居寨，全村除了少部分外族迁入，均是纳西族。其相邻的石鼓镇、太安乡，也是以纳西族为主的村寨，这种高度聚居的分布局面，有利于纳西语的使用，是保存纳西语的主要原因。

(2) 强烈的民族认同感和民族意识是保证母语稳定使用的内部因素

中古村的纳西族普遍认可自己的民族身份，深感自己有传承民族语言文化的责任。在村内访谈时，多位访谈者给我们讲述了他们对于民族语言延续发展的看法。新文一组的和文武告诉我们："对本民族语言文化的保护观念必须要发扬。既然你是纳西族，老祖宗是纳西族，几百年以后，继承民族精粹的传承人也应该是纳西族、会讲纳西语。"雄古二组的村长也讲到，年轻人什么语言都可以学，但是必须先学会自己的民族语，否则不能称之为是合格的纳西族。语言被看作进行民族识别的一个显著标志。

(3) 族内婚在一定程度上有助于母语的稳定使用

中古村的族际婚姻家庭较少，仅有几户族际婚姻家庭。少数迁入的外族，过了几年也都会兼用纳西语。中古行政村的村长介绍说，中古村与周围的纳西族村寨通婚的比较多，现在随着走出去的年轻人越来越多，娶外地或别族的媳妇也多起来了，但还是主要以纳西族为主，这样生活在一起没有沟通障碍。

3. 四百词测试

我们对新文一组和雄古二组 6—80 岁的纳西族进行了四百词随机抽样测试。结果表明母语掌握熟练度出现了轻微的代际差异。测试结果如表 3-2：

表 3-2 · 中古村纳西族四百词测试统计表

村寨名称	姓名	年龄	民族	文化程度	A	B	C	D	A+B	等级
新文一组	和玉娟	13	纳西	初中	376	0	17	7	376	优秀
	和凤娟	14	纳西	初中	362	0	32	6	362	优秀
	和跃芬	28	纳西	初中	358	10	2	30	368	优秀
	和社会	35	纳西	小学	394	1	0	5	395	优秀
	和文新	40	纳西	初中	399	0	1	0	399	优秀
	和兰	50	纳西	文盲	400	0	0	0	400	优秀
	杨文新	63	纳西	文盲	390	1	6	3	391	优秀
雄古二组	和根灵	17	纳西	职高	370	21	5	4	391	优秀
	和金运	38	纳西	小学	382	9	1	8	391	优秀
	杨爱花	39	纳西	初中	357	31	3	9	388	优秀
	和国先	46	纳西	初中	400	0	0	0	400	优秀
	和雪武	51	纳西	初中	400	0	0	0	400	优秀
	和振宣	68	纳西	文盲	400	0	0	0	400	优秀
	和习文	78	纳西	小学	400	0	0	0	400	优秀

表 3-2 显示：两个村民小组的纳西族村民，母语传承状况均为优秀。但在不同年龄段之间，出现了代际差异。35 岁以上的人语言水平明显高出 35 岁以下的年轻人，优秀率最高能达到 100%。50—80 岁的中老年人纳西语词汇掌握情况最好，四百词基本全部掌握。其次是 35—45 岁的人，达 95.5%。35 岁以下的年轻人对纳西语词汇的掌握水平已经出现下滑，尤其是 6—19 岁的青少年，所掌握的 A 级词和 B 级词相加，最不理想的只占 89.5%。

产生代际差异的原因有：一是 6—19 岁的青少年接触的词汇范围有限；二是常年在外读书、打工或做生意的人，母语使用的语域缩小，进而能力出现一定程度的下降。雄古二组的杨爱花介绍说："她常年在外经营木材生意，全国各地跑，平时讲汉语的时间多，所以纳西语的很多词一时都想不起来了。"从她的测试结果我们也可以看出，其达到 A 级的词汇量明显低于同龄人。

出现 C 级和 D 级的词汇，主要有以下几类：

（1）专业术语及较为抽象的词汇。如"监狱、脊椎骨、骨节、疮、脓、脚踝、犄角、跛子、尸体、生命、皮肤"等。

（2）部分已不常见的动植物词汇。如"豹子、熊、鹿、喜鹊、蚯蚓、柳树、甘蔗、秧、穗"等。

（3）代表方位的词。如"东、南、西、北"等。

（4）一些常用词汇已被汉语借词所取代。如"海、湖、池塘"等。

（二）纳西族兼用汉语的使用现状及特点

中古村的纳西族除了能够熟练掌握母语外，大都兼用汉语，个别村民还兼用白语。

1. 绝大多数纳西族能够兼用汉语

我们抽样调查了新文一组和雄古二组纳西族共 152 人，其兼用汉语情况见表 3-3：

表 3-3　中古村纳西族兼用汉语情况表

年龄段(岁)	人数	熟练 人数	熟练 百分比(%)	略懂 人数	略懂 百分比(%)	不会 人数	不会 百分比(%)
6—19	38	26	68.4	10	26.3	2	5.3
20—39	44	33	75	11	25	0	0
40—59	50	29	58	21	42	0	0
60 以上	20	3	15	4	20	13	65
合计	152	91	59.9	46	30.2	15	9.9

从表 3-3 可以看出，汉语水平"熟练"和"略懂"的共计 137 人，占统计人数的 90.1%，说明中古村绝大多数的纳西族都能兼用汉语，但没有发生语言转用的现象。

其中 6—19 岁完全不懂汉语的只有两位村民，均是学龄前儿童，处于学习汉语的起步阶段。他们的详细信息如表 3-4：

表 3-4　中古村两位不会汉语的纳西族村民情况表

村寨名称	姓名	性别	年龄	民族	文化程度	第一语言及水平	第二语言及水平
新文一组	和红蕊	女	6	纳西	学前班	纳西，熟练	
雄古二组	和金菊	女	7	纳西	学前班	纳西，熟练	

2. 纳西族兼用汉语使用的特点

(1) 兼用汉语的水平呈现出明显的代际差异

通过上述表格可以看出，不同年龄段兼用汉语的比例和水平存在明显的差异。60 岁以上的老年人能够兼用汉语的比例最低，汉语水平"熟练"的只有 3 人，仅占这一年龄段总人口的 15%；汉语水平"略懂"的有 4 人，占这一年龄段总人口的 20%；有 13 人完全不懂汉语，占到这一年龄段总人口的 65%。在访谈中我们也发现村里大多数老年人能听懂一些汉语，但不会讲。其次是 40—59 岁年龄段的中年人，有 29 人汉语水平为"熟练"，占这一年龄段总人口的 58%；21 人汉语水平为"略懂"，占这一年龄段总人口的 42%，没有不会汉语的个案。再次是 20—39 岁的青壮年，汉语水平为"熟练"的有 33 人，占这一年龄段总人口的 75%；汉语水平为"略懂"的有 11 人，所占比例为 25%；这一年龄段中也没有完全不会汉语的个例，是兼用汉语水平最高的群体。次于 20—39 岁青壮年组的是 6—19 岁的青少年，汉语水平为"熟练"的有 26 人，占这一年龄段总人口的 68.4%；汉语水平为"略懂"的有 10 人，所占比例为 26.3%；完全不懂汉语的有两人，仅占这一年龄段总人口的 5.3%。

(2) 兼用汉语水平与受教育程度成正比详见表 3-5：

表 3-5　文化程度与兼用汉语水平关系情况表

文化程度	人数	熟练 人数	熟练 百分比(%)	略懂 人数	略懂 百分比(%)	不会 人数	不会 百分比(%)
文盲	12	1	8.3	3	25	8	66.7
小学	59	22	37.3	33	55.9	4	6.8
初中	68	56	82.4	9	13.2	3	4.4
高中	9	9	100	0	0	0	0
大专及以上	4	4	100	0	0	0	0
合计	152	92	60.5	45	29.6	15	9.9

从文化层次来看,受教育时间越长,兼用汉语的比例和水平就越高,反之亦然。在随机调查的152名纳西族中,高中及以上文化程度的有13人,全部都能兼用汉语,且水平均为"熟练"。初中文化程度的有68人,能兼用汉语且水平达到"熟练"程度的有56人,占初中文化程度总人数的82.4%;水平为"略懂"的有9人,占初中文化程度总人数的13.2%。小学文化程度的有59人,能兼用汉语的有55人,兼用比例为93.2%,其中水平为"熟练"的有22人,占小学文化程度总人数的37.3%,水平为"略懂"的33人,占小学文化程度总人数的55.9%;另有4人不会汉语,占小学文化程度总人数的6.8%。文盲共12人,能够兼用汉语的有4人,兼用比例为33.3%;其中达到"熟练"水平的只有1人,占文盲总人数的8.3%;水平为"略懂"的3人,占文盲总人数的25%;完全不会汉语的有8人,比例达到了66.7%。以上统计说明,受教育程度与村民兼用汉语的水平成正相关关系。

(3)兼用汉语水平呈现出明显的性别差异

我们对不同性别的纳西族兼用汉语的情况进行了统计分析。结果显示:中古村纳西族的男性和女性兼用汉语的比例和水平存在差异。详见表3-6:

表 3-6　性别与兼用汉语水平关系情况表

性别	人数	熟练 人数	熟练 百分比(%)	略懂 人数	略懂 百分比(%)	不会 人数	不会 百分比(%)
男	78	52	66.7	21	26.9	5	6.4
女	74	40	54.1	24	32.4	10	13.5
合计	152	92	60.5	45	29.6	15	9.9

在被调查的78名男性中,能够兼用汉语的有73位,其中达到熟练程度的有52位,占到男性总数的66.7%;"略懂"汉语,基本能进行简单交际的有21位,占到男性总数的26.9%;不会汉语的仅有5位,占男性总数的6.4%。而74名纳西族女性中,能够熟练兼用汉语的有40位,占女性总数的54.1%;"略懂"汉语的有24位,占女性总数的32.4%;完全不懂汉语的有10位,占总数的13.5%。显然,中古村纳西族男性兼用汉语的水平明显高于女性。

通过调查走访了解到中古村男性外出务工人数明显多于女性,女性一般留守在家,管理家里的耕地和照顾老人及儿童,与外界接触较少,平时使用汉语的时间和机会也很少,故女性兼用汉语的水平略低于男性。

3. 中古村纳西族兼用汉语特点的成因分析

(1) 对外交流的需求是中古村大多数纳西族兼用汉语的重要因素

社会经济的发展,道路交通状况的改善,极大地方便了人们的出行,也改变着人们的生活方式和生活观念。中古村紧邻214国道,凭借这一天然优势,近些年,中古村从事交通运输业的人员渐增,外出务工的村民也络绎不绝。到附近的丽江、玉龙、剑川等地赶街也便利了许多,与周边的交流愈加频繁。汉语作为我国的通用语,必然成为加强不同民族沟通的重要纽带,这就使得越来越多的村民接触并学习汉语。

(2) 学校教育的普及是中古村纳西族兼用汉语的客观基础

中古村大部分村民学会汉语主要是通过学校教育。随着国家义务教育的全面普及,中古村小学、初中教育均已达到100%的入学率,高中入学率也逐年提高。汉语是学校最重要的教学用语,长期在外读书的年轻人使用汉语的机会更多。

(3) 信息技术的发展,电子产品被广泛应用到生活各领域,营造了浓厚的汉语学习氛围

随着村民生活水平的提高,各种电子传媒工具电视、电脑、手机等已经进入了大部分家庭。调查中得知很多纳西族孩子在进入学校之前不会汉语,但通过电视,已能听懂一些汉语了。玩电脑、手机时都是使用汉字,无疑会对孩子的汉语学习产生潜在的影响。

(三) 少部分纳西族兼用白语的情况及原因

调查中发现中古村少数纳西族兼用白语,能满足基本的生活交际需要,但并不熟练。习得途径主要有两条:一是进入中学后跟周围的白族同学习得,如下表中和恩全一家及和凤娟;二是曾在白族地区经商、打工或生活过,如新文一组的和继宗,老人年轻时曾在剑川打工,跟周围的白族自然习得。这几位村民的具体信息如表3-7:

表3-7 兼用白语的6位纳西族村民情况表

村寨名称	家庭编号	家庭关系	姓名	性别	年龄	民族	文化程度	第一语言及水平	第二语言及水平	其他语言及水平
新文一组	23	父亲	和继宗	男	72	纳西	初中	纳西,熟练	汉,熟练	白,略懂
	22	长女	和凤娟	女	14	纳西	初中	纳西,熟练	汉,熟练	白,略懂
雄古二组	13	户主	和恩全	男	36	纳西	初中	纳西,熟练	汉,熟练	白,略懂
		妻子	和金运	女	33	纳西	初中	纳西,熟练	汉,熟练	白,略懂
		长子	和根灵	男	17	纳西	职高	纳西,熟练	汉,熟练	白,略懂
		长女	和丽佳	女	16	纳西	初中	纳西,熟练	汉,熟练	白,略懂

(四) 非纳西族的纳西语使用情况及特点

中古村也有少部分嫁入或迁入的普米、汉、白、藏、傈僳等民族。汉族3人,一位是嫁过来

的,另两位是上门女婿,他们平时都讲汉语,能听懂纳西语但不会讲。普米族2人,都是从金普嫁到雄古二组,会讲普米语、纳西语、汉语。两人纳西语都讲得很好,嫁到雄古村之前就已习得纳西语,因为金普村有纳西族分布。白族1人,来自剑川,是上门女婿,白语和汉语熟练,纳西语略懂,因为到本村时间较短,汉语是其主要的交际工具。藏族、傈僳族各1人,会自己的母语,也会纳西语和汉语。纳西语是嫁过来之后习得的,讲得很好。我们对这几户族际婚姻家庭进行调查和分析。详细分析见表3-8:

表3-8 非纳西族纳西语使用情况表

村寨名称	家庭编号	家庭关系	姓名	性别	年龄	民族	文化程度	第一语言及水平	第二语言及水平	其他语言及水平
新文一组	14	户主	和文龙	男	56	纳西	小学	纳西,熟练	汉,略懂	
		妻子	和文静	女	54	纳西	小学	纳西,熟练	汉,略懂	
		长子	和宏高	男	34	纳西	高中	纳西,熟练	汉,熟练	
		儿媳	李宝美	女	26	白	初中	白,熟练	汉,熟练	纳西,略懂
雄古二组	4	户主	和勇军	男	37	纳西	初中	纳西,熟练	汉,略懂	
		妻子	和月仙	女	30	普米	小学	普米,熟练	纳西,熟练	汉,略懂
		长女	和金竹	女	11	纳西	小学	纳西,熟练	汉,熟练	
		次女	和金菊	女	7	纳西	小学	纳西,熟练		
	7	户主	和柏青	男	70	纳西	初中	纳西,熟练		
		妻子	杨茂贵	女	67	纳西	初中	纳西,熟练		
		长子	和春华	男	25	纳西	初中	纳西,熟练	汉,熟练	
		儿媳	和庭娟	女	21	普米	初中	普米,熟练	纳西,熟练	汉,熟练
	9	户主	和家润	男	64	纳西	初中	纳西,熟练	汉,略懂	
		妻子	和建昌	女	66	纳西	小学	纳西,熟练	汉,略懂	
		长子	和丽王	男	33	纳西	高中	纳西,熟练	汉,熟练	
		长媳	杨春琴	女	26	汉	初中	汉,熟练	纳西,略懂	
	12	户主	和雪武	男	51	纳西	初中	纳西,熟练	汉,熟练	
		妻子	余光美	女	49	傈僳	小学	傈僳,熟练	纳西,熟练	汉,熟练
		长子	和春乐	男	25	纳西	文盲	纳西,熟练	汉,熟练	
	14	户主	杨绍全	男	29	纳西	初中	纳西,熟练	汉,熟练	
		妻子	纠英	女	28	藏	小学	藏,熟练	纳西,熟练	汉,熟练

表3-8中的李宝美其纳西语水平是"略懂"。她是剑川白族,嫁到中古村的时间较短,纳西语尚未完全学会,在村寨中主要使用汉语。她的孩子首先习得纳西语。

雄古二组有5户族际婚姻家庭,第4户的和月仙和第7户的和庭娟,二人都是从金普村嫁到中古村的普米族,她们的纳西语都能熟练掌握。嫁入之前在金普村就跟当地的纳西族学会了纳西语。她们的子女也先习得纳西语。我们随机对和月仙的纳西语兼用水平进行了四百词测试,能够脱口而出的词汇达370个,另30个是生活中不常用的词语,测试等级为优秀,与当地纳西族的母语水平相当。第九户的杨春琴是汉族,纳西语水平"略懂",平时在村子里主要使用汉语进行交流,纳西语能够听懂但不会讲。第12户的傈僳族余光美,来自玉龙县,第14户的藏族纠英来自香格里拉,二人的纳西语都能熟练使用,是嫁入后在中古村学的,纳西语已成为她们日常交际第一选用的语言。他们的子女也都先习得纳西语。究其原因,主要是因为他们各自缺乏使用母语的环境,要进行交流就必须学会纳西语。

(五)小结

1. 中古村强势语言是纳西语。四百词测试显示其母语能力在不同年龄层次均达到优秀。可以认为纳西语在当地保留完好、发展稳定。

2. 中古村是"纳西语—汉语"双语型村寨,村中90%以上的村民都兼用汉语,汉语成为他们与外族沟通的主要交际工具。

3. 该村的纳西族对母语的认可度非常高。被访者都表示学会纳西语是学习其他任何语言的前提,并对本族语言文化的传承持乐观态度。

三、中古村人物访谈录

(一)中古村委会副书记和建军访谈录

访谈对象:和建军,男,50岁,纳西族,高中学历,中古村委副书记

访谈时间:2012年8月9日上午

访谈地点:中古村委雄古小组幼儿园

访谈、整理者:范丽君

问:您好,您能谈谈您的个人经历吗?

答:我叫和建军,纳西族,今年50岁,文化程度是高中。高中毕业后,在雄古三组当了两年半的组长,之后到九河乡当烤烟员,专门负责烤烟的种植研究、技术培训工作,这个工作干了三年。此后,先后担任中古村民委员会的村长、中古村村委总支副书记。从事乡村工作近20年。

问:请介绍一下您和您家人的语言使用情况?

答:我的第一语言是纳西语,8岁开始学汉语,10多岁能够流利地说汉语。不会说白语,只会听几句简单的话。我媳妇今年50岁,也是纳西族,初中文化程度。会纳西语和汉语,和我一样,会听几句白语。女儿今年28岁,已经嫁出去了,在石鼓镇当英语老师。儿子26岁,高中文化程度,会纳西语和汉语,不会说白语。儿媳妇是丽江市的纳西族,口音和我们这里有些不一样,我们交流都用纳西语。在我们家都用纳西语进行语言交流。

问:请您给我们介绍一下中古村的地理位置、民族分布状况?

答:中古村紧邻214国道,北边与龙蟠乡(纳西族乡)交界,东邻太安乡,西面与石鼓镇(纳西族、汉族乡)相邻,南面与关上村委会相交,地处三乡交界处。全村共有八个村民小组,分别是雄古一组、雄古二组、雄古三组、新文一组、新文二组、扶仲组、中坪组、中南组,其中新文一组是村委所在地。

全村有 640 户人家,2800 多人。其中 96% 是纳西族,还有从其他地方嫁过来或者迁过来的藏、白、傈僳、普米、汉等民族。

问:我们在来的路上看到大片的烟叶,请给我们介绍一下你们村的经济状况?

答:中古村委会经济收入在九河乡处于上等水平。整个行政村人均收入在 2800 元左右。主要经济来源是种植烤烟,平均每户种 4 亩烤烟,多的有种 20—30 亩左右的。我们村种植烤烟比较早,20 年前开始种烤烟,所以我们这边烤烟业发展地快一点。去年中古村共种了 3600 亩烟叶,每亩大约有 4500 元的收入,全村就烤烟一项总收入突破了 1000 万元。

几个小组的经济发展水平比较均衡。全村通水、通电、通数字电视,现在网络也通了,有一部分人装了电脑,村子里现在大概有二三十台电脑。整个行政村约有 10 台大卡车,大东风有 5 台,农用拖拉机有 200 台左右,30 万元以上的轿车有 5 辆,普通小轿车和面包车加起来有 100 台左右。我们村紧邻公路,摩托车不多,大约 10 台。

问:你们村出去打工的多吗?

答:中古村出去打工的村民不多。年轻人有时出去打几个月的工,有的很快就回来了。

问:我们来的路上还看到很多烤烟的烟房,你们中古村有多少烟房?

答:家家户户都有小烟房,多的一家有 3 个小烟房。现在新建的大烟房有 10 个,每个能烤 100 亩烟叶。

问:中古村民族关系怎样?

答:我们这里通婚不考虑民族成分,哪个民族都可以嫁,都可以娶。因为我们周围都是纳西族,邻里关系比较好,大家和睦相处,矛盾纠纷比较少。每个小组的村民基本上都是亲戚,雄古二组就是由三个家族组成的,大家都处在大的亲戚网络中。红事、白事基本上都会邀请一个村的村民来参加。比方结婚办红事,大家提前两天就来帮忙了,杀猪、宰鸡、干些力所能及的活。办完事后还要帮两天忙,帮着收拾整理。总的来说大家都比较和睦、比较团结。

问:平时你们村里人用什么语言交流,开会、赶集时说什么语言?

答:村里人打招呼时用纳西语。开会时,有一个互相尊重的问题,如果开会的人中有一个听不懂纳西语,我们就说汉语。如果有一两个白族,听不懂纳西语,我们就用汉语开会。如果开会的都是纳西族,我们就用纳西语开会。我们一般去南高寨或者去丽江、石鼓赶集,去南高寨(纳西族多)赶集,有时说纳西语,有时说汉语。但讲白语的机会少,买卖东西时说的白族话还是可以听得懂的。

问:村里孩子纳西语说得怎样,上学前会说汉语吗?

答:村里的孩子没有不会说纳西语的。有些孩子上学之前会说一些汉语。有的家庭害怕孩子上学跟不上,会提前教孩子学说汉语。但家庭不会说汉语的就没能教孩子汉语,等上学后开始学。

问:请介绍一下中古村的教育状况?

答:中古村有一所小学,两个幼儿园。中古完小在新文小组,完小里面有一个幼儿园,雄古小组也有一个幼儿园。中古完小有 13 位老师,大部分老师是纳西族,也有白族、汉族的老师。学生几乎都是纳西族。

问:中古村孩子初中、高中的升学率怎样?

答:都能读完小学,初中去九河中学读。初中基本都能读完,辍学的很少。高中考不上就不上了。40%的初中学生能去读高中,这当中自费、公费的都有。30%—40%的高中学生能上大学。有些考不上大学的就回村里,考上读不起大学的没有,只要考上都会去读。

问:你们村升学率与其他村委比起来处于什么水平?

答:村民对教育比较重视,与其他村委比应该处于中上水平。

问:我们村都过哪些纳西族的传统节日?

答:一个是"二月八",又称"三朵节",祭祀三朵。"三朵"是纳西族的一个神的象征,玉龙雪山就是"三朵"的化身。有些人每逢二月初八祭"三朵",这天会买些糖果、糕点、烟酒糖茶、香火等,放在正屋的香堂上,再在香堂里点三炷香,说一些吉利的话,让"三朵"保佑大家。"三朵"不是家家都祭,一些知名人士、有钱的、当官的祭的多,一般老百姓不祭。

还有一个"七月半节",这个是祭祖节,比较隆重,要过三天。第一天是"接",迎接纳西族逝去的祖先。一家人一般都会回来一起过,面向自家坟坝的方向,请祖宗回来。家里年长的人会说"七月八月到了,祖先回来吧,回家里来过,我们全家老老少少都回来了",然后到门外去接,接到正屋里,然后把祭奠物品(各种肉类等)摆到正屋里面。这就算是接到了家了。然后各干自己的事情。第二天是"烧",在正屋的祖先牌前,烧纸钱。烧纸时老人嘴里会念"一家人顺顺利利、老的长命百岁、小的学习进步,身体健康,一家人和和睦睦、六畜兴旺、五谷丰登"。小字辈的在旁边。第三天是"送",送祖先回去,把祖先牌前的祭品拿出去,向着坟坝的方向倒出去。嘴里还是要念叨祝福的话语,让他们保佑我们。

问:你们村还过哪些节日?

答:还过清明节、火把节、春节等节日。

问:中古村有人会东巴文吗?

答:以前有一个上门到中古村的东巴,现在长期住在丽江。他会唱、跳、写、画。现在基本上没有人会写东巴文。我们村里以前有一个东巴,但去世后很多东西没有传下来。

问:中古村有人会唱纳西族的歌吗?

答:很多人不会唱了,现在现代化了,大家都唱流行歌曲。因为我个人比较爱好,还会一点点。我知道一些纳西族的歌,如《喂吗哒》有两种唱法,喜庆时可以唱,办白事也可以唱,但内容不一样;《阿哩哩》是老老少少普遍会唱的一种歌调。还有《蜂花相会》、《鱼水相会》,这是纳西族的情歌,用婉转的语言表达互相的爱慕和思恋。《撵山调》是猎人唱的撵山调。相传纳西族的祖先是猎人,每天要跑几座山去打猎,打猎之前用狗去撵山,体现他们的辛劳。《共庆》是一伙人围在一起,一边一个人相互对唱,这也是恋人之间的一种对歌。

问:纳西族的民族服饰有哪些特点?

答：纳西族男人的传统服饰，一般有羊毛做的毡帽，上衣是白色的内衣加羊皮的褂子，系上红色的腰带，裤子是黑色的。男的一般情况下不穿这些服饰。纳西族女人的服装很复杂，一般一个人有好几套，老人、少妇、少女的服装都不同。

问：大家什么时候穿民族服装？

答：老人平常会穿，年轻人平时很少穿。过春节时，各民族会聚在一起比赛、打跳，这时必须穿民族服装。还有办红白事时，妇女们有的也穿民族服装，男的一般不穿。

问：中古纳西族还保留了哪些传统仪式？

答：没有什么传统的比赛了，现在都搞篮球运动会、拔河比赛、爬山比赛等。结婚仪式也都是现代化了。都是汉族那一套了，新娘新服有好几套，有婚纱、红礼服等，仪式与汉族的一模一样。从我们这一代之后就变了，现在越来越新颖，结婚要录像、照相。倒是办白事时还有比较传统的规矩。

问：纳西族葬礼的传统仪式是怎样的？

答：首先人将死时，棺材提早要备好，人死后三个小时之内必须要进棺材。在进入棺材之前，用松香油把棺材全部刷好，棺材要刷成黑色的。然后在棺材的最前面的棺口，按逝者年龄，60岁以上的在棺口写一个"寿"字，60岁以下的不写字，把棺口染成红色。

把逝者抬到棺材里前，要把新衣服、褥子、被子先放进去，逝者左手边要放一包碎银、五谷、人民币等。小辈都要给死者钱（人民币），放在棺材里，每个亲戚都要给，亲戚多，就多给，少就少给。等亲戚全部到齐，该给钱的给齐了，就把棺材盖盖好。棺材下面放一个三角形的铁架子，用来驱鬼。在棺材上面放一些"青次果"的刺（用来驱鬼），再盖上一层毛毯。然后在棺材前面摆一个四方桌子，桌子上放八大碗：鸡鸭鱼肉都有。桌子的前面点一个油灯。

出灵要看日子。看逝者属相与家里人属相有无相冲，如果相冲那天就不能出灵。

出灵前一天晚六点左右要"悬白"，用一杆竹子把"白"（用纸编的）挂起来，男人挂九节，女人挂七节。家里最亲的人都要到，在"白"的下面烧香磕头。

出灵那天，一般是下午三点左右出灵。村里人都会过来，从大门口出来唱《喂吗哒》，一个人领唱，其他人跟着唱，一路走一路唱。还有一人专门负责丢纸钱，一直丢到坟地里。家里人带来八大碗，用竹篓挂在坟地旁边。送灵送到半路，所有戴孝的都要跪拜，跪下后棺材从戴孝人头上抬过去。跪拜完毕，女人回家，男人抬着棺材去坟地。

坟地要提前挖坑，挖好后，挖坑的人要躲起来，不能见棺材。抬棺材的人分成两组，一组人负责下葬，一组人负责抬石头、砌坟。逝者亲人要给这些人传烟、递酒。弄完这些后，就可以回家，回来还要走原路，在路中间烧树叶冒烟火，送葬的每个人都要从火上跳过去，过的时候都要说"平平安安、顺顺利利、鬼神不要跟过来"。这就是整个葬礼部分。

现在办白事很少有人唱《喂吗哒》了。

问：您这么喜欢纳西族传统文化，将来有什么打算？

答：我对这些很感兴趣，等我年纪再大些，就研究民俗文化。我们村不管红白事，需要写毛笔字的地方都是我写的。每家都有一个祖先牌位,家谱也都是我写的。现在家谱只写到四代以下,从曾祖父开始写。

现在有一些七八十岁的老人还会唱纳西歌,我想把这些写下来。丽江那边的纳西文化和我们这里的有一定的差别,比如丽江古乐的调就和我们这里的不一样,在丽江范围内知道《撵山调》的人很少,只有我们雄古人知道。我想把我们的文化写成一本书,把雄古的纳西族文化传下来。

做这些工作需要一些道具,还要请一些人,需要一定的经费。我还打算培训一批传承纳西文化的年轻人。

中古位于214国道旁边,很多古老的东西都丢了,都现代化了,如果没有人去研究讨论,传统文化就丢完了,我对此很担心。

(二)中古村新文一组村长和文新访谈录

访谈对象:和文新,男,40岁,纳西族,初中学历,新文一组村长
访谈时间:2012年8月9日中午
访谈地点:中古村村委会办公室
访谈、整理者:闻静

问:请介绍一下您的个人及家庭情况。
答:我叫和文新,40岁,是新文一组的村长,纳西族,初中毕业。我家有三口人,我、爱人和儿子。我们都是纳西族。我爱人今年38岁,初中文化,雄古二组人,在家务农。儿子16岁,在九河中学读初三。
问:您的爱人和孩子会说汉语吗?你们三口在家用什么语言?
答:是的,我们都会说汉语,但在家都只说纳西语,不说汉语。
问:孩子从学校回家后也说纳西语吗?不说汉语普通话吗?
答:孩子上学回家还说纳西语,不说汉语。只要在家中我们从来不说汉语,都说纳西语。
问:整个村也是既会纳西语又会汉语吗?
答:是的,全村基本上都会说汉语。
问:请您说说村里的人口情况。
答:我们新文一组共93户,400多人。基本都是纳西族,占98%。还有少部分从外地嫁入的外族人,有白族、汉族、傈僳族。
问:村里一直和外族通婚吗?
答:是的。我们村一直可以和外族人通婚,但比较少。
问:那村里人平时用什么语言交流?
答:外族人刚进来时都说汉语,时间长了就全部学会纳西语了。村里人自己交流时都只说

纳西语,不说汉语。和外边的人交流时我们才说汉语。

问:您在村里工作时用什么语言?

答:工作时我也用纳西语。

问:那您是什么时候学会汉语的?

答:我是在上小学的时候学会的。老师上课时用汉语,和其他民族的小朋友在一起玩耍、学习时都用汉语,慢慢地汉语就学会了。我的家人和我一样,都是在上小学时学会汉语的。

问:你们村的小学有哪些民族的孩子?

答:我们这里的小学学生有纳西族、汉族。

问:学校的老师是哪里人?都是纳西族吗?

答:现在的老师大多都是丽江本地人,有纳西族、汉族。在学校和学生上课时用汉语。

问:能谈谈您的个人经历吗?

答:我初中毕业后,在家务过农,在外打过工,跑过运输,种过烤烟。目前除了负责村里的工作外,我还是村委会的烟科员。

问:请问什么是烟科员?

答:烟科员就是专门负责管理我们中古村的烤烟种植。中古村委会共有两个烟科员,施行片区负责。我负责其中五个小组。

问:您家里现在还种烤烟吗?是由您的爱人来种植吗?

答:家里现在还种烤烟。我们家现有8亩烤烟,都由我自己来种。

问:您家里的主要经济来源是什么?您现在还跑运输吗?

答:家里的主要经济来源是烤烟,现在已经不跑运输了。

问:估计今年您家的烤烟收入应该不错吧!

答:还可以,我家今年预计收入会有4万多元,往年平均也能到2万元以上。

问:看来村里的烤烟收入还是不错的。村里平均每户年收入能有多少?

答:是的,我们村靠烤烟业收入都还不错,平均每户年收入能达到1.5万到2万元。但是,光靠种植烤烟的话最高不超过5万元。较富裕的除了种植烤烟外,还搞运输,每年能收入十几万元。

问:希望孩子将来朝什么方向发展?

答:我希望他能继续上学,我会继续支持的。

问:那从您家目前的经济形势来看,供孩子上大学应该没问题吧!

答:是的,目前这种状况供孩子上大学应该是没问题的。

问:请介绍一下新文一组的地理位置。

答:我们新文一组西靠"好的古"(纳西语)山,南面与新文二组相连。耕地面积800多亩,林地面积6000多亩。

问:这里的水源条件怎么样?

答:我们这里最缺水源。东面有个小水坝,用来储存地表水。前年我们还打了一个地下水,但仍然不够用。为了解决人畜饮水问题,我们经常用拖拉机、小货车去南面的白汉场买水喝。我们这里缺水相当严重。

问:村里除了种植烤烟外,还有哪些经济来源?

答:由于缺水,我们村里的农作物主要是玉米,洋芋,还有零星的果树种植和小部分养殖业,就是零星地养些猪、羊、鸡;另外就是靠劳务输出了。

问:村里外出打工的人多吗?一般都去哪里打工?做什么工作?

答:现在外出打工的人很多。多数在丽江市内打工,还有去外省的。远的到广州、西藏;近的就是周边的香格里拉、永胜、华坪这些地方。出去都是干些体力活。

问:现在村里家家都普及电器了吧?有车的家庭多吗?

答:村里95%的家庭都有家用电器,一半以上家庭已经能够接收数字电视信号了。电话、手机基本全部普及。80%以上的家庭有拖拉机,用来耕地种田。现在村里已经有十多辆面包车、两三辆货车,都是用来跑运输的。

问:村里的交通情况怎么样?

答:交通还是比较便利的。我们村紧邻214国道,与周围各村也是相通的。

问:村民靠什么出行?

答:出门就坐小面包车,我们这里没有公共汽车。

问:咱们村已经普及九年义务教育了吧?还有辍学在家的情况吗?

答:是的,九年义务教育早就普及了。我们是一个村委会一所小学,叫做中古川彦小学,建在新文二组。村里没有中学,学生都到九河乡中学上学。我们村还是比较重视教育的,只有小部分初中辍学的情况,一般都能上到高中,没考上高中的就出去打工。现在的教育情况比以前好多了,大学毕业的越来越多了。

问:每年上大学的孩子多不多?

答:近几年,我们的高中生基本都能考上二本线。

问:村里过哪些纳西族的节日?

答:村里过"三朵节"。每年的农历二月八日,很隆重。在外面山上、空野的地方叫上亲朋好友,大伙一起做饭。为纪念一个叫"三朵"的山神,每年我们会过节拜祭她。我们还过"七月半",在农历七月中旬。过节时已婚妇女都回娘家,要在夫家做些馒头带回娘家。现在条件好了,都会带一些烟、酒、茶。农历七月十四这天全村人烧香、烧纸、摆好水果祭祀祖先,用米饭迎接祖先回来。七月十六再烧香、放炮,用面条送祖先回去。

问:村里有什么传统的手工业?

答:村里部分人喜欢木雕,专门从事木雕手工业。人不多,只有几户,都是些年轻人。我们做木雕是跟白族人学的。他们一般不出去做活,只在本村为新起的房子雕刻窗栏、屋檐等。

问:近几年村民的生活有什么变化?

答:这几年我们村的医疗报销已经100%覆盖,国家的养老保险也已覆盖全村。我们的养老保险一年交一次,16—60岁的每人交100元到500元,交10年。60岁以上的可以不交,而且每月能领到65元的养老金。村民的保险意识很强,有很多人自己在保险公司买保险,一般每年会买两千到两万元不等的保险。

问:作为村长,您认为村里今后的发展靠什么?

答:烤烟业还是要大力发展的。除了烤烟以外,还可以发展一些蔬菜、水果种植业,养殖业也是今后的一个发展的方向。

(三)中古村委会新文一组村民和文武访谈录

访谈对象:和文武,男,37岁,纳西族,初中,新文一组村民

访谈时间:2012年8月9日下午

访谈地点:中古村委会

访谈、整理者:李春风

问:请介绍一下您的个人及家庭语言使用情况。

答:我今年37岁。家里共六口人,父亲、母亲、哥哥、妻子和一个女儿。父母都是当地的纳西族。哥哥还没结婚,也是纳西族。爱人是这个村的纳西族,女儿今年13岁,初一在读。他们都只会说纳西语、汉语,我会纳西语、汉语,白语只会一点点。家里绝大多数都是使用纳西语交流,只有纳西语不能表达清楚的时候才用汉语。

问:如果您女儿跟您说汉语,您怎么想呢?

答:我的小孩跟我说汉语我会不高兴,并且批评她。你既然是纳西族,就应该跟我说纳西语,我要求她尽量说纳西语。

问:您觉得现在小孩的纳西语水平有所下降吗?

答:这个年龄的小娃娃有一部分不会说纳西语,这个情况就很严重了。我认为我们是纳西族,应该会纳西语的,有些考试也应该用纳西语考。

问:您是什么时候学会汉语的?

答:我上学之前就会一小点了,上学以后就学会了。

问:现在的孩子与您小时候相比,汉语水平怎么样?

答:我们小时候,聪明一点的,读书之前就能会一点汉语,上学后才都学会汉语。上课的时候,老师很多时候需要用纳西语解释。现在的小孩接触、见识范围广,一年级的时候就能普及汉语,老师在课堂上都尽量用汉语授课。现在的小孩汉语水平越来越高,纳西语水平可能越来越低。

问:您很担心现在的小孩纳西语水平下降是吗?

答:这是最让我担心的。我觉得这样不好,毕竟我们是纳西族,应该尽量教孩子说纳西语。

现在的老人也不能百分之百用纯正的纳西语交流了,有时掺杂汉语。还有的人家特意教小孩说汉语。汉语嘛,孩子长大以后自然会学会的,但如果孩子小时候不会说纳西语,以后就很难再学会了。小孩子同时会讲几种语言最好。

问:您认为不会纳西语的后果很严重是吗?

答:这个问题必须要担心。我们丽江市现在已经是世界文化遗产保护区了嘛,我们纳西族的文化还是应该要保留的。现在我们的民族文化有的已经发生变化,尤其是纳西族女人的服饰,以前样式是相当多的,现在逐渐被新样式代替,老样式慢慢消失了。

当然,我们现在旅游业越来越发达,经济也在发展,语言可能会受经济的影响。但是,我们应该通过各种渠道,还是可以保留我们的语言和文化的。否则,我们的民族文化和语言有被覆盖的可能。

我们这种对本民族语言文化的保护观念必须要发扬。既然你是纳西族,老祖宗是纳西族,几百年以后,继承民族精粹的传承人也应该是纳西族、会讲纳西话。

问:您说要让孩子多会一些语言,是以先学会纳西语为前提吗?

答:我希望小孩会多种语言,越多越好。如果有机会,我还愿意把家搬到民族多的村子里去。但是纳西族是母语,必须先学会。母语学会了,学别的语言更好;母语要是学不好,学别的语言就没什么意义了。

问:咱们村说的纳西语与其他地方的纳西语有什么不同?

答:我们这边的纳西族多,纳西语比较纯。我们这离玉龙县城和剑川县城都比较近,又在公路两旁,语言慢慢地就受影响了。现在大东、东甸那边的纳西话最纯正。

总的来说,我们这边的纳西话是以白汉场为界。白汉场以南的纳西语与我们这边的是一样的,但是语音有一点区别,一听就能听得出来。他们那边的纳西族大多数人都会纳西语、白语、汉语,我们这边会白语的很少,一般都只会纳西语、汉语。从我们这边再往北,到龙蟠乡,那里汉族人比我们这边多一些,就有一部分纳西族喜欢讲汉语,特别是石鼓、三坝那边的很多人讲汉语,当然,他们也会纳西语。

问:刚才我们来的时候,听说外面坐着聊天的老人只会纳西语,不会汉语是吗?

答:我们村六七十岁的老人,都会讲一点汉语的。但由于长时间不讲,讲起来不连贯,你们说汉语,他们还是听得懂的。我去过德钦,那边三十多岁的藏族小伙子,汉语连听都听不懂的。

问:这些老人是如何学会汉语的呢?

答:这里的很多老人以前经常去鹤庆、剑川、丽江等地做生意,背着东西去卖、换,然后再买东西回来,慢慢地就会汉语了。我们纳西族还是很能吃苦的。

问:这几天我们接触了几个白族和纳西族村寨,发现你们都很勤劳。

答:是的,都很勤劳。白族人挺聪明的,而且天南海北的到处都有白族人。我们纳西族人的思想近年才开始开放一点,有人到外面做生意啊、打工啊,以前很少的。民族要有一定的根基,要有开放包容的心态,要能吃苦,这样才能发展起来。

问：您经常外出打工吗？

答：我经常到外面搞工程，外出就要跟很多民族的人沟通、交流，如白族、藏族、傈僳族等。我们在一起的时候就是要互相尊重，不区分民族的。

问：您家的年收入情况如何？

答：年收入四万左右。主要靠烤烟产业。

问：您家收入在村里算什么水平呢？

答：中等水平。

问：打算一直种植烤烟吗？

答：慢慢地会换成别的产业，比如有的地方换成种植油茶、有的地方开始种药材。从今年开始，我就准备慢慢转型，开始种油茶了。

问：村里其他家收入情况怎么样？

答：1993年，我们村开始种烤烟，村里地多的，年收入很不错。我们这里种田积极性高，雇工工钱高一点，每天供三顿饭，工钱要七八十块。不过很多时候，我们都是互相帮助的，比如今天我去你家帮忙，不要你的工钱，过两天你家也可以叫我去帮忙。

问：村里的传统习俗近年有什么变化吗？

答：村里的民族传统风尚变化不大。像结婚、办喜事、给老人送礼等，这些都做得相当好。有什么事情的时候，村里都很团结、互相帮助。比如哪家有老人去世，一般收礼要收四五天到一个礼拜，然后才送葬，这期间，村里人都会去陪那家人。

问：您对未来生活有什么期望？

答：近些年，我家也许不会有多大的发展变化。但是我还是希望我家年人均收入达到两千美金，这样我还要努力。因为我家地不多。

（和文武离开的时候，对送他的课题组成员说道："任何一个民族的语言都可以学，但母语不能丢！"）

（四）中古村雄古二组组长和柏光访谈录

访谈对象：和柏光，男，43岁，纳西族，初中学历，雄古二组组长

访谈时间：2012年8月9日上午

访谈地点：雄古小学

访谈、整理者：杨露

问：您好！请您先介绍一下您的个人经历？

答：我叫和柏光，今年43岁，纳西族。我会纳西语和汉语，汉语说得不是很好。初中毕业后在家务农。那个时候家里比较穷，姊妹六个，我排行老五，父亲在剑川税务局工作，弟弟当时读小学，四个姐姐出嫁后，家里十多亩地就母亲一个人干，觉得母亲太辛苦了，就在初三辍学回

家帮母亲打理家里的耕地。20世纪80年代那几年村里严重缺水,喝水都成问题,每天要到离家三四公里以外的地方去排队挑水,一个早上只能挑到一桶水,家里的日子很苦啊!

2009年我当选为村长。之前我弟弟是这个村的村长,2009年他去行政村当主任了,后经村民选举我任村长至今。

问:您在工作中用什么语言呢?

答:我在工作中主要讲纳西语,偶尔说汉语,因为有的词语纳西语里没有,只能讲汉语。

问:能介绍一下您家里的语言使用情况吗?

答:我家里有五口人,还有父亲、媳妇、儿子和女儿。都是纳西族。我媳妇是从附近的扶仲村嫁到我们村的,扶仲村也是一个纳西族为主的村子。在家里都讲纳西语。女儿在丽江市云南白药制药厂工作,中专毕业,她会讲纳西语和汉语。儿子在玉龙县民族中学读书,今年刚考上大学,他也会讲纳西语和汉语。我父亲今年83岁,他会说纳西语、白语和汉语,且都说得很好。

问:您父亲怎么会讲白语呢?

答:因为我父亲过去一直在剑川工作,剑川白族人多,要跟当地人交流,慢慢就学会了。

问:您觉得您的孩子汉语讲得怎么样?在家会讲汉语吗?

答:讲得不错吧,因为他们一直在外面上学、工作,平时讲汉语的机会多。在家不讲汉语,只说纳西语。

问:您觉得您家三代人纳西语说得有差别吗?

答:没有,没有。只是一些不常用的词汇现在娃娃们不会了,但其他的没有问题。

问:您觉得您的孩子纳西语好还是汉语好?

答:肯定是纳西语好,汉语他们只是在学校和外面才会讲。

问:您会讲纳西族的历史故事或者传说吗?

答:我平时喜欢看,但是讲不了了,记不住,我父亲和弟弟讲得好,他们读的书多,见的世面多,懂的也多,我只在家务农。

问:请您介绍一下雄古二组的情况吧?

答:我们村海拔2200米,距离县城37公里。东边挨着太安乡,西边是石鼓镇,南靠近雄古三组,北面是雄古一组。东边距离214国道三四公里,与214国道并行的还有一条大香路(大理—香格里拉),现在还在修建当中。

问:村里的民族构成情况是怎样的呢?

答:我们村有71户,308人。主要以纳西族为主,占90%以上,汉族3人,都是上门女婿。他们只会说汉语,纳西语能听懂但不会讲。藏族有一个,来自香格里拉,2006年嫁到我们村,会藏语、纳西语和汉语。普米族有两个,都是从金普嫁过来的,会普米语、纳西语和汉语。

问:这几个族际婚姻家庭的语言使用状况怎样?

答:那三个汉族在家里和村里都讲汉语,一般不讲纳西语,不知道为什么,可能是害羞吧。

藏族和普米族现在都讲纳西语，还讲得很好呢。

问：这三个汉族与纳西族结合的家庭，夫妻间交流用什么语言呢？

答：丈夫主要说汉语，妻子跟他们讲纳西语。

问：咱们村与外地人通婚的多吗？

答：不多，主要是我们中古这几个小组之间通婚比较多，其他地方很少。有的几个也是年轻人在外面打工带回来的。

问：村里经济发展状况怎么样？

答：这几年经济发展主要靠种植烟叶，种植面积现在达到80%以上，玉米和小麦占20%左右。

问：收获的烟叶主要卖到哪里呢？

答：到收获的季节，就会有烟草站的人过来收。

问：靠卖烟叶村民能收入多少？

答：一亩烟叶市场价三四千元吧，好的时候能达到五千多，年收入能有两万多。近些年，年轻人出去打工的多了，劳务收入也是家庭收入的一部分。

问：他们一般去哪里打工呢？

答：一般是在丽江的多，因为我们村耕地多，农忙的时候要回来帮忙，所以不能去太远的地方，而且现在种烟叶赚钱多，很多人又回来务农了。

问：会去附近的剑川等地方吗？

答：一般不去，因为听不懂他们的话。到丽江更容易一点。

问：村里的电器和交通情况怎么样啊？

答：现在村里电视机每家都有。村里60%的人家有冰箱，但电脑还很少，不到10%吧，还不能提供宽带安装的服务，固定电话原来有二三十部，现在条件好了，都淘汰了，手机基本上家家至少有一部。摩托车有，但很少。30多户人家有农用拖拉机。村民出行主要靠临时打路边跑客运的面包车，现在路修好了，交通越来越方便，去附近的九河街、石鼓街、丽江街很快就能到。去丽江、玉龙往返车费24元，九河街往返12元，这个价位老百姓还能接受。比过去好了，原来只能靠走路，光去就要一天，现在半天就能跑一个来回。

问：村民们的语言使用状况如何？

答：村子里的人主要说纳西语，基本不说别的语言，碰到别的民族就讲汉语。

问：您觉得中古村的纳西语与其他地方的纳西语有什么区别吗？

答：没有太大的区别，只是口音上有些不一样。

问：您觉得纳西语的使用有没有受汉语的影响？

答：对我们这代人还有我儿子基本上没有影响。孙子辈就比较严重了，尤其是那些在外面读书打工的娃娃们纳西语水平明显下降了，有的甚至已经不会说了。

问：您对此现象有什么想法吗？

答:有时碰到在外面工作、上学回来的,在村子里讲汉语,我们很反感,觉得他们好像看不起我们纳西族了,把自己的文化都丢了。像我妹妹当年跑婚,嫁到河北,20年后回到村里,还能用纳西语跟我们讲话,村里人就觉得非常高兴,一下子就变得亲切多了。纳西文化到死都不能忘!

问:您希望您的孩子学好汉语吗?

答:当然希望,但是纳西语也不能丢!

问:为什么呢?

答:因为现在到外面读书啊、工作啊都需要用汉语交流,而纳西语就只是在我们这个地方用。

问:咱们村里的教育状况怎么样?

答:我们小组只有雄古小学,雄古一、二、三组的孩子在这儿上学前班,一至五年级要到行政村的中古完小去读,小学的入学率能达到100%。中学到九河中学读,只有初中。高中就要到县上的玉龙县一中和玉龙县民族中学就读,高中的入学率逐年增高,能达到90%以上。考上大学的也多了,前年考上了2个,去年考上了4个。

问:看来父母对孩子的教育还是很重视的。

答:是啊,只要孩子能考上,再困难也要供,有些考不上的,自费都要念。

问:学校里学生之间、师生之间用什么语言进行交流?

答:老师上课的时候用汉语教学,课后同学之间、师生之间用纳西语交流。

问:学校里有没有实行双语教学?

答:没有,各方面条件达不到,丽江的学校才有。

问:雄古村是一个纳西族聚居的村寨,纳西族的传统文化保持的怎么样?

答:感觉没有原来那么浓厚了,现在大家生活水平提高了,休闲娱乐的方式变多了,会唱纳西小调、打跳的人越来越少,再过20年,也许会消失。民族服饰人们平时也很少穿,只在过重大节日的时候才穿,样式也变少了。传统的民族节日主要有农历二月初八的三朵节,在这一天要祭拜纳西族心目中崇敬的三朵神;农历六月二十四的火把节,村子里每家每户要树火把,过三天:第一天,接祖先;第二天,烧纸钱;第三天,送祖先;还有农历七月十四的七月半,这天出嫁的女儿要回到娘家祭拜祖先。

问:村里有信仰宗教的群众吗?

答:没有,我们纳西族不信教,崇尚以和为贵,只要大家日子过得好,相处得和睦就好。

问:与过去相比,这里的纳西语有什么变化吗?

答:汉语词汇变多了。

问:您对此有担忧吗?

答:很担忧啊!农村里面纳西语保留得还比较好,但是现在随着与外界交流日益频繁,很多年轻人都不会说纳西语了,身份证上写的是纳西族,却不会说纳西语,是件很难过的事情。

问：您认为汉语对纳西语的冲击大吗？未来纳西语会消失吗？

答：我觉得还好，毕竟大多数的纳西族还生活在农村，受外界的影响不大，只是那些出去的人纳西语水平就不如我们了。纳西语不会消失，我们都会教孩子们讲，回到家也只说纳西语。

问：您怎么看汉语和纳西语的关系？

答：不可分开，生活当中都需要，汉族不需要学习纳西语，但是纳西族必须学习汉语，离开了汉语，没法儿生活。比如去了昆明啊，外省啊，他们不懂纳西语，我们就得讲汉语。

问：村里有人会东巴文吗？

答：哦！这个没有，我们都不懂的。

四、中古村语言使用情况总表

新文一组

编号	家庭关系	姓名	性别	民族	年龄	文化程度	第一语言及水平	第二语言及水平	其他语言及水平
1	户主	和绍山	男	纳西	42	高中	纳西,熟练	汉,熟练	
	妻子	和作春	女	纳西	38	初中	纳西,熟练	汉,熟练	
	父亲	和尚义	男	纳西	74	初中	纳西,熟练		
	母亲	和正英	女	纳西	78	文盲	纳西,熟练		
	长女	和景鑫	女	纳西	17	初中	纳西,熟练	汉,熟练	
	次女	和景晶	男	纳西	15	小学	纳西,熟练	汉,熟练	
2	户主	和文虎	男	纳西	50	小学	纳西,熟练	汉,略懂	
	妻子	和社会	女	纳西	47	小学	纳西,熟练	汉,略懂	
	长女	和宏顺	女	纳西	23	小学	纳西,熟练	汉,熟练	
	长子	和宏根	男	纳西	21	初中	纳西,熟练	汉,熟练	
3	户主	和继忠	男	纳西	41	初中	纳西,熟练	汉,熟练	
	妻子	杨福妹	女	纳西	40	初中	纳西,熟练	汉,熟练	
	父亲	和建林	男	纳西	82	小学	纳西,熟练		
	母亲	和尚志	女	纳西	79	文盲	纳西,熟练		
	长子	和述刚	男	纳西	19	高中	纳西,熟练	汉,熟练	
	次子	和述辉	男	纳西	17	初中	纳西,熟练	汉,熟练	
4	户主	和文学	男	纳西	38	初中	纳西,熟练	汉,熟练	
	妻子	和跃芬	女	纳西	27	初中	纳西,熟练	汉,熟练	
	母亲	和芝新	女	纳西	74	文盲	纳西,熟练		
	长女	和红蕊	女	纳西	6	小学	纳西,熟练		
5	户主	和沛武	男	纳西	34	小学	纳西,熟练	汉,熟练	
	妻子	杨万芬	女	纳西	36	小学	纳西,熟练	汉,熟练	
	母亲	杨茂金	女	纳西	77	文盲	纳西,熟练		
	长子	和四全	男	纳西	10	小学	纳西,熟练	汉,熟练	

6	户主	和邵宗	男	纳西	45	初中	纳西,熟练	汉,熟练	
	妻子	和汝秀	女	纳西	43	小学	纳西,熟练	汉,熟练	
	长女	和四群	女	纳西	18	初中	纳西,熟练	汉,熟练	
	次女	和四秋	女	纳西	16	大学	纳西,熟练	汉,熟练	
7	户主	和自伟	男	纳西	36	小学	纳西,熟练	汉,略懂	
	妻子	和继良	女	纳西	39	小学	纳西,熟练	汉,略懂	
	长子	和寿华	男	纳西	13	初中	纳西,熟练	汉,熟练	
	次子	和秋华	男	纳西	11	小学	纳西,熟练	汉,略懂	
8	户主	和邵东	男	纳西	44	小学	纳西,熟练	汉,熟练	
	妻子	和寿仙	女	纳西	43	小学	纳西,熟练	汉,熟练	
	长女	和丽菊	女	纳西	14	小学	纳西,熟练	汉,略懂	
9	户主	和志华	男	纳西	53	小学	纳西,熟练	汉,略懂	
	妻子	和万林	女	纳西	55	小学	纳西,熟练	汉,略懂	
	长子	和乙冬	男	纳西	29	小学	纳西,熟练	汉,略懂	
	儿媳	和秋一	女	纳西	27	小学	纳西,熟练	汉,略懂	
10	户主	和文军	男	纳西	40	初中	纳西,熟练	汉,熟练	
	妻子	和永秀	女	纳西	43	小学	纳西,熟练	汉,熟练	
	长子	和春堂	男	纳西	14	初中	纳西,熟练	汉,略懂	
	长女	和春燕	女	纳西	12	小学	纳西,熟练	汉,略懂	
11	户主	杨向群	男	纳西	56	小学	纳西,熟练	汉,略懂	
	妻子	杨凤英	女	纳西	56	小学	纳西,熟练	汉,略懂	
	长子	杨学海	男	纳西	26	初中	纳西,熟练	汉,熟练	
	儿媳	和样花	女	纳西	29	初中	纳西,熟练	汉,熟练	
12	户主	和沛军	男	纳西	44	小学	纳西,熟练	汉,熟练	
	妻子	和桂菊	女	纳西	43	小学	纳西,熟练	汉,熟练	
	长女	和春菊	女	纳西	24	初中	纳西,熟练	汉,熟练	
13	户主	和丽琼	女	纳西	35	小学	纳西,熟练	汉,略懂	
	母亲	和桂英	女	纳西	59	小学	纳西,熟练	汉,略懂	
	长女	和鹏娟	女	纳西	14	初中	纳西,熟练	汉,熟练	
	长子	和弘扬	男	纳西	12	小学	纳西,熟练	汉,略懂	
14	户主	和文龙	男	纳西	56	小学	纳西,熟练	汉,略懂	
	妻子	和文静	女	纳西	54	小学	纳西,熟练	汉,略懂	
	长子	和宏高	男	纳西	34	高中	纳西,熟练	汉,熟练	
	儿媳	李宝美	女	白	26	初中	白,熟练	汉,熟练	纳西,略懂
15	户主	和志强	男	纳西	47	小学	纳西,熟练	汉,熟练	
	妻子	和群英	女	纳西	45	小学	纳西,熟练	汉,熟练	
	长子	和鹏萍	男	纳西	23	初中	纳西,熟练	汉,略懂	
16	户主	和四军	男	纳西	57	小学	纳西,熟练	汉,略懂	
	妻子	和文箭	女	纳西	50	小学	纳西,熟练	汉,略懂	
17	户主	谷顺风	男	纳西	44	小学	纳西,熟练	汉,熟练	
	妻子	杨学先	女	纳西	39	小学	纳西,熟练	汉,略懂	
	长女	谷秋云	女	纳西	16	高中	纳西,熟练	汉,熟练	
	长子	谷秋龙	男	纳西	12	小学	纳西,熟练	汉,略懂	

编号	家庭关系	姓名	性别	民族	年龄	文化程度	第一语言及水平	第二语言及水平	其他语言及水平
18	户主	杨象雄	男	纳西	53	小学	纳西,熟练	汉,略懂	
	妻子	杨寿陆	女	纳西	52	小学	纳西,熟练	汉,略懂	
	长女	杨学芬	女	纳西	26	初中	纳西,熟练	汉,熟练	
	长子	杨学春	男	纳西	25	大专	纳西,熟练	汉,熟练	
19	户主	和秀春	男	纳西	47	小学	纳西,熟练	汉,熟练	
	妻子	和才命	女	纳西	49	小学	纳西,熟练	汉,熟练	
	长女	和瑞梅	女	纳西	16	高中	纳西,熟练	汉,熟练	
	长子	和瑞龙	男	纳西	14	初中	纳西,熟练	汉,熟练	
20	户主	和作军	男	纳西	41	初中	纳西,熟练	汉,熟练	
	妻子	和群花	女	纳西	35	小学	纳西,熟练	汉,略懂	
	长子	和振兴	男	纳西	14	初中	纳西,熟练	汉,熟练	
	次子	和振松	男	纳西	12	小学	纳西,熟练	汉,略懂	
21	户主	和秀华	男	纳西	58	小学	纳西,熟练	汉,熟练	
	妻子	和志良	女	纳西	58	小学	纳西,熟练	汉,略懂	
	长子	和卫武	男	纳西	32	初中	纳西,熟练	汉,熟练	
	长女	和卫梅	女	纳西	21	初中	纳西,熟练	汉,熟练	
22	户主	和建尧	男	纳西	72	初中	纳西,熟练	汉,熟练	
	长子	和丽军	男	纳西	36	小学	纳西,熟练	汉,熟练	
	长媳	和春秀	女	纳西	34	小学	纳西,熟练	汉,熟练	
	长孙女	和凤娟	女	纳西	14	初中	纳西,熟练	汉,熟练	白,略懂
	长孙	和凤伟	男	纳西	11	小学	纳西,熟练	汉,熟练	
	二女	和丽芬	女	纳西	41	高中	纳西,熟练	汉,熟练	
23	户主	和文武	男	纳西	36	初中	纳西,熟练	汉,熟练	
	妻子	和学丽	女	纳西	35	初中	纳西,熟练	汉,熟练	
	母亲	和亮明	女	纳西	75	初中	纳西,熟练	汉,熟练	
	父亲	和继宗	男	纳西	72	初中	纳西,熟练	汉,熟练	白,略懂
	哥哥	和文光	男	纳西	40	初中	纳西,熟练	汉,熟练	
	长女	和玉娟	女	纳西	13	初中	纳西,熟练	汉,熟练	

雄古二组

编号	家庭关系	姓名	性别	民族	年龄	文化程度	第一语言及水平	第二语言及水平	其他语言及水平
1	户主	和兆强	男	纳西	52	初中	纳西,熟练	汉,熟练	
	妻子	和寿兰	女	纳西	52	初中	纳西,熟练	汉,略懂	
	母亲	和金七	女	纳西	86	文盲	纳西,熟练		
	父亲	和瑞启	男	纳西	84	文盲	纳西,熟练	汉,略懂	
	长子	和丽东	男	纳西	28	初中	纳西,熟练	汉,熟练	
	次子	和丽权	男	纳西	26	初中	纳西,熟练	汉,熟练	
	长孙	和俊	男	纳西	7	小学	纳西,熟练	汉,略懂	

2	户主	和光华	男	纳西	39	初中	纳西,熟练	汉,略懂	
	妻子	和志花	女	纳西	36	小学	纳西,熟练	汉,略懂	
	长女	和晓丽	女	纳西	17	小学	纳西,熟练	汉,熟练	
	次女	和晓佳	女	纳西	15	小学	纳西,熟练	汉,略懂	
3	户主	和国龙	男	纳西	42	初中	纳西,熟练	汉,略懂	
	妻子	杨春月	女	纳西	41	文盲	纳西,熟练	汉,略懂	
	长女	和丽	女	纳西	19	初中	纳西,熟练	汉,熟练	
	次女	和琴	女	纳西	17	初中	纳西,熟练	汉,熟练	
4	户主	和勇军	男	纳西	37	初中	纳西,熟练	汉,略懂	
	妻子	和月仙	女	普米	30	小学	普米,熟练	纳西,熟练	汉,略懂
	父亲	和泽远	男	纳西	68	文盲	纳西,熟练		
	母亲	和文秀	女	纳西	66	文盲	纳西,熟练		
	长女	和金竹	女	纳西	11	小学	纳西,熟练	汉,略懂	
	次女	和金菊	女	纳西	7	小学	纳西,熟练		
5	户主	和凤伟	男	纳西	52	初中	纳西,熟练	汉,熟练	
	妻子	和福芝	女	纳西	50	初中	纳西,熟练	汉,略懂	
	长子	和桂军	男	纳西	25	初中	纳西,熟练	汉,熟练	
	次子	和桂江	男	纳西	24	初中	纳西,熟练	汉,熟练	
6	户主	和发龙	男	纳西	42	初中	纳西,熟练	汉,熟练	
	妻子	和银芬	女	纳西	42	初中	纳西,熟练	汉,熟练	
	母亲	杨文秀	女	纳西	86	文盲	纳西,熟练		
	长子	和学强	男	纳西	20	高中	纳西,熟练	汉,熟练	
	长女	和学彦	女	纳西	18	初中	纳西,熟练	汉,熟练	
7	户主	和柏青	男	纳西	70	初中	纳西,熟练		
	妻子	杨茂贵	女	纳西	67	初中	纳西,熟练		
	长子	和春华	男	纳西	25	初中	纳西,熟练	汉,熟练	
	儿媳	和庭娟	女	普米	21	初中	普米,熟练	纳西,熟练	汉,熟练
8	户主	和发红	男	纳西	41	初中	纳西,熟练	汉,略懂	
	妻子	杨吉花	女	纳西	40	文盲	纳西,熟练	汉,略懂	
	母亲	和习林	女	纳西	79	小学	纳西,熟练		
	长女	和象凤	女	纳西	17	初中	纳西,熟练	汉,熟练	
	长子	和象龙	男	纳西	15	初中	纳西,熟练	汉,熟练	
9	户主	和家润	男	纳西	64	初中	纳西,熟练	汉,略懂	
	妻子	和建昌	女	纳西	66	小学	纳西,熟练	汉,略懂	
	长子	和丽王	男	纳西	33	高中	纳西,熟练	汉,熟练	
	长媳	杨春琴	女	汉	26	初中	汉,熟练	纳西,略懂	
	次子	和丽山	男	纳西	27	初中	纳西,熟练	汉,熟练	
10	户主	和振达	男	纳西	44	初中	纳西,熟练	汉,熟练	
	妻子	杨四女	女	纳西	46	小学	纳西,熟练	汉,略懂	
	长子	和柏鸥	男	纳西	20	大学	纳西,熟练	汉,熟练	
	次子	和柏云	男	纳西	18	初中	纳西,熟练	汉,熟练	

11	户主	和发明	男	纳西	47	初中	纳西,熟练	汉,熟练	
	妻子	和玉秀	女	纳西	42	初中	纳西,熟练	汉,熟练	
	长女	和象琴	女	纳西	22	初中	纳西,熟练	汉,熟练	
	长子	和象武	男	纳西	19	高中	纳西,熟练	汉,熟练	
12	户主	和雪武	男	纳西	51	初中	纳西,熟练	汉,熟练	
	妻子	余光美	女	傈僳	49	小学	傈僳,熟练	纳西,熟练	汉,熟练
	长子	和春乐	男	纳西	25	文盲	纳西,熟练	汉,熟练	
13	户主	和恩全	男	纳西	36	初中	纳西,熟练	汉,熟练	白,略懂
	妻子	和金运	女	纳西	33	初中	纳西,熟练	汉,熟练	白,略懂
	祖母	杨泽	女	纳西	87	小学	纳西,熟练	汉,略懂	
	母亲	张春秀	女	纳西	55	初中	纳西,熟练	汉,熟练	
	长子	和根灵	男	纳西	17	职高	纳西,熟练	汉,熟练	白,略懂
	长女	和丽佳	女	纳西	16	初中	纳西,熟练	汉,熟练	白,略懂
14	户主	杨绍全	男	纳西	29	初中	纳西,熟练	汉,熟练	
	妻子	纠英	女	藏	28	小学	藏,熟练	纳西,熟练	汉,熟练

第二节 关上村梅瓦小组语言使用情况个案调查

一、关上村委会及梅瓦小组概况

(一) 关上村委会概况

关上村委会是九河乡下辖的 10 个村民委员会之一。东邻太安乡,南接甸头村委会,西连金普村委会,北与中古村委会相接。内辖论瓦、打卡罗、子明罗、关上和梅瓦 5 个村民小组。

关上村委会的世居民族是白族、纳西族,另有少数外乡嫁入的汉族、傈僳族和普米族。总户数 398 户,总人口 1657 人。

该村村委会位于九河乡政府所在地白汉场。白汉场是 214 国道重要的交通枢纽之一,东达丽江市区,往南可到大理、昆明,向北可至中甸、鲁甸。在 1993 年昆明到丽江的新路开通以前,白汉场曾经是很繁华的交通枢纽,还是采集木料和拉运煤矿的大货车的必经之地,每天都能看到很多大客车和大卡车川流不息。交通上的便利带动了白汉场经济的发展。1985 年至 2000 年间,很多单位、公司、饭店和商店如雨后春笋一般冒出来。设有税务所、工商所、水管所、交警大队分队、石油站、药材公司、百货站、贸易站和糕点厂等办事机构和企业单位。村民们至今还不时忆起当时的繁华。直到 1995 年国家禁伐天然林,2000 年河源煤矿停止开采,白汉场车流量渐渐减少,周围的单位和店铺纷纷搬离,白汉场才逐渐冷清起来。

昔日的繁华使得该地各民族居民的眼界和思维变得开阔,他们不愿只单纯的靠种地来维持生活,而思考着如何出外闯荡开辟新的天地。因此,该村除了种植以外,劳务输出成为关上村民最重要的经济来源。

村委会距县城 45 千米,海拔在 2400 米左右。年平均气温 15 摄氏度,年平均降水量 250

毫米。耕地面积1566亩,人均耕地不足1亩,适宜种植玉米、洋芋等农作物。2012年,共种植水稻351亩,玉米1200多亩。2010年,村里试种了15亩烤烟,取得了亩产3000元的效益。2011年烤烟面积达150多亩,种植户从一户发展到打卡罗、子明罗等小组,2012年烤烟面积已达到368亩。此外,村民利用山地种植药材,总面积达到150亩到200亩。

针对水资源短缺、水资源利用不合理的问题,近年来村里主要开展了以水利为主的基础设施建设。通过对各小组的投资,解决和完善了人畜饮水的问题,另外白汉场水库正在进行的扩容项目、防渗处理和田间沟渠正在进行的三面光工程的完善,都将极大地改善关上村委会乃至整个九河乡的农业灌溉。

境内建有一所关上完小。从学前班到六年级一共7个班,共有350名学生,12位教师。目前已完全实现了义务教育学费全免政策。关上完小的教育教学质量一直名列全乡前茅。从软件来看,教师爱岗敬业,学生家长重视子女教育,支持教育事业,营造了良好的教育氛围。硬件设施正在完善教育环境,修建一幢综合楼,预计于2013年3月份便可投入使用。

村里比较隆重的传统节日主要有春节、二月八(三朵节)、清明节、火把节和七月半等。在这些节日里,村民们通常会走亲访友、欢聚一堂。丰富多彩的文艺活动也是节日里不可或缺的内容。特别是春节期间的文艺比赛、篮球比赛,火把节夜晚的篝火和打跳,已然成为村民们喜爱和固守的传统。

(二)梅瓦小组概况

梅瓦小组位于九河乡政府西南约3公里处。西傍于老君山脉,东隔老214国道和稻田与关上小组遥遥相望,北与子明罗小组隔山相邻,南临甸头村委会的灵芝园小组。

梅瓦小组分为南社和北社,南社主要为白族聚居,北社主要是纳西族聚居,南社与北社之间民族界限明显。梅瓦小组一共55户,总人口229人,其中,白族83人,纳西族136人,傈僳族1人,普米族2人,汉族7人。原户籍人口主要为白族和纳西族,其他民族大多从外乡嫁入或入赘。

梅瓦小组耕地面积共有331.3亩,人均1.45亩。粮食作物有水稻、玉米、洋芋等。玉米主要用于喂养家畜,水稻、洋芋主要用于食用,少数剩余用于出售。经济作物有油菜、烤烟、向日葵、药材以及近两年开始种植的核桃等。

除了种植和养殖外,村里主要的经济来源为劳务输出。平均每户有一到两人在外务工。外出务工人员一般只有过节或村里有红事、白事才回来,村里平时以老人和儿童居多。尽管如此,村里没有闲置的土地,有的外出打工的人家将土地包给其他村民种植。外出打工的多到丽江城,主要是做木匠和泥水匠,以白族居多。

九河乡境内水资源有限,但梅瓦小组水资源相对丰富。其后山有两股山泉水,村子背后还有民国时期开挖的大水塘,相对来说具备丰厚的蓄水条件。但是由于水塘没有得到修缮,村民用水也没有统一的规划管理,水资源无法得到有效利用,到旱季时,缺水问题依然是农业生产的瓶颈。

梅瓦小组比较重视传统节日。节日有春节、清明节、中秋节、七月半等。逢年过节，人们或者走亲访友，或者做上一顿丰盛的饭菜与家人一起享用。

二、梅瓦小组语言使用现状

梅瓦小组是一个以白族、纳西族为主的杂居区，白族人数为83人，占总人口的36.24%，纳西人数为136人，占总人口的59.39%，其他民族人数为10人，占总人口的4.37%。

我们对梅瓦小组六岁以上、具有完全语言能力的221位村民进行了语言测试。其中，白族82人，纳西族129人。以下是测试的结果。

（一）梅瓦小组白族、纳西族村民母语使用现状

梅瓦村的南社和北社内部，村民各自用自己的母语进行交流。族际婚姻的家庭，其语言使用情况要视家庭成员的具体情况而定。

通过对梅瓦村南社、北社221位村民的调查，我们的结论是这两个民族全民稳定使用母语。除6—19岁青少年以外，都能够百分之百地熟练使用母语，个别青少年不能完全熟练使用母语有其特殊原因。

不同年龄段的白族白语使用情况如表3-9：

表3-9 梅瓦小组白族白语使用情况表

年龄段（岁）	人数	熟练 人数	熟练 百分比（%）	略懂 人数	略懂 百分比（%）	不会 人数	不会 百分比（%）
6—19	17	15	88.24	2	11.76	0	0
20—39	25	25	100	0	0	0	0
40—59	27	27	100	0	0	0	0
60以上	13	13	100	0	0	0	0
合计	82	80	97.56	2	2.44	0	0

梅瓦小组白族稳定使用白语，6—19岁青少年有2人为略懂白语，其余年龄段为100%熟练使用白语。

不同年龄段的纳西族纳西语使用情况如表3-10：

表3-10 梅瓦小组纳西族纳西语使用情况表

年龄段（岁）	人数	熟练 人数	熟练 百分比（%）	略懂 人数	略懂 百分比（%）	不会 人数	不会 百分比（%）
6—19	31	30	96.77	0	0	1	3.23
20—39	31	31	100	0	0	0	0
40—59	35	35	100	0	0	0	0
60以上	32	32	100	0	0	0	0
合计	129	128	99.22	0	0	1	0.78

表3-10显示，纳西族纳西语使用情况良好，6—19岁青少年中有1人不会纳西语，其余

都能熟练使用纳西语。

孩子母语习得的水平,受家庭语言环境的制约。梅瓦小组6—19岁的青少年中,南社的杨胜华和杨胜利略懂白语,北社的白晓玲不会母语,这是因为,杨胜华和杨胜利的母亲和奶奶都是纳西族,与母亲和奶奶接触的时间更多所致。而白晓玲因父亲是汉族,家中交流用汉语,因此不会自己的母语。

(二)梅瓦小组母语四百词测试情况

我们分别对梅瓦村7位白族村民、4名纳西族村民进行了测试。测试结果如表3-11和表3-12:

表3-11 梅瓦小组白族四百词测试统计表

年龄段(岁)	人数	A(优秀) 人数	百分比(%)	B(良好) 人数	百分比(%)	C(一般) 人数	百分比(%)	D(差) 人数	百分比(%)
6—19	1	1	100	0	0	0	0	0	0
20—39	2	2	100	0	0	0	0	0	0
40—59	2	2	100	0	0	0	0	0	0
60以上	2	2	100	0	0	0	0	0	0
合计	7	7	100	0	0	0	0	0	0

上表显示,梅瓦小组白族各个年龄段四百词测试情况皆为优秀。

表3-12 梅瓦小组纳西族四百词测试统计表

年龄段(岁)	人数	A(优秀) 人数	百分比(%)	B(良好) 人数	百分比(%)	C(一般) 人数	百分比(%)	D(差) 人数	百分比(%)
6—19	1	1	100	0	0	0	0	0	0
20—39	1	1	100	0	0	0	0	0	0
40—59	1	1	100	0	0	0	0	0	0
60以上	1	1	100	0	0	0	0	0	0
合计	4	4	100	0	0	0	0	0	0

表3-12参与测试的4位纳西族村民的四百词掌握情况都为优秀。

白族和纳西族测试者具体情况如表3-13和表3-14:

表3-13 白族测试者情况

姓名	年龄	性别	文化程度	A	B	C	D	A+B	等级
杨文江	17	女	高中	367	18	12	3	385	优秀
杨金龙	21	男	大学	372	3	6	9	375	优秀
杨玉红	24	男	初中	342	9	9	36	351	优秀
杨灿发	42	男	小学	394	4	2	0	398	优秀
张劲莺	44	女	初中	392	3	1	4	395	优秀
杨胜书	60	男	小学	394	1	3	2	395	优秀
杨如九	79	男	初中	399	0	0	1	399	优秀

表 3-14　纳西族测试者情况

姓名	年龄	性别	文化程度	A	B	C	D	A+B	等级
和秋芳	18	女	高中	350	26	20	4	376	优秀
杨绍娣	36	女	小学	343	27	27	3	370	优秀
和灿星	49	男	小学	336	21	40	3	357	优秀
和秀山	69	男	初中	382	5	13	0	387	优秀

表 3-14 显示，白族、纳西族村民不论哪个年龄段，测试等级均为优秀。对母语基本词汇的掌握程度都非常好。7 名白族测试者和 4 名纳西族测试者中，老人掌握的词汇量比年轻人更多，并且与年龄成正比。原因在于年轻人在外读书或打工，讲汉语的时间更多一些，有些不常见的事物渐渐说不上来。另外也与被测者的语言环境有关。如杨玉红从小随父亲外出，很小便能听懂纳西语。加上自己的同学和朋友多是纳西族，因此他的纳西话水平比母语高。

（三）梅瓦小组村民汉语使用情况

梅瓦小组距离老 214 国道近，村民与外界往来频繁，再加上村里劳务输出人口多，村民整体汉语水平较高。村民汉语使用情况有以下几个特点：

1. 存在代际差异

白族不同年龄段汉语水平的差异如表 3-15：

表 3-15　白族不同年龄段汉语使用情况

年龄段（岁）	人数	熟练 人数	熟练 百分比（%）	略懂 人数	略懂 百分比（%）	不懂 人数	不懂 百分比（%）
6—19	17	12	70.59	5	29.41	0	0
20—39	25	24	96.00	1	4.00	0	0
40—59	27	27	100	0	0	0	0
60 以上	13	10	76.92	3	23.08	0	0
合计	82	73	89.02	9	10.98	0	0

上表表明，梅瓦村白族汉语使用水平从高到低的排序是：40—59＞20—39＞60 以上＞6—19。即 6—19 岁的青少年汉语水平最低，70.59% 的人能够熟练使用汉语；40—59 岁年龄段的青壮年汉语使用水平最高，为 100%。

纳西族汉语使用情况见表 3-16：

表 3-16　纳西族不同年龄段汉语使用情况

年龄段（岁）	人数	熟练 人数	熟练 百分比（%）	略懂 人数	略懂 百分比（%）	不懂 人数	不懂 百分比（%）
6—19	31	25	81.65	6	19.35	0	0
20—39	31	30	96.77	1	3.23	0	0
40—59	35	29	82.86	6	17.14	0	0
60 以上	32	14	43.75	17	53.13	1	3.12
合计	129	98	75.97	30	23.26	1	0.77

表 3-16 显示,梅瓦村纳西族汉语使用水平从高到低的年龄段排序是:20—39＞40—59＞6—19＞60 以上。60 岁以上的老年人汉语水平最低,43.75% 的人能够熟练使用汉语;20—39 年龄段的青壮年汉语使用水平最高,为 96.77%。

比较两个表,我们发现,6—19 岁的青少年和 60 岁以上的老年人的汉语水平相对较差,20—39 岁和 40—59 岁的青壮年汉语水平相对较高。

60 岁以上的老年人之所以汉语水平低,是由于这一年龄段的老人在外界的活动范围较小,接触的语言面较窄。另一个原因是老人接受的学校教育程度相对不高,有些仅为小学,甚至有的是文盲。只有梅瓦北社 67 岁的和志勇是个特例,他小学文化程度,但其汉语使用水平为熟练。经询问,原因是其曾经担任过村长,且喜欢娱乐,经常组织一些文艺活动。

6—19 岁的青少年中,汉语水平略懂的人年龄段主要在 7—10 岁之间。他们之所以水平相对较低,是受其家庭环境和外部社会环境的影响所致。其家庭以母语交流为主,村社中以纳西语和白语为主。在学校里,课下主要还是用纳西语和白语。所以,在青少年语言习得过程中,汉语属于次要地位。

20—39 岁和 40—59 岁的青壮年,汉语水平较高是因为这一年龄段的人受教育程度相对较高,在学校受过长时间的汉语基础训练,有的在外长时间打工掌握了汉语。

总的来看,梅瓦村的汉语水平属于熟练级的在 75% 到 89% 之间。原因在于随着时代的变化,人们使用汉语交流的机会增加,加上国家对教育的大力扶持,村民受教育程度不断提高。

2. 与文化程度相关

调查发现,村民兼用汉语水平与文化程度成正比,具体统计数据见表 3-17 和表 3-18:

表 3-17 白族不同文化程度汉语使用情况

文化程度	人数	熟练 人数	熟练 百分比(%)	略懂 人数	略懂 百分比(%)	不会 人数	不会 百分比(%)
文盲半文盲	5	2	40	3	60	0	0
小学及学前	43	36	83.72	7	16.28	0	0
初中	23	23	100	0	0	0	0
高中及以上	11	11	100	0	0	0	0
合计	82	72	87.80	10	12.20	0	0

表 3-18 表明,文化程度越高的白族村民,其汉语兼用水平越高。梅瓦村初中及高中以上文化水平的白族共有 34 人,全都能够熟练使用汉语。

表 3-18 纳西族不同文化程度汉语使用情况

文化程度	人数	熟练 人数	熟练 百分比(%)	略懂 人数	略懂 百分比(%)	不会 人数	不会 百分比(%)
文盲半文盲	12	0	0	12	100	0	0
小学及学前	70	54	77.14	16	22.86	0	0
初中	34	32	94.12	1	2.94	1	2.94
高中及以上	13	13	100	0	0	0	0
合计	129	99	76.74	29	22.48	1	0.78

表 3-18 显示,村民汉语水平与其文化程度成正比。高中及以上文化程度的纳西族村民汉语水平最高,能够 100% 熟练使用汉语,初中次之,而文盲及半文盲最低,100% 的村民为略懂汉语。

小学及学前文化程度的村民共有 113 名,全都能够使用汉语,其中能够熟练使用汉语的白族有 36 名,占 31.86%;纳西族有 54 名,占 47.79%。略懂汉语的白族有 7 名,占小学及学前程度的 6.19%,纳西族有 16 名,占 14.16%。在这 23 名略懂汉语的村民中,有 11 个孩子是小学在读,其年龄在 7 到 10 岁之间。这些孩子汉语水平不熟练的原因是接触汉语的时间不长。据了解,关上完小的学生学前班时主要使用民族语,以普通话辅助,一年级开始使用汉语,多数要到三四年级才能掌握汉语。随着年龄的增长,这些孩子的汉语水平将会进一步提高。

文盲以及半文盲的白族和纳西族村民兼用汉语的水平最低,多是 60 岁以上的老人。白族村民中能够熟练使用汉语的仅有 2 人,其余为略懂。15 位纳西族村民汉语水平都为略懂。

3.存在性别差异

梅瓦小组男性与外界交往比女性多,造成兼用汉语水平的差异。具体见下表 3-19 和表 3-20:

表 3-19 白族不同性别汉语使用情况

性别	人数	熟练 人数	熟练 百分比(%)	略懂 人数	略懂 百分比(%)	不会 人数	不会 百分比(%)
男	54	50	92.59	4	7.41	0	0
女	28	23	82.14	5	17.86	0	0
合计	82	73	89.02	9	10.98	0	0

表 3-20 数据显示,梅瓦小组白族男性兼用汉语的水平高于女性。在 82 名被调查的白族村民中,男性 54 人,女性 28 人。男性能够熟练使用汉语的有 50 人,占 92.59%,略懂汉语的有 4 人,占 7.41%。女性能够熟练使用汉语的有 23 人,占 82.14%,略懂汉语的人数有 5 人,占 17.86%。总之,白族村民男性能够熟练使用汉语的比例明显高于女性,略懂汉语的女性比例更大。

表 3-20　纳西族不同性别汉语使用情况

性别	人数	熟练 人数	熟练 百分比(%)	略懂 人数	略懂 百分比(%)	不会 人数	不会 百分比(%)
男	56	47	83.93	9	16.07	0	0
女	73	50	68.49	22	30.14	1	1.37
合计	129	97	75.19	31	24.03	1	0.78

表 3-20 显示，纳西族村民男性兼用汉语的水平明显高于女性。在 129 名被调查的纳西族村民中，男性 56 人，女性 73 人。男性能够熟练使用汉语的有 47 人，占 83.93%，略懂汉语的有 9 人，占 16.07%。女性能够熟练使用汉语的有 50 人，占 68.49%，略懂汉语的人数有 22 人，占 30.14%。

与外界的接触程度、汉语习得环境以及汉语习得的需求程度，是制约村民兼用汉语水平主要因素。长期以来，九河乡的白族、纳西族地区男女分工的传统习惯是"男主外，女主内"，到了今天，虽然有少数妇女已经从家庭中解放出来，但在农村这种传统习惯依然存在。女性特别是年纪稍大的妇女，多在家养殖、种植、带孩子，交际范围较窄，即便出去做买卖，只用白语或纳西语也就够了。对她们来说，不仅没有汉语习得环境，也没有习得需求。而男性则不同，他们外出打工或做生意，与外界接触多，因而汉语水平能够得到提高。

4. 存在民族差异

我们对梅瓦村两个主要民族白族和纳西族的兼用汉语水平分别进行了统计，发现二者兼用汉语的水平存在差异。具体见表 3-21：

表 3-21　白族、纳西族汉语使用情况

民族	人数	熟练 人数	熟练 百分比(%)	略懂 人数	略懂 百分比(%)	不会 人数	不会 百分比(%)
白	82	73	89.02	9	10.98	0	0
纳西	129	98	75.97	31	24.03	0	0
合计	211	171	81.04	40	18.96	0	0

表 3-21 显示，梅瓦村白族村民的兼用汉语水平明显高于纳西族。白族人口 82 人，能够熟练使用汉语的有 73 人，占 89.02%，其余略懂汉语。纳西族人口 129 人，有 98 人能够熟练使用汉语，占 75.97%，其余为略懂。

原因在于，白语吸收了大量汉语借词，习得汉语比较容易。再加上南社白族村民会泥水匠、木匠活，出去打工的人比纳西族多，更有学习汉语的条件。

(四) 梅瓦小组纳西族、白族兼用民族语水平对比

梅瓦小组白族、纳西族村民在交往的过程中，免不了要互相学习民族语，以达到交流的目的。我们通过调查对比，发现白族兼用纳西语的程度高于纳西族兼用白语。具体数字见表 3-22：

表 3-22 白族、纳西族兼用民族语情况对比

民族	人数	兼用语	熟练 人数	熟练 百分比(%)	略懂 人数	略懂 百分比(%)	不会 人数	不会 百分比(%)
白族	82	纳西语	72	87.80	8	9.76	2	2.44
纳西族	129	白语	20	15.50	32	24.80	77	59.70
合计	211		92	43.60	40	18.96	79	37.44

表 3-22 显示,有 87.80% 的白族人能够熟练掌握纳西语,有 2.44% 的白族村民不会纳西语。而只有 15.50% 的纳西族能够熟练使用白语,59.70% 不会白语,24.80% 的人略懂白语。

原因在于,梅瓦村的纳西族是世居民族,人数又多于白族,这为白族村民创造了一个纳西语环境。白族要在这个地区更好地生活和发展,自然要掌握纳西语。再加上玉龙县是以纳西族为主体民族的自治县,纳西族的语言和文化有其特殊的地位,对其他民族会存在更多的影响。

三、梅瓦小组人物访谈录

(一)关上村梅瓦小组村长杨志华访谈录

访谈对象:杨志华,男,58 岁,白族,初中学历,梅瓦村民小组村长

访谈时间:2012 年 8 月 13 日上午

访谈地点:访谈对象家中

访谈者:李旭芳、木粲成

整理者:李旭芳

问:杨村长您好,请介绍一下您家里的基本情况。

答:我家里一共有 4 口人,我、我妻子、我儿子,还有嫁进来 1 年的儿媳妇。我还有 2 个女儿,现在都已经出嫁。除了儿媳妇是纳西族外,其他人都是白族。

问:那您家里人交流时使用什么语言?

答:我和妻子、儿子 3 个人在家里用白语交流,因为我儿媳妇是纳西族,不会说白语,所以我们和儿媳妇交流就用纳西语。

问:您、您妻子和儿子的纳西语说得怎么样?

答:都说得不错。因为我们不仅在家里,在外边用纳西语交流的时候也挺多。

问:请您谈谈自己的经历。

答:84 年开始,我买了一辆两轮摩托车到剑川买菜、买鱼,然后拿回九河卖。卖了八年以后,又买了一辆三轮摩托载人,做了 5、6 年。2000 年我建了一个空心砖厂,生产和出售空心砖,附带在砖厂旁开了一个小卖店和一个加水站。空心砖主要销往九河、太安,早些年香格里拉的人都来买砖。家里已经不种地,因此粮食、蔬菜都是买的。但是除去家中各种花费,一年还能够结余 15000 元左右。

问:您觉得您的经历对您的语言学习有什么好处。

答:有好处。我在这个过程中与各民族的人接触,因此汉语和纳西语都比较熟练。除此之外,我儿子上学前经常和我一起外出,经常和各种民族的人打交道,因此他的纳西语和普通话都学得比其他同学快一些。

问:请简要介绍一下村子里的基本情况。

答:我们村一共近50户,以村子中间的一口井为界限分南社和北社。北社为纳西族,说纳西语,南社是白族,说白语。村民主要种植水稻和玉米。烤烟很少,我们村只有我一个侄子种了八分左右的地。村里有白族人承包土地种了5亩到60亩药材不等。村民很少种植经济作物,有些村民会种一些向日葵,除了家里过节吃,还可以卖一部分。两年以前平均每家都种了3、4亩左右的核桃树,现在还没成树,以后应该会有创收。村里平均每户养着两三头猪,过年时会杀一头,其余的作为商品猪出售,更多的村民倾向养母猪,通过卖小猪增加收入。现在村里去丽江城里打工的人渐渐多了,平均每家都有一到两人到外面打工。

问:村子里两个社的村民平时交流时一般用什么语言?

答:一般用纳西语。村子里南社的白族村民交流时通常用白语,北社村民之间交流用纳西语,白族人与纳西人相遇大多说纳西语。

问:那白族人与纳西人之间交流有用白语的情况吗?

答:有,但很少。普遍情况是用纳西语,因为白族人说纳西语说得相对好一些,而纳西人说白语说得不太好,而且会说的也少一些。

问:村里打工的人出去一般是做什么?

答:白族人会做木工和泥水活,所以村子里白族人出去打工的多一些,纳西人也有出去的,但相对少一些,主要在家里种植和养殖。

问:打工出去的人多长时间回来一次?

答:一般在节日或者村里有红、白事的时候才回来。

问:那打工的人回来他们的民族语有退化吗?

答:没有,他们出去的时间不长。而且在丽江纳西、白族人都很多,有机会说民族语,所以他们的纳西语、白语都还是很熟练。

问:请您简要介绍一下村里的教育情况。

答:因为村里没有幼儿园,所以都是家里人自己带孩子,等孩子到入学年龄就到高寨完小上小学。村里有些孩子读得不好或者因为家庭情况不好会有辍学现象。但是也有读得好的,大学已经在读的有5个,今年考上的有2个。

问:村里孩子的语言说得怎样?

答:我们南社因为都跟着家里人,小孩子除了学白语以外,在上学前他们都已经能懂一些纳西语,但是汉语水平差一些。

问:村里人主要过哪些节日?

答：春节、中秋节隆重一些。我们村不过会亲节，火把节也没有其他村隆重。一般都是做一顿丰盛的饭菜，现在都不竖火把了，前几年想组织一下村民，但他们都不大有兴趣。如果年内家里有去世的人，会在坟上点火把。

问：现在村里人还穿民族服饰吗？

答：年轻人不太穿了，过节时也不太穿。老年人无论过节还是平时都还穿。

问：村里的通婚情况怎样？

答：有些人倾向与本民族通婚，但大多数人都不太在意。村里的媳妇主要是从外村外乡嫁入。南北社之间也相互通婚。

（二）关上村梅瓦小组村民杨如九访谈录

访谈对象：杨如九，男，79岁，白族，初中学历，梅瓦村组村民

访谈时间：2012年8月13日中午

访谈地点：梅瓦村一杨姓村民家

访谈、整理者：李春风

问：爷爷您好！您今年多大年纪了，家里都有什么人啊？都会什么语言呢？

答：我叫杨如九，1933年出生在本村，是白族，会白语、纳西语、汉语。老妈妈（妻子）叫和金册，是本村的纳西族，没读过书，会纳西语、白语。有四个小孩，老大、老二是女儿，老三、老四是儿子。他们都会白语、纳西语、汉语。老大杨定花，49岁，读到小学，嫁到关上村别的寨子；老二杨树花，47岁，读到小学，嫁到石鼓；老四43岁，读到大学，现在九河乡司法部门工作。

现在只有老三杨树全在本村生活。他45岁，读到小学，老婆是中和村的白族，叫廖树花，46岁，嫁过来二十七八年了。她的父亲是汉族，母亲是白族，所以她会白语和汉语，纳西语是嫁到这里来以后学会的。两个娃娃都读到大学。孙子叫杨忠杰，从云南民族大学毕业后在九河乡信用社工作。孙女叫杨凤英，今年大学毕业，还没找到工作。他们都会白语、纳西语、汉语。

问：爷爷，您汉字写得这么好，读过书吧？

答：我13岁小学毕业后，考到丽江县（今丽江市）中学读了两年。那时候全县只有一个中学，现在中学到处都是喽。我上学的时候，解放前一段收一点学费，解放后国家照顾农民学生就不收费了。中学毕业后，又去当兵。不过只当了四个月的兵，家庭成分不好，就回家务农了。以前也经常出去做木活。

问：您知道这里的白族是从哪里来的吗？

答：听说是从剑川搬来的，到我这是第五代，有200多年的历史了。第一代是一个母亲带两个娃娃，丈夫去世后，在剑川生活不下去就搬到这里，姓"杨"。后来我们村又有一家白族，是

从南京搬来的,姓"阳"。他们搬过来以后,因为本地的纳西族多,白族很少,都是一个民族的兄弟嘛,白族人就都统一姓"杨"了。最早的时候,这里只有纳西族,白族过来后,向纳西族买了一块地,就这样慢慢发展起来了。

问:村里通婚的多吗?

答:村里"杨"姓的白族直到现在、不管间隔多少代都是不可以通婚的。不同民族、不同村子间可以通婚。比如村里的白族和纳西族就可以通婚。村里外嫁来的人很多,有汉族、傈僳族、白族和纳西族等。民族大团结喽,对吧?有的人刚嫁过来时,不会说白语、纳西语,过几年慢慢就会了。不过我小时候,纳西族和白族还不能通话,白族人那时候都会汉语。

问:就是说七八十年以前,这里的白族就都会说汉语了,为什么?

答:以前我们村前面就有一个寨口,是周边各地往来的交通要道、必经之路。我们村叫关上村,"关上"意思就是"关口的上面"。村里的白族都到那边去做生意,我父母就是在路边开铺子的,所以啥语言都会一些。

问:村里其他人是如何学会汉语的呢?

答:现在纳西族读书的小孩都会汉语。而且现在村子里的汉族人比以前多了,会说汉语的慢慢就多起来了。

问:您的家庭语言使用情况如何呢?

答:老妈妈(妻子)多半说纳西语,我们是白族,多半是说白语,没有交流问题。想说什么话就说什么话,都能明白。几个孩子、孙子、孙女之间都说白语。

问:咱们村出去打工的人多吗?

答:40岁以下的男劳力,基本都出去打工了,40岁以上年纪大一点的,一般都在家务农。女人多数留在家里种田,照顾家庭。

问:村里的纳西族会汉语和白语的多吗?

答:这里的纳西族可能有四五百年的历史了。他们基本都不会说汉语,住在村子靠北边的那些纳西族差不多都会听白语,但不会说。有时候我们对他们说白语,他们就用纳西语回答。

问:现在的小孩出生后一般都先学会什么语言呢?

答:就白族来说,现在有些父母在娃娃小的时候会教一点儿汉语,但娃娃只会白语。等孩子大一点以后,在村子里跑着玩,就能学会纳西语,有的也会一点汉语。

问:咱们村周围都是什么民族村寨?

答:我们白族多数居住在这个村子的南面,纳西族多数居住在村子的北面,不过这个界限现在越来越不清晰了。在我们的南面有一个汉族村子,20多户,搬过来有二三百年,我们的东、西方向都是白族村寨。在纳西族那边的东、西方向都是纳西族村寨。平时我们几个村寨都像是一家人一样。现在各个民族在一起,互相帮助、互相学习。谁家有什么红、白喜事,别的民族都来帮忙。我们白族就是这样的,到哪里团结哪里,到哪里就尊重哪里的生活习惯。

问:村里出去打工的人有在外定居的吗?您认为这会不会影响下一代的白语水平呢?

答：有很多年轻人在外面打工后结婚，不回来了，他们回来时，白语、汉语都说得很好。再生的小孩，应该还是会白语的，但是可能不会纳西语了。要是在丽江生活，可能也还会纳西语。以后嘛，小娃娃们的汉语可能会更好一些，因为长大后汉语用得更多。再几代人以后，小娃娃的白语可能就不怎么好了。不过现在汉语是全国通用的，到哪里都说得通，这样也好。

（三）关上村委会梅瓦小组村民杨金龙访谈

访谈对象：杨金龙，男，21岁，白族，梅瓦村大学生
访谈时间：2012年8月13日上午
访谈地点：梅瓦村民小组村长杨志华家中
访谈、整理者：和智利

问：你好！请你简单介绍一下你的个人经历。

答：我叫杨金龙，今年21岁。现在在内蒙古师范大学上大二，我学的专业是土地资源管理。我小学毕业于关上完小，初中是在九河乡中学上的，高中毕业于玉龙纳西族自治县第一中学（原丽江县八中）。

问：请谈谈你和你家人的语言使用情况。

答：我家里共5口人：爸爸、妈妈、哥哥、嫂子和我。爸爸、妈妈、哥哥和我都是白族。我们之间交流使用的是白语。除了白语，我们4个都会讲纳西语和汉语。嫂子是从玉龙县鸣音乡嫁过来的纳西族，她不能够使用白语。所以，我们和嫂子交谈通常使用纳西语。不过最近嫂子也可以听懂一些简单的日常交际用语了。估计，再过上一年左右，嫂子应该可以用白语和我们交流了。

问：哦，那村子里还有类似的族际婚姻家庭吗？他们的语言使用情况又是怎样的呢？

答：其实在我们梅瓦村民小组有很多族际婚姻家庭。这些族际婚姻家庭多数由白族—纳西族组成，还有少数外嫁进来的媳妇或入赘的女婿是普米族、傈僳族、汉族等民族。这些人中部分原本就能兼用白语、纳西语和汉语。其中不能够使用村子里和家庭主要交际用语的人，在嫁到村里一两年后，基本都能使用家里的主要交际语言了。

问：刚才你提到你能够使用白、纳西、汉语当地方言、普通话、英语五种语言，请你介绍具体的习得情况。

答：因为爸爸、妈妈都是白族，所以我最先习得的语言是白语。其次是汉语当地方言和纳西语。这两种语言是同时习得的。我的汉语当地方言的习得过程主要分为两个阶段：一个是学前，一个是小学1—3年级。我的奶奶是九河本地的汉族，所以学前我就从奶奶那学会了汉语当地方言。后来我到关上小学上学，1—3年级时老师用汉语当地方言教学，因而为继续使用汉语当地方言创造了语言环境。纳西语的习得就比较有意思了。因为我们村分南社和北

社,南社是白族,北社是纳西族。小时候我们村子里的同龄人都在一起玩,于是就自然而然的习得了纳西语。再次学会的是普通话。小学4年级,老师开始用普通话教学,5年级后,我就可以熟练地使用普通话同老师和同学交谈了。最后学会的是英语,我是从初中开始接触和学习英语的,经过努力,现在我已经可以使用英语和其他人交流了。

问:你的语言习得经历十分丰富多彩,请你继续谈谈你在中学阶段的语言使用情况。

答:九河乡有白、纳西、普米、傈僳、藏、汉6个世居民族。所以上初中时,班上有来自乡内的各个民族的学生。在课堂上,老师教学使用的是普通话。课后,我们同学之间交流多用民族语。白族学生在一起使用白语,纳西族学生在一起使用纳西语,普米族学生在一起使用普米语。不同民族学生在一起时使用大家都兼用的某一民族语或者汉语。2008年9月,我考上了玉龙县一中,在县城里使用纳西语的机会增多,说白语的机会就比较少了。高中阶段老师上课使用普通话,课后我们同学间交流主要使用普通话、纳西语和当地汉语方言。

问:那你现在在内蒙古上大学,大学毕业后走上工作岗位,将来使用民族语言的机会将越来越少。你会担心自己忘记白语和纳西语吗?

答:的确,现在在大学校园里基本用不上白语和纳西语了。但是白语作为我的母语是我一辈子的记忆,永远都忘不了。尽管纳西语不是母语,但是我的纳西语也很熟练。我的纳西语水平和白语水平都差不多,同样不会忘记。这两种语言是我一生的财富,肯定不会忘记。

问:你刚才说到你的白语水平和纳西语水平差不多,我能测测你的白语、纳西语四百词基本词汇吗?

答:可以的。

(测试结束后,继续访谈)

问:刚通过四百词测试发现你的测试结果十分有趣:两种语言四百词汇都达到了优秀的水平,并且其中完全熟练的词汇数量是相同的。

答:哦,我的白语水平和纳西语水平差不多。给你举个比较特殊的例子吧。我的朋友杨玉红,他们全家都是白族。他能使用白语、纳西语和汉语,他的第一语言是白语,家庭主要交际语言也是白语。但是他的纳西语水平高于白语水平。

问:谢谢你给我提供了一个很好的语言学素材,下去我会进一步进行深入了解的。刚才你提到村里分南北社,请你谈谈南北社的具体语言使用情况。

答:我们村北部有口井。以井为界,井的北面是北社,井的南面是南社。北社主要为纳西族聚居,主要交际用语是纳西语。南社主要是白族聚居,主要交际用语是白语。南北社的人聚在一起时,主要使用纳西语交流。

问:谢谢你为我们提供了许多珍贵的材料,十分感谢!

答:不客气!

四、梅瓦小组语言使用情况总表

编号	家庭关系	姓名	性别	民族	年龄	文化程度	第一语言及水平	第二语言及水平	其他语言及水平	备注
1	户主	杨胜书	男	白	60	小学	白,熟练	纳西,熟练	汉,略懂	
	妻子	王三妹	女	白	60	文盲	白,熟练	纳西,略懂	汉,略懂	
	长子	杨丽成	男	白	36	小学	白,熟练	纳西,略懂	汉,略懂	
	儿媳	和月清	女	纳西	30	小学	纳西,熟练	汉,熟练	白,略懂	
2	户主	杨吉润	男	白	60	文盲	白,熟练	纳西,熟练	汉,熟练	
	妻子	史永秀	女	白	57	初中	白,熟练	汉,熟练	纳西,熟练	
	长子	杨国雄	男	白	36	初中	白,熟练	纳西,熟练	汉,熟练	
	儿媳	张汉蓉	女	汉	43	初中	汉,熟练			
	长孙	杨齐	男	白	8	小学	白,熟练	汉,熟练	纳西,略懂	
3	户主	杨茂礼	男	白	69	小学	白,熟练	纳西,熟练	汉,略懂	
	妻子	杨金花	女	白	74	文盲	白,熟练	纳西,熟练	汉,略懂	
	长子	杨荣章	男	白	50	高中	白,熟练	纳西,熟练	汉,熟练	
	次子	杨四清	男	白	35	小学	白,熟练	纳西,熟练	汉,熟练	
	长媳	李慧梅	女	汉	46	初中	汉,熟练			
	长孙	杨剑泉	男	白	9	小学	白,熟练	汉,略懂		
4	户主	杨荣根	男	白	44	高中	白,熟练	纳西,熟练	汉,熟练	
	妻子	和金顺	女	纳西	41	高中	纳西,熟练	汉,熟练	白,熟练	
	长子	杨一江	男	白	16	初中	白,熟练	汉,熟练	纳西,略懂	
	长女	杨一芸	女	白	12	小学	白,熟练	汉,略懂	纳西,略懂	
5	户主	杨树荣	男	白	68	小学	白,熟练	纳西,熟练	汉,熟练	
	妻子	杨玉良	女	纳西	66	小学	纳西,熟练	汉,熟练	白,熟练	
	长子	杨跃龙	男	白	35	小学	白,熟练	纳西,熟练	汉,熟练	
	儿媳	和文秀	女	纳西	36	小学	纳西,熟练	汉,熟练	白,略懂	
	长孙	杨胜华	男	白	12	小学	白,略懂	纳西,熟练	汉,熟练	
	长孙女	杨胜利	女	白	7	小学	白,略懂	纳西,熟练	汉,略懂	
6	户主	杨合宝	男	白	62	小学	白,熟练	纳西,熟练	汉,熟练	
	妻子	和玉祥	女	纳西	61	小学	纳西,熟练	汉,熟练	白,略懂	
	女儿	杨益花	女	白	36	初中	白,熟练	纳西,熟练	汉,熟练	
	女婿	杨丽坤	男	白	44	小学	白,熟练,	纳西,熟练	汉,熟练	
	长孙女	杨吉映	女	白	13	小学	白,熟练	纳西,熟练	汉,熟练	
	次孙女	杨吉燕	女	白	10	小学	白,熟练	纳西,熟练	汉,略懂	
7	户主	和亮英	女	纳西	58	小学	纳西,熟练	汉,熟练	白,略懂	
	长子	杨万雄	男	白	38	小学	白,熟练	纳西,熟练	汉,熟练	
	儿媳	杨丽英	女	白	35	初中	白,熟练	汉,熟练		
	长孙	杨杰	男	白	8	小学	白,熟练	纳西,熟练	汉,略懂	
8	户主	杨秀春	女	汉	56	小学	汉,熟练	纳西,熟练	白,略懂	
	丈夫	杨合飞	男	白	58	初中	白,熟练	纳西,熟练	汉,熟练	
	长子	杨路发	男	白	29	初中	白,熟练	纳西,熟练	汉,熟练	
	儿媳	李珍艳	女	汉	30	初中	汉,熟练	白,熟练	纳西,熟练	

9	户主	杨学伟	男	白	41	高中	白,熟练	纳西,熟练	汉,熟练	
	妻子	杨兴富	女	白	36	初中	白,熟练	纳西,熟练	汉,熟练	
	父亲	杨银山	男	白	69	小学	白,熟练	纳西,熟练	汉,熟练	
	长子	杨正东	男	白	12	小学	白,熟练	纳西,略懂	汉,熟练	
10	户主	杨润龙	男	白	44	小学	白,熟练	纳西,熟练	汉,熟练	
	妻子	和作英	女	白	45	小学	白,熟练	汉,熟练	纳西,熟练	
	长子	杨泽华	男	纳西	23	初中	纳西,熟练	白,熟练	汉,熟练	
	长女	杨泽娟	女	白	10	小学	白,熟练	纳西,熟练	汉,略懂	
11	户主	杨学红	男	白	38	初中	白,熟练	纳西,熟练	汉,熟练	
	妻子	姚庆开	女	纳西	35	初中	纳西,熟练	汉,熟练	白,熟练	
	母亲	和树香	女	纳西	66	小学	纳西,熟练	汉,熟练	白,略懂	
	长子	杨正梁	男	白	13	小学	白,熟练	纳西,熟练	汉,熟练	
12	户主	杨灿发	男	白	42	小学	白,熟练	纳西,熟练	汉,熟练	
	妻子	张劲莺	女	白	44	初中	白,熟练	汉,熟练	纳西,略懂	
	长子	杨旭文	男	白	.18	大学	白,熟练	纳西,熟练	汉,熟练	
	长女	杨文江	女	白	17	高中	白,熟练	纳西,略懂	汉,熟练	
13	妻子	杨月英	女	纳西	62	小学	纳西,熟练	汉,略懂	白,熟练	
	长子	杨江星	男	白	35	小学	白,熟练	纳西,熟练	汉,熟练	
	次子	杨瑞坤	男	白	30	小学	白,熟练	纳西,熟练	汉,熟练	
14	户主	杨绍书	男	白	66	初中	白,熟练	纳西,熟练	汉,熟练	
	妻子	和寿仙	女	纳西	64	小学	纳西,熟练	汉,熟练	白,熟练	
	长子	杨宗旺	男	白	39	高中	白,熟练	纳西,熟练	汉,熟练	
15	户主	杨玉兴	男	白	49	小学	白,熟练	纳西,熟练	汉,熟练	
	妻子	杨四花	女	白	47	小学	白,熟练	纳西,熟练	汉,熟练	
	长子	杨金宝	男	白	32	初中	白,熟练	纳西,熟练	汉,熟练	
	次子	杨金龙	男	白	21	大学	白,熟练	纳西,熟练	汉,熟练	
16	户主	杨太红	男	白	47	初中	白,熟练	纳西,熟练	汉,熟练	
	妻子	杨合开	女	白	41	小学	白,熟练	纳西,熟练	汉,熟练	
	长女	杨萍	女	白	19	职高	白,熟练	纳西,熟练	汉,熟练	
	长子	杨潇	男	白	17	高中	白,熟练	纳西,熟练	汉,熟练	
17	户主	杨国润	男	白	76	小学	白,熟练	纳西,熟练	汉,熟练	
18	户主	杨国华	男	白	48	小学	白,熟练	纳西,熟练	汉,熟练	
	妻子	杨藤润	女	白	46	小学	白,熟练	纳西,熟练	汉,熟练	
	次女	杨丽菊	女	白	22	初中	白,熟练	纳西,熟练	汉,熟练	
19	户主	杨尚仁	男	白	74	小学	白,熟练	纳西,熟练	汉,熟练	
	长子	杨金山	男	白	41	初中	白,熟练	纳西,熟练	汉,熟练	
20	户主	杨学帅	男	白	43	初中	白,熟练	纳西,熟练	汉,熟练	
	妻子	和瑞祥	女	纳西	41	小学	纳西,熟练	汉,熟练		
	长子	杨正军	男	白	21	职高	白,熟练	纳西,熟练	汉,熟练	
	次子	杨正文	男	白	19	高中	白,熟练	纳西,熟练	汉,熟练	
21	户主	杨树全	男	白	45	初中	白,熟练	纳西,熟练	汉,熟练	
	妻子	廖瑞花	女	白	47	小学	白,熟练	纳西,熟练	汉,熟练	

22	户主	杨志华	男	白	57	小学	白,熟练	纳西,熟练	汉,熟练
	妻子	杨三妹	女	白	49	小学	白,熟练	纳西,熟练	汉,熟练
	长子	杨玉红	男	白	24	小学	白,熟练	纳西,熟练	汉,熟练
23	户主	杨木生	男	白	49	小学	白,熟练	纳西,熟练	汉,熟练
	妻子	李秀林	女	白	48	小学	白,熟练	汉,熟练	纳西,熟练
	长子	杨昌福	男	白	25	初中	白,熟练	纳西,熟练	汉,熟练
	次子	杨昌盛	男	白	23	大学	白,熟练	纳西,熟练	汉,熟练
24	户主	杨 峰	男	白	46	初中	白,熟练	纳西,熟练	汉,熟练
25	户主	杨伍祥	女	纳西	65	小学	纳西,熟练	汉,熟练	白,熟练
26	户主	杨秀龙	男	白	47	小学	白,熟练	纳西,熟练	汉,熟练
	妻子	王润香	女	纳西	47	小学	纳西,熟练	汉,熟练	白,熟练
	长子	杨灿华	男	白	26	初中	白,熟练	纳西,熟练	汉,熟练
	儿媳	和爱华	女	纳西	26	初中	纳西,熟练	汉,熟练	
	长女	杨灿琴	女	白	23	初中	白,熟练	纳西,熟练	汉,熟练
27	户主	和学仁	女	纳西	65	小学	纳西,熟练	汉,略懂	白,略懂
	长子	和万兴	男	纳西	35	小学	纳西,熟练	白,略懂	汉,熟练
	儿媳	杨美义	女	白	34	小学	白,熟练	纳西,熟练	汉,熟练
	孙子	和秋福	男	纳西	9	小学	纳西,熟练	白,略懂	汉,略懂
28	户主	和万军	男	纳西	38	初中	纳西,熟练	白,略懂	汉,熟练
	妻子	杨绍娣	女	纳西	35	小学	纳西,熟练	白,略懂	汉,熟练
	长子	和秋华	男	纳西	13	小学	纳西,熟练	白,略懂	汉,熟练
	长女	和华珍	女	纳西	7	小学	纳西,熟练	白,略懂	汉,略懂
29	户主	和金永	男	纳西	57	小学	纳西,熟练	白,略懂	汉,略懂
	妻子	和国娘	女	纳西	57	文盲	纳西,熟练	白,略懂	汉,略懂
	长子	和志坤	男	纳西	34	初中	纳西,熟练	白,略懂	汉,熟练
	儿媳	杨玉梅	女	白	28	小学	白,熟练	纳西,熟练	汉,熟练
	长孙	和江杰	男	纳西	7	小学	纳西,熟练	白,略懂	汉,略懂
30	户主	刘占先	男	纳西	72	小学	纳西,熟练	汉,熟练	白,略懂
	妻子	和玉芝	女	纳西	77	文盲	纳西,熟练	汉,略懂	白,略懂
	长子	刘成武	男	纳西	42	初中	纳西,熟练	白,略懂	汉,熟练
	长女	刘成丽	女	纳西	37	小学	纳西,熟练	白,略懂	汉,熟练
	长孙	刘小星	男	纳西	15	小学	纳西,熟练	白,略懂	汉,熟练
	长孙女	刘美玲	女	纳西	11	小学	纳西,熟练	白,略懂	汉,熟练
31	户主	和尚花	女	纳西	72	文盲	纳西,熟练	汉,略懂	
	丈夫	和树选	男	纳西	68	初中	纳西,熟练	白,略懂	汉,熟练
	长子	和龙贤	男	纳西	33	高中	纳西,熟练	汉,熟练	
	儿媳	蜂玉莲	女	傈僳	29	小学	傈僳,熟练	纳西,熟练	汉,熟练
32	户主	余继芳	女	汉	28	初中	汉,熟练		
	长子	和云钶	男	纳西	7	小学	纳西,熟练	汉,略懂	

33	户主	和亮成	男	纳西	69	小学	纳西,熟练	汉,熟练	
	妻子	和里玉	女	纳西	69	小学	纳西,熟练	汉,略懂	
	长子	和寿海	男	纳西	41	小学	纳西,熟练	汉,略懂	
	次子	和寿生	男	纳西	36	小学	纳西,熟练	汉,熟练	
	儿媳	和跃娣	女	纳西	35	小学	纳西,熟练	汉,熟练	
	长孙女	和凤梅	女	纳西	13	小学	纳西,熟练	汉,熟练	
	次孙女	和凤荣	女	纳西	9	小学	纳西,熟练	汉,略懂	
34	户主	和玉发	男	纳西	91	小学	纳西,熟练	白,略懂	汉,略懂
	长女	和桂英	女	纳西	55	小学	纳西,熟练	汉,熟练	
	女婿	李文华	男	汉	63	小学	汉,熟练	纳西,熟练	
	长孙女	李雪芹	女	纳西	34	初中	纳西,熟练	汉,熟练	
	次孙女	李雪梅	女	纳西	32	初中	纳西,熟练	汉,熟练	
	长孙	李雪沅	男	纳西	40	小学	纳西,熟练	汉,熟练	
	孙媳	和秀琼	女	纳西	40	初中	纳西,熟练	汉,熟练	
	重孙女	李瑶瑶	女	纳西	18	初中	纳西,熟练	汉,熟练	
35	户主	和积仁	男	纳西	65	小学	纳西,熟练	汉,熟练	
	妻子	杨四花	女	白	64	文盲	白,熟练	汉,熟练	纳西,熟练
	长子	和丽伟	男	纳西	39	小学	纳西,熟练	汉,熟练	
36	户主	和树春	男	纳西	65	小学	纳西,熟练	汉,熟练	
	妻子	和丽花	女	纳西	67	文盲	纳西,熟练	汉,略懂	
	长子	和志国	男	纳西	35	小学	纳西,熟练	汉,熟练	
37	户主	刘成虎	男	纳西	46	初中	纳西,熟练	汉,熟练	白,略懂
	妻子	杨春花	女	白	39	小学	白,熟练	汉,熟练	纳西,略懂
	长女	刘美艳	女	纳西	24	初中	纳西,熟练	汉,熟练	白,略懂
	长子	刘小平	男	纳西	22	初中	纳西,熟练	汉,熟练	
38	户主	和万红	男	纳西	46	初中	纳西,熟练	汉,熟练	
	妻子	和作要	女	纳西	42	小学	纳西,熟练	汉,略懂	
	父亲	和秀山	男	纳西	67	初中	纳西,熟练	汉,略懂	
	母亲	和占祥	女	纳西	66	小学	纳西,熟练	汉,略懂	
	长女	和秋芳	女	纳西	18	高中	纳西,熟练	汉,熟练	
	次女	和秋月	女	纳西	16	高中	纳西,熟练	汉,熟练	
39	户主	和万生	男	纳西	40	小学	纳西,熟练	白,略懂	汉,熟练
	妻子	李润吉	女	普米	40	小学	普米,熟练	汉,熟练	纳西,熟练
	叔叔	和奉新	男	纳西	59	小学	纳西,熟练	汉,略懂	
	长女	和秋福	女	纳西	16	初中	纳西,熟练	汉,熟练	
	长子	和秋元	男	纳西	14	初中	纳西,熟练	汉,熟练	
40	户主	和寿光	男	纳西	41	小学	纳西,熟练	汉,熟练	
	妻子	和绍松	女	纳西	38	小学	纳西,熟练	汉,略懂	
	母亲	和笑山	女	纳西	75	文盲	纳西,熟练	汉,略懂	
	长子	和成元	男	纳西	16	初中	纳西,熟练	汉,熟练	
	长女	和润芳	女	纳西	14	小学	纳西,熟练	汉,熟练	

41	户主	和月才	男	纳西	55	小学	纳西,熟练	汉,熟练		
	妻子	和润兰	女	纳西	49	文盲	纳西,熟练	汉,略懂		
	母亲	和占兰	女	纳西	78	文盲	纳西,熟练	汉,略懂		
	次女	和丽秀	女	纳西	24	高中	纳西,熟练	汉,熟练		
42	户主	和秀昌	女	纳西	82	文盲	纳西,熟练	汉,略懂		
	长子	和灿星	男	纳西	48	小学	纳西,熟练	汉,熟练		
	儿媳	和寿菊	女	纳西	44	小学	纳西,熟练	汉,熟练		
	长孙	和光明	男	纳西	18	高中	纳西,熟练	汉,熟练		
	长孙女	和丽珍	女	纳西	15	初中	纳西,熟练	汉,熟练		
43	户主	和义生	男	纳西	43	小学	纳西,熟练	汉,熟练	白,略懂	
	妻子	和金先	女	纳西	42	小学	纳西,熟练	汉,略懂		
	长女	和银梅	女	纳西	20	大学	纳西,熟练	汉,熟练		
	长子	和松华	男	纳西	18	高中	纳西,熟练	汉,熟练		
44	户主	和智生	男	纳西	43	初中	纳西,熟练	汉,熟练	白,略懂	
	妻子	刘秀花	女	纳西	47	初中	纳西,熟练	汉,熟练		
	次女	和银溪	女	纳西	21	大学	纳西,熟练	汉,熟练		
45	户主	和四福	男	纳西	40	初中	纳西,熟练	汉,熟练	白,略懂	
	父亲	和志勇	男	纳西	67	小学	纳西,熟练	白,熟练	汉,熟练	
	母亲	马秀芝	女	汉	66	小学	汉,熟练	纳西,熟练		
	长子	和越东	男	纳西	16	初中	纳西,熟练	汉,熟练		
	长女	和越梅	女	纳西	13	小学	纳西,熟练	汉,熟练		
46	户主	和四全	男	纳西	43	小学	纳西,熟练	汉,熟练		
	妻子	李润香	女	普米	39	小学	普米,熟练	汉,熟练	纳西,熟练	
	长女	和春秀	女	纳西	20	初中	纳西,熟练	汉,熟练		
	长子	和春元	男	纳西	17	初中	纳西,熟练	汉,熟练		
47	户主	和仕兴	男	纳西	74	小学	纳西,熟练	汉,熟练		
	妻子	和世仙	女	纳西	73	文盲	纳西,熟练	汉,略懂		
48	户主	和建忠	男	纳西	62	小学	纳西,熟练	白,熟练	汉,熟练	
	妻子	杨廷会	女	纳西	55	小学	纳西,熟练	白,熟练	汉,熟练	
	长子	和德华	男	纳西	36	小学	纳西,熟练	白,熟练	汉,熟练	
49	户主	和德强	男	纳西	40	初中	纳西,熟练	白,熟练	汉,熟练	
	妻子	和自秀	女	纳西	38	小学	纳西,熟练	白,略懂	汉,熟练	
	长子	和珍龙	男	纳西	18	初中	纳西,熟练	汉,熟练		
	长女	和冬莲	女	纳西	16	初中	纳西,熟练	汉,熟练		
50	户主	和四德	男	纳西	63	文盲	纳西,熟练	汉,略懂		
	妻子	和绍花	女	纳西	64	文盲	纳西,熟练	汉,略懂		
	长女	和瑞兰	女	纳西	41	小学	纳西,熟练	汉,熟练		
	女婿	杨国华	男	纳西	44	小学	纳西,熟练	白,熟练	汉,熟练	
	长孙	和瑞星	男	纳西	18	初中	纳西,熟练	汉,熟练		
	长孙女	和瑞娟	女	纳西	16	初中	纳西,熟练	汉,熟练		
51	户主	和寿花	女	纳西	48	小学	纳西,熟练	汉,熟练		
	母亲	母亲	女	纳西	76	文盲	纳西,熟练	汉,略懂		

52	户主	廖树花	女	白	46	初中	白,熟练	汉,熟练	纳西,熟练
	丈夫	杨树元	男	纳西	45	大学	纳西,熟练	白,熟练	汉,熟练
	父亲	杨如九	男	白	79	初中	白,熟练	纳西,熟练	汉,熟练
	母亲	和金册	女	纳西	77	初中	纳西,熟练	白,熟练	
	长子	杨忠杰	男	纳西	25	大学	纳西,熟练	汉,熟练	白,熟练
	长女	杨凤英	女	纳西	23	大学	纳西,熟练	汉,熟练	白,熟练
53	户主	和丽宏	男	纳西	33	初中	纳西,熟练	汉,熟练	
	妻子	汤红梅	女	纳西	41	初中	纳西,熟练	汉,熟练	
	父亲	杨志刚	男	纳西	62	小学	纳西,熟练	汉,熟练	
	母亲	和福兰	女	纳西	56	小学	纳西,熟练	汉,熟练	
	长女	汤昕懿	女	纳西	12	小学	纳西,熟练	汉,熟练	
	长子	杨勇	男	纳西	9	小学	纳西,熟练	汉,略懂	
54	户主	杨珍良	女	纳西	39	小学	纳西,熟练	白,熟练	汉,熟练
	母亲	和三妹	女	纳西	75	文盲	纳西,熟练	汉,略懂	
	长女	杨文娟	女	纳西	17	高中	纳西,熟练	白,略懂	汉,熟练
	长子	杨文辉	男	纳西	13	初中	纳西,熟练	白,略懂	汉,熟练
55	户主	和丽梅	女	纳西	30	小学	纳西,熟练	汉,熟练	
	长女	白晓玲	女	纳西	11	小学	汉,熟练		

第三节 南高寨村彼古小组语言使用情况个案调查

一、彼古小组基本情况

彼古小组是九河乡南高寨村委所辖三个小组之一,也是南高寨村委所在地。它位于乡政府所在地白汉场以南 12 公里,距离剑川 18 公里,紧邻 214 国道。彼古东南面是易之古白族村寨,南面是九河街白族村寨,西边是龙应白族村寨。该小组毗邻 214 国道,交通便利,村民可以走到国道上去乘坐面包车外出。村里去年修了水泥路主干道,分干道还是土路。有个别农户住的地方比较偏僻,道路不通,还需要过田埂路。村里有 3 辆小轿车,6 辆面包车,3 辆大卡车。

彼古小组村民收入以打工收入为主。大多数家庭是男人出去打工,女人在家种地,大多农户都有一个人出去打工。出去打工的大部分去丽江、迪庆等地,也有人在附近打工。普遍种植玉米、水稻、辣椒、向日葵等农作物,只有极个别人家种植烤烟、药材等经济作物。家家户户通电通水,手机信号、数字电视信号覆盖全村。

彼古有 135 户人家。95% 的村民都是纳西族,还有白、汉、藏、傈僳等民族,是一个纳西族聚居的村寨。在村里,纳西族一般遇到什么人说什么话,遇到白族说白语、遇到汉族说汉语。村里的白族大部分会听纳西语,但不主动讲。小组开会时都用纳西语,与乡干部说话有时说民族语,但大多数说汉语。这里民族关系和谐,民族之间相互往来通婚,与纳西族通婚的主要有白族、藏族。

彼古小组的孩子都到南高寨完小上学,该小学在彼古和易之古小组之间。学校共有 11 个老师,76个学生,其中8个老师是纳西族,2个是汉族,1个是白族。学生大部分是纳西族、白族。学前班实行民族语辅助教学,学生都能粗识汉语,到一年级使用汉语授课,基本没有语言障碍。这里实行十年义务教育,学前班一年,小学六年,初中三年,免学费、教材费。初中毕业后一半能考入高中,高中要到玉龙县里读。村民对孩子教育问题很重视,村里的孩子一般都能读完小学、初中。初中读完后有90%以上的学生可以升入高中或中专学校。高中毕业后80%以上的学生能进入大专以上学校。

彼古小组老人信仰佛教,但55岁以下的中青年宗教观念不强。村里的纳西族已不穿纳西族服饰,过节时女子穿当地的白族服装。婚丧嫁娶的仪式受汉文化影响较深,本族传统仪式很多都简化或者取消了。

彼古村民过的传统节日有"七月半"节、"二月八"节、火把节、清明节、春节等。"七月半"又称七月十四祭祖节,主要是给逝去的祖先们进行祭祀,写上名字,晚饭过后祭祀纸钱、衣服、水果等。"二月八"节,即"三朵节",在丽江是法定假日。以前的传统是,每到过节前一天晚上会去舅舅家要鸡蛋、腊肉、米等食物,第二天一起出去野炊。现在过节简单了,头一天晚上也不去要鸡蛋了,只是第二天一起出去吃饭。此外村民还过汉族的中秋、端午、冬至、元旦等节日,但过这些节日时比较随意,不隆重。

二、彼古小组语言使用特点

我们调查了南高寨村委彼古小组126户家庭的语言使用情况,其中纳西族家庭114户,白族家庭12户。6岁以下儿童语言能力尚不稳定,未在我们统计范围之内。在6岁以上(含6岁)人口中,纳西族有405人,白族有79人,其他民族9人。下面是对这493人语言使用情况的统计分析。

(一)彼古小组纳西族语言使用特点

1. 纳西族基本都能熟练使用纳西语。

我们对彼古小组各个年龄段的纳西族村民进行语言情况调查,得出的结论是彼古小组纳西族绝大多数都能熟练使用纳西语。具体情况见表3-23。

表3-23 彼古小组纳西族纳西语使用情况表

年龄段(岁)	人数	熟练 人数	百分比(%)	略懂 人数	百分比(%)	不懂 人数	百分比(%)
6—19	99	96	96.97	3	3.03	0	0
20—39	129	129	100	0	0	0	0
40—59	119	119	100	0	0	0	0
60以上	58	58	100	0	0	0	0
合计	405	402	99.26	3	0.74	0	0

表3-23显示,彼古小组99.26%的纳西族能够熟练地使用纳西语。其中,20岁以上的成

年人100%掌握纳西语;青少年中只有2人略懂纳西语,这是因为这两个少年的第一语言是白语,纳西语掌握得不好。虽然他们都能熟练使用纳西语进行交流,但各个年龄段的人掌握纳西语的程度还是有一些细微的差别。青少年中有96.97%能熟练使用纳西语进行交流,但是较之年长的中老年人,他们所掌握的词汇量已有所下降。在我们对这四个年龄段的人进行四百词测试时可以看出,两位青少年掌握的词汇量都在240—279之间,很多词汇因为不经常接触,因此不会说,如"大象"、"牦牛"等词,还有一些词不能细分,如不能区分"绵羊"和"山羊"。很多经常在外工作的人也感到他们自己的语言能力有点退化。39岁的何正军经常出去打工,他觉得自己纳西话也就是懂百分之六七十,自己儿女的纳西话说得更没自己好,因为以前常说的一些词汇现在已经不用,比如说各种动物、植物、庄稼、昆虫等具体的种类已经不会说了。

纳西族的纳西语水平总体保持良好,一是因为彼古小组是一个纳西族占多数、较聚居的寨子,这里的主体民族是纳西族。二是纳西语在村里使用频率很高,具有强劲的活力。很多家庭内部交流用语是纳西语,村里主要交流用语也是纳西语,大部分村民外出到白汉场和南高寨赶集,还是用纳西语。所以,纳西族对纳西语使用持乐观态度,很多村民并不担心下一代的纳西语能力变弱,他们认为孩子一出生学说话就讲纳西语,村里人也天天讲,不用担心孩子们不会。

2. 纳西族个别人母语习得顺序有所改变。

彼古小组大部分纳西人以纳西语作为第一语言,但也有部分人虽能熟练地使用纳西语,但纳西语不是他们的第一语言,而是第二、三语言。表3-24反映了熟练掌握纳西语的402个纳西族村民的纳西语习得顺序。

表3-24 彼古小组纳西族习得纳西语顺序表

年龄段(岁)	人数	第一语言 人数	第一语言 百分比(%)	第二语言 人数	第二语言 百分比(%)	其他语言 人数	其他语言 百分比(%)
6—19	96	93	96.88	2	2.08	1	1.04
20—39	129	125	96.90	2	1.55	2	1.55
40—59	119	116	97.48	3	2.52	0	0
60以上	58	57	98.28	1	1.72	0	0
合计	402	391	97.26	8	1.99	3	0.75

表3-24显示,以纳西语作为第一语言并能熟练掌握的人占97.26%,还有2.74%的人虽能熟练使用纳西语,但纳西语是他们的第二或第三语言。和丽秀今年12岁,纳西族,她的第一语言是白语,是因为她的母亲是白族,从小教她白语,纳西语是后来学会的。和慧芳今年10岁,第一语言是汉语,从小跟父母在丽江生活。其他年龄段以纳西语作为第二语言的人中,第一语言都是白语,基本上是因为这部分人的家庭中有人说白语。如和硕芳与和硕萍是姐妹,她俩是纳西族,第一语言是白语,这是因为她们的母亲是白族,学说话时说的是白语。

3. 纳西族绝大多数人都能兼用白语。

彼古纳西族大部分人都能兼用白语。具体情况见表3-25。

表 3-25　彼古小组纳西族兼用白语情况表

年龄段(岁)	人数	熟练 人数	熟练 百分比(%)	略懂 人数	略懂 百分比(%)	不懂 人数	不懂 百分比(%)
6—19	99	95	95.96	1	1.01	3	3.03
20—39	129	127	98.45	2	1.55	0	0
40—59	119	115	96.64	3	2.52	1	0.84
60以上	58	56	96.55	1	1.72	1	1.72
合计	405	393	97.04	7	1.73	5	1.23

彼古村97.04%的纳西人能熟练地用白语进行交流,只有1.23%的人不懂白语。相对而言,青少年中不懂白语的比例较之其他年龄段的人稍高,有3.03%的人不懂白语。彼古小组纳西族98.77%的人能用白语进行交流,原因有以下五点:

一是彼古小组是白族和丽江纳西族居住地的分水岭所在地,该小组往南都是白族村寨,距离大理白族自治州的剑川县只有18公里,而且它的东、南、西三面都是白族村寨。彼古小组特殊的地理位置使得他们都会使用白语。

二是与白族人接触较多。彼古小组周围都是白族人,与白族人接触的机会很多。

三是族际婚姻、家庭环境的影响导致很多人能够兼用白语。彼古小组与白族生活村寨较近,村里有很多嫁过来的媳妇是白族,这些白族媳妇进入到纳西族家庭后,会影响下一代的语言使用。和耀全一家四口全都熟练掌握白语,很大一部分原因是他妻子李重凤是白族,两个女儿能熟练使用白语。彼古小组像这样的家庭还有很多。

四是纳西族开放包容的心态。纳西族认为只要能够很好地进行交流,说什么语言都可以。彼古小组组长和正华说,他们纳西族见到白族讲白语,因为白族不主动讲纳西语,极个别人才主动讲。42岁的张丽珍是白族,从新海邑那边嫁到本地,丈夫是纳西族,他们的家庭交流用语是白语,丈夫和儿子偶尔说纳西语。24岁的何青海是幼儿教师,她说"村里想说什么就说什么语言,纯纳西族嫁过来,跟我们说纳西语,我们也可以用白语回答他们,都是一个村里的,想用什么回答都可以,都能听得懂。"

五是学校教育提供了相互接触学习的机会。南高寨有三个村委,村里的完小位于白族村寨易之古和纳西族村寨彼古之间,不同民族的孩子在学校里相互交流,相互学会了对方的语言。

4. 纳西族个别人第一语言转用白语。

彼古纳西族不但能掌握白语,而且部分人第一语言是白语。表3-26反映了熟练掌握白语的各年龄段的纳西人习得白语的顺序。

表 3-26　彼古小组纳西族习得白语顺序表

年龄段(岁)	人数	第一语言 人数	第一语言 百分比(%)	第二语言 人数	第二语言 百分比(%)	其他语言 人数	其他语言 百分比(%)
6—19	95	5	5.26	82	86.32	8	8.42
20—39	127	4	3.15	119	93.70	4	3.15
40—59	115	2	1.74	99	86.07	14	12.17
60 以上	56	1	1.79	51	91.07	4	7.14
合计	393	12	3.05	351	89.31	30	7.63

表 3-26 告诉我们,彼古纳西族有 393 人能熟练掌握白语,其中 3.05% 的人以白语作为第一语言,89.31% 的人以白语作为第二语言,还有 7.63% 的人以白语作为第三语言。青少年和青壮年中第一语言白语熟练的较中老年人稍多。纳西人以白语作为第一语言,主要是因为家庭环境的影响。家庭中有说白语的人,习得语言的时候受说白语的人的影响较大。57 岁的和树根是纳西族,但第一语言是白语,是因为他的母亲是白族。再如 39 岁的纳西族和金泉一家,妻子王正花是白族,两个女儿和丽秋和和丽秀第一语言是白语,家庭交流以白语居多,小女儿纳西语说得还不太好。彼古村虽是一个纳西族村寨,但白族也占有一定的比例,所以白语是大部分纳西族的第二语言。还有部分人以白语作为第三语言,这部分人以女性居多,很多都是从别的地方过来的,先学会汉语,到这里后受白族人的影响学会了白语。如 44 岁的姚丽花是从纳西族村寨北高寨嫁过来的,北高没有白族,她是到彼古后才学会白语的。

5. 绝大部分纳西人能够兼用汉语,但是有年龄代际差异。

表 3-27　彼古小组纳西族兼用汉语情况表

年龄段(岁)	人数	熟练 人数	熟练 百分比(%)	略懂 人数	略懂 百分比(%)	不会 人数	不会 百分比(%)
6—19	99	86	86.87	11	11.11	2	2.02
20—39	129	126	97.67	3	2.33	0	0
40—59	119	110	92.44	8	6.72	1	0.84
60 以上	58	38	65.52	12	20.69	8	13.79
合计	405	360	88.89	34	8.40	11	2.72

表 3-27 显示,彼古小组有 88.89% 的人都能熟练地兼用汉语,有 8.40% 的人能用汉语进行简单交流,有 2.72% 的人不懂汉语,不能用汉语交流。汉语是否熟练与年龄有关,6—19 岁的青少年能熟练使用汉语的占该年龄段人数的 86.87%,60 以上的老人只有 65.52% 的人能熟练使用汉语,中青年熟练使用汉语的比例都在 90% 以上,尤其是青壮年中有 97.67% 的人能熟练使用汉语,没有人不会汉语。

之所以会出现年龄代际差异,是因为以下几个原因:一、彼古小组的孩子们上学后才系统地接触汉语,有些刚上学前班和一年级的孩子汉语还说不好。南高寨完小有学前班,用纳西语和白语辅助教学。在学前班第二个学期,孩子们基本能用汉语进行交流。但是,我们应该看到,这部分青少年是汉语使用的生力军,他们通过进一步的学校教育,肯定能够熟练掌握汉语。

二、老年人很多没出过门,与外界接触较少,纳西语和白语就可以满足交流需要,很多人只能用汉语进行简单交流。村长和正华告诉我们:"我们村有些年老的村民不怎么出门,赶集就来白汉场和南高寨,这些地方都是纳西族,也都会说纳西语,用纳西语交流就没有问题,因此有些人汉语说不好。"

三、中青年人群一方面都受过汉语教育,另一方面是家庭生活的中坚力量,为了维持生存需要,需要与外界进行交流,这部分人都会说汉语。中青年年龄段中只有一位不会说汉语,是因为43岁的马雄英是盲人,从来没有出过门,因此不会说汉语。

彼古纳西人掌握汉语有下面几个原因。一、在生活中自然习得。现在很多小孩上学之前都通过电视等传媒手段,自然习得汉语,上学时都有一定的汉语基础。二、学校教育的普及,小学教学都是用汉语普通话教学,这成为汉语学习的一个主要途径。三、通过与外界交流掌握。彼古出去打工的人逐渐增多,几乎每家就有一个人在外打工,与外界的交流使得他们的汉语水平越来越好。而有些没有上过学的中老年人的汉语水平是略懂,他们掌握汉语主要通过与外界的交流逐步习得。四、汉语及汉文化自身的影响力。很多人认为只有学好汉语,才能有好的前途,所以他们都愿意学说汉语。

6. 纳西族兼用汉语的顺序有差异。

汉语作为彼古纳西人普遍兼用的语言,但掌握汉语的顺序并不一致。表3-28反映了熟练掌握汉语的纳西人的习得汉语顺序。

表3-28 彼古小组纳西族习得汉语顺序表

年龄段(岁)	人数	第一语言 人数	百分比(%)	第二语言 人数	百分比(%)	其他语言 人数	百分比(%)
6—19	86	1	1.17	10	11.63	75	87.21
20—39	126	0	0	7	5.56	119	94.44
40—59	110	0	0	15	13.64	95	86.36
60以上	38	0	0	4	10.53	34	89.47
合计	360	1	0.28	36	10.00	323	89.72

从表3-28可以看出,90.03%的纳西人以汉语为第三语言,10%的人以汉语为第二语言,并能熟练使用。只有1人以汉语作为第一语言。纳西族女孩和慧芳,从小跟父母在丽江,以汉语为第一语言。第二语言汉语熟练的人大部分是从别的纳西村寨嫁过来的,原来居住的地方大部分人是纳西—汉语双语人,嫁到彼古后才学会白语。如杨七花是从外地嫁过来的纳西族,嫁过来时只会说纳西语和汉语,来到彼古村后才和丈夫交流略懂白语。

第三语言汉语熟练的人一般出生在本村。彼古村很多家庭内部交流用语是纳西语和白语,大部分都会说白语,上学之后才开始学习汉语。

值得注意的一个情况是,在自然习得的环境中,有很多语言是同步学会的。49岁的和正华讲到他儿子汉语和白语都是在学校学会的,汉语是上学开始学的,白语也是上学和小伙伴学会的。对这群人而言,白语和汉语都是在同一种环境中同步掌握的,很难说出孰先孰后,属于

"兼用语同步"的类型。39岁的和正军的父亲是纳西族,母亲是白族,他觉得他从小纳西与白语都一块学的,在家里面有时候跟妈妈讲白族话,也说纳西话,有时候也有两种语言同时交叉使用的情况。上学后他又学会了汉语。对他而言,纳西语和白语是同时习得的。24岁的纳西族何青海也认为她的白语和纳西语是一起学会的,上学以后又学会了汉语。上面两个例子属于"双母语同步"的类型。

(二)彼古小组白族语言使用特点

1. 白族人都能熟练掌握自己的母语——白语。

我们又对彼古小组各个年龄段的白族村民(共79人)进行语言情况调查,认为白族人的白语保持情况完好。具体情况见下表3-29。

表3-29 彼古小组白族使用白语情况表

年龄段(岁)	人数	熟练 人数	熟练 百分比(%)	略懂 人数	略懂 百分比(%)	不会 人数	不会 百分比(%)
6—19	4	4	100	0	0	0	0
20—39	22	22	100	0	0	0	0
40—59	36	36	100	0	0	0	0
60以上	17	17	100	0	0	0	0
合计	79	79	100	0	0	0	0

从表3-29可以看出,无论哪个年龄段,彼古小组100%的白族人都能熟练掌握白语。这是因为彼古小组的白族大部分是从外地白族村寨嫁过来的,之前都能熟练使用白语。这些人的子女有的跟母亲定族别,受母亲语言影响,白语都很熟练。白族熟练掌握白语的79人中,76人以白语作为他们的第一语言,只有2人以白语作为第二语言。这两人分别是24岁的和银春和43岁的马雄英。和银春的母亲是白族,父亲是纳西族,她的第一语言是纳西语。马雄英的父亲是纳西族,母亲是白族,她的第一语言是纳西语。

2. 大部分白族能够兼用纳西语。

彼古小组的大部分白族人能够熟练兼用纳西语,具体情况见表3-30。

表3-30 彼古小组白族兼用纳西语情况表

年龄段(岁)	人数	熟练 人数	熟练 百分比(%)	略懂 人数	略懂 百分比(%)	不会 人数	不会 百分比(%)
6—19	4	4	100	0	0	0	0
20—39	22	16	72.73	3	13.64	3	13.64
40—59	36	28	77.78	6	16.67	2	5.56
60以上	17	13	76.47	4	23.53	0	0
合计	79	61	77.22	13	16.46	5	6.33

彼古77.22%的白族都能熟练使用纳西语,只有6.33%的人不会纳西语。彼古的白族大部分是从别的村庄嫁过来或迁过来的,来到这里后大多数能够掌握纳西语。他们习得纳西语

的途径一是族际婚姻,家庭中有纳西族,家庭交流中慢慢习得纳西语。二是彼古村良好的纳西语环境。彼古村何青海说:"村里人纳西话讲得更顺口,我是因为家里讲白族话,白族话说得更顺。但像我这样的不多,村里纳西话讲得更多。"村里大部分是纳西族,小组开会时也讲纳西语,他们在和村里其他纳西族交往的过程中逐渐掌握了纳西语。

3. 彼古小组半数多的白族能熟练兼用汉语,且有较明显的代际差异。详情见表3-31:

表3-31 彼古小组白族兼用汉语情况表

年龄段(岁)	人数	熟练 人数	熟练 百分比(%)	略懂 人数	略懂 百分比(%)	不会 人数	不会 百分比(%)
6—19	4	4	100	0	0	0	0
20—39	22	17	77.27	5	22.73	0	0
40—59	36	17	47.22	16	44.44	3	8.33
60以上	17	4	23.53	8	47.06	5	29.41
合计	79	42	53.16	29	36.71	8	10.13

根据表3-31可知,半数多的白族人能够熟练使用汉语,89.87%的人能够用汉语进行交流,10.13%的人不会汉语。在各个年龄段中,100%的青少年能够熟练使用汉语。青壮年都能用汉语进行交流,其中77.27%的人能够熟练地使用。47.22%的中年人熟练地掌握汉语,还有8.33%的人不会汉语。老年人中只有23.53%的人能够流利地运用汉语,47.06%的人略懂汉语,29.41%的人不懂汉语。白族人掌握汉语的代际差异明显。主要有下面几个原因:一、青少年接受过学校教育,都能够熟练掌握汉语。二、中、老年人很少出门,使用民族语言就足以应对日常交流,因此汉语水平有限。

中老年年龄段略懂汉语的人较多,还与文化水平有关。文化水平高,汉语掌握的就好,文化程度低,相对来说汉语就差些。60岁以上的老年人有17位,文化程度是文盲半文盲的有14人,因为没有接受过学校教育,汉语掌握得就不太好。

汉语掌握的程度还与性别有一定的关系。40—59岁年龄段中,略懂汉语的16人中有15人是女性。女性外出较少,与外界接触有限,汉语使用机会较少,相对而言水平稍低。

(三)彼古其他民族语言使用特点

除了纳西族和白族,彼古小组还生活着汉、藏、傈僳等民族的村民,这些村民的语言使用情况见表3-32:

表3-32 彼古小组其他民族语言使用情况表

家庭关系	姓名	性别	民族	年龄	文化程度	第一语言及水平	第二语言及水平	其他语言及水平
妻子	赵荣花	女	汉	50	小学	汉,熟练	纳西,熟练	白,熟练
女婿	周四富	男	汉	30	初中	汉,熟练		
丈夫	刘品富	男	汉	58	初中	汉,熟练		

继女	刘红梅	女	汉	18	初中	汉,熟练	纳西,略懂	白,略懂
妻子	赵云兰	女	汉	51	文盲	汉,熟练	纳西,熟练	白,熟练
妻子	和双玉	女	藏	42	小学	藏,熟练	纳西,熟练	汉,略懂
弟媳	和吉鲜	女	傈僳	34	初中	傈僳,熟练	汉,熟练	纳西,熟练
妻子	此里央宗	女	藏	29	小学	藏,熟练	汉,熟练	纳西,略懂
长媳	王汝艳	女	汉	34	初中	汉,熟练		

从这9人语言使用情况可以看出,各民族都保留了自己的母语,只有部分人能够兼用这里的常用语——纳西语,个别人能够兼用白语。

从家庭关系来看,彼古的汉族、藏族、傈僳族的身份角色是媳妇、女婿、丈夫等,以女性居多,说明他们都是从外地迁入的。汉族人有6人,第一语言都是汉语。其中2人纳西语、白语熟练,1人纳西语、白语略懂,3人不会说纳西语、白语。刘品富是四川来的上门女婿,现在只会说汉语,没有学会纳西语和白语。但汉语是通用语,村里大部分人都会,会汉语就足以应对日常交流。彼古小组2个藏族和1个傈僳族能够兼用纳西语和汉语。

三、小结

1. 彼古小组纳西族、白族多数为多语人。

彼古纳西族多数能够掌握纳西语、白语、汉语三种语言。首先纳西族和白族基本都能熟练使用各自的母语,个别纳西族母语习得顺序有所改变。402个熟练掌握纳西语的人中有391人以纳西语作为第一语言,还有11人以纳西语为第二或第三语言。其次,白语和汉语是纳西族重要的兼用语言。405人中只有5人不会白语,个别人第一语言已转用白语,393位熟练掌握白语的纳西人中,有12人母语已经转用白语。纳西人兼用汉语的水平具有较明显的年龄代际差异,且兼用汉语的顺序有差异。熟练掌握汉语的360人中,36人以汉语作为第二语言,323人以汉语作为第三语言。纳西语和汉语是彼古白族重要的兼用语言。大部分白族能够兼用纳西语,79人中,有61人能熟练使用纳西语,只有5人不会纳西语。半数多的白族能熟练兼用白语,且有明显的代际差异。白族兼用汉语的熟练程度与文化程度和性别有关。

2. 纳西族、白族语言使用呈多类型的特点。

根据语言习得顺序的排列,纳西族掌握语言情况主要有四种类型,一是纳西—白—汉型,这种语言类型人数较多,一般上学之前学会了纳西语和白语,上学后又掌握了汉语。二是纳西—汉—白型,属于这种类型的人大部分是从别的纳西族村寨嫁到该地,先学会了汉语,到彼古后又学会了白语。三是白—纳西—汉型,这部分人虽是纳西族身份,但母语是白语。第一语言转用白语主要是因为家庭中白族人的语言影响。四是纳西—白型,这部分人或是年龄较大,或是没有受过教育,或是很少出门,不会通用语汉语。

白族语言使用类型主要有,一是白—汉—纳西型,这部分人多数是迁入或嫁入彼古的,先学会汉语,到此地后学会了纳西语。二是白—纳西—汉型,这部分人中多数使用的主要交际用语是白语和纳西语,汉语水平并不高,是辅助用语。还有部分白族使用双语,有的掌握白语和汉语,有的掌握白语和纳西语。

3. 彼古小组过着开放包容的语言文化生活。

彼古小组村民大部分是多语人,他们面对谈话对象时,能够做出多种语言选择,可以见到什么人说什么话,遇到什么场合讲什么语言。他们讲话时语言选择不是看民族成分,而是抱着开放包容的态度,看谈话对象会哪种语言,就会出于尊重、通畅交流的考虑而选择对方会说的语言。张丽珍是从新海邑嫁过来的白族,嫁过来之后和丈夫学会了纳西语。她和村里其他纳西族交流用纳西语,但她和她丈夫交流用白语。家庭内部很少说汉语,但外面来客人时就说汉语。彼古小组村民不仅对语言持开放包容的态度,对文化也是如此。彼古小组的村民过二月八、火把节、清明节、中秋节、春节等各族节日,我们可以看到多元文化在这里的交融。

四、南高寨村彼古小组人物访谈录

<h3 style="text-align:center">南高寨村彼古小组组长和正华访谈录</h3>

访谈对象:和正华,男,49岁,纳西族,高中学历,彼古小组组长

访谈时间:2012年8月5日上午

访谈地点:南高寨村委会

访谈、整理者:范丽君

问:请您介绍一下自己的情况。

答:我叫和正华,纳西族,今年49岁,高中文化程度。从2010年起开始担任彼古小组组长,以前是做木工的。我没上学之前讲纳西语,也会说白语。

问:请您介绍一下您的家庭及语言使用情况。

答:我爱人也是纳西族,文化程度是初中,会流利地说纳西语、汉语、白语。我的大儿子24岁,是我们这里的村官,小儿子今年22岁,还在上专科学校,他们都从小讲纳西话,上学后开始学说汉语。他们没上学以前不会说白语,上学后和同学在一起学会了白语。我的父亲是纳西族,母亲是白族。母亲说白语,能听懂纳西语,但不讲。母亲跟我讲白语,我就用纳西语回答她。父母之间有时讲纳西语,有时讲白语。我们家庭内部交流全部用纳西语。

问:您家里都是纳西族,母亲为什么不讲纳西语?

答:我们村子有个习惯,白族嫁到纳西族家庭,一般不讲纳西语,因为这里的纳西族都会讲白语。

问:你们纳西族一直居住在这个地方吗?

答:我们世世代代居住在这里,听说我们的祖先来自南京应天府。

问:你们小组位于九河乡的什么位置?这里的交通便利吗?

答:彼古位于乡政府所在地以南12公里,距离剑川18公里,紧邻214国道。我们彼古小组是南高寨村委所在地,也是大理白族和丽江纳西族居住地的分水岭所在地。

小组摩托车很少,因为我们紧邻214国道,这里有很多运输车,这里的村民可以走到国道上去乘坐面包车外出。村里去年修了水泥路主干道,分干道没有修,还是土路。有些农户住的比较偏僻,道路不通,还需要走田埂。

问:咱们小组家家户户的经济状况怎么样?

答:彼古小组村民收入以出去打工收入的为主。一般男人出去打工,女人在家种地。基本上每户都有一个人出去打工。还有极个别人家种植经济作物,如烤烟、药材。大部分村民都种植农作物,如玉米、水稻、辣椒、向日葵等。不过现在条件好多了,家家户户通电通水,手机信号也都能覆盖到,每家也有数字电视。

问:你们这里一般都去哪里打工?

答:大部分去丽江、迪庆打工,也有在附近打工的。

问:为什么只有极个别人家种植经济作物?

答:主要是上面技术服务还不到位。我今年尝试种了116亩烟叶,还没有收获。

问:请你介绍一下咱们小组的民族分布状况及民族关系。

答:彼古小组是南高寨村委所辖三个小组之一,有135户人家,户主都是纳西族。95%都是纳西族。这里民族关系和谐,每个民族都互相通婚,我们村纳西族主要和白族、藏族通婚。我们村的主要矛盾是水源纠纷,但都是一般矛盾,而没有民族矛盾。

问:请介绍一下咱们小组的交流用语情况。

答:一般在村子里遇到什么人说什么话,遇到白族说白语、遇到汉族说汉语。纳西族见到白族讲白语,因为白族不主动讲纳西话,极个别人才主动讲,这可能是他们讲纳西话不顺口,但大部分都会听。小组开会时都用纳西话,与乡干部说话有时说民族语,但大多数说汉语。

问:你们小组和其他白族为主的小组距离很近,你们会说白语,白族人为什么不会说纳西语?

答:白族讲纳西语有点困难,另外我们会说白语,白族就有依赖性,不会讲纳西语。我们村的女儿嫁到外面也讲白语。还有就是我们这个小组往南没有纳西族,全部是白族。

问:请介绍一下咱们小组的教育状况?

答:在我们小组和易之古小组中间有一所小学,叫南高寨完小。学校共有11位老师,76个学生,其中老师8位是纳西族,2位是汉族,1位是白族。学生大部分是纳西族、白族。

问:小孩子上学以前会汉语吗?

答:小孩上学前都有一定的汉语基础,再通过看电视和日常交流,不知不觉就学会了。

问:大人会刻意教孩子学说汉语吗?

答:不用,自然就学会了。

问:学生需要民族语辅助教学吗?

答:我们这里有学前班教学,用纳西语和白语辅助教学。在学前班第二个学期,孩子们都可以用汉语交流。一年级开始学生使用汉语上课学习,语言障碍几乎没有。

问：学生课上、课下都用什么语言交流？

答：上课都用汉语，不说民族语。下课后大部分学生也用汉语交流。

问：您担心学生的母语能力会变弱吗？

答：不担心。但现在小孩子不常用的民族语都不会说，如"太阳"这个词会说，"月亮"这个词就不会说，小孩母语能力还是有一点退化。我们这里的小学校长对此有些担忧，所以老师们下课后会刻意用民族语与学生交流。

问：你们这里开设民族语课程吗？

答：丽江那边开设民族语课程，我们这里没条件，没有开设。

问：你们村里孩子们的入学率和升学率怎样？

答：我们这里实行十年义务教育，学前班一年，小学六年，初中三年，免学费教材费。小学在本村读，初中去高寨的九河中学读，高中要去玉龙县里读。村里的孩子一般都能读完小学、初中。初中读完后有90%以上的学生可以升学，如升入高中或中专学校。高中毕业后80%以上能进一步深造。

问：村里人对孩子们上学重视吗？

答：一般都很重视教育，孩子考不上高中就补习或读中专，一定要上学。

问：为什么这么重视孩子的教育？

答：因为读了书才有竞争力。村里人也会互相比较谁家孩子有出息。

问：如果家里有困难上不起学怎么办？

答：现在每家有两个孩子，确实困难的就不上了，但如果考上了一本院校，也会想办法上的。

问：咱们小组的宗教信仰状况怎样？

答：老人信仰佛教，55岁以下的中青年宗教观念不强。

问：咱们小组民族服饰保存得怎样？

答：现在基本上不穿纳西族的服装，这里的纳西族穿当地白族的服装。主要是女人穿，男人基本不穿。我爱人刚结婚时穿白族服装，穿了六七年，之后觉得麻烦就不穿了。她有两套民族服饰，只有过节时才穿。

问：咱们这里婚丧嫁娶都是纳西族传统仪式吗？

答：很多仪式都简化了，受汉文化的影响，与汉族的差不多了，很多传统仪式都取消了。

问：咱们小组的村民都过哪些节日？

答：传统节日有"七月半"，七月十四祭祖节。主要是给逝去的祖先们进行祭祀，写上名字，晚饭过后祭祀纸钱、衣服、水果等。我们也过"火把节"（白族节日），在农历25、26日，把山上的火把树砍下来点燃过节。

还有一个"二月八"节，即"三朵节"，在丽江是法定假日。记得我小时候，每到过节前一天晚上会去舅舅家要鸡蛋、腊肉、米等食物，第二天一起出去野炊。现在过节简单了，头一天晚上也不去要鸡蛋了,只是第二天一起出去吃饭。

比较重要的是清明节、七月半和春节。此外我们还过中秋、端午、冬至、元旦等节日。有些节日比较随便,不隆重,如元旦节想过就过,不想过就不过。

问:您是咱们小组组长,对咱们小组未来发展有什么想法?

答:我最想给大家铺一下路,现在路还不太好走。还要建一些文化活动场所,小组什么设施也没有。这里比较缺水,饮水设施不够,希望多兴建一些水利工程。

五、九河乡南高寨村彼古小组户口表

编号	家庭关系	姓名	性别	民族	年龄	文化程度	第一语言及水平	第二语言及水平	其他语言及水平
1	户主	杨新元	男	纳西	38	小学	纳西,熟练	白,熟练	汉,熟练
	妻子	姚开益	女	白	41	小学	白,熟练	纳西,略懂	
	长子	杨成寿	男	纳西	16	高中	纳西,熟练	白,熟练	汉,熟练
	次子	杨成兵	男	纳西	13	初中	纳西,熟练	白,熟练	汉,熟练
2	户主	李文海	男	纳西	49	高中	纳西,熟练	白,略懂	汉,熟练
3	户主	杨天仕	男	纳西	45	初中	纳西,熟练	白,熟练	汉,略懂
	妻子	和四花	女	纳西	44	小学	纳西,熟练	白,熟练	汉,略懂
	长子	杨喜元	男	纳西	21	大专	纳西,熟练	白,熟练	汉,熟练
	长女	杨元梅	女	纳西	19	高中	纳西,熟练	白,熟练	汉,熟练
4	户主	杨福生	男	纳西	34	初中	纳西,熟练	白,熟练	汉,熟练
	妻子	杨新爱	女	白	34	小学	白,熟练	普米,熟练	汉,熟练 纳西,略懂
	母亲	姚育花	女	白	65	文盲	白,熟练	纳西,略懂	汉,略懂
	长女	杨筱雯	女	纳西	10	小学	白,熟练	汉,熟练	纳西,略懂
5	户主	杨根源	男	纳西	49	初中	纳西,熟练	白,熟练	汉,熟练
	妻子	和石花	女	纳西	50	初中	纳西,熟练	白,熟练	汉,熟练
	母亲	杨凤祥	女	纳西	90	文盲	纳西,熟练	白,熟练	汉,略懂
	长子	杨继军	男	纳西	29	大专	纳西,熟练	白,熟练	汉,熟练
	长女	杨继仙	女	纳西	28	高中	纳西,熟练	白,熟练	汉,熟练
6	户主	杨四成	男	纳西	39	初中	纳西,熟练	白,熟练	汉,熟练
	妻子	姚喜联	女	白	41	小学	白,熟练	汉,略懂	纳西,略懂
	父亲	杨文安	男	纳西	77	文盲	纳西,熟练	白,熟练	汉,略懂
	长子	杨建春	男	纳西	17	高中	纳西,熟练	白,熟练	汉,熟练
	次子	杨丽春	男	纳西	14	初中	纳西,熟练	白,熟练	汉,熟练
7	户主	杨五诚	男	纳西	35	小学	纳西,熟练	白,熟练	汉,熟练
	妻子	赵顺利	女	白	31	小学	白,熟练	纳西,略懂	汉,略懂
	母亲	和国兴	女	纳西	73	文盲	纳西,熟练	白,熟练	
8	户主	杨九宏	男	纳西	47	初中	纳西,熟练	白,熟练	汉,熟练
	妻子	杨石花	女	纳西	49	小学	纳西,熟练	白,熟练	汉,略懂
	母亲	杨玉暂	女	纳西	79	文盲	纳西,熟练	白,熟练	汉,略懂
	次子	杨泽光	男	纳西	22	高中	纳西,熟练	白,熟练	汉,熟练

9	户主	杨新亮	男	纳西	46	初中	纳西,熟练	白,熟练	汉,熟练
	妻子	李会香	女	白	43	小学	白,熟练	纳西,熟练	汉,略懂
	长子	杨成君	男	纳西	23	高中	纳西,熟练	白,熟练	汉,熟练
	次子	杨成昆	男	纳西	21	高中	纳西,熟练	白,熟练	汉,熟练
10	户主	何石花	女	白	67	小学	白,熟练	纳西,熟练	汉,略懂
	长女	马雄英	女	白	43	文盲	纳西,熟练	白,熟练	
	长子	和胜君	男	纳西	36	初中	纳西,熟练	白,熟练	汉,熟练
	长媳	赵美祥	女	白	25	初中	白,熟练	纳西,熟练	汉,熟练
11	户主	杨义光	男	纳西	48	初中	纳西,熟练	白,熟练	汉,熟练
	妻子	赵荣花	女	汉	50	小学	汉,熟练	纳西,熟练	白,熟练
	次子	杨贵红	男	纳西	19	大专	纳西,熟练	白,熟练	汉,熟练
12	户主	杨义新	男	纳西	45	小学	纳西,熟练	白,熟练	汉,熟练
	妻子	和学新	女	纳西	44	小学	纳西,熟练	白,熟练	汉,熟练
	父亲	杨金才	男	纳西	83	初中	纳西,熟练	白,熟练	汉,熟练
	长子	杨贵宝	男	纳西	18	高中	纳西,熟练	白,熟练	汉,熟练
	次子	杨贵华	男	纳西	16	高中	纳西,熟练	白,熟练	汉,熟练
13	户主	杨义群	男	纳西	57	初中	纳西,熟练	白,熟练	汉,略懂
	妻子	彭正月	女	白	48	小学	白,熟练	纳西,略懂	汉,略懂
	长子	杨双清	男	纳西	25	初中	纳西,熟练	白,熟练	汉,略懂
	次子	杨双龙	男	纳西	18	高中	纳西,熟练	白,熟练	汉,熟练
14	户主	杨汉清	男	纳西	45	初中	纳西,熟练	白,熟练	汉,熟练
	妻子	和树香	女	纳西	43	小学	纳西,熟练	白,熟练	汉,熟练
	长子	杨康福	男	纳西	20	高中	纳西,熟练	白,熟练	汉,熟练
	长女	杨康丽	女	纳西	12	初中	纳西,熟练	白,熟练	汉,熟练
15	户主	杨胜全	男	纳西	38	初中	纳西,熟练	白,熟练	汉,熟练
	妻子	赵春菊	女	白	36	初中	白,熟练	纳西,熟练	汉,熟练
	母亲	刘阿算	女	白	77	文盲	白,熟练	纳西,熟练	
	长女	杨康玉	女	纳西	14	初中	纳西,熟练	白,熟练	汉,熟练
	次女	杨康秀	女	纳西	6	学前班	纳西,熟练	白,熟练	汉,略懂
16	户主	杨志全	男	纳西	63	小学	纳西,熟练	白,熟练	汉,熟练
	妻子	杨阿贞	女	白	59	半文盲	白,熟练	纳西,熟练	汉,略懂
	长子	杨寿才	男	纳西	35	初中	纳西,熟练	白,熟练	汉,熟练
	长媳	王玉求	女	白	36	小学	白,熟练	纳西,熟练	汉,熟练
	次子	杨寿保	男	纳西	34	小学	纳西,熟练	白,熟练	汉,熟练
	长孙女	杨四燕	女	纳西	16	高中	纳西,熟练	白,熟练	汉,熟练
	次孙女	杨四平	女	纳西	14	初中	纳西,熟练	白,熟练	汉,熟练
	次媳	杨秋兰	女	纳西	30	初中	纳西,熟练	白,熟练	汉,熟练
	孙子	杨四堂	男	纳西	8	小学	纳西,熟练	白,熟练	汉,熟练

17	户主	杨则林	男	纳西	61	小学	纳西,熟练	白,熟练	汉,熟练
	妻子	张四花	女	白	60	半文盲	白,熟练	纳西,熟练	汉,略懂
	次子	杨光荣	男	纳西	34	小学	纳西,熟练	白,熟练	汉,熟练
	长女	杨光顺	女	纳西	32	小学	纳西,熟练	白,熟练	汉,熟练
	外孙	杨宏伟	男	纳西	11	小学	纳西,熟练	白,熟练	汉,熟练
	儿媳	和桂秋	女	纳西	37	初中	纳西,熟练	汉,熟练	白,熟练
	女婿	周四富	男	汉	30	初中	汉,熟练		
18	户主	杨光明	男	纳西	39	初中	纳西,熟练	白,熟练	汉,熟练
	妻子	赵丽梅	女	白	39	小学	白,熟练	纳西,熟练	汉,略懂
	长子	杨宏军	男	纳西	18	初中	纳西,熟练	白,熟练	汉,熟练
	次子	杨宏武	男	纳西	14	初中	纳西,熟练	汉,熟练	白,熟练
19	户主	王金新	女	白	49	小学	白,熟练	纳西,熟练	汉,略懂
	长子	杨四代	男	纳西	29	高中	纳西,熟练	白,熟练	汉,熟练
	长女	杨四妮	女	纳西	26	初中	纳西,熟练	白,熟练	汉,熟练
20	户主	赵寸良	女	白	56	半文盲	白,熟练	纳西,熟练	汉,略懂
	丈夫	刘品富	男	汉	58	初中	汉,熟练		
	长子	杨润能	男	白	35	初中	白,熟练	纳西,熟练	汉,熟练
	次子	杨永喜	男	纳西	30	初中	白,熟练	纳西,熟练	汉,熟练
	继女	刘红梅	女	汉	18	初中	汉,熟练	纳西,略懂	白,略懂
21	户主	和秀花	女	纳西	72	半文盲	纳西,熟练	白,熟练	汉,略懂
22	户主	刘继武	男	纳西	50	高中	纳西,熟练	白,略懂	汉,熟练
	妻子	姚利开	女	纳西	48	小学	纳西,熟练	白,熟练	汉,熟练
	长子	姚四喜	男	纳西	26	大学	纳西,熟练	白,熟练	汉,熟练
	次子	姚四林	男	纳西	25	高中	纳西,熟练	白,熟练	汉,熟练
23	户主	何继全	男	纳西	38	初中	纳西,熟练	白,熟练	汉,熟练
	妻子	奚秀英	女	纳西	35	小学	纳西,熟练	汉,略懂	白,略懂
	长女	何九香	女	纳西	14	小学	纳西,熟练	白,熟练	汉,熟练
	次女	何润兰	女	纳西	12	小学	纳西,熟练	白,熟练	汉,熟练
24	户主	何继生	男	纳西	31	小学	纳西,熟练	白,熟练	汉,熟练
	妻子	张丽凤	女	白	34	小学	白,熟练	纳西,熟练	汉,熟练
25	户主	何胜林	男	纳西	56	初中	纳西,熟练	白,熟练	汉,熟练
	妻子	李桥顺	女	白	48	小学	白,熟练	纳西,熟练	汉,熟练
	母亲	刘义香	女	白	79	文盲	白,熟练	纳西,熟练	
	长女	何清海	女	纳西	22	大专	纳西,熟练	白,熟练	汉,熟练
	长子	何银海	男	纳西	21	初中	纳西,熟练	白,熟练	汉,熟练
26	户主	和木森	男	纳西	41	小学	纳西,熟练	白,熟练	汉,熟练
	妻子	姚积女	女	纳西	46	文盲	纳西,熟练	白,熟练	汉,熟练
	长子	和耀全	男	纳西	22	职高	纳西,熟练	白,熟练	汉,熟练
	次子	和耀武	男	纳西	17	初中	纳西,熟练	白,熟练	汉,熟练
27	户主	杨会兰	女	纳西	54	初中	纳西,熟练	白,熟练	汉,熟练
	母亲	和贵香	女	纳西	86	文盲	纳西,熟练	白,熟练	

28	户主	和罗斯	男	纳西	49	初中	纳西,熟练	白,熟练	汉,熟练
	妻子	姚金祥	女	纳西	49	初中	纳西,熟练	白,熟练	汉,略懂
	长女	和继花	女	纳西	19	大学	纳西,熟练	白,熟练	汉,熟练
29	户主	潘润梅	女	纳西	57	文盲	纳西,熟练	白,熟练	
	长子	潘正君	男	纳西	34	初中	纳西,熟练	白,熟练	汉,熟练
	长媳	赵春阳	女	白	27	初中	白,熟练	纳西,熟练	汉,熟练
	孙子	潘阴	男	纳西	15	初中	纳西,熟练	白,熟练	汉,熟练
30	户主	赵连玉	女	白	40	高中	白,熟练	纳西,熟练	汉,熟练
	母亲	赵顺香	女	白	84	文盲	白,熟练	纳西,熟练	
	长子	和寿鑫	男	白	17	高中	白,熟练	纳西,熟练	汉,熟练
	次子	和寿明	男	白	15	初中	白,熟练	纳西,熟练	汉,熟练
	二哥	和树根	男	纳西	57	高小	白,熟练	纳西,熟练	汉,熟练
	侄女	和慧芬	女	纳西	21	大学	白,熟练	纳西,熟练	汉,熟练
31	户主	和继贤	男	纳西	72	高小	纳西,熟练	白,熟练	汉,熟练
	妻子	和七娘	女	纳西	69	文盲	纳西,熟练	白,熟练	汉,略懂
32	户主	杨学忠	男	白	50	初中	白,熟练	纳西,熟练	汉,熟练
	长子	杨鹏	男	纳西	27	初中	纳西,熟练	白,熟练	汉,熟练
	妻子	和丽华	女	纳西	46	高中	纳西,熟练	白,熟练	汉,熟练
	次子	杨勇	男	纳西	29	高中	纳西,熟练	白,熟练	汉,熟练
33	户主	和冠全	男	纳西	43	初中	纳西,熟练	白,熟练	汉,熟练
	妻子	李新梅	女	白	50	小学	白,熟练	纳西,熟练	汉,略懂
	父亲	何茂春	男	纳西	68	小学	纳西,熟练	白,熟练	汉,熟练
	长女	和雁	女	纳西	18	高中	纳西,熟练	白,熟练	汉,熟练
	长子	和云柏	男	纳西	16	高中	纳西,熟练	白,熟练	汉,熟练
34	户主	杨求生	男	纳西	48	初中	纳西,熟练	白,熟练	汉,熟练
	妻子	和求玉	女	纳西	48	初中	纳西,熟练	白,熟练	汉,熟练
	父亲	和述田	男	纳西	84	小学	纳西,熟练	白,熟练	汉,熟练
	长女	和丽惠	女	纳西	23	大学	纳西,熟练	白,熟练	汉,熟练
	次女	和丽文	女	纳西	21	大学	纳西,熟练	白,熟练	汉,熟练
35	户主	和根顺	女	白	63	文盲	白,熟练	纳西,熟练	汉,熟练
	三子	和四生	男	纳西	34	小学	纳西,熟练	白,熟练	汉,熟练
	妹妹	和永外	女	纳西	62	文盲	纳西,熟练	白,熟练	
	三媳	杨白燕	女	白	30	文盲	白,熟练	纳西,熟练	汉,熟练
	孙子	杨靖权	男	纳西	9	小学	纳西,熟练	白,熟练	汉,略懂
	孙女	和婕	女	纳西	6	学前班	纳西,熟练	白,熟练	
36	户主	和继菊	女	白	66	文盲	白,熟练	纳西,熟练	汉,熟练
	儿子	和六全	男	纳西	34	中专	纳西,熟练	白,熟练	汉,熟练
37	户主	和建国	男	纳西	47	初中	纳西,熟练	白,熟练	汉,熟练
	妻子	姚太女	女	纳西	44	初中	纳西,熟练	白,熟练	汉,熟练
	父亲	和连笔	男	纳西	80	小学	纳西,熟练	白,熟练	汉,熟练
	长女	和秀英	女	纳西	21	职高	纳西,熟练	白,熟练	汉,熟练
	次女	和秀珍	女	纳西	16	高中	纳西,熟练	白,熟练	汉,熟练

38	户主	和建华	男	纳西	38	初中	纳西,熟练	白,熟练	汉,熟练
	妻子	和家丽	女	纳西	39	小学	纳西,熟练	白,熟练	汉,熟练
	母亲	和枝梅	女	纳西	80	文盲	纳西,熟练	白,熟练	
	长子	和铸宇	男	纳西	16	小学	纳西,熟练	白,熟练	汉,熟练
	次子	和铸宏	男	纳西	11	初中	纳西,熟练	白,熟练	汉,熟练
39	户主	和志强	男	纳西	45	高中	白语,熟练	纳西,熟练	汉,熟练
	妻子	王澍英	女	白	40	初中	白,熟练	汉,熟练	纳西,略懂
	母亲	张定妹	女	白	68	文盲	白,熟练	纳西,略懂	
	长子	和晓明	男	纳西	19	大学	白,熟练	汉,熟练	纳西,略懂
	次子	和周明	男	纳西	16	高中	白,熟练	纳西,熟练	汉,熟练
40	户主	和耀全	男	纳西	43	初中	纳西,熟练	白,熟练	汉,熟练
	妻子	李重凤	女	白	43	小学	白,熟练	纳西,熟练	汉,略懂
	长子	和雪松	男	纳西	20	高中	纳西,熟练	白,熟练	汉,熟练
	长女	和雪丽	女	纳西	18	小学	纳西,熟练	白,熟练	汉,熟练
41	户主	杨茂益	女	白	49	初中	白,熟练	纳西,熟练	汉,熟练
	长子	和雪文	男	纳西	28	初中	纳西,熟练	白,熟练	汉,熟练
42	户主	和四肖	男	纳西	56	初中	白,熟练	纳西,熟练	汉,熟练
	妻子	李家瑞	女	白	50	初小	白,熟练	纳西,熟练	汉,略懂
	长子	和丽春	男	纳西	31	初中	纳西,熟练	白,熟练	汉,熟练
	长女	和丽萍	女	纳西	29	初中	纳西,熟练	白,熟练	汉,熟练
	长媳	赵翠丽	女	白	30	初中	白,熟练	纳西,熟练	汉,略懂
43	户主	和正君	男	纳西	42	初中	纳西,熟练	白,熟练	汉,熟练
	妻子	和会兰	女	纳西	38	初中	纳西,熟练	白,熟练	汉,熟练
	父亲	和仕刚	男	纳西	72	高小	纳西,熟练	白,熟练	汉,熟练
	长女	和世贤	女	纳西	16	高中	纳西,熟练	白,熟练	汉,熟练
	长子	和世友	男	纳西	14	初中	纳西,熟练	白,熟练	汉,熟练
44	户主	和正华	男	纳西	48	高中	纳西,熟练	白,熟练	汉,熟练
	妻子	和新开	女	纳西	48	初中	纳西,熟练	白,熟练	汉,熟练
	长子	和永锋	男	纳西	24	大学	纳西,熟练	白,熟练	汉,熟练
	次子	和永辉	男	纳西	22	大专	纳西,熟练	白,熟练	汉,熟练
45	户主	李双林	男	白	41	初中	白,熟练	汉,略懂	纳西,略懂
	妻子	赵正海	女	白	39	小学	白,熟练	纳西,熟练	汉,略懂
	长女	李和平	女	白	15	初中	白,熟练	纳西,熟练	汉,熟练
	次女	李和芳	女	白	12	小学	白,熟练	纳西,熟练	汉,熟练
46	户主	和优胜	男	纳西	57	高中	纳西,熟练	白,熟练	汉,熟练
	妻子	和玉龙	女	纳西	52	初中	纳西,熟练	白,熟练	汉,略懂
	次子	和丽乔	男	纳西	29	初中	纳西,熟练	白,熟练	汉,熟练
47	户主	和润才	男	纳西	52	高中	纳西,熟练	白,熟练	汉,熟练
	妻子	杨五香	女	纳西	49	初中	纳西,熟练	白,熟练	汉,熟练
	长子	和丽君	男	纳西	25	初中	纳西,熟练	白,熟练	汉,熟练
	次子	和丽敏	女	纳西	23	大专	纳西,熟练	白,熟练	汉,熟练

48	户主	姚金满	女	纳西	44	高小	纳西,熟练	白,熟练	汉,熟练
	父亲	和奉先	男	纳西	71	初中	纳西,熟练	白,熟练	汉,熟练
	长女	和玲	女	纳西	19	大学	纳西,熟练	白,熟练	汉,熟练
	长子	和畅	男	纳西	17	初中	纳西,熟练	白,熟练	汉,熟练
49	户主	和太山	男	纳西	57	小学	纳西,熟练	白,熟练	汉,略懂
	妻子	史正开	女	白	54	文盲	白,熟练	纳西,略懂	汉,略懂
	长子	和秀全	男	纳西	35	初中	纳西,熟练	白,熟练	汉,熟练
	二子	和秀文	男	纳西	23	初中	纳西,熟练	白,熟练	汉,熟练
	三子	和秀兰	男	纳西	21	初中	纳西,熟练	白,熟练	汉,熟练
	长媳	姚四兰	女	纳西	27	初中	纳西,熟练	白,熟练	汉,熟练
	孙女	和晓琴	女	纳西	6	学前班	纳西,熟练	白,熟练	汉,略懂
50	户主	和满石	男	纳西	67	小学	纳西,熟练	白,熟练	汉,熟练
	妻子	和五妹	女	纳西	63	小学	纳西,熟练	白,熟练	汉,略懂
51	户主	和桂生	男	纳西	44	小学	纳西,熟练	白,熟练	汉,熟练
	妻子	姚丽花	女	纳西	44	初中	纳西,熟练	汉,略懂	白,熟练
	父亲	和求富	男	纳西	70	高小	纳西,熟练	白,熟练	汉,略懂
	长女	和四瑞	女	纳西	22	小学	纳西,熟练	白,熟练	汉,熟练
	长子	和四光	男	纳西	18	职高	纳西,熟练	白,熟练	汉,熟练
52	户主	和桂龙	男	纳西	40	初中	纳西,熟练	白,熟练	汉,熟练
	妻子	姚文芝	女	纳西	39	初中	纳西,熟练	白,熟练	汉,熟练
	母亲	和瓦珍	女	纳西	69	文盲	纳西,熟练	白,熟练	
	长子	和三全	男	纳西	19	初中	纳西,熟练	白,熟练	汉,熟练
	次子	和三园	男	纳西	17	初中	纳西,熟练	白,熟练	汉,熟练
53	户主	和金发	男	纳西	47	高小	纳西,熟练	白,熟练	汉,熟练
	妻子	杨芝花	女	纳西	44	初中	纳西,熟练	白,熟练	汉,熟练
	长女	和丽菊	女	纳西	20	大学	纳西,熟练	白,熟练	汉,熟练
54	户主	和金全	男	纳西	39	高小	纳西,熟练	白,熟练	汉,熟练
	妻子	王正花	女	白	39	小学	白,熟练	汉,熟练	纳西,略懂
	长女	和丽秀	女	纳西	12	小学	白,熟练	汉,熟练	纳西,熟练
	次女	和丽秋	女	纳西	7	小学	白,熟练	汉,略懂	纳西,略懂
55	户主	和保全	男	纳西	57	初中	纳西,熟练	汉,熟练	白,熟练
	妻子	张丽花	女	白	56	文盲	白,熟练	纳西,熟练	汉,略懂
	长子	和建桥	男	纳西	33	初中	纳西,熟练	白,熟练	汉,熟练
56	户主	和双全	男	纳西	62	高小	纳西,熟练	白,熟练	汉,熟练
	妻子	杨则香	女	纳西	63	文盲	纳西,熟练	白,熟练	汉,略懂
	长子	和正桥	男	纳西	37	初中	纳西,熟练	白,熟练	汉,熟练
	长媳	张润凤	女	白	34	小学	白,熟练	汉,熟练	纳西,熟练
	孙子	和云峰	男	纳西	13	初中	纳西,熟练	白,熟练	汉,熟练
	孙女	和云燕	女	纳西	10	小学	纳西,熟练	白,熟练	汉,略懂
57	户主	杨金宁	女	白	59	文盲	白,熟练	纳西,熟练	汉,略懂
58	户主	和求胜	男	纳西	63	高小	纳西,熟练	白,熟练	汉,熟练
	妻子	赵云兰	女	汉	51	文盲	汉,熟练	纳西,熟练	白,熟练
	长子	和桂忠	男	纳西	31	初中	纳西,熟练	白,熟练	汉,熟练

59	户主	和太宝	男	纳西	48	初中	纳西,熟练	白,熟练	汉,熟练
	妻子	杨全美	女	白	44	初中	白,熟练	汉,熟练	纳西,熟练
	长女	和秀芬	女	纳西	23	初中	纳西,熟练	白,熟练	汉,熟练
	次女	和秀丽	女	纳西	20	职高	纳西,熟练	白,熟练	汉,熟练
60	户主	和润花	女	纳西	68	文盲	纳西,熟练	白,熟练	汉,熟练
	孙子	和瑞红	男	纳西	15	小学	纳西,熟练	汉,熟练	白,熟练
61	户主	和凤花	女	纳西	50	初中	纳西,熟练	白,熟练	汉,熟练
	次子	和庆忠	男	纳西	33	初中	纳西,熟练	白,熟练	汉,熟练
62	户主	和万兴	男	纳西	55	初中	纳西,熟练	白,熟练	汉,熟练
	妻子	和四开	女	纳西	50	初中	纳西,熟练	白,熟练	汉,熟练
	长子	和爱君	男	纳西	28	高中	纳西,熟练	白,熟练	汉,熟练
63	户主	和树荣	男	纳西	58	高小	纳西,熟练	白,熟练	汉,熟练
	妻子	杨茂梅	女	白	55	初小	白,熟练	纳西,熟练	汉,略懂
	长子	和君臣	男	纳西	25	初中	纳西,熟练	白,熟练	汉,熟练
64	户主	和树选	男	纳西	46	初中	纳西,熟练	白,熟练	汉,熟练
	妻子	姚杏花	女	纳西	42	高小	纳西,熟练	汉,熟练	白,熟练
	长女	和亮月	女	纳西	22	职高	纳西,熟练	白,熟练	汉,熟练
	长子	和亮星	男	纳西	18	小学	纳西,熟练	白,熟练	汉,略懂
65	户主	和求贵	男	纳西	59	初中	纳西,熟练	白,熟练	汉,熟练
	妻子	和求英	女	白	54	文盲	白,熟练	纳西,熟练	汉,略懂
	父亲	和继清	男	纳西	88	高小	纳西,熟练	白,熟练	汉,略懂
	长子	和世臣	男	纳西	32	初中	纳西,熟练	白,熟练	汉,熟练
	次子	和世中	男	纳西	29	初中	纳西,熟练	白,熟练	汉,熟练
66	户主	和玉林	男	纳西	72	高小	纳西,熟练	白,熟练	汉,熟练
	妻子	王求瑞	女	白	69	文盲	白,熟练	纳西,熟练	汉,略懂
67	户主	杨求应	女	纳西	54	初中	纳西,熟练	白,熟练	汉,熟练
	长子	和丽峰	男	纳西	34	中专	纳西,熟练	白,熟练	汉,熟练
	孙女	和慧芳	女	纳西	11	小学	汉,熟练	纳西,熟练	
68	户主	和求生	男	纳西	44	高小	纳西,熟练	白,熟练	汉,熟练
	妻子	杨丽庆	女	白	44	高小	白,熟练	汉,熟练	纳西,熟练
	母亲	杨育生	女	白	68	小学	白,熟练	纳西,熟练	汉,略懂
	长女	和秋香	女	纳西	21	大学	纳西,熟练	白,熟练	汉,熟练
	长子	和秋军	男	纳西	19	大学	纳西,熟练	白,熟练	汉,熟练
69	户主	和正彪	男	纳西	42	高小	纳西,熟练	白,熟练	汉,熟练
	妻子	赵求妹	女	白	41	初中	白,熟练	纳西,熟练	汉,略懂
	长女	和永仙	女	纳西	19	职高	纳西,熟练	白,熟练	汉,熟练
	长子	和永祥	男	纳西	16	初中	纳西,熟练	白,熟练	汉,熟练
70	户主	和耀才	男	纳西	40	初中	纳西,熟练	白,熟练	汉,熟练
	妻子	赵茂花	女	白	39	初中	白,熟练	汉,熟练	纳西,熟练
	母亲	姚开士	女	白	73	文盲	白,熟练	纳西,熟练	汉,略懂
	长女	和丽顺	女	纳西	20	大学	纳西,熟练	白,熟练	汉,熟练
	次女	和丽女	女	纳西	17	高中	纳西,熟练	白,熟练	汉,熟练

71	户主	和加福	男	纳西	42	初中	纳西,熟练	白,熟练	汉,熟练
	妻子	姚建新	女	纳西	43	高中	纳西,熟练	汉,熟练	
	父亲	和金宏	男	纳西	69	高小	纳西,熟练	白,熟练	汉,熟练
	长子	和立志	男	纳西	19	大学	纳西,熟练	白,熟练	汉,熟练
	次女	和立珍	女	纳西	16	高中	纳西,熟练	白,熟练	汉,熟练
72	户主	和加六	男	纳西	39	初中	纳西,熟练	白,熟练	汉,熟练
	妻子	王加瑞	女	白	36	小学	白,熟练	汉,略懂	纳西,熟练
	母亲	张求玉	女	白	66	文盲	白,熟练	纳西,熟练	汉,略懂
	长子	和文忠	男	纳西	15	初中	纳西,熟练	白,熟练	汉,熟练
	次女	和文明	女	纳西	13	初中	纳西,熟练	白,熟练	汉,熟练
73	户主	和喜	男	纳西	43	完小	纳西,熟练	白,熟练	汉,熟练
	妻子	段玉茂	女	白	42	小学	白,熟练	汉,熟练	纳西,熟练
	长子	和满堂	男	纳西	20	小学	纳西,熟练	白,熟练	汉,熟练
	次子	和满全	男	纳西	18	小学	纳西,熟练	白,熟练	汉,熟练
74	户主	和红兰	女	纳西	29	初中	纳西,熟练	白,熟练	汉,熟练
75	户主	和阿雀	女	纳西	63	文盲	纳西,熟练	白,熟练	汉,略懂
	女儿	杨金花	女	纳西	41	初小	纳西,熟练	白,熟练	汉,熟练
	女婿	和润红	男	纳西	41	初中	纳西,熟练	白,熟练	汉,熟练
	孙女	杨秋兰	女	纳西	18	小学	纳西,熟练	白,熟练	汉,熟练
	孙子	杨铁军	男	纳西	14	初中	纳西,熟练	白,熟练	汉,熟练
76	户主	张剑	男	纳西	41	初中	纳西,熟练	白,熟练	汉,熟练
	妻子	和丽萍	女	纳西	34	中专	纳西,熟练	汉,熟练	白,略懂
	母亲	和棋秀	女	纳西	75	高小	纳西,熟练	白,熟练	汉,熟练
	长子	和四峰	男	纳西	16	初中	纳西,熟练	白,熟练	汉,熟练
	长女	和春晓	女	纳西	9	小学	纳西,熟练	白,熟练	汉,熟练
77	户主	和学文	男	纳西	52	初中	纳西,熟练	白,熟练	汉,熟练
	妻子	张阿顺	女	白	52	小学	白,熟练	纳西,熟练	汉,熟练
	长子	和四伟	男	纳西	26	职高	纳西,熟练	白,熟练	汉,熟练
	次子	和四宏	男	纳西	24	中专	纳西,熟练	白,熟练	汉,熟练
78	户主	和学武	男	纳西	48	初中	纳西,熟练	白,熟练	汉,熟练
	妻子	奚元芳	女	纳西	48	初中	纳西,熟练	汉,熟练	白,熟练
	长子	和金辉	男	纳西	30	初中	纳西,熟练	白,熟练	汉,熟练
	次子	和四章	男	纳西	25	初中	纳西,熟练	白,熟练	汉,熟练
79	户主	和正红	男	纳西	43	初小	纳西,熟练	白,熟练	汉,熟练
	妻子	和双玉	女	藏族	42	小学	藏,熟练	纳西,熟练	汉,略懂
	父亲	和定川	男	纳西	67	高小	纳西,熟练	白,熟练	汉,熟练
	母亲	和顺祥	女	纳西	67	小学	纳西,熟练	汉,熟练	白,略懂
	次子	和红钠	男	纳西	12	小学	纳西,熟练	白,熟练	汉,熟练
80	户主	和锦华	男	纳西	50	初中	纳西,熟练	白,熟练	汉,熟练
	妻子	彭珍开	女	白	43	小学	白,熟练	汉,熟练	纳西,熟练
	长女	和树梅	女	纳西	25	初中	纳西,熟练	白,熟练	汉,熟练
	次子	和树辉	男	纳西	23	大学	纳西,熟练	白,熟练	汉,熟练

81	户主	和应春	男	纳西	57	初小	纳西,熟练	白,熟练	汉,熟练
	妻子	翁友钱	女	白	58	小学	白,熟练	汉,熟练	
	长女	翁丽花	女	白	39	小学	白,熟练	汉,熟练	
	二女	翁菊花	女	白	36	小学	白,熟练	汉,熟练	
	三女	翁润花	女	白	33	初中	白,熟练	汉,熟练	
	四女	翁洁花	女	白	31	中专	白,熟练	汉,熟练	
82	户主	和任明	男	纳西	65	高小	纳西,熟练	白,熟练	汉,熟练
	妻子	姚兆花	女	纳西	64	初小	纳西,熟练	汉,略懂	白,熟练
	长子	和茂全	男	纳西	41	初中	纳西,熟练	白,熟练	汉,熟练
	儿媳	杨金玉	女	纳西	38	高小	纳西,熟练	汉,熟练	白,熟练
	长孙女	和丽娇	女	纳西	15	小学	纳西,熟练	汉,熟练	白,熟练
	次孙女	和丽芳	女	纳西	12	小学	纳西,熟练	白,熟练	汉,熟练
83	户主	和锦绣	女	纳西	59	初中	纳西,熟练	白,熟练	汉,熟练
84	户主	和长发	男	纳西	58	初中	纳西,熟练	白,熟练	汉,熟练
	妻子	杨金合	女	纳西	56	高小	纳西,熟练	汉,熟练	白,熟练
	长子	和丽竹	男	纳西	30	初中	纳西,熟练	汉,熟练	白,熟练
85	户主	和增容	男	纳西	50	初中	纳西,熟练	汉,熟练	白,熟练
	妻子	和求女	女	白	51	小学	白,熟练	汉,熟练	纳西,熟练
	三女	和银春	女	白	24	初中	纳西,熟练	白,熟练	汉,熟练
86	户主	和寿庭	男	纳西	40	初中	纳西,熟练	白,熟练	汉,熟练
	母亲	姚益兰	女	白	65	文盲	白,熟练	纳西,熟练	汉,熟练
	妻子	和九妹	女	纳西	38	初中	纳西,熟练	白,熟练	汉,熟练
	长女	和晓娟	女	纳西	18	小学	纳西,熟练	汉,熟练	白,熟练
	次子	和晓勇	男	纳西	16	小学	纳西,熟练	汉,熟练	白,熟练
	弟媳	和吉鲜	女	傈僳	34	初中	傈僳,熟练	汉,熟练	纳西,熟练
	侄女	和晓闰	女	纳西	8	小学	纳西,熟练	汉,略懂	
87	户主	杨义清	男	纳西	63	高小	纳西,熟练	白,熟练	汉,熟练
	妻子	张继花	女	纳西	61	文盲	纳西,熟练		
	长子	杨正伟	男	纳西	34	初中	纳西,熟练	白,熟练	汉,熟练
88	户主	杨玉根	男	纳西	43	初小	纳西,熟练	白,熟练	汉,熟练
	妻子	和金顺	女	纳西	42	小学	纳西,熟练	汉,熟练	白,熟练
	长子	杨靖忠	男	纳西	19	小学	纳西,熟练	汉,熟练	白,熟练
	次子	杨树凡	男	纳西	17	小学	纳西,熟练	汉,熟练	白,熟练
89	户主	杨义成	男	纳西	40	初中	纳西,熟练	白,熟练	汉,熟练
	母亲	姚阿杏	女	白	76	文盲	白,熟练	纳西,略懂	
	妻子	此里央宗	女	藏族	29	小学	藏,熟练	汉,熟练	纳西,略懂
90	户主	和双洗	男	纳西	43	初中	纳西,熟练	白,熟练	汉,熟练
	妻子	和旭芬	女	纳西	40	初中	纳西,熟练	汉,熟练	白,熟练
	长子	和伟成	男	纳西	18	小学	纳西,熟练	白,熟练	汉,熟练
	次女	和伟平	女	纳西	15	小学	纳西,熟练	白,熟练	汉,熟练

91	户主	和润娘	女	纳西	55	高小	纳西,熟练	汉,熟练	白,熟练
	长媳	王汝艳	女	汉	34	初中	汉,熟练		
	孙子	和健波	男	纳西	6	小学	纳西,熟练		
	次媳	和向梅	女	纳西	27	初中	纳西,熟练	白,熟练	汉,熟练
92	户主	和庆华	男	纳西	48	初中	纳西,熟练	白,熟练	汉,熟练
	妻子	杨茂兰	女	白	46	高小	白,熟练	汉,熟练	纳西,熟练
	长子	和绿星	男	纳西	25	大学	纳西,熟练		汉,熟练
	次子	杨贵清	男	纳西	18	高中	纳西,熟练		汉,熟练
93	户主	和天佑	男	纳西	59	初中	纳西,熟练		汉,熟练
	妻子	杨七花	女	纳西	54	初中	纳西,熟练	汉,熟练	白,略懂
94	户主	杨增伟	男	纳西	31	高小	纳西,熟练		汉,熟练
	父亲	杨玉生	男	纳西	66		纳西,熟练		汉,熟练
95	户主	蒋朝开	女	白	65	初中	白,熟练	纳西,熟练	汉,熟练
	次子	和润宝	男	纳西	33	大学	纳西,熟练		汉,熟练
96	户主	姚文清	男	纳西	41	高中	纳西,熟练		汉,熟练
	妻子	张丽珍	女	白	42	初中	白,熟练	汉,熟练	纳西,熟练
	长女	姚娟	女	纳西	17	高中	纳西,熟练		汉,熟练
	次子	姚松	男	纳西	15	高中	纳西,熟练		汉,熟练
97	户主	和四华	男	纳西	38	初中	纳西,熟练		汉,熟练
	妻子	奚义会	女	纳西	35	初中	纳西,熟练	汉,熟练	白,熟练
	父亲	和树水	男	纳西	65	小学	纳西,熟练		汉,熟练
	长子	和舒鹏	男	纳西	14	初中	纳西,熟练		汉,熟练
	长女	和舒艳	女	纳西	6	幼儿园	纳西,熟练	白,略懂	汉,略懂
98	户主	彭新梅	女	白	57	文盲	白,熟练	纳西,熟练	
	三女	杨建开	女	纳西	26	完小	纳西,熟练		
	长子	杨建伟	男	纳西	24	小学	纳西,熟练		汉,略懂
99	户主	杨玉红	男	纳西	48	初中	纳西,熟练		汉,熟练
	妻子	杨阿敌	女	纳西	50	初中	纳西,熟练	汉,熟练	白,熟练
	长女	杨荣香	女	纳西	25	初中	纳西,熟练		汉,熟练
	次女	杨春香	女	纳西	19	初中	纳西,熟练		汉,熟练
100	户主	和七五	男	纳西	48	初中	纳西,熟练		汉,熟练
	妻子	和克花	女	纳西	47	初中	纳西,熟练	汉,熟练	白,熟练
	长女	和雪梅	女	纳西	24	大学	纳西,熟练		汉,熟练
	次女	和雪茄	女	纳西	22	大学	纳西,熟练		汉,熟练
101	户主	和八一	男	纳西	41	初中	纳西,熟练		汉,熟练
	妻子	姚寸英	女	纳西	40	初中	纳西,熟练		汉,熟练
	父亲	和汉清	男	白	87	文盲	白,熟练	汉,略懂	纳西,略懂
	母亲	和阿正	女	纳西	80	文盲	纳西,熟练	白,熟练	
	长子	和雪松	男	纳西	16	小学	纳西,熟练		汉,熟练
	次女	和雪连	女	纳西	14	小学	纳西,熟练		汉,熟练
102	户主	杨太全	男	纳西	48	初中	纳西,熟练	白,熟练	汉,熟练
	妻子	和开祥	女	纳西	50	初中	纳西,熟练	白,熟练	汉,熟练

103	户主	和四顺	男	纳西	46	高小	纳西,熟练	白,熟练	汉,熟练
	父亲	杨守成	男	纳西	84	高小	纳西,熟练	白,熟练	汉,熟练
	母亲	杨顺义	女	纳西	83	初小	纳西,熟练	白,熟练	汉,熟练
	侄女	和社亮	女	纳西	32	研究生	纳西,熟练	白,熟练	汉,熟练
104	户主	姚春保	男	纳西	42	初中	纳西,熟练	白,熟练	汉,熟练
	母亲	和阿富	女	纳西	72	小学	纳西,熟练	白,熟练	汉,熟练
105	户主	姚春华	男	纳西	38	高小	纳西,熟练	白,熟练	汉,熟练
	妻子	姚春立	女	纳西	38	文盲	纳西,熟练	白,熟练	汉,熟练
	长子	姚金辉	男	纳西	18	初中	纳西,熟练	白,熟练	汉,熟练
	长女	姚金竹	女	纳西	13	小学	纳西,熟练	白,熟练	汉,熟练
106	户主	姚春红	男	纳西	36	高小	纳西,熟练	白,熟练	汉,熟练
	妻子	奚秀珍	女	纳西	36	初中	纳西,熟练	白,熟练	汉,熟练
	长女	姚梅	女	纳西	14	初中	纳西,熟练	白,熟练	汉,熟练
	长子	姚雪	男	纳西	9	小学	纳西,熟练	白,熟练	汉,略懂
107	户主	和加顺	女	纳西	73	初中	纳西,熟练	白,熟练	汉,熟练
108	户主	杨润桥	男	纳西	41	初中	纳西,熟练	白,熟练	汉,熟练
	妻子	和春丽	女	纳西	37	小学	纳西,熟练	白,熟练	汉,熟练
	母亲	王瑞清	女	纳西	60	初中	纳西,熟练	白,熟练	汉,熟练
	长子	和建勇	男	纳西	17	初中	纳西,熟练	白,熟练	汉,熟练
	次子	和建明	男	纳西	14	初中	纳西,熟练	白,熟练	汉,熟练
109	户主	杨树清	男	纳西	42	初中	纳西,熟练	白,熟练	汉,熟练
	妻子	和术女	女	纳西	43	初中	纳西,熟练	白,熟练	汉,熟练
	父亲	杨茂兴	男	纳西	80	小学	纳西,熟练	白,熟练	汉,熟练
	母亲	和玉桥	女	纳西	82	小学	纳西,熟练	白,熟练	汉,略懂
	长子	杨博	男	纳西	19	初中	纳西,熟练	白,熟练	汉,熟练
	长女	杨秀	女	纳西	16	初中	纳西,熟练	白,熟练	汉,熟练
110	户主	杨四金	男	纳西	44	初中	纳西,熟练	白,熟练	汉,熟练
	妻子	张银弟	女	白	41	初中	白,熟练	汉,熟练	纳西,熟练
	长女	杨丽顺	女	纳西	20	大学	纳西,熟练	白,熟练	汉,熟练
	次女	杨丽笑	女	纳西	19	大学	纳西,熟练	白,熟练	汉,熟练
111	户主	和再花	女	纳西	49	初中	纳西,熟练	汉,熟练	白,熟练
	长女	杨丽娟	女	纳西	26	大专	纳西,熟练	白,熟练	汉,熟练
	次子	杨丽虎	男	纳西	17	高中	纳西,熟练	白,熟练	汉,熟练
112	户主	和正升	男	纳西	65	初中	纳西,熟练	白,熟练	汉,熟练
	妻子	李林慧	女	纳西	63	小学	纳西,熟练	白,熟练	汉,熟练
	长女	和丽花	女	纳西	40	高中	纳西,熟练	白,熟练	汉,熟练
	长子	和丽保	男	纳西	38	高中	纳西,熟练	白,熟练	汉,熟练
	儿媳	杨学珍	女	纳西	34	初中	纳西,熟练	白,熟练	汉,熟练
	孙子	和四增	男	纳西	10	小学	纳西,熟练	白,熟练	汉,熟练
113	户主	和锦斗	男	纳西	64	初中	纳西,熟练	白,熟练	汉,熟练
	妻子	和应桥	女	纳西	62	文盲	纳西,熟练	白,熟练	汉,熟练
	长子	和贵金	男	纳西	33	初中	纳西,熟练	白,熟练	汉,熟练
	二子	和贵生	男	纳西	29	初中	纳西,熟练	白,熟练	汉,熟练

114	户主	赵瑞龙	男	白	34	初中	白,熟练	汉,熟练	纳西,熟练
	妻子	和硕芳	女	纳西	28	初中	白,熟练	汉,熟练	纳西,熟练
	岳母	张菊花	女	白	47	小学	白,熟练	汉,熟练	纳西,熟练
	妻妹	和硕萍	女	纳西	21	初中	白,熟练	汉,熟练	纳西,熟练
115	户主	姚占先	男	纳西	62	初中	纳西,熟练	汉,熟练	白,熟练
	妻子	和四女	女	纳西	57	小学	纳西,熟练	白,熟练	汉,熟练
	岳母	和阿顺	女	纳西	87	文盲	纳西,熟练	白,熟练	
	长子	和润甲	男	纳西	28	初中	纳西,熟练	白,熟练	汉,熟练
	次子	和润华	男	纳西	24	初中	纳西,熟练	白,熟练	汉,熟练
116	户主	和耀文	男	纳西	50	初中	纳西,熟练	白,熟练	汉,熟练
	妻子	杨优顺	女	纳西	47	小学	纳西,熟练	白,熟练	汉,熟练
	长子	和丽平	男	纳西	25	大专	纳西,熟练	白,熟练	汉,熟练
	次子	和国平	男	纳西	22	高中	纳西,熟练	白,熟练	汉,熟练
117	户主	和耀红	男	纳西	44	初中	纳西,熟练	白,熟练	汉,熟练
	妻子	杨八花	女	纳西	43	小学	纳西,熟练	白,熟练	汉,熟练
	父亲	和继明	男	纳西	81	初中	纳西,熟练	白,熟练	汉,熟练
	长女	和丽清	女	纳西	18	高中	纳西,熟练	白,熟练	汉,熟练
	次女	和秀林	女	纳西	16	高中	纳西,熟练	白,熟练	汉,熟练
118	户主	和玉树	男	纳西	43	文盲	纳西,熟练	白,熟练	汉,熟练
119	户主	和正女	女	纳西	62	小学	纳西,熟练	汉,熟练	白,熟练
	长子	和增寿	男	纳西	33	初中	纳西,熟练	白,熟练	汉,熟练
	次子	和春生	男	纳西	30	小学	纳西,熟练	白,熟练	汉,熟练
	长媳	和洁	女	纳西	34	小学	纳西,熟练	白,熟练	汉,熟练
	次媳	史盛开	女	白	26	初中	白,熟练	汉,熟练	纳西,熟练
120	户主	杨玉兴	男	纳西	57	初中	纳西,熟练	白,熟练	汉,熟练
	妻子	和阿桥	女	纳西	58	小学	纳西,熟练	白,熟练	汉,熟练
	长子	杨志杰	男	纳西	32	小学	纳西,熟练	白,熟练	汉,熟练
121	户主	杨志高	男	纳西	37	初中	纳西,熟练	白,熟练	汉,熟练
	妻子	和丽花	女	纳西	35	初中	纳西,熟练	白,熟练	汉,熟练
	母亲	和爱花	女	纳西	66	文盲	纳西,熟练	白,熟练	汉,熟练
	长女	杨海燕	女	纳西	11	小学	纳西,熟练	白,熟练	汉,熟练
	长子	杨海峰	男	纳西	7	小学	纳西,熟练	汉,略懂	白,熟练
122	户主	姚四海	男	纳西	37	初中	纳西,熟练	白,熟练	汉,熟练
	妻子	和建开	女	纳西	36	小学	纳西,熟练	白,熟练	汉,熟练
	父亲	姚寿宏	男	纳西	68	初中	纳西,熟练	白,熟练	汉,熟练
	母亲	和树香	女	白	64	小学	白,熟练	汉,熟练	纳西,熟练
	长子	姚良	男	纳西	15	初中	纳西,熟练	白,熟练	汉,熟练
	长女	姚敏	女	纳西	7	小学	纳西,熟练	白,熟练	汉,略懂
123	户主	杨石生	男	纳西	48	初中	纳西,熟练	白,熟练	汉,熟练
	妻子	和润杰	女	纳西	46	初中	纳西,熟练	白,熟练	汉,熟练
	次女	杨丽兰	女	纳西	24	大专	纳西,熟练	白,熟练	汉,熟练

124	户主	和亚全	男	纳西	42	初中	纳西,熟练	白,熟练	汉,熟练
	妻子	姚立芬	女	纳西	41	初中	纳西,熟练	汉,熟练	白,熟练
	长子	和学礼	男	纳西	20	大学	纳西,熟练	白,熟练	汉,熟练
	次女	和学良	女	纳西	15	初中	纳西,熟练	白,熟练	汉,熟练
125	户主	和青	男	纳西	54	小学	纳西,熟练	白,熟练	汉,熟练
	妻子	陈树美	女	纳西	45	小学	纳西,熟练	白,熟练	汉,熟练
	长子	和金秋	男	纳西	22	小学	纳西,熟练	白,熟练	汉,熟练
126	户主	和求花	女	纳西	56	高中	纳西,熟练	白,熟练	汉,熟练

第四节 南高寨村易之古小组语言使用情况个案调查

一、易之古小组基本情况

易之古小组（以下简称"易之古"）隶属丽江市玉龙县九河乡南高寨村委会。它坐落于老梅箐山谷之东,坡度成30度左右。西南与九河街村毗邻,西北与彼古村相连。

全村共有91户,410人。主要民族成分是白族,占全村总人口的92%,还有少量的纳西族、汉族。村里很少与外族通婚,多是本族内通婚。但是,近些年本村人与外族通婚的情况逐渐增多。在语言的使用上,全村人都说白语,大多数村民还可与外村人用纳西语、汉语自由地交流,是精通白语、纳西语、汉语的"三语人"。

该村耕地面积八百多亩,林地面积三千多亩。这里水源充裕,地质稳固,少有泥石流、洪涝等自然灾害发生。老梅箐山谷水域养育了世世代代的易之古人。以前,村民长年利用源源不断的山谷水来磨面、磨豆、舂米。因此,易之古曾一度被称为"水磨村"。近几年来,由于生态遭到一定破坏,水源已远不如从前充足,再加上现代化机械的引入,利用山谷水进行农产品加工的传统方式逐渐消失,故"水磨村"之名现已很少有人提及。现在村民们主要靠地表水、山谷水作为饮水水源。

易之古资源较为贫乏,主要从事传统的农业生产。以种植水稻、玉米为主,经济作物是烤烟。此外,还有养殖业,包括养猪、养鱼、养鸡。农产品不仅供给本村,还销售到周边的兰坪、剑川等地。农闲时间,大多数年轻人还外出打工增加家庭收入,同时也为周边县城输入了劳力。全村有三四户富裕家庭,资产丰厚,每户都有两三辆汽车,每年靠种、养殖业收入大概有十几万元。一些小规模的种、养殖户的年收入约有一两万元。村民的经济状况在丽江地区属中下水平。最近几年,由于长年干旱,经济发展受到一定的影响。全村电器已经普及,家家户户都有电视,并装上了无线数字接收器。在城里上学的青年一般都有手提电脑。每家都使用手机、座机电话。

村里的交通条件便利。村寨与214国道仅隔四五百米,与周边各村路路相通,且道路状况良好。外出主要靠小型面包车。进城办事一天可以来回,出行较为方便。

易之古的九年义务教育已经普及,全村有一所完小、一所初中。长期以来,村民都有重视教育的传统,全村老小都深知"唯有读书才能成才"的道理。因此,这里从来没有小孩辍学在家的情况,而且每年村里都有好几个青年考上大学,甚至有的能上省一本、二本线。考不上大学的也会选择职业中专。

这里的白族文化融合了大理白族和丽江纳西族文化的特点,村寨中很多地方都呈现出两个民族的影子。如在民族服饰上吸收了大理白族服饰的颜色及搭配方式,虽没有那么艳丽,但多了一份淡雅;同时又借鉴了丽江纳西族"七星羊皮"的背部装饰,美观又保暖。其服饰虽与大理白族、丽江纳西族乍看相似,但却有着微妙的差异。特别是头部装饰,凸显了本土的鲜明特征。这里的妇女头饰用多层头巾层层叠加围头,顶部整体为青蓝色,每层头巾露出或白或红的边沿,极具层次感;少女头部则是被称为"兔耳形"的装饰,上面是布满色彩艳丽、构图繁杂的精美刺绣。易之古白族服饰可谓整体清雅、大方,细节之处却俊秀、美艳。

房屋多以土木结构为主,借鉴了大理白族常见的"三坊一照壁"的建筑形式。房子建成一个四方形,进正门处竖一类似屏风的墙,也就是照壁,正对照壁有一间正房做客厅,客厅两边各有两间房子。一般条件好的富裕人家才能建起这样规模的房屋。

传统手工业在这里保存完好,木雕、石雕、玉器加工、民乐"三弦"制作等古老的手工业都有所继承。随处可见白墙灰瓦房屋的大门上、窗栏上、飞檐吊脚上的精美石雕、木雕。雕刻的图案或龙或凤,或花或草,或人或仙,或山或石,或禽或兽,形象万千、神色各异,令人不免要驻足观望,细细欣赏。这一传统的雕刻艺术也成为现今村民创收的来源之一。有些村民还远到毛里求斯从事木雕、石雕等手工制作,收入较为可观。

易之古白族保留着自己的传统节日。"羊日节"(又称"会亲节")是当地的一个重要节日,至今已有130多年历史。传说是为了纪念本族的一个民族英雄,在每年的农历六月十八,每户人家都要宴请三亲六眷、亲朋好友,你来我往,从中午吃到晚上。中午一般只吃凉粉和粑粑,不吃肉,晚上要丰富些,会有各种肉食。最热闹时一家能有四五百人来做客。本村人相互请完后,就按村的习惯顺序不断请下去。易之古是每年开头请客的第一个村,随后一村接着一村,持续约半个月。节日里,大家虽相互宴请,但双方都不收受节礼,有的最多也只是送些馒头或凉粉。

与"羊日节"相隔七天(农历六月二十五)的"火把节"是当地的另一重要节日。村民们在空野之地,用松树树干和钢架搭起一个硕大的火把,在晚上点燃火把,燃烧三天,以此种方式来祭天神。节日当天,火把周围围上一圈桌子,摆上各种面食,村民们聚集一堂,共同享用面食,祈求丰收和富足。汉族的重大节日在村里一样受到重视。清明节、中秋节、春节都和汉族同步,过法也基本相同。

二、易之古小组语言使用现状

为了解全村的语言使用现状,我们对其中的87户进行了入户调查。除去语言能力还不成熟的 6 岁以下儿童和不完全具备语言能力的聋哑、智障人外,共调查统计了 351 人的语言使用现状。以下是对这 351 人的语言使用现状的统计、分析。

(一) 易之古白族母语使用现状

近年来,易之古外出打工、学习的人逐渐增多,与外界交流频繁。易之古白族的母语使用情况究竟怎样,有没有受到外界的影响,在信息社会开放化、多样化的大环境下,母语的使用又会出现怎样的变化,带着这几个问题我们对易之古白族进行了入户调查和四百词测试,发现易之古白族的母语使用情况有以下特点:

1. 易之古白族属于母语稳定型

不同年龄段语言能力的调查数据统计如表 3-33:

表 3-33 易之古小组不同年龄段白语语言能力的调查表

年龄段(岁)	人数	熟练 人数	熟练 百分比(%)	略懂 人数	略懂 百分比(%)	不会 人数	不会 百分比(%)
6—19	76	76	100	0	0	0	0
20—39	122	122	100	0	0	0	0
40—59	120	119	99.2	0	0	1	0.8
60 以上	33	33	100	0	0	0	0
合计	351	350	99.7	0	0	1	0.3

由表 3-33 可以看出,在我们所调查的 6 岁以上(含 6 岁)具有完全语言能力的 351 人中,白语熟练的有 350 人,占调查人数的 99.7%;白语不会的仅 1 人,占调查人数的 0.3%。

三个年龄段中,除 40—59 岁年龄段中 1 人不会说汉语外,其他三个年龄段都 100% 熟练使用白语。唯一一位不懂白语的白族人叫王太兴,是因为他以前不是白族,是外村汉族人,到本村做上门女婿之后才将民族改为白族。因为从小没有生活在白语的环境之下,自然很难学会白语,再加上村里人都会说汉语,平时在村里与他人交流时也只用汉语。

据此,我们将易之古白族的母语使用现状定性为"全民稳定使用母语型"。

易之古小组能够如此完好地保留母语,其成因主要有以下两个方面:

(1) 民族的高度聚居是白语得以完好保留的客观条件。易之古小组共 91 户 410 人,92% 以上是白族,母语保留完好;余下的纳西族、汉族也大部分都会白语。本村的非白族人中,纳西族 18 人有 16 人熟练掌握白语,1 人略懂,汉族 7 人中有 4 人熟练掌握白语。具体情况见表 3-34:

表 3-34 易之古小组非白族使用白语情况调查表

民族	人数	熟练 人数	熟练 百分比(%)	略懂 人数	略懂 百分比(%)	不会 人数	不会 百分比(%)
纳西	18	16	88.8	1	5.6	1	5.6
汉	7	4	57.1	0	0	3	42.9

| 藏 | 1 | 0 | 0 | 0 | 0 | 1 | 100 |
| 合计 | 26 | 20 | 77 | 1 | 3.8 | 5 | 19.2 |

由表 3-34 可知,非白族人中 77% 以上能"熟练"使用或"略懂"白语。由于易之古的聚居民族是白族,少数外族人嫁进之后便逐渐学会白语。但也存在少数不会说白语的外族人,那是因为来村的时间不长,从小又没有使用白语的环境。如果接触时间再长些,部分人是能逐渐听懂白语的。

这说明,白族的高度聚居使白语形成强大的磁场,对其他民族有着巨大的吸引力。白语成为村民之间传递信息,维系情感的重要工具。高度聚居这一客观条件对于白语的使用与传承极为有利。

(2) 对母语感情深厚是白语得以完好保存的情感基础。易之古白族老老小小对自己的母语都有深厚的感情。经济的快速发展、与外界交流的加深以及外来文化的影响都无法动摇白语的稳固地位。在采访村里的养殖大户杨亚兵时,他表示虽然现在自己的产业做大了,与外面接触的机会增多了,但是一定要教自己的孙辈们白语,自己的子女们放假回来也一定要说白语,不能忘本。

2. 母语词汇量掌握略有代际差异

我们对易之古白族进行了四百词测试,可以进一步看到村民的白语语言能力及其使用现状。具体调查情况见表 3-35：

表 3-35　易之古小组不同年龄段四百词测试情况统计表

年龄段(岁)	人数	A(优秀) 人数	百分比(%)	B(良好) 人数	百分比(%)	C(一般) 人数	百分比(%)	D(差) 人数	百分比(%)
6—19	4	4	100	0	0	0	0	0	0
20—39	2	2	100	0	0	0	0	0	0
40—59	2	2	100	0	0	0	0	0	0
60 以上	2	2	100	0	0	0	0	0	0
合计	10	10	100	0	0	0	0	0	0

上述 10 人的四百词测试结果显示,四个年龄段白族的母语能力无一不是"优秀"等级,这就进一步证明了白语作为母语的稳定地位。但词汇掌握情况在不同年龄段却存在细微的差异,60 岁以上的老年及 20 岁以下的青少年较其他两个年龄段的稍差一点。四百词测试的具体情况见表 3-36：

表 3-36　10 名被测试者的四百词测试情况表

姓名	年龄	性别	文化程度	A	B	C	D	A+B	等级
刘阿顺	78	女	文盲	373	8	14	5	381	优秀
姚玉星	60	男	小学	346	17	37	0	363	优秀
赵应勇	44	男	小学	384	0	12	4	384	优秀
刘树生	41	男	大专	400	0	0	0	400	优秀

杨金谷	33	女	职高	396	4	0	0	400	优秀
姚应宝	24	男	初中	390	10	0	0	400	优秀
赵丽梅	19	女	中专	400	0	0	0	400	优秀
刘重钧	17	男	中专	397	1	2	0	398	优秀
刘凤平	16	女	高中	363	8	7	12	371	优秀
刘重康	12	男	初中	324	29	21	26	353	优秀

可以看出，C级、D级词汇在60岁以上和19岁以下的年龄段中比重较大。主要原因是：对于青少年来说，生活经验的缺乏在一定程度上限制了词汇量。十几岁的青少年由于年纪偏小，接触的人、事、物相对少，对一些事物叫不出名字或不熟悉。另外，学校教育中汉语普通话的普及对母语词汇量的掌握也有一定影响。以刘凤平和刘重康为例，两人平时都在乡里或市里上学，不仅上课时老师使用普通话，下课时和不同民族的同学交流时也会使用普通话，白语使用频率的降低使得他们的词汇量相对减少。

（二）易之古白族的汉语使用现状

由于和外界交往频繁，汉语成为易之古白族与外村、外族交流的重要交际工具。通过调查，我们发现整个村的汉语水平很高。基本情况是：

1. 绝大多数村民都能够熟练兼用汉语

不同年龄段的汉语使用情况如表3-37：

表3-37 易之古小组不同年龄段汉语语言能力的调查表

年龄段（岁）	人数	熟练 人数	熟练 百分比（%）	略懂 人数	略懂 百分比（%）	不会 人数	不会 百分比（%）
6—19	76	71	93.4	5	6.6	0	0
20—39	122	122	100	0	0	0	0
40—59	120	120	100	0	0	0	0
60以上	33	32	94.2	1	2.9	0	0
合计	351	345	98.2	6	1.8	0	0

表3-37显示，351位白族中有345人能够熟练兼用汉语，占98.2%；汉语水平为"略懂"级的有6人，占1.8%；没有一人不会使用汉语。这一数据说明，易之古的白族普遍兼用汉语。

2. 兼用汉语的水平略有代际差异

60以上和6—19岁两个年龄段中能够兼用汉语的比例相对较低，熟练程度不及20—59岁的中青年。主要原因有：(1)6—19岁的青少年中部分刚刚入学接受教育，学习汉语的时间不长，加之与外界接触不多，因此汉语掌握的程度相对较低。5个略懂汉语的青少年，其具体情况见表3-38：

表 3-38　6—19 岁略懂汉语的具体情况调查表

姓名	性别	民族	年龄	文化程度	第一语言及水平	第二语言及水平	其他语言及水平
刘婷	女	白	7	小学	白,熟练	汉,略懂	
杨建雄	男	白	7	小学	白,熟练	汉,略懂	
和丽康	男	白	8	小学	白,熟练	汉,略懂	
杨永琴	女	白	10	小学	白,熟练	汉,略懂	
赵春人	男	白	19	小学	白,熟练	汉,略懂	

（2）个别汉语水平低与他的文化程度有关。汉语略懂的只有 1 位 60 以上的老人,是因为没有受过学校教育。具体情况见表 3-39：

表 3-39　60 以上略懂汉语的具体情况调查表

姓名	性别	民族	年龄	文化程度	第一语言及水平	第二语言及水平	其他语言及水平
赵述根	男	白	66	文盲	白,熟练	汉,略懂	

（三）易之古白族纳西语的使用现状

易之古周边多为纳西族村寨,且与纳西族彼古村临近,世代来往密切,纳西语成为易之古白族的另一兼用语言。其兼用情况如下：

1. 普遍熟练兼用纳西语

不同年龄段的情况如表 3-40：

表 3-40　易之古小组不同年龄段纳西语语言能力的调查表

年龄段(岁)	人数	熟练 人数	熟练 百分比(%)	略懂 人数	略懂 百分比(%)	不会 人数	不会 百分比(%)
6—19	76	67	88.2	2	2.6	7	9.2
20—39	122	109	89.3	0	0	13	10.7
40—59	120	80	66.7	0	0	40	33.3
60 以上	33	31	93.9	0	0	2	6.1
合计	351	287	81.8	2	0.5	62	17.7

由表 3-40 可知,易之古全村 351 人中 82% 以上能够"熟练"使用或"略懂"纳西语,不会纳西语的只占 17.7%。这些数据说明,纳西语在易之古能够普遍兼用。

2. 兼用纳西语水平存在性别差异

易之古男、女兼用纳西语的水平存在一定的差异。男性普遍熟练掌握纳西语,而女性的纳西语水平则低于男性。具体情况见表 3-41：

表 3-41　易之古小组不同性别纳西语语言能力的调查表

性别	人数	熟练 人数	熟练 百分比(%)	略懂 人数	略懂 百分比(%)	不会 人数	不会 百分比(%)
男	175	168	96	0	0	7	4
女	176	118	67	2	1.1	56	31.9
合计	351	286	81.5	2	0.5	63	18

从上表可以看出,男性熟练兼用纳西语的比例高于女性。在351名被调查的对象中,男性175人,女性118人。其中,男性熟练兼用纳西语的共168人,占男性总数的96%;女性熟练兼用纳西语的共118人,占女性总数的67%。女性不会纳西语的比例明显高于男性,女性不会纳西语的有56人,占女性总数的31.9%,男性不会纳西语的只有7人,占男性总数的4%。

女性的纳西语水平之所以普遍低于男性,有以下几个原因:1、易之古与外村白族通婚现象普遍,很多白族女性是从外村嫁入的。这些嫁进来的女性因从小缺乏学习纳西语的环境,成年后自然就很难习得纳西语。这些嫁入的外村女性影响了易之古女性整体的纳西语水平。2、丽江地区以纳西族为主,很多男性外出打工或做生意,他们有更多接触纳西族的机会,因此男性的纳西语水平普遍较高。而女性较之男性与外界接触少,相对闭塞的语言环境也制约了女性纳西语水平的提高。

(四)易之古白族普遍兼用汉语、纳西语的成因

易之古白族在完好保留母语的同时,又能普遍兼用汉语、纳西语,是熟练使用白语、汉语、纳西语的"三语人"。

汉语的普遍兼用是白族重视学校教育的结果。白族孩子通过学校教育去学习汉语,凡是读到小学毕业的白族,都能很好地掌握汉语。另外,白族人将汉文化视为先进的文化,对汉语采取积极包容的态度,认为学好汉语有利于将来更好的生存和发展。

白族兼用纳西语有以下几个条件:

1. 白族学生与纳西族合校生活是白族学习纳西语的有利条件。

由于分布的原因,易之古的白族学生与纳西族学生就读于同一所完小,六七岁正是习得语言的敏感期,共同的学习、生活环境使白族孩子在玩耍、嬉戏中很快就学会了纳西语。

2. 易之古接壤纳西族村寨是白族掌握纳西语的天然条件。

易之古与纳西族彼古小组临近,两村往来频繁,世代交好,村民在互帮互助间不知不觉就学会了对方的语言。而且两村同属一个村委会,村民们经常一起商讨、处理村中事务,能够使用对方的语言有利于工作的开展。在调查中我们看到,只要是土生土长的易之古白族,都能说一口流利的纳西语,两种语言可以自由、灵活地转换。

3. 包容开放的民族情怀是白族习得纳西语的心理因素。

易之古白族人普遍愿意学习、接受外族的语言、文化。就像易之古小组村长刘树生所说:"我们在听到外族语言时就像听到音乐一样美妙动听。"村中也随处可以看到纳西族文化的影子,在服饰上、建筑风格上都能体现出白族人兼收并蓄的民族特点。这种开放包容的民族情怀成为白族习得纳西语的心理基础。

三、易之古小组人物访谈录

(一) 南高寨易之古小组组长刘树生访谈录

访谈对象：刘树生，男，41岁，白族，大专学历，易之古村组组长

访谈时间：2012年8月6日上午10:30

访谈地点：南高寨村委会办公室

访谈、整理者：闻静

问：您好！请您介绍一下您的个人及家庭情况。

答：我叫刘树生，今年41岁，白族，从事村委会工作，任职已经九年了。中学毕业后，我主要是务农，还从事过工商业。零三年通过选举当选为村委会副主任，后来在云南省委党校行政管理学院学习三年，取得了大专学历。我家有三口人，我、爱人和一个女儿。我爱人也是白族，姓杨，新海邑村人，38岁，在家务农。女儿17岁，白族，在玉龙县一中上高中。我们祖辈一直在易之古村民小组。

问：您家里平时都只用白语交流吗？

答：我们在家一般说白语，孩子上学回来后常跟我们说汉语。我爱人会白语、汉语。我自己会纳西语、白语、汉语。女儿和我一样。我们俩的纳西语都很好。因为长期和纳西族接触，用纳西语沟通很顺畅。加上女儿又在外学习，所以汉语普通话也很好。

问：您和您女儿都会白语、纳西语、汉语三种语言，您的爱人怎么不会说纳西语呢？

答：因为她是从外村嫁进来的，她的老家是新海邑村，距离易之古2公里，所以不会说纳西语。

问：整个村也是跟您一样都会说白语、纳西语、汉语吗？

答：我们这里除了少部分从外村嫁进来的人不会说纳西语外，本村人从小就和邻村的纳西族人接触，所以基本上都会纳西语。即使有的孩子小，不太会说，但听懂是没问题的。

问：外族人嫁进来的多吗？

答：不多。我们这里基本上是本族内通婚，有外村人进来的情况。现在和外族通婚的现象越来越多了。

问：村里人除了白族以外，还有哪些民族？

答：还有少部分纳西族、汉族，一般都是嫁进来的，或是上门的。以前还有一个藏族，现在已经迁出了。

问：您既是易之古小组的组长，又是南高寨村委会的副主任，您工作时一般用什么语言呢？

答：我工作时，根据对象不同，可以用纳西语、白语、汉语进行交流。一般是来了汉族，就说汉语，来了纳西族，就说纳西语，来了白族，就说白语。偶尔来了藏族，也会说一些词句，尤其是与汉语相近的词句，然后再辅助肢体语言进行交流。我觉得很多语言中的一些词基本上是一

样的,很好学。我们村委会纳西族的干部较多,大家在一起开会、聊天时都用纳西语。回到自己村里我就说白语了。

问:您的纳西语、汉语是怎么学会的?

答:我六七岁开始和纳西族孩子一起上学,在一起学习、玩耍中不知不觉就学会了纳西语。我们那时七八十年代,本地老师多,上课时一般用纳西语、汉语。有这样的环境,很快就学会了。

问:您在工作、生活中要用不同的语言,您觉得这样的语言转换难不难?

答:我们这里的人语言转换很灵活,没觉得有什么困难。因为民族融合程度高,整个村村民纳西语、白语都会。

问:请您谈谈对学习其他民族的语言、文化的认识。

答:我个人很喜欢学习其他民族的语言、文化,对其他民族的风俗、服饰很感兴趣。每次听到别的语言,感觉就像音乐一样动听。我非常喜欢研究纳西族的东巴文。

问:易之古小组的小学在哪儿?为什么有那么多纳西族的孩子?

答:我们易之古和其他两个小组的孩子都上同一个小学,是南高寨完小,在彼古小组、易之古小组的中间地带。而且都上同一所初中,是九河乡中学,在高寨街,也就是九河坝的中间地带。

问:现在学校的老师主要是哪里人?什么民族?

答:现在老师大多是本地的,一般是丽江市内的,有纳西族、白族、汉族,以纳西族为主。

问:老师在学校用什么语言上课?

答:老师上课全部用汉语,下课时学生也用汉语交流。

问:您能简要说说你们南高寨村委会的情况吗?

答:南高寨村委会由三个村民小组组成,分别是易之古、彼古、南高自然村。我们易之古村民小组从2001年开始实行村民自治,所有村干部由村民民主选举,三年一届。南高寨村委会是由各小组推荐、选举产生的,三年一届。

问:能介绍一下易之古小组的地理位置吗?

答:易之古面东山而居,坡度二三十度。我们西南面是九河街村,西北面是彼古村。耕地面积800多亩,林地面积3000多亩。

问:这里的水源条件怎样?

答:我们靠的这座山谷叫老梅箐山谷,山谷水养育了易之谷村。易之谷村以前叫"水磨村"。以前这里水量充沛,我们用山谷水来磨各种豆类、凉粉、舂米。现在生态遭到破坏,山谷水没以前那么充裕,再加上电力发达,已经不用人力了。随着社会的发展,很多东西在消失。现在我们的水源也还是地表水和山泉水。村里的人畜饮水没有太大问题。

问:村里出行方便吗?和外界交流频繁吗?

答:我们村与214国道相隔四五百米。出行比较便利。各村镇之间的交流很频繁。现在我们村与外界的沟通在逐渐增多、加深。

问：村民靠什么交通工具出行？

答：村民出行主要采用小型的面包车，公交车也有，但很少。客运车也有，定时发车。这些车一般发往周边的县城。

问：村里的经济情况怎么样？村民有哪些经济来源？

答：我们这个村算不上富裕，在丽江地区算中下水平。因为资源贫乏，主要靠传统的农业生产。我们种植水稻、玉米。经济作物主要是烤烟。还有一些养殖业，养猪、养鱼、养鸡。农闲时，很多人外出打工，输出了劳力，也为自己挣了钱。

问：村民一般外出到哪里打工？

答：一般是附近的丽江地区。最远的是毛里求斯，去做木匠活。

问：靠这些种、养殖业，村民的收入怎么样？

答：大规模的种、养殖户，一年大概能收入十几万，小规模的也就一两万元。

问：村里有辍学在家的孩子吗？都愿意供孩子上学吗？

答：除了智障外，没有辍学在家的孩子。我们村一直很重视教育，每年都有几个学生考上大学。有的甚至能上一本、二本线。考不上的也会上职业中专的。虽然家里的收入比较少，但希望孩子受教育的意识还是比较强烈的。没有"读书无用"这样的想法。

问：现在村里在外面上学、打工的人越来越多。他们会的语言多了，您担心说白语的人会越来越少吗？

答：不会，起码这几代人应该不会。我们现在说汉语，是因为汉文化是先进的文化。在现代社会，如果不会汉语，那是没法生存的。我们本身也愿意接受其他民族的优秀文化。但是，回到村里我们还是都会说白族话的。

问：村里有哪些传统的手工业？

答：我们村有木雕、石雕、乐器制作。

问：是什么乐器？

答：就是民族乐器"三弦"，用来伴奏白族调。村里有人加工乐器，然后去卖。

问：村里过哪些传统的节日？

答：我们有"火把节"，就是农历六月二十五，在空野的地方竖起松树树干做的火把，来祭天。人们围坐在火把周围吃面，祈求五谷丰登。还有就是"羊日节"，在农历六月十八开始，把朋友亲戚喊回来在家里聚一天，午饭以凉粉、粑粑为主，不准吃肉食。这是为纪念我们村的一位将军。"羊日节"从我们村开始，然后一村接着一村地来请，能持续半个月。

问：国家对这里有什么政策扶持？

答：新型农村合作医疗为老百姓解决了基本的看病就医问题。我们还有新型的农村养老保险，60岁以上的不用交费，也可以享受每月50元到60元的基础养老金。还有就是国家金融机构支持较大，小额贷款很容易贷到。

问:咱们村的物价怎么样?

答:电价一直比较稳定,五六毛一度电。但是肉价起伏较大,对养猪户有一些影响。

问:村民生活上还有什么困难?

答:上大学仍然有困难,主要是费用难以负担,经济上承受不起,我们这里出现了一些欠债上学的家庭。

问:作为村长,您认为易之古小组今后的发展靠什么?

答:易之古今后的发展还是要靠教育。当然,也离不开国家的支持、帮助。因为,我们现在的基础设施、产业结构还是比较落后,需要国家的扶持。但最终的发展还是靠教育。在农民增收上,要靠发展现代农业,引进科学的管理,要改变传统农业的生产方式。最近几年,烤烟业发展较好,这是一个好的方面,今后要继续保持。

问:传统手工业能否作为一个发展方向?

答:传统手工业刚刚开始,尚未成规模,作为品牌来做的话还是比较困难。虽然短时间内难成气候,但也还是有一定的发展前景。

(二)南高寨易之古小组村民杨亚兵访谈录

访谈对象:杨亚兵,男,45岁,白族,小学文化,易之古村组副组长

访谈时间:2012年8月6日下午

访谈地点:南高寨村民委员会办公室

访谈、整理者:李旭芳

问:杨大哥您好,请您简要介绍一下您家里的基本情况。

答:我家里一共四口人,我和妻子,还有两个女儿。我和我妻子主要在家做饲料销售、生猪养殖和烤烟种植。我的大女儿在曲靖师院读财务会计,小女儿在云南艺术学院学室内设计。我们一家四口都是白族,在家里的交流都是用白族话。

问:您说过您是小学毕业,那您是怎么想到要走养殖和种植的路的?

答:我上小学时经常去帮我父亲放牛放马,我也很喜欢做这个事情。后来小学毕业,我开始到处奔波,但没有什么大的收入,后来开始做小规模养殖。一次偶然的机会,开始销售饲料。后来,我发现做饲料销售总会有积压,因此便扩大养殖规模,自己消化积压的饲料。2009年,我抓住政府鼓励农民种烤烟的机会,开始种植烤烟,并逐步承包了村里闲置的土地。现在这些产业逐步形成了良性循环,如我积压的饲料可以用于养猪,而猪排泄的粪便又可以用作种植烤烟的肥料。这样良性循环可以减少成本,非常实用。

问:我听村里人说您是村里的大能人,您能介绍一下您具体的产业规模吗?

答:我从1992年开始做正大饲料销售到现在已经有20年,现在饲料销售主要由我妻子负责,生意还不错,每个月能有三四十吨的销量。我现在主要负责的是生猪养殖和烤烟种植的管

理。养殖场就在家旁边,面积大概是七百五十平米,主要是母猪生产然后卖小猪,每年大概能达到一千头生猪的产量。我从2009年开始做烤烟种植,现承包了本村和邻村一共260亩地用于种植烤烟,并在烟草公司的资助下建了烤烟炉。从过去几年来看,饲料销售和生猪养殖的纯利润平均每年有4万元左右,今年开始,烤烟也将开始盈利,所以形势会越来越好。明年我会继续扩大规模,种植烤烟面积将达到1000亩,而养殖规模将扩大10倍。

问:这么大的产业规模,您是如何进行管理的?

答:现在养殖场和烤烟厂已经基本实现了半机械化,如养殖场配有饲料加工机器、自动饮水等。至于烤烟厂,我去曲靖、玉溪考察后发现那边基本都是机械化。因此我效仿曲靖和玉溪,配备了犁田机、移栽机、覆膜机、起垄机,基本实现了半机械化,这样一来,节省了很多人力,效率也提高了。当然,我一个人还是忙不过来,因此我请了一些小工来帮我。2012年我一共会有4000多个工时,将一共支出工资30万元左右。

问:这些小工都是邻村的村民吗?

答:是的。都是邻村的村民,大部分是留守妇女,她们的丈夫出去打工,而这些妇女要照顾家里没有办法出去,我就让她们过来帮忙,正好解决了我的问题,也可以让她们在农闲时候挣点生活费。

问:那么这些村民都是什么民族的?

答:有白族,纳西族,汉族相对少一些。

问:您在请小工的时候会不会有倾斜?比如您自己是白族,就刻意只要白族?

答:没有倾斜。只要他们愿意过来帮忙,我都要。不管纳西族还是白族,都很勤劳能干,我信任他们。

问:那您在管理员工的时候,一般用什么话进行交流?

答:看情况吧。如果是白族的村民,我用白族话,如果是纳西族,那我就用纳西话。我妻子也是一样的。

问:您和您妻子都会说纳西、白族和汉族三种语言,那您觉得这对您的生意有什么帮助吗?

答:有帮助。我觉得会多种语言可以让我和其他外村人交流时没有障碍,因而做生意更方便,可以发展得更好。

问:您的厂里有那么多员工,又是多民族共处,会不会有一些员工之间的冲突?

答:一般不会有冲突。无论是白族还是纳西族,他们都能和睦相处,村子与村子之间来往也比较密切,交往很频繁,再加上他们都会两种语言,彼此交流没有障碍,因此工作起来也能亲密合作。

问:您的房子很有特色,能给我们介绍介绍吗?

答:我们家的房子在建的时候,我有意仿照大理的建筑,并且请了大理的技术人员来帮我建的,基本保留了白族特色。并且在建的过程中,也加入了我们家人自己的心意,如外墙内壁的画是我小女儿自己画的,而照壁上的毛笔字是我父亲亲自写的。我老父亲的字写得不错,他生前是国家书法协会的会员。

问：您的女儿都很有出息，您在家庭教育方面有什么心得吗？

答：我对家庭和孩子比较严格，遵循的就是适度宽容，但是大的原则不能违背。我要求她们形成良好的行为习惯，该宽则宽，该严就严。对于她们的学习，我也在经济上给予大力支持。总之，先要学会做人，做人应该踏实，实在。

问：现在女儿也快毕业了，对于她们有什么期望吗？是否希望她们回家乡？

答：但愿她们毕业后事事顺心，希望她们学会感恩，不仅是对我们，更是对家乡，希望她们能对家乡有所贡献。回来家乡工作也可以，回家来帮忙也可以，在外边发展更好。

问：如果以后孙子孙女出生了，您对她们的民族成分有什么要求吗？

答：他们的民族成分划分应该由女儿女婿决定，不能强求，但还是希望可以划为白族。

问：那如果有机会，您会不会教他们说白族话？

答：一定会。只要他们回来和我待在一起，我一定会教他们白族话，甚至纳西话也要让他们学，因为多学几种语言不管走到哪里都会有用。现在女儿放假回来我也要求他们说白族话，不能忘本。

问：杨大哥，对不起，耽误了您宝贵的时间，谢谢！

答：不客气。

四、易之古小组语言情况总表

编号	家庭关系	姓名	性别	民族	年龄	文化程度	第一语言及水平	第二语言及水平	其他语言	备注
1	户主	姚阿祥	男	白	47	初中	白，熟练	纳西、汉，熟练		
	妻子	李开顺	女	白	48	文盲	白，熟练	汉，熟练		
	长女	姚加平	女	白	28	本科	白，熟练	纳西、汉，熟练		
	二女	姚加燕	女	白	26	初中	白，熟练	纳西、汉，熟练		
	次子	姚加胜	男	白	24	专科	白，熟练	纳西、汉，熟练		
2	户主	和根灿	男	白	40	初中	白，熟练	纳西、汉，熟练		
	妻子	杨四代	女	白	36	小学	白，熟练	纳西、汉，熟练		
	长子	和寿江	男	白	17	初中	白，熟练	纳西、汉，熟练		
	次子	和寿荣	男	白	14	小学	白，熟练	纳西、汉，熟练		
3	户主	和小平	男	白	65	高小	白，熟练	纳西、汉，熟练		
	妻子	杨正花	女	纳西	62	文盲	纳西，熟练	白、汉，熟练		
	次儿	和根福	男	白	33	高小	白，熟练	纳西、汉，熟练		
4	户主	姚玉星	男	白	59	高小	白，熟练	纳西、汉，熟练		
	妻子	刘阿花	女	白	58	文盲	白，熟练	纳西、汉，熟练		
	次子	姚家竹	男	白	31	高中	白，熟练	纳西、汉，熟练		
	儿媳	和国花	女	纳西	30	初中	纳西，熟练	汉，熟练		
	次女	姚满竹	女	白	27	中专	白，熟练	纳西、汉，熟练		

5	户主	姚罗英	男	白	38	初中	白,熟练	纳西、汉,熟练
	妻子	赵阿妹	女	白	38	小学	白,熟练	汉,熟练
	长子	姚胜全	男	白	15	初中	白,熟练	纳西、汉,熟练
	次女	姚胜梅	女	白	13	小学	白,熟练	纳西、汉,熟练
6	户主	和富强	男	纳西	64	初中	纳西,熟练	白、汉,熟练
	父亲	姚老三	男	白	85	高小	白,熟练	纳西、汉,熟练
	次女	姚中瑞	女	白	35	高小	白,熟练	纳西、汉,熟练
	次子	姚中兴	男	白	27	初中	白,熟练	纳西、汉,熟练
7	户主	杨松茂	男	白	59	初中	白,熟练	纳西、汉,熟练
	妻子	赵真祥	女	白	59	文盲	白,熟练	纳西、汉,熟练
	长子	杨崇仁	男	白	32	高中	白,熟练	纳西、汉,熟练
	儿媳	和积英	女	藏	28	初中	藏,熟练	纳西、汉,熟练
	次女	杨崇敬	女	白	31	初中	白,熟练	纳西、汉,熟练
8	户主	和求辉	男	白	43	高中	白,熟练	纳西、汉,熟练
	妻子	赵长喜	女	白	41	小学	白,熟练	汉,熟练
	父亲	和山龙	男	纳西	84	文盲	纳西,熟练	白、汉,熟练
	母亲	王阿英	女	白	79	文盲	白,熟练	纳西、汉,熟练
	长子	和丽雄	男	白	17	初中	白,熟练	纳西、汉,熟练
	次子	和丽康	男	白	8	小学	白,熟练	汉,略懂
9	户主	和求先	男	白	46	高小	白,熟练	纳西、汉,熟练
	妻子	将金秀	女	白	48	小学	白,熟练	汉,熟练
	次子	和丽红	男	白	22	本科	白,熟练	纳西、汉,熟练
10	户主	刘石宝	男	白	42	高小	白,熟练	纳西、汉,熟练
	妻子	王叶兰	女	白	42	初中	白,熟练	纳西、汉,熟练
	父亲	刘义德	男	白	70	高小	白,熟练	纳西、汉,熟练
	长女	刘韵梅	女	白	19	初中	白,熟练	纳西、汉,熟练
	长子	刘鸿飞	男	白	17	初中	白,熟练	纳西、汉,熟练
11	户主	刘全吉	女	白	44	高小	白,熟练	纳西、汉,熟练
	丈夫	李永旺	男	白	49	初中	白,熟练	汉,熟练
	长子	刘丽东	男	白	23	初中	白,熟练	纳西、汉,熟练
	次子	刘路生	男	白	21	初中	白,熟练	纳西、汉,熟练
12	户主	刘义新	男	白	65	高小	白,熟练	纳西、汉,熟练
	妻子	和阿开	女	白	62	文盲	白,熟练	纳西、汉,熟练
	二子	刘玉松	男	白	34	高中	白,熟练	纳西、汉,熟练
	三子	刘银松	男	白	31	初中	白,熟练	纳西、汉,熟练
	儿媳	姚 梅	女	纳西	23	初中	纳西,熟练	白、汉,熟练
13	户主	刘虎松	男	白	36	初中	白,熟练	纳西、汉,熟练
	妻子	何玉兰	女	白	38	初中	白,熟练	汉,熟练
	长子	刘建昆	男	白	16	高中	白,熟练	纳西、汉,熟练
	次子	刘建成	男	白	13	小学	白,熟练	纳西、汉,熟练
14	户主	杨家顺	男	白	59	高小	白,熟练	纳西、汉,熟练
	妻子	杨阿祥	女	白	59	文盲	白,熟练	纳西、汉,熟练
	次女	杨莲秀	女	白	27	大专	白,熟练	纳西、汉,熟练

15	户主	杨兴旺	男	白	38	初中	白,熟练	纳西、汉,熟练	
	妻子	和述香	女	白	36	高小	白,熟练	纳西、汉,熟练	
	父亲	杨义桥	男	白	62	初中	白,熟练	纳西、汉,熟练	
	母亲	刘凤芝	女	白	56	文盲	白,熟练	纳西、汉,熟练	
	长子	杨贵罗	男	白	12	初中	白,熟练	纳西、汉,熟练	
16	户主	杨应辉	男	白	41	高小	白,熟练	纳西、汉,熟练	
	妻子	赵喜瑞	女	白	40	高小	白,熟练	汉,熟练	
	母亲	杨吉香	女	白	67	文盲	白,熟练	纳西、汉,熟练	
	长子	杨万春	男	白	20	大专	白,熟练	纳西、汉,熟练	
	长女	杨秋月	女	白	18	高中	白,熟练	纳西、汉,熟练	
17	户主	和育九	男	白	75	文盲			哑巴
	妻子	姚巴女	女	纳西	75	文盲	纳西,熟练	白,略懂	
	长女	和石英	女	白	32	小学	白,熟练	纳西、汉,熟练	
	次女	和石梅	女	白	27	小学	白,熟练	纳西、汉,熟练	
18	户主	和万林	男	白	52	初中	白,熟练	纳西、汉,熟练	
	妻子	李志梅	女	白	41	初中	白,熟练	汉,熟练	
	长子	和国伟	男	白	30	初中	白,熟练	纳西、汉,熟练	
	儿媳	熊琼	女	白	27	初中	白,熟练	纳西、汉,熟练	
	长女	和莉娟	女	白	12	初中	白,熟练	纳西、汉,熟练	
19	户主	和求正	男	白	48	初中	白,熟练	纳西、汉,熟练	
	妻子	杨五一	女	白	48	小学	白,熟练	汉,熟练	
20	户主	和耀全	男	白	69	文盲	白,熟练	纳西、汉,熟练	
21	户主	和瑞红	男	白	44	高小	白,熟练	纳西、汉,熟练	
	妻子	王放星	女	白	42	高小	白,熟练	汉,熟练	
	长子	和四忠	男	白	19	高中	白,熟练	纳西、汉,熟练	
	长女	和四梅	女	白	17	初中	白,熟练	纳西、汉,熟练	
22	户主	杨万忠	男	纳西	58	初中	纳西,熟练	白、汉,熟练	
	妻子	杨珍秀	女	白	58	高小	白,熟练	纳西、汉,熟练	
	长子	杨梅松	男	白	29	高小	白,熟练	纳西、汉,熟练	
	长女	杨梅兰	女	白	33	高小	白,熟练	纳西、汉,熟练	
23	户主	和如炳	男	白	42	初中	白,熟练	纳西、汉,熟练	
	妻子	李红梅	女	白	39	高小	白,熟练	汉,熟练	
	母亲	和金妹	女	白	71	文盲	白,熟练	纳西、汉,熟练	
	长女	和铃吉	女	白	16	高中	白,熟练	纳西、汉,熟练	
	长子	和铃选	男	白	15	小学	白,熟练	纳西、汉,熟练	
24	户主	和炳文	男	白	40	文盲	白,略懂		智障
	父亲	和朝相	男	白	78	初中	白,熟练	纳西、汉,熟练	
	妻子	刘金兔	女	白	37	高小	白,熟练	纳西、汉,熟练	
	长女	和铃淅	女	白	13	小学	白,熟练	纳西、汉,熟练	
	次子	和铃铎	男	白	8	小学	白,熟练	纳西、汉,熟练	

25	户主	杨丽全	男	白	42	初中	白,熟练	纳西、汉,熟练
	妻子	赵石娘	女	白	41	高小	白,熟练	汉,熟练
	长女	杨会芳	女	白	19	高中	白,熟练	纳西、汉,熟练
	次女	杨会莲	女	白	17	高中	白,熟练	纳西、汉,熟练
26	户主	杨丽友	男	白	35	高小	白,熟练	纳西、汉,熟练
	妻子	杨红梅	女	白	37	高小	白,熟练	汉,熟练
	母亲	杨阿凤	女	白	63	文盲	白,熟练	纳西、汉,熟练
	长女	杨会平	女	白	17	初中	白,熟练	纳西、汉,熟练
	次女	杨润平	女	白	8	小学	白,熟练	纳西、汉,熟练
27	户主	杨继康	男	白	49	初中	白,熟练	纳西、汉,熟练
	妻子	和社琼	女	白	46	初中	白,熟练	纳西、汉,熟练
	长子	杨绿全	男	白	28	本科	白,熟练	纳西、汉,熟练
	长女	杨加玉	女	白	26	大专	白,熟练	纳西、汉,熟练
	次女	杨加利	女	白	24	大专	白,熟练	纳西、汉,熟练
28	户主	姚红胜	男	白	44	高小	白,熟练	纳西、汉,熟练
	妻子	姚新爱	女	白	46	高小	白,熟练	汉,熟练
	母亲	姚水祥	女	白	71	文盲	白,熟练	纳西、汉,熟练
	长子	姚应宝	男	白	24	初中	白,熟练	纳西、汉,熟练
29	户主	姚中荣	男	白	41	初中	白,熟练	纳西、汉,熟练
	妻子	杨家珍	女	白	41	高小	白,熟练	汉,熟练
	长子	姚重德	男	白	19	本科	白,熟练	纳西、汉,熟练
	长女	姚重静	女	白	16	职高	白,熟练	纳西、汉,熟练
30	户主	姚要生	男	白	48	初中	白,熟练	纳西、汉,熟练
	妻子	赵新吉	女	白	47	高小	白,熟练	汉,熟练
	长女	姚成立	女	白	26	初中	白,熟练	纳西、汉,熟练
	次女	姚成玉	女	白	24	高小	白,熟练	纳西、汉,熟练
31	户主	姚跃龙	男	白	41	初中	白,熟练	纳西、汉,熟练
	妻子	姚成吉	女	白	40	高小	白,熟练	汉,熟练
	长子	姚丽昆	男	白	17	初中	白,熟练	纳西、汉,熟练
	长女	姚丽秀	女	白	15	初中	白,熟练	纳西、汉,熟练
32	户主	姚德虎	男	纳西	65	初中	纳西,熟练	白、汉,熟练
	妻子	刘玉莲	女	白	66	文盲	白,熟练	纳西、汉,熟练
	次子	刘重荣	男	白	29	初中	白,熟练	纳西、汉,熟练
33	户主	刘继红	男	白	43	高小	白,熟练	纳西、汉,熟练
	妻子	姚美丽	女	白	42	高小	白,熟练	汉,熟练
	长女	刘重凤	女	白	19	初中	白,熟练	纳西、汉,熟练
	长子	刘重海	男	白	17	初中	白,熟练	纳西、汉,熟练
34	户主	杨孟南	男	白	52	高小	白,熟练	纳西、汉,熟练
	妻子	姚瑞英	女	白	49	高小	白,熟练	纳西、汉,熟练
	长子	杨学伟	男	白	27	初中	白,熟练	纳西、汉,熟练
	长女	杨学芳	女	白	24	本科	白,熟练	纳西、汉,熟练
35	户主	杨寿天	男	白	59	高小	白,熟练	纳西、汉,熟练
	妻子	和应花	女	纳西	58	文盲	纳西,熟练	白、汉,熟练

36	户主	杨寿朝	男	白	71	初中	白,熟练	纳西、汉,熟练	
	妻子	李洋珍	女	汉	65	初中	汉,熟练	白,熟练	
	长子	李秀锋	男	汉	36	高小	汉,熟练	纳西、白,熟练	
	儿媳	赵灿菊	女	白	36	高小	白,熟练	纳西、汉,熟练	
	孙女	杨贵芬	女	白	16	高中	白,熟练	纳西、汉,熟练	
	孙子	杨贵洪	男	白	13	小学	白,熟练	纳西、汉,熟练	
37	户主	杨亚洪	男	白	53	初中	白,熟练	纳西、汉,熟练	
	妻子	张金凤	女	白	49	小学	白,熟练	汉,熟练	
	长子	杨振宇	男	白	30	初中	白,熟练	纳西、汉,熟练	
38	户主	和瑞昆	男	白	47	高小	白,熟练	纳西、汉,熟练	
	妻子	杨美杏	女	白	47	高小	白,熟练	纳西、汉,熟练	
	长子	和四桥	男	白	25	高中	白,熟练	纳西、汉,熟练	
	次子	和四宝	男	白	23	高小	白,熟练	纳西、汉,熟练	
39	户主	姚光耀	男	白	53	初中	白,熟练	纳西、汉,熟练	
	妻子	赵润香	女	白	54	初中	白,熟练	汉,熟练	
	长女	姚成秀	女	白	31	初中	白,熟练	纳西、汉,熟练	
	长子	姚成河	男	白	29	高中	白,熟练	纳西、汉,熟练	
40	户主	赵石花	女	白	43	高小	白,熟练	纳西、汉,熟练	
	母亲	刘阿芝	女	白	63	高小	白,熟练	纳西、汉,熟练	
	长女	赵依静	女	白	21	专科	白,熟练	纳西、汉,熟练	
	长子	赵六寿	男	白	20	高小	白,熟练	纳西、汉,熟练	
41	户主	杨亚兵	男	白	45	初中	白,熟练	纳西、汉,熟练	
	妻子	刘秀珍	女	白	43	高小	白,熟练	纳西、汉,熟练	
	大妹	杨亚仙	女	白	43	大专	白,熟练	纳西、汉,熟练	
	二妹	杨亚情	女	白	38	高中	白,熟练	纳西、汉,熟练	
	次女	杨敬宇	女	白	21	大专	白,熟练	纳西、汉,熟练	
	侄子	伯 杨	女	汉	16	初中	汉,熟练		
42	户主	杨贵天	男	白	59	初中	白,熟练	纳西、汉,熟练	
	妻子	赵来顺	女	白	59	高小	白,熟练	纳西、汉,熟练	
	长女	杨金桥	女	白	39	初中	白,熟练	纳西、汉,熟练	
	长子	杨宝昌	男	白	37	初中	白,熟练	纳西、汉,熟练	
	儿媳	王顺开	女	白	41	小学	白,熟练	汉,熟练	
	次女	杨金谷	女	白	33	职高	白,熟练	纳西、汉,熟练	
43	户主	姚关绍	男	白	50	高小	白,熟练	纳西、汉,熟练	
	妻子	杨加香	女	白	51	高小	白,熟练	汉,熟练	
	长女	姚成英	女	白	36	高中	白,熟练	纳西、汉,熟练	
	长子	姚成昆	男	白	36	高小	白,熟练	纳西、汉,熟练	
	儿媳	杨孟莲	女	白	36	高小	白,熟练	纳西、汉,熟练	
	孙女	姚奇慧	女	白	13	小学	白,熟练	汉,熟练	
44	户主	杨正荣	男	白	44	高中	白,熟练	纳西、汉,熟练	
	妻子	和会英	女	纳西	41	高小	纳西,熟练	白、汉,熟练	
	母亲	杨香妹	女	纳西	80	文盲	纳西,熟练	白、汉,熟练	
	长女	杨 琴	女	白	16	高中	白,熟练	纳西、汉,熟练	

45	户主	杨正昌	男	白	41	初中	白,熟练	纳西、汉,熟练		
	妻子	张加玉	女	白	36	高小	白,熟练	汉,熟练		
	长女	杨 杏	女	白	15	初中	白,熟练	纳西、汉,熟练		
	长子	杨 才	男	白	14	初中	白,熟练	纳西、汉,熟练		
46	户主	刘金凤	女	白	43	高小	白,熟练	纳西、汉,熟练		
	长子	和朋林	男	白	19	初中	白,熟练	纳西、汉,熟练		
47	户主	杨红星	男	白	36	高小	白,熟练	纳西、汉,熟练		
	妻子	赵新爱	女	白	38	高小	白,熟练	汉,熟练		
	父亲	赵述根	男	白	66	文盲	白,熟练	汉,略懂		
	长子	杨寿昆	男	白	17	高中	白,熟练	纳西、汉,熟练		
	长女	杨寿琴	女	白	15	初中	白,熟练	纳西、汉,熟练		
48	户主	赵应彪	男	白	54	高中	白,熟练	纳西、汉,熟练		
	妻子	姚永妹	女	白	53	文盲	白,熟练	汉,熟练		
	长子	赵判绳	男	白	29	初中	白,熟练	纳西、汉,熟练		
49	户主	杨亚和	男	白	37	初中	白,熟练	纳西、汉,熟练		
	妻子	杨庆兰	女	白	39	初中	白,熟练	汉,熟练		
	父亲	杨寿儒	男	白	59	高小	白,熟练	纳西、汉,熟练		
	母亲	赵阿佳	女	白	57	文盲	白,熟练	汉,熟练		
	长女	杨 捷	女	白	17	初中	白,熟练	纳西、汉,熟练		
	长子	杨 凡	男	白	13	小学	白,熟练	纳西、汉,熟练		
50	户主	赵玉荣	男	白	46	小学	白,熟练	纳西、汉,熟练		
	妻子	赵阿美	女	白	46	文盲	白,熟练	汉,熟练		
	长子	赵永福	男	白	23	初中	白,熟练	纳西、汉,熟练		
	二子	赵永竹	男	白	21	专科	白,熟练	纳西、汉,熟练		
51	户主	赵润龙	男	白	42	小学	白,熟练	纳西、汉,熟练		
	妻子	李金莲	女	白	41	小学	白,熟练	汉,熟练		
	长子	赵春人	男	白	19	小学	白,熟练	汉,略懂		
	长女	赵春梅	女	白	18	小学	白,熟练	汉,熟练		
52	户主	杨育龙	男	白	43	小学	白,熟练	纳西、汉,熟练		
	妻子	张明三	女	白	42	小学	白,熟练	汉,熟练		
	长子	杨四福	男	白	21	专科	白,熟练	纳西、汉,熟练		
	长女	杨福兰	女	白	19	初中	白,熟练	汉、纳西,熟练		
53	户主	姚自强	男	白	44	小学	白,熟练	纳西、汉,熟练		
	妻子	杨兰花	女	白	43	小学	白,熟练	纳西、汉,熟练		
	母亲	杨再芝	女	白	71	小学	白,熟练	纳西、汉,熟练		
	妹妹	姚竹妹	女	白	37	小学	白,熟练	纳西、汉,熟练		
	长子	姚学飞	男	白	21	初中	白,熟练	纳西、汉,熟练		
	长女	姚英飞	女	白	19	初中	白,熟练	纳西、汉,熟练		
54	户主	姚树荣	男	白	63	小学	白,熟练	纳西、汉,熟练		
	妻子	梁红秀	女	白	58	小学	白,熟练	汉,熟练		
	次子	姚佰全	男	白	29	本科	白,熟练	纳西、汉,熟练		

55	户主	杨正中	男	白	46	初中	白,熟练	纳西、汉,熟练		
	妻子	杨珍弟	女	白	42	小学	白,熟练	纳西、汉,熟练		
	父亲	杨丽天	男	白	79	小学	白,熟练	纳西、汉,熟练		
	长女	杨秀梅	女	白	20	本科	白,熟练	纳西、汉,熟练		
	长子	杨秀昆	男	白	15	初中	白,熟练	纳西、汉,熟练		
56	户主	赵五芝	女	白	56	小学	白,熟练	汉,熟练		
	长女	刘银祥	女	白	33	小学	白,熟练	纳西、汉,熟练		
	女婿	王太兴	男	白	43	初中	汉,熟练			
	三女	刘银妹	女	白	35	小学	白,熟练	纳西、汉,熟练		
	四女	刘银丽	女	白	26	初中	白,熟练	纳西、汉,熟练		
	孙子	刘艳东	男	白	8	小学	白,熟练	汉,熟练		
57	户主	刘孟春	男	白	46	初中	白,熟练	纳西、汉,熟练		
	妻子	张受凤	女	白	46	小学	白,熟练	汉,熟练		
	长子	刘云晶	男	白	24	初中	白,熟练	纳西、汉,熟练		
	次子	刘云丁	男	白	21	高中	白,熟练	纳西、汉,熟练		
58	户主	和杰花	女	纳西	50	高中	纳西,熟练	白、汉,熟练		
59	户主	姚崇仁	男	白	38	小学	白,熟练	纳西、汉,熟练		
	妻子	赵四花	女	白	37	小学	白,熟练	汉,熟练		
	母亲	和润芝	女	纳西	64	文盲	纳西,熟练	白、汉,熟练		
	长女	姚幸梅	女	白	17	初中	白,熟练	纳西、汉,熟练		
	长子	姚幸竹	男	白	15	初中	白,熟练	纳西、汉,熟练		
60	户主	将金平	女	白	44	小学	白,熟练	汉,熟练		
	长子	刘向军	男	白	21	本科	白,熟练	纳西、汉,熟练		
	次子	刘国军	男	白	19	本科	白,熟练	纳西、汉,熟练		
61	户主	赵育兰	女	白	65	小学	白,熟练	汉,熟练		
	二女	刘润珍	女	白	41	初中	白,熟练	纳西、汉,熟练		
	三女	刘接珍	女	白	35	初中	白,熟练	纳西、汉,熟练		
	四女	刘润琴	女	白	33	初中	白,熟练	纳西、汉,熟练		
	五女	刘润平	女	白	30	初中	白,熟练	纳西、汉,熟练		
62	户主	刘仁和	男	白	45	小学	白,熟练	纳西、汉,熟练		
	妻子	姚世开	女	白	46	小学	白,熟练	汉,熟练		
	母亲	杨金顺	女	白	74	文盲	白,熟练	纳西、汉,熟练		
	长子	刘寿红	男	白	20	初中	白,熟练	纳西、汉,熟练		
	长女	刘春菊	女	白	18	初中	白,熟练	纳西、汉,熟练		
63	户主	刘凤全	男	白	49	小学	白,熟练	纳西、汉,熟练		
	妻子	姚莲开	女	白	47	小学	白,熟练	纳西、汉,熟练		
	长子	刘红伟	男	白	27	初中	白,熟练	纳西、汉,熟练		
	次子	刘向伟	男	白	26	初中	白,熟练	纳西、汉,熟练		
64	户主	刘锡红	男	白	37	初中	白,熟练	纳西、汉,熟练		
	妻子	赵盛葵	女	白	34	小学	白,熟练	汉,熟练		
	父亲	刘凤棋	男	白	59	小学	白,熟练	纳西、汉,熟练		
	母亲	王四弟	女	白	57	文盲	白,熟练	汉,熟练		
	长子	刘　俊	男	白	11	小学	白,熟练	纳西、汉,熟练		

65	户主	刘天佑	男	白	52	脱盲	白,熟练	纳西、汉,熟练	
	妻子	赵润年	女	白	50	初中	白,熟练	纳西、汉,熟练	
	长女	刘爱菊	女	白	29	小学	白,熟练	纳西、汉,熟练	
	次女	刘爱情	女	白	26	小学	白,熟练	纳西、汉,熟练	
	女婿	谭远树	男	汉	35	小学	汉,熟练		
	孙女	刘　婷	女	白	7	小学	白,熟练	汉,略懂	
66	户主	刘金山	男	白	40	小学	白,熟练	纳西、汉,熟练	
	妻子	赵志琴	女	汉	39	初中	汉,熟练	白,熟练	
	爷爷	刘文华	男	白	90	文盲	白,熟练	纳西、汉,熟练	
	长子	刘艳洪	男	白	14	初中	白,熟练	纳西、汉,熟练	
	次子	刘艳辉	男	白	12	小学	白,熟练	纳西、汉,熟练	
67	户主	阿　桑	男	藏	45	初中	藏,熟练	汉,熟练	迁出
	妻子	刘三妹	女	白	43	小学	白,熟练	纳西、汉,熟练	
	母亲	刘庆喜	女	白	73	文盲	白,熟练	纳西、汉,熟练	
	长女	刘梅芳	女	白	20	专科	白,熟练	纳西、汉,熟练	迁出
	次女	刘永芳	女	白	16	高中	白,熟练	纳西、汉,熟练	迁出
68	户主	赵应强	男	白	46	小学	白,熟练	纳西、汉,熟练	
	妻子	尹向凤	女	白	44	小学	白,熟练	汉,熟练	
	长子	赵丽团	男	白	23	初中	白,熟练	纳西、汉,熟练	
	儿媳	王建花	女	汉	24	初中	汉,熟练	纳西、白,熟练	
	长女	赵丽芳	女	白	19	初中	白,熟练	纳西、汉,熟练	
69	户主	刘地保	男	白	47	初中	白,熟练	纳西、汉,熟练	
	妻子	杨阿秀	女	白	48	小学	白,熟练	汉,熟练	
	长女	刘敬菊	女	白	29	小学	白,熟练	纳西、汉,熟练	
	长子	刘寿喜	男	白	27	小学	白,熟练	纳西、汉,熟练	
70	户主	刘义根	男	白	64	小学	白,熟练	纳西、汉,熟练	
	妻子	和海顺	女	纳西	66	文盲	纳西,熟练	白、汉,熟练	
	长子	刘润成	男	白	30	小学	白,熟练	纳西、汉,熟练	
	儿媳	李会梅	女	白	24	初中	白,熟练	汉,熟练	
71	户主	刘树华	男	白	63	小学	白,熟练	纳西、汉,熟练	
	妻子	赵四芝	女	白	60	小学	白,熟练	纳西、汉,熟练	
	母亲	姚金娘	女	纳西	85	文盲	纳西,熟练	白,熟练	汉,略懂
	长子	刘加六	男	白	42	小学	白,熟练	纳西、汉,熟练	
	儿媳	李炳义	女	白	46	小学	白,熟练	汉,熟练	
	长孙	刘　辉	男	白	16	初中	白,熟练	纳西、汉,熟练	
	次孙	刘　新	男	白	15	初中	白,熟练	纳西、汉,熟练	
72	户主	刘丽兵	男	白	38	初中	白,熟练	纳西、汉,熟练	
	妻子	姚佰英	女	白	36	小学	白,熟练	纳西、汉,熟练	
	母亲	赵新义	女	白	69	小学	白,熟练	纳西、汉,熟练	
	长子	刘重钧	男	白	16	技校	白,熟练	纳西、汉,熟练	
	次子	刘重康	男	白	12	初中	白,熟练	纳西、汉,熟练	

73	户主	刘树昌	男	白	49	小学	白,熟练	纳西、汉,熟练	
	妻子	姚新顺	女	白	49	小学	白,熟练	汉,熟练	
	长女	刘凤菊	女	白	27	初中	白,熟练	纳西、汉,熟练	
	次女	刘菊美	女	白	25	高中	白,熟练	纳西、汉,熟练	
74	户主	赵四花	女	白	50	文盲	白,熟练	汉,熟练	
	长子	刘灿禄	男	白	28	初中	白,熟练	纳西、汉,熟练	
	长女	刘灿艳	女	白	26	大专	白,熟练	纳西、汉,熟练	
75	户主	刘求生	男	白	41	初中	白,熟练	纳西、汉,熟练	
	妻子	杜求珍	女	白	39	小学	白,熟练	汉,熟练	
	长女	刘凤平	女	白	16	高中	白,熟练	纳西、汉,熟练	
	次女	刘爱平	女	白	12	小学	白,熟练	纳西、汉,熟练	
76	户主	杨灿生	男	白	38	高中	白,熟练	纳西、汉,熟练	
	妻子	赵珍花	女	白	37	初中	白,熟练	汉,熟练	
	父亲	杨金朋	男	白	59	初中	白,熟练	纳西、汉,熟练	
	长子	杨永辉	男	白	16	初中	白,熟练	纳西、汉,熟练	
	次子	杨永足	男	白	13	初中	白,熟练	纳西、汉,熟练	
77	户主	杨昌新	男	白	60	文盲	白,熟练	纳西、汉,熟练	
	妻子	和丽开	女	白	32	小学	白,熟练	纳西、汉,熟练	
	母亲	刘孟花	女	白	36	小学	白,熟练	纳西、汉,熟练	
	弟弟	杨灿河	男	白	31	初中	白,熟练	纳西、汉,熟练	
	长女	杨永琴	女	白	10	小学	白,熟练	纳西、汉,略懂	
78	户主	杨求亮	男	白	42	初中	白,熟练	纳西、汉,熟练	
	母亲	和阿弟	女	纳西	83	文盲	纳西,熟练	白、汉,熟练	
	长女	杨媛梅	女	白	13	初中	白,熟练	纳西、汉,熟练	
79	户主	杨卡丁	男	白	33	小学	白,熟练	纳西、汉,熟练	
	妻子	赵菊香	女	白	44	小学	白,熟练	汉,熟练	
	父亲	杨四代	男	白	86	文盲	白,熟练	纳西、汉,熟练	
	长女	杨红梅	女	白	21	专科	白,熟练	纳西、汉,熟练	
	次女	杨红英	女	白	19	初中	白,熟练	纳西、汉,熟练	
80	户主	杨育山	男	白	59	小学	白,熟练	纳西、汉,熟练	
	妻子	刘树花	女	白	59	小学	白,熟练	纳西、汉,熟练	
	长子	杨四堂	男	白	34	小学	白,熟练	纳西、汉,熟练	
	次子	杨满堂	男	白	32	小学	白,熟练	纳西、汉,熟练	
	长媳	和梅花	女	纳西	32	小学	纳西,熟练	汉,熟练	白,熟练
	孙子	杨建雄	男	白	7	小学	白,熟练	汉,略懂	
81	户主	刘茂恒	男	白	44	小学	白,熟练	纳西、汉,熟练	
	妻子	赵求寿	女	白	42	小学	白,熟练	汉,熟练	
	长女	刘云梅	女	白	20	本科	白,熟练	纳西、汉,熟练	
	长子	刘云清	男	白	18	高中	白,熟练	纳西、汉,熟练	

82	户主	刘丽先	男	白	42	初中	白，熟练	纳西、汉，熟练
	妻子	姚耀美	女	白	43	小学	白，熟练	纳西、汉，熟练
	父亲	刘国士	男	白	72	小学	白，熟练	纳西、汉，熟练
	长女	刘重庆	女	白	22	初中	白，熟练	纳西、汉，熟练
	次女	刘重爱	女	白	18	初中	白，熟练	纳西、汉，熟练
83	户主	姚佰承	男	白	37	初中	白，熟练	纳西、汉，熟练
	妻子	杨红颜	女	白	36	小学	白，熟练	纳西、汉，熟练
	长子	姚四堂	男	白	17	高中	白，熟练	纳西、汉，熟练
	二子	姚四太	男	白	13	初中	白，熟练	纳西、汉，熟练
84	户主	刘树生	男	白	41	大专	白，熟练	纳西、汉，熟练
	妻子	杨家杏	女	白	38	初中	白，熟练	汉，熟练
	长女	刘秀萍	女	白	17	高中	白，熟练	纳西、汉，熟练
85	户主	赵洋水	男	白	29	初中	白，熟练	纳西、汉，熟练
	妻子	李兰兰	女	汉	27	初中	汉，熟练	
86	户主	杨天宝	男	白	42	初中	白，熟练	纳西、汉，熟练
	妻子	姚三娘	女	纳西	44	小学	纳西，熟练	白、汉，熟练
	母亲	杨金喜	女	白	69	小学	白，熟练	纳西、汉，熟练
	长子	杨军桂	男	白	17	高中	白，熟练	纳西、汉，熟练
	长女	杨桂芳	女	白	15	初中	白，熟练	纳西、汉，熟练
87	户主	赵应勇	男	白	43	小学	白，熟练	纳西、汉，熟练
	妻子	李瑞年	女	白	42	小学	白，熟练	汉，熟练
	母亲	姚庆喜	女	白	77	文盲	白，熟练	纳西、汉，熟练
	哥哥	赵应坚	男	白	49	文盲	白，熟练	纳西、汉，熟练
	长子	赵丽军	男	白	22	高中	白，熟练	纳西、汉，熟练
	长女	赵丽梅	女	白	19	中专	白，熟练	汉，熟练	纳西，略懂
88	户主	赵四六	男	白	49	初中	白，熟练	纳西、汉，熟练
	妻子	杨正开	女	白	48	初中	白，熟练	汉，熟练
	长子	赵飞平	男	白	29	初中	白，熟练	纳西、汉，熟练
	次子	赵冬平	男	白	27	初中	白，熟练	纳西、汉，熟练
	次女	赵慧飞	女	白	25	初中	白，熟练	纳西、汉，熟练

第五节 龙应村史家坡小组语言使用情况个案调查

一、龙应村委会及史家坡小组概况

龙应村民委员会是九河乡内人口较为集中的白族聚居村。全村共有808户，总人口3743人，其中农业人口3448人。白族为龙应村委会的主要民族，人口3631人，占全村总人口的97%。其他民族有纳西、汉、傈僳、彝、藏、普米，多为从外嫁入本村的女性。

该村位于玉龙纳西族自治县九河白族乡中心地段，距离乡政府所在地白汉场12公里，离国道214线1.2公里。北与中和村委会毗邻，南与九河村委会相连，东与南高寨村委会隔街相望。内辖的六个村民小组紧依九河坝区东部的老君山山脉呈南北带状分布,自北向南依次为:录马、吉来、北龙应、史家坡、中龙应、南龙应。一条长达 3.2 公里的"中心路"穿村而过,将各个小组紧密地连接起来。全村幅员面积为 8.61 平方公里,地势东高西低。平均海拔 2300 米,年平均气温 22 摄氏度,年平均降水量 500 毫米。耕地面积 3268 亩,其中水田 2289 亩,旱地 979 亩;林地面积 8812 亩,其中经济林果地面积为 126 亩。

2010 年,全村经济总收入为 780 万元,较 2006 年增长了 50.5%。其中种植业收入为村中的主要收入来源。村民们依靠种植水稻、玉米、烤烟、核桃、药材等经济作物,创下了 374 万元的年收入。家家户户都养着 1 到 2 头肥猪,作为年猪自用,也有多达 10 多 20 头的,大多为待售的商品猪。部分稻农也在田里养殖着草鱼、鲤鱼,一亩田里放养的鱼苗每年能创下 3500 元左右的收益。此外,对外劳务输出也是该村经济收入的一大支柱,每户平均有 1.5 人在外打工,大多数人奔向丽江、大理、迪庆、怒江,也有部分在广州、浙江等沿海地区,还有极少部分人通过国家劳务输出而远抵海外。

"尊师重教"是龙应人的一大传统美德。汉文化长期的浸润,使得这一白族村落形成了崇文尚儒的文化风气。自清朝中叶至民国初期,不少人曾获得科举功名,著名的有贡生姚士玉、秀才王席珍等。他们当中的一些人厄于仕途,便接受了乡村百姓的延聘回村办设私塾,报效桑梓。1905 年起,在龙应村文人士绅们的倡导之下,南龙应与北龙应相继建起了文昌宫,宫中供奉的文昌帝君作为掌管一方文运兴衰的神祇受到了村民们虔诚的信奉。迄今拥有 102 年建校历史的龙应完小,就是由设立在南龙应文昌宫中的私塾发展而来的。这所拥有厚重积淀与悠久历史的小学校,为地方与祖国的建设培养了一批批优秀的人才。他们当中包括曾在航天部导弹火箭技术研究十三所任高级工程师的李银山,以及获得国务院"突出贡献专家"、北京市"突出贡献专家"、东方电子集团总工程师的杨家昌等人。此外,在龙应的吉来村民小组还设有一所幼儿园,目前在园幼儿 141 人,是由玉龙县教育局批准开办的第一所农村民办幼儿园。

九河素有"工匠之乡"的美称,而自古以来龙应村里便不乏能工巧匠。本村著名的木匠王培炎,现为丽江古城北门建筑公司的负责人,率领着 300 来人的团队,起建过各种民房、客栈、学校与机关大楼,为丽江的城市建设做出了突出的贡献,从而成为丽江市政协常委。毫不夸张地说,丽江大研古城的每一处飞檐青瓦、亭台楼阁,几乎都离不开白族工匠们巧夺天工的精湛技艺。

至今,龙应村里还有数个善于制作、弹奏三弦,并歌唱"白族调"的民间艺人。在吉来村民小组设有一个文化活动中心。每逢节庆,妇女们都会换上艳丽的民族服装,手挽着手一起跳起集体舞蹈"啊哩哩",或是弹起弦子对唱"白族调",拉二胡、吹奏笛子等等。除春节、火把节等较为隆重的多民族共同节庆之外,"阳然节"(又称"会亲节")是龙应人的一大重要节日。每逢农忙栽秧结束,人们便邀请亲朋好友欢聚一堂,杀羊宰牛,热闹非凡。

在漫长的历史过程中,白、汉、纳西等诸多民族在龙应这块土地上共同劳作,互通婚姻,交流频繁,使得各个民族的文化特质得以相互渗透,交融并合。整个行政村拥有3个本主庙,2个魁星阁,3个山神祭坛,2个龙王庙,2个文昌宫,1个武庙,2个玉皇阁,1个祭天场。白族的传统宗教文化、纳西族的东巴文化、集儒释道为一体的中原文化以及藏传佛教的密宗文化在这个小小的村中淬为一炉,在村民的精神生活中起着重要的作用。

史家坡村民小组位于北龙应、中龙应两个小组之间,是龙应村委会所在地,因从前史姓居多而得名。全村共140户,总人口584人,其中白族人口576人,为村中的主要民族。

小组的经济来源主要依靠劳务输出,近几年外出打工的人数逐年增加。大部分青壮年农闲的时候外出挣钱,农忙季节又纷纷回到家中帮助料理农事。小组平均每户稻谷种植面积为3亩左右,部分村民在田中养殖稻田鱼;平均每户玉米种植面积为1.5亩左右,也在玉米地中穿插种植一些向日葵。耕犁田地基本脱离畜力,使用柴油机带动。由于外出打工的人较多,所以村中余粮多用于出售。在乡政府的宣传与帮扶下,经济林木种植近年在村中已逐步发展起来。2010年起,大概有七八十户加入到了核桃种植的行列中来,平均每户2亩左右,每亩大约能够创收8000元。另有烤烟30多亩,药材5亩。家家户户养殖有1到2头肥猪作为"年猪",每年冬至宰杀后腌制腊肉、火腿、香肠、米灌肠以及猪肝酱,也有多达10头左右的,多为商品猪,每年出售一头肥猪可收益400元左右。

龙应重视读书教育的传统同样也被史家坡的人们奉若圭臬。村民们紧抓孩子的学习成绩,在他们看来,不管以后从事什么工作,相对较高的文化知识将会令人受益无穷。

二、史家坡村民小组白族村民语言使用现状

至2012年,史家坡村民小组有140户,592人。其中男性303人,女性289人。白族人口为576人,另有傈僳族5人,汉族5人,纳西族3人,普米族1人,藏族1人,彝族1人。户主均为白族,其他民族都是从外嫁入本村的媳妇或上门的女婿。

为了全面了解史家坡村民小组的语言使用现状及特点,课题组随机选取了其中的121户,共535人进行了入户调查。其中男性268人,女性267人。白族521人,汉族5人,纳西族3人,傈僳族3人,藏族1人,彝族1人,普米族1人。以下是对其中521位白族村民的语言使用现状的统计、分析。

(一) 母语使用现状

通过对史家坡小组521位村民的调查,我们得出了以下几个结论。

1. 全民稳定使用母语

史家坡小组不分年龄大小,百分之百都能熟练使用母语。不同年龄段母语使用情况统计数据见表3-42:

表 3-42　史家坡小组白族使用白语情况表

年龄段(岁)	人数	熟练 人数	百分比(%)	略懂 人数	百分比(%)	不会 人数	百分比(%)
6—19	68	68	100	0	0	0	0
20—39	188	188	100	0	0	0	0
40—59	165	165	100	0	0	0	0
60 以上	100	100	100	0	0	0	0
合计	521	521	100	0	0	0	0

在表3-42所调查的521位村民占到了全村总人数的97.4%，这些白族人无一例外地能够熟练地使用自己的母语。在史家坡人的生活之中，白语具有至关重要的作用。人们在谈笑逗趣、歌唱吟咏之间，把自己民族的语言艺术发挥得淋漓尽致。村组长李国亮不满6岁小孙子现在还未到入学的年龄，由于父母都在浙江打工，所以小家伙整天都和爷爷奶奶呆在一起。他几乎听不懂汉语，却会说一口流利的白族话。在田间地头、家庭内外，祖辈传承的知识传统与道德规训以本民族的母语作为载体，为史家坡的孩子们打开了一扇初识世界的大门。

从外入赘或是嫁入本村的其他民族，亦能熟练地掌握本民族的母语。在初入本村时，他们使用汉语方言与自己的配偶进行交流，但经过一两年后，大多都能够使用白语进行日常的通话了。可见白语作为史家坡最主要的交际语言，对本村其他民族的语言使用情况产生了重要的影响。

另外，村中的其他民族均能熟练使用自己民族的母语。通过以上的数据及分析我们可以做出判断，史家坡村民小组属于母语稳定型村庄，白语是村中特别强势的语言。

2. 母语词汇量掌握略有代际差异

通过上面的分析我们知道史家坡村民小组村民全民稳定使用母语，那他们当中的白族村民掌握母语词汇量的具体情况如何呢？为此，我们对6名村民做了白语四百词测试。测试结果如表3-43：

表 3-43　史家坡小组白族四百词测试结果

年龄段(岁)	人数	A(优秀) 人数	百分比(%)	B(良好) 人数	百分比(%)	C(一般) 人数	百分比(%)	D(差) 人数	百分比(%)
6—19	2	2	100	0	0	0	0	0	0
20—39	1	0	0	1	100	0	0	0	0
40—59	1	1	100	0	0	0	0	0	0
60 以上	2	2	100	0	0	0	0	0	0
合计	6	6	83.3	1	16.7	0	0	0	0

表3-43的测试结果显示，除了1名20—39年龄段的村民测试等级为良好，其他5位村民的测试等级均为优秀。这10名被测试者的详细情况如表3-44：

表 3-44　史家坡小组白族四百词测试情况表

姓名	年龄	性别	文化程度	A 数量	B 数量	C 数量	D 数量	A+B 数量	等级
李志远	13	男	小学	398	0	0	2	398	优秀
李茂松	14	男	小学	385	4	1	10	389	优秀
姚丽辉	23	男	大学	304	1	70	25	305	良好
史永生	50	男	初中	400	0	0	0	400	优秀
李时季	66	男	小学	400	0	0	0	400	优秀
李士康	80	男	初中	400	0	0	0	400	优秀

从表 3-44 可以看到：史家坡村民小组村民白语词汇的掌握情况具有略微的代际差异。这不仅与年龄段相关，而且与受教育程度、生活经历有一定的关系。年轻人的白语词汇掌握量少于中老年人，并且他们的汉语借词增多。其形成原因有：

（1）年轻一代的史家坡村民中在外打工、上学或是在单位上班的人逐渐增多。他们接触到不同民族的机会比较多，交际面也比较广，族际交际语多为汉语，所以掌握母语的词汇量会受到影响。如 23 岁的姚丽辉，在云南农业大学动物医学专业就读大四，高中毕业于丽江市第一中学。据他说，自己从初中毕业到高中以后就很少讲白语了。在对他进行四百词测试的时候发现，他不会说的词语比例达到了 6.25%。

（2）缺乏农村的生活经历。史家坡的父母们重视孩子的读书教育，他们每天努力劳作，争取为孩子的教育创造良好的经济条件。为了让孩子们专心学业、减轻负担，父母一般不让孩子们从事农事活动，故而年轻一代接触的事物比较少。14 岁的李茂松现在上初中了，在白语四百词测试中发现"穗"、"糠"等一类词语他全都不会说了。

（二）汉语使用情况

史家坡村民小组与外界交往频繁，村中汉语熟练的人不少，村民整体汉语水平较高。据了解，以前村中的木匠、石匠、泥水匠就比较多，有些甚至传承了四至五代，他们在丽江、迪庆、怒江、大理等地往来奔走，说着一口流利的西南官话。近年来，随着交通的发展、教育水平的不断提高以及外出打工人员的增多，村民整体汉语水平在原来的基础之上进一步提高。在被调查的 535 位村民之中，共有白族村民 521 人，他们兼用汉语的情况有以下几个特点：

1. 兼用汉语水平存在代际差异

我们调查了不同年龄段白族村民的汉语使用情况，发现存在代际差异。具体见表 3-45：

表 3-45　史家坡小组白族汉语使用情况表

年龄段(岁)	人数	熟练 人数	熟练 百分比(%)	略懂 人数	略懂 百分比(%)	不会 人数	不会 百分比(%)
6—19	68	68	100	0	0	0	0
20—39	188	187	99.47	1	0.53	0	0
40—59	165	161	97.58	4	2.42	0	0
60 以上	100	89	89	11	11	0	0
合计	521	505	96.93	16	3.07	0	0

上表数据表明,四个年龄段白族村民的汉语使用水平由高到低的排列顺序是:6—19＞20—39＞40—59＞60 以上。青少年的汉语水平最高,100％汉语熟练;青壮年其次,99.47％汉语熟练;中年人100％会说汉语;60 岁以上的汉语水平较低,有 11 人汉语略懂,但熟练的人数也占到了 89％。

通过了解,史家坡白族人兼用汉语水平存在代际差异的原因如下:6—19 岁的青少年汉语水平之所以最高,是由于这一年龄段从小接触汉语的机会较多,电视、影碟、网络是他们重要的娱乐休闲方式之一,加上在幼儿园阶段,老师也一直努力在为他们营造一种以汉语为主的语言环境。父母辈出去打工的逐渐增多,有时寒暑假会离开村里到外面和父母一起度过。20—59 岁的青壮年、中年人汉语水平虽不如前者,但绝大部分还是熟练的。其汉语有的是来自学校老师的教授,有的是外出打工掌握的。其中有一部分人汉语不熟练,是因为主要是在本村从事农业生产,出门较少。60 岁以上的老人普遍都会汉语,但他们当中也有极少部分文盲。一名能熟练使用汉语的 80 岁老人李士康,是因为他初中毕业,并多年在龙应完小从事教育工作。

2. 兼用汉语水平与文化程度相关

史家坡小组白族村民兼用汉语的水平与其文化程度密切相关。二者关系见表 3-46 数据统计:

表 3-46　史家坡小组白族不同文化程度汉语使用情况表

文化程度	人数	熟练 人数	熟练 百分比(%)	略懂 人数	略懂 百分比(%)	不会 人数	不会 百分比(%)
文盲半文盲	11	1	9.09	10	90.91	0	0
小学及学前	201	195	97.01	6	2.99	0	0
初中	196	196	100	0	0	0	0
高中以上	113	113	100	0	0	0	0
合计	521	505	96.93	16	3.07	0	0

通过表 3-46 的数据可知:受教育程度越高,兼用汉语的比例和水平越高。初中及以上文化程度的有 309 人,全部都能熟练地掌握汉语。小学文化程度的 201 人中,有 195 人汉语水平为熟练,占小学文化程度总人数的 97.01％。略懂的有 6 人,占 2.99％。6 人的年龄分别为 37、53、55、56、57、61 岁,这 5 人主要在村中从务农,与其他民族打交道的时候较少,所以汉语相对不是那么好;文盲或半文盲兼用汉语的比例和水平最低。11 人中能熟练使用汉语的仅有

1人,占9.09%;略懂的有10人,占90.91%;这11人中,以老年人占绝大多数。

3. 兼用汉语水平存在性别差异

史家坡小组的白族男性、女性与外界交往的程度不同,所以兼用汉语的水平存在差异。其具体统计数据见表3-47:

表3-47　史家坡小组白族不同性别汉语使用情况表

性别	人数	熟练 人数	百分比(%)	略懂 人数	百分比(%)	不会 人数	百分比(%)
男	265	261	98.49	4	1.51	0	0
女	256	244	95.31	12	4.69	0	0
合计	521	505	96.93	16	3.07	0	0

由表3-47可见:男性兼用汉语的水平高于女性。在521名被调查的白族村民中,男性265人,女性256人。其中,男性熟练掌握汉语的人数占男性总人数的百分点比女性熟练掌握汉语人数占女性总人数的百分点高出了3.18%。女性略懂汉语的人数比男性略懂汉语的人数多出了8人,占据了略懂汉语总人数的75%。

村中文盲与半文盲总共有11人,其中男性5人,女性6人,这6名女性的汉语水平均为略懂,而5名男性有1人汉语水平为熟练。另外,汉语水平为略懂的女性中,有6人是接受过不同时间段的小学教育的。为何她们兼用汉语的水平会低于男性呢?这是因为女性与外界接触的频率相对男性较少,导致其汉语水平偏低。史家坡村民小组的妇女,特别是上了年纪的人,多承担家中主要劳作,外出打工的少,与外界接触的机会也少。即使外出卖东西,也只是到以白语为主要交际用语的高寨街、九河街,汉语不怎么熟练也能顺利完成交易。而很多男性则外出打工或做生意,与外界接触较多,其汉语水平容易得到提高。

我国的现代化进程正在对史家坡的汉语兼用产生日渐深刻的影响。随着史家坡受教育人数与外出务工人数的不断增加,他们与外界的交往程度正在不断加深,加之村民对待汉语的积极、包容态度,年轻一代掌握汉语的水平已有了大幅度的提高。汉语水平的提高,符合白族人民的心愿。14岁的李茂松在受访时说,会说的语言越多越好,但是绝不会忘记自己的母语,白语和汉语都可以说得同样好。

(三)纳西语使用情况

白族与纳西族是九河白族乡境内最主要的两个世居少数民族。两个民族在长期的交往共存之中,分享着共同的历史记忆,形成了相似的经济生活,吸收了彼此文化中的特点。作为玉龙纳西族自治县九河白族乡建制内的白族聚居村落,史家坡村民们的纳西语使用情况究竟如何,我们对此进行了调查。并发现具有以下几个特点:

白语特别强势,兼用纳西语的人数极少。从前面的分析中我们已知,作为一个典型的白族聚居村落,白语是史家坡村民小组的强势语言。因此村中能够兼用纳西语的人数屈指可数。纳西族是史家坡村民小组内部的"少数民族",人数只占到了全组总人口数的0.51%,并且都是从外嫁入的媳妇。在被调查的535位村民之中,会说纳西语的共有25人,其中有13人熟练,12人略懂。水平为熟练的13人中有3人为纳西族女性,是嫁入本村的媳妇;水平为略懂的12人中有1人是普米族女性,同样也是嫁入本村的媳妇。去除以上4人,史家坡村民小组中能够兼用纳西语的白族村民共有21人,只占组内白族人口总数的3.65%。

兼用纳西语水平存在代际差异。史家坡小组不同年龄段能够兼用纳西语的白族村民共有21人,他们的纳西语使用情况统计数据见表3-48:

表3-48 史家坡小组21名白族兼用纳西语情况表

年龄段(岁)	人数	熟练 人数	熟练 百分比(%)	略懂 人数	略懂 百分比(%)
6—19	0	0	0	0	0
20—39	6	2	33.33	4	66.67
40—59	10	4	40	6	60
60以上	5	4	80	1	20
合计	21	10	47.62	11	52.38

表3-48数据表明,这21位不同年龄段的村民纳西语使用水平由高到低的排列顺序是:60以上>40—59>20—39>6—19。中老年的纳西语水平最高,熟练掌握纳西语的人数占到了21人的38.1%;青壮年其次,2人熟练,4人略懂;青少年不会说纳西语。产生纳西语兼用代际差异的原因主要是:汉语作为纳西族、白族之间族际交际用语的作用正在不断凸显。与汉语习得不同,白族人纳西语的习得主要是通过社交行为自然习得的。在以往两民族交流的过程之中,纳西语与白语是他们最主要的交际语言。而今,随着汉语作为多民族共同语被越来越多的人所掌握,使得两个民族的汉语水平不断提高,故而在族际交际的过程之中,人们使用汉语的情况相对增多了。

兼用纳西语水平存在性别差异。受传统文化影响而形成的两性分工,使得史家坡村民兼用纳西语的水平存在差异。其具体统计数据见表3-49:

表3-49 史家坡小组21名不同性别白族兼用纳西语情况表

性别	人数	熟练 人数	熟练 百分比(%)	略懂 人数	略懂 百分比(%)
男	19	10	52.63	9	47.37
女	2	0	0	2	100
合计	21	10	47.62	11	52.38

由表3-49可见:男性兼用纳西语的水平远高于女性。在21名能够兼用纳西语的白族村民中,男性人数占到了90.48%。在10个能够熟练掌握纳西语的村民中,男性的比率高达

100%。其原因是：女性与外界接触的频率相对男性较少,影响其纳西语水平偏低。中国传统文化观念中的"男主外、女主内"思想对史家坡的男女性别分工产生着深刻的影响。虽然现在史家坡外出务工的人数逐渐增多,与男性相比,女性在家庭生活中仍然扮演着相对内向型的角色,因而她们的社会接触面相对男性较窄,进而使得其兼用纳西语的水平与男性形成了悬殊。

三、龙应村委会人物访谈录

(一) 龙应村幼儿园姚会龙夫妇访谈录

访谈对象：姚会龙,男,50岁,白族,大专学历,龙应完小教师、龙应幼儿园支教教师
　　　　　姚正梅,女,50岁,白族,高中学历,龙应幼儿园园长
访谈时间：2012年8月10日下午
访谈地点：龙应幼儿园会议室
访谈者：和智利、李旭芳
整理者：和智利

问：姚老师您好,请介绍一下您的基本情况。

姚会龙：我今年50岁,参加工作26年了。这20多年来,我一直从事小学低年级教育。由于龙应幼儿园教师紧缺,1997年9月起我就到龙应幼儿园支教。我的爱人也是教师,她是龙应幼儿园的园长。我们都十分喜欢幼儿教育这个行业。此外,我平时喜欢写写东西,至今我在《玉龙山》《大理文化》《丽江报》等报纸杂志发表了新闻、通讯等文章300篇左右,参加编写《九河乡志》和《龙应完小百年校庆》等。

问：1997年以前您在龙应完小教学,请您介绍龙应完小的办学历史。

姚会龙：龙应完小有着悠久的办学历史,始建于1910年,1910年至1921年间在南中龙应文昌宫(现龙应完小)、史家坡北龙应文昌宫(原龙应中学旧址)开办私塾;1921年至1949年,南中龙应文昌宫、史家坡北龙应文昌宫分别成立了"九河里第四保国民小学";1949年至今为"龙应完小"。龙应村委会原有龙应完小和录吉小学(龙应完小分校)两所小学,2009年为实现全村一所学校集中办学的格局,将录吉小学并入龙应完小,现位于南龙应村民小组级中龙应村民小组交界处。龙应完小培育了一批批社会栋梁,如中国航天部导弹火箭技术研究十三所高级工程师李银山,东方电子集团总工程师杨家昌等。

问：那么现在龙应完小的生源和师资如何？

姚会龙：学校现有学生约150人。生源覆盖面很广,有来自高寨、关上、甸头、龙应等八个村委会的学生。全校有18位在编教师,其中3位教师到龙应幼儿园支教。

问：姚老师,龙应完小学生和教师的民族分布情况是怎样的？

姚会龙：学生主要以白族为主,有部分来自临近村委会的学生是其他民族的。15位教师中有14位是白族,1位是纳西族。

问:您刚才提到现在您和您的爱人都在龙应幼儿园教学,请您简单谈谈龙应的学前教育。

姚会龙:说起龙应的学前教育得追溯到1990年,可以说龙应的学前教育是整个九河乡学前教育的开端。当时只有学前班,而且学前班的管理是没有编制的,只能够靠学校教师授课来承担学前班管理的工作。1990年龙应完小委托该校的退休老教师姚仕荣在家办托管班,1991年开始龙应完小开始招收学前班。2005年姚正梅(我的爱人)投资2.95万元对原龙应中学南院进行排危改建,创办了龙应幼儿园。龙应幼儿园是经玉龙县教育局批准的第一所农村民办幼儿园。2005年九河乡政府授予龙应幼儿园"启蒙教育先进单位"称号,2008年玉龙县妇联授予园长姚正梅"三八"红旗手称号。

问:龙应幼儿园是由私人创办的,创办至今应该会有很多困难吧!

姚正梅:龙应幼儿园是一所民办公助的幼儿园,得到了各级政府的大力支持和帮助。创办初期,由于我公公是退休老教师,他深知学生教育和安全的重要性,担心我不能够完全胜任,于是他曾反对我们办园。幸好我的爱人姚会龙他十分支持我的想法,他从教二十多年一直从事小学低年级阶段的教学,曾于1995年被评为"全国优秀小学教师",所以他对幼儿教学还是十分有经验的。办学七年来,学校走上了正轨,学生教学、安全等多方面都得到了各级政府、村委会、村民和学生的认可,公公的态度也由反对转变为支持。

问:现在园里有多少小朋友?有几位工作人员?

姚正梅:现在园里设置了四个班:托班、小班、中班、大班(学前班),共141小朋友。园里总共9位工作人员:3位公办教师,4位民办教师,1位炊事员,1位校车司机。

问:我们看到现在园里还有很多小朋友,幼儿园早晚进园、离园的时间及假期是怎样安排的?

姚正梅:因为我们是农村幼儿园,尽量方便农户孩子。我们进园的时间没有固定,什么时候送我们就什么时候接收,离园时间是下午五点。农户基本都忙于田间农事,很多时候没有空接孩子,于是我们配备校车,离园后由校车统一送回家,保证了孩子的安全。至于假期,如果有孩子愿意来园,我们还是正常接收孩子的。

问:园里对孩子们的教学用语是什么?

姚会龙:园里的教学用语针对不同班级使用。托班孩子年龄为3岁,孩子们入学前除极个别外,在家都使用白语交流,因而我们是用白语辅助孩子们学习汉语普通话。到了中班,孩子们已经能够独立使用汉语普通话,因而就以汉语普通话为主要教学用语。

问:那课下孩子们使用什么语言进行交流呢?

姚正梅:托班和小班的孩子课下大多使用白语、夹杂着部分普通话进行交流;中班和大班的孩子课下交流已经以普通话为主,偶尔会使用白语。

最近我发现一个十分有意思的现象,园里的孩子大部分是留守儿童,他们和爷爷奶奶生活在一起,离园回家后有时会用普通话和爷爷奶奶说话,有些孩子还会教爷爷奶奶说汉语。这说明他们对普通话有了认可的态度,习得普通话有了一种自豪感。

问：除了学习汉语普通话、汉字、算术外，园里还开设了什么课程呢？

姚会龙：我们对托班、小班的孩子们实行以游戏为主、学习书本知识为辅的教学方式；中班和大班才开始学习汉字和算术。除上述课程外，园里还开设了音乐和舞蹈课。

问：那么音乐和舞蹈课的课程内容是怎样选择的呢？

姚正梅：我们本着传承民族文化的精神，尽量选择民族歌谣和舞蹈。比如，我们园里的部分老师是到玉龙县去参加过乡土教材培训的，培训后老师们在课上教孩子们唱纳西儿歌。除了乡土教材外，我们还吸收了大理剑川白族童谣的精华，教孩子们唱白族童谣、跳白族舞蹈。现在我们的孩子们既能够唱纳西儿歌，也能够唱白族童谣，十分愿意学习民族歌谣和表演。园里教的节目《弦子弹到你门前》，在今年玉龙纳西族自治县首届六一文化节比赛中荣获了全县第一。有些孩子没能参加比赛，他们还主动来找老师说下次他们也要参加表演。

下面我让孩子们给大家进行表演。孩子们，准备表演吧！

（表演结束后，继续访谈）

问：我发现龙应人都稳定地使用白语，但是能够唱白族调的人已不多了，这是为什么？

姚会龙：这是因为过去人们找对象都是用对歌的方式进行交流，白调使用的机会比现在频繁得多。现在基本上没有人对歌了，所以会唱白族调的人自然就少了。

问：您觉得孩子们学习普通话与民族语言和文化的学习有冲突吗？

姚会龙：我觉得不存在。园里60%至70%的孩子在入学前已经熟练习得白语了，基本上没有忘记的可能。来到园里学习普通话是为了将来升入小学的学习提前做好准备，回到家里或者村寨里孩子们可以自由使用白语，使用白语的环境还存在着，不会对民族语言的使用产生冲突。民族语言包含的不仅仅是简单的语言，还有许多传统文化，用民族语言可以传承和保护民族文化，因而我们在鼓励孩子们学习普通话的同时不能忘记自己的民族语言。

问：感谢两位老师接受我的采访，希望园里的孩子们能健康快乐的成长。谢谢你们，同时也感谢孩子们动听的民族歌谣演唱！

姚会龙、姚正梅：不客气，孩子们看到大姐姐来了十分高兴，以后有空常来园里。

（二）龙应村党总支书记李润元访谈录

访谈对象：李润元，男，53岁，白族，高中学历，龙应村党总支书记

访谈时间：2012年8月13日上午

访谈地点：龙应村委会办公室

访谈、整理者：木粲成

问：请介绍一下您的个人及家庭情况。

答：我今年53岁，高中学历。19岁高中毕业后应征入伍，到新疆库车县当兵，历任班长、副排长。1982年在部队加入中国共产党，至今已有30年党龄了。1984年退伍还乡，从事运输

工作。2000年起担任龙应村委会主任,连任3届后,于2009年改任龙应村党总支书记。家里现有2口人,我和妻子。妻子也是白族,49岁,现在村里经营一间小卖店。有两个孩子,都在丽江。大儿子云南警官学院毕业后在玉龙县公安局工作,已经结婚,媳妇是昆明人;小儿子云南农业大学毕业后在玉龙县水利局工作。

问:您的个人及家庭语言使用状况如何?

答:白语是我的母语,后来在学校读书的时候学会了汉语。部队战友都来自五湖四海,我们之间常讲普通话。纳西语也略微知道一些,但仅限日常用语,都是在跑运输时与纳西族人打交道学会的。在家中与儿子和妻子说白语,2个儿子的母语也是白语,在读书学习的过程中他们又学会了汉语方言。现在他们都在丽江工作,讲白语的时候少了,主要还是说汉语,遇到懂白语的人说白语。他们也略懂一些纳西语,但是会听不会讲。

问:您两次提到自己曾经从事运输工作,不知具体做的是什么运输?

答:主要是运矿。九河的矿产资源丰富,当时在九河与剑川交界的河源村有一个煤矿。我从部队退伍回来后,做了一段时间的村委秘书。后来,岳父给我买了一辆卡车,让我自己运营。但怕我懈怠,约定好每天必需交给他50元。

问:当时的50元可不是一个小数目,您如约履行了吗?

答:是的。我从河源把煤运到兰坪、下关、大理、丽江、中甸等地,扣除日常开销平均每月的利润能有3000元。靠着跑运输赚回的收入,我把两个儿子都供上了大学。

问:矿运确实是个赚钱的行当,怎么没让两个孩子也加入其中呢?

答:运输工作风险大,而且比较辛苦。要让孩子们好好读书。现在这个时代想要有一个好的发展,没有知识是不行的。他们通过学习考上了大学,现在都在很好的单位上班了,我也感到非常高兴。2000年为了响应国家环保工程,河源煤矿封矿停产。同年,我当选为龙应村的村委主任。

问:您在龙应担任基层领导的时间算来也有12年了,在这期间村中发生了哪些变化?

答:我自上任以后,就一直想改变家乡的面貌。当时从214国道进入村中只有唯一的一条土路,下雨的时候泥泞不堪,行车行人都非常不便。"想致富,先修路"。经多方奔走筹集资金以后,动员起全村的力量,在2002将这条泥路改造成为了水泥路;两年以后,又和村民们一道将沟联全村六个小组的环村公路翻修一新,使得龙应乡村公路的硬化走在全乡的前列。与以往相比,现在村里在单位上班、在外上大学的人增加了。外出打工的人也越来越多,劳务输出逐渐成为了村中经济收入的重要来源。总而言之,生活条件是越来越好了。

问:那龙应农业生产的情况如何呢?

答:农业方面,可以说是地尽其用,人尽其才,发展势头良好。从前龙应的水田每到雨水季节就会被淹,个别年份甚至颗粒无收。2002年,全村每家都派出一个劳力,大家齐心协力,将水田旁边的一条河渠向下深挖了两尺,增强了雨季的排水量,自此以后再也没有淹水的情况发生了。村中现在的粮食作物主要是稻谷和玉米,稻谷有3200亩,玉米1400亩。经济作物有烤烟、药材、核桃等。烤烟种植了100多亩,药材30亩。

问:九河栽种烤烟的村寨很多,有些村子单户就种有百亩以上的,怎么本村的种植规模那么小呢?

答:那是因为村子里面手艺人比较多,商人比较多。烤烟的种植过程比较繁琐,而且效益不如外出做活,所以种得比较少。

问:村子里成功的商人比较多吗?

答:差不多,主要是一些建筑老板,多在丽江范围内经营业务。千万资产的也有三四个吧。

问:现在村里出去做活的人越来越多,荒地问题是怎么解决的呢?

答:一些人出去打工逐渐将田空出来了,我们就响应县、乡的号召,种上了核桃树。现在整个村子大概有600多亩核桃,才种下去一两年,部分还未成树,等到明年后年,将会大大增加农户们的收入。

问:那村中文化生活的组织进展情况如何呢?

答:现在我们已在吉来村民小组建成了1个文化活动中心。平常会组织一些文艺汇演,比如民族传统打跳、唱白族调子,或者流行歌曲等等。其他村民小组的活动中心也正在筹建当中。全村共有3个篮球场,有时也组织一些球赛。

问:现在村里穿白族服饰的人多么?

答:男的没有传统民族服饰,都是女的在穿。其他民族的女性嫁入本村,也穿上我们白族的民族服装。现在妇女们穿民族服装大多是在节日或者是活动的时候,因为她们的服饰考究复杂,比较繁琐,打扮的时候还需要别人帮忙。平常着便装多一些。

问:您觉得村中白族语言的使用状况如何呢?

答:我们龙应白族人母语传承的情况非常好,人人都说白族话。就是其他民族嫁到村中的媳妇,经过一段时间,也都会用白语进行日常的交流了。

(三)龙应村中龙应二组外出打工子弟李俊林访谈录

访谈对象:李俊林,男,13岁,白族,初中学历,福慧中学学生

访谈时间:2012年8月13日上午

访谈地点:龙应村村委会

访谈、整理者:闻静

问:你好!请介绍一下你个人和家庭情况。

答:我叫李俊林,今年13岁。小时在龙应村长大,后来跟父母搬到丽江市,在丽江市福慧中学上初中一年级。我家有六口人,有我的父母、爷爷、奶奶和一个哥哥。我们一家都是白族,现在住在丽江市里。我爸爸38岁,是驾校的教练;妈妈37岁,在自来水厂工作;哥哥18岁,在玉龙雪山风景区工作。他们三人都是高中毕业。

问：你们现在家住丽江,还经常回来吗?

答：家里人工作忙时不经常回来。我正在过暑假,所以回来看看我的外婆。这几天刚好是"羊日节",我也是专门回来过节的。我们这里过节很热闹的。

问：你的普通话说得很好,在家用什么语言交流? 能说说你家里的语言使用情况吗?

答：我们在家只说白语,我在学校才说普通话的。我们家爷爷和哥哥会三种语言:白语、纳西语、汉语。我的爸爸、妈妈会白语、汉语,能听懂纳西语,但不会说。奶奶不会说汉语,也不懂纳西语,她只会白语。我自己也不会纳西语。

问：你的爷爷、爸爸、妈妈,还有哥哥,他们是怎么学会纳西语的?

答：我的爷爷是上小学时就学会了。我的爸爸、妈妈是跟他们的纳西族朋友学会的,只会听,但是说得不好。我的哥哥也是上学以后,先学会汉语后学会纳西语的。

问：你的父母、哥哥在外工作时用什么语言?

答：我爸爸、妈妈工作时都说普通话,哥哥工作时也用普通话,有时也会用纳西语。

问：你是在什么时候学会普通话的?

答：我在上小学一年级时就开始说普通话了。

问：你家的其他人是什么时候学会汉语的?

答：他们也都是在上小学的时候就学会汉语的。

问：你的学校在丽江市内吗? 你们班有多少人? 都有哪些民族的同学?

答：是的,我们学校在丽江市里。我们班有60人,我的同学有纳西族、汉族、白族、彝族和普米族。纳西族、汉族最多,都是20人。

问：你和这么多民族的同学在一起,平时都用什么语言交流?

答：我和白族的同学讲白语,和其他民族的同学都讲普通话。

问：没想过学学其他民族的语言吗?

答：没有。因为觉得太难。

问：你们的任课老师是什么民族? 上课时用什么语言?

答：我们的老师大多数是纳西族,有一两个是白族,他们上课都讲普通话。

问：老师下课聊天时用什么语言?

答：当然也是普通话啊。

问：民族不同,同学之间会不会经常有隔阂? 你交朋友时有没有考虑民族界限?

答：不会。天天在一起上学,我们没有觉得不同民族间有什么差异。我的朋友什么民族都有。

问：你会选什么样的人做你们的班干部?

答：当然是有责任心的、有能力的才能当班干部啊。

问：你们的班干部有哪些民族的? 怎么产生的?

答：我们的班干部多是汉族,都是在自愿的前提下投票选举产生的。

问：如果有白族和汉族两个能力相当的班长候选人，你会选谁？

答：当然支持白族的。

问：班干部调解同学间纠纷时，会因民族而异吗？

答：不会。他们只就事论事，不会因人而异的。

问：你们家是什么时候搬离这里的？

答：在我上幼儿园的时候，我父母就到市里工作了。我是在这里上的幼儿园，叫龙应幼儿园。后来父母就把我们全家都接了出去。

问：村里像你们家这样在外打工的家庭多不多？

答：像我们这样全家在外工作的有很多，我知道的村里大概有50%的家庭跟我们一样。

问：他们跟你们一样，回来的次数都不多吗？对老家还有感情吗？

答：因为工作忙都很少回来，但是我们对老家的感情很深。

问：你会说白族歌谣吗？

答：不会。

问：你爷爷会唱白族小调吗？

答：他也不会。

问：在丽江市你经常说普通话吗？有没有担心突然有一天你不会讲白语了？

答：我在丽江市是讲普通话，但是我从来不担心自己会忘记白语。因为我出生后学的第一种语言就是白语，这是我的母语，母语怎么能忘呢？况且，回到家中、回到老家这里，我仍然只讲白语。

问：在学校学习成绩不错吧？有什么理想？

答：我的成绩还可以。我对数学很感兴趣。我长大了要考大学，当一名军人。

问：有没有想过挣很多钱？

答：当然，我长大了要挣钱买车，买很大的越野车。

问：好，祝你梦想成真！

答：谢谢！

（四）龙应村史家坡小组李海春访谈录

访谈对象：李海春，男，40岁，白族，大学本科学历，玉龙县残联工作人员

访谈时间：2012年8月11日上午

访谈地点：龙应村民委员会

访谈、整理者：范丽君

问：您好，请您介绍一下您个人的基本情况。

答：李海春，白族，今年40岁，龙应村委史家坡人。1997年本科毕业于云南民族大学历史

系,学的专业是民族文化与旅游管理。曾先后在玉龙县纳西族乡镇、玉龙县旅游局工作过,现在玉龙县残联工作。

问:您会说哪些语言?请介绍一下您和您家人的语言使用情况。

答:我的第一语言是白语,汉语是读书后才学会的。我记得我刚开始上学时,汉语一点儿都不会,90%的同学都不会说汉语,学习很困难,好在老师是白族,用白族话解释汉语上课。一二年级时词汇量掌握得不多,很少主动说话,一直到到四五年级才会简单的对话,初中时才能流利地交流。我汉语学得迟,所以说普通话不好听。

我父母都是史家坡的白族,我有两个姐姐一个哥哥,两个姐姐在家务农。哥哥今年46岁,是中央民族大学的本科毕业生,现在丽江古城一中工作,他会说白语和汉语。嫂子是纳西族,只会说纳西语和汉语。侄子今年17岁,只会说汉语。他们现在都生活在丽江,家庭内部交流都用汉语。

我的爱人也是龙应村的,第一语言是白语,还会说汉语,现在丽江工作。女儿今年7岁,在丽江出生长大,她的第一语言是汉语,会听一点白语。我们夫妻交流用白语,跟女儿说话用汉语。

问:您担心您的女儿不会说白语吗?

答:我女儿开始学说话时,我考虑如果教她白语,可能口音会像我们一样很难改变,所以我们刻意教她学说汉语。我很担心她不会说白语,现在刻意创造条件让她多说白语,一个星期我让她用白语给老家打一次电话,她每次回史家坡老家,我都让她和爷爷奶奶说白语,现在也能听懂一些我和她妈妈说的白语,我想在这种自然的环境中,她会自然而然学会的。

问:您多长时间回老家一次,觉得回来后您说的白语有变化吗?

答:我现在一年少说回来两三次,多的时候七八次。感觉离家时间长了,慢慢地有些词只会用汉语说了。我小时候这些词(四百词)我都能脱口而出,现在很多词还要想想才会说,还有一些词已经不能区分,如认为"大腿"、"小腿"是同一个词,"河"、"湖"、"海"、"池塘"认为是同一个词,"虫子"、"蛆"、"虱子"认为是同一个词。(注:经我们的四百词测试,他的等级水平为"优秀"。)

问:您担心村里孩子的白语水平会下降吗?

答:村里孩子现在都会说白语,但有些词也不会说了,如"下巴"、"腮"等词。有的在外面生活时间长了,虽然周围有人说白语,但农村很多专有名词已经不会了。还有一些动物的名称,因为不常见到,只有老一辈会说,小一辈可能已经不会了。

问:关于学习汉语和学习白语的关系,您怎么看?

答:肯定要学汉语。从语言的发展来看,最好先教这些小孩学汉语,因为小孩有白语的语言环境,自然而然就学会了。如果先教白语的话,口音很难改过来。

问:玉龙县是纳西族自治县,您对纳西语怎么看?

答:在丽江,掌握纳西语很有必要。多一门语言对以后打工也好、读书也好,都是很有帮助的。我刚在纳西族乡镇工作的时候,乡下都说纳西语、傈僳语,我每次下去还得带翻译。如果多懂一种民族语交流起来更方便。

我的小孩在丽江读书,学校开设纳西母语课。一般在一年级到五年级开设,一周一节,根据课程设置,有时上一个下午,主要教授纳西族民歌、纳西族谚语。这样做对保护纳西族文化很有好处。我希望学校教育也可以融进一些白族文化,小学能开一些白语母语课程。丽江发展太快,担心语言丢失可以在小学开设双语课程,我觉得任何民族都应该这样做。

问:学白语不会加分,你们还愿意开设双语课吗?

答:虽然不占分,还是愿意学的,希望小学设置双语课。

问:听说龙应村历来有尊师重教的传统,比如您家里就出了两个大学生,您对此怎么看?

答:原来我们龙应村有小学和中学,当时中学叫龙应中学,我就是在那里上学的。那时学习氛围很好,基本上家家都有人在读书。虽然那时家里很穷,学费也都要自己拿,但尊师重教的氛围很浓。当时家里人想"不管家里有多苦,都要供孩子读书,读书才能找到一个好工作,可以让整个家庭摆脱贫困,过更好的生活"。

但是,我认为最近几年村民对教育的重视程度有所下降。现在教育成本太高,小孩子读书出来后工作很难找,还有很多毕业后找不到工作的。高等教育的成本和回报不成正比。如果初中毕业后去酒店当服务员,认真工作的话,七年后可能成为经理,而大学毕业生找不到工作的话,毕业后只能从酒店服务员做起。大学毕业生择业时也会产生高不成低不就的心理,很多人就会想"读书又怎么样?",不像我们那个时候读书,出来都有工作。村里人很务实,很多人认为读书没有必要了,教育观念有所淡化。

问:除了教育方面的问题,您认为现在村里还面临哪些问题?

答:现在农村劳动力向外输出,使得很多问题很突出。一是农村土地闲置的问题。我做过调查,我们村很多家庭只有老人和小孩子留守在家,荒置的田地比以前多了,以前庄稼种水稻、蚕豆两季,现在只种一季。二是农业发展问题。现在小孩不读书,初中或高中毕业后都外出打工去了,很多连二十四节气都不知道。这批人大部分在城里酒店打工,如果过几年城里呆不住的话,回来后农活基本不会做。我对此也很担心。这些问题不光是我们村的问题,也是玉龙县、丽江市很多地方面临的考验。

问:请您介绍一下龙应村白族文化的保存情况。

答:我们这里的文化底蕴深厚,有很多值得挖掘的地方。与大理白族文化相比,我们这里的白族文化原汁原味的东西保留得比较多,但现在也有淡化的现象。大理正宗的白族服饰基本看不到了,我们这里的服饰更原始。年轻人穿传统服饰的人少了,出嫁时都会准备两套传统服饰,但基本上不穿了。我担心白族服饰可能过几年就见不到了。

九河和剑川等地的白族调,内容很丰富,但是很多白族词汇不用了,都用汉语词汇代替。有人也把白族调翻译成汉语,原来反映生产劳动、生活的内容都变了。这很像汉文化里的古诗、谚语,翻译成英语后原来的韵味都没有了。好在还有一些经典的东西保留了一些。

问：这些传统的白族文化怎么保留，有哪些保护措施？

答：现在有些人在做这件事情，比如民间艺人。

问：您认为文化传承还需要注意哪些方面？

答：民族文化的保存和传承没有组织和带头人，也没有相应的资金。民族文化传承与经济发展有关系，年轻人出去打工，在家留守只有老人和儿童，老人对儿童的教育跟不上，也影响文化传承。

问：您是学民族文化和旅游管理出身的，丽江又是旅游大市，您认为旅游和文化如何结合？

答：我认为旅游开发一定要和当地文化相结合。现在旅游对我们九河带动的作用还很有限。我认为现在我们要保护好文化，等开发到这里的时候我们的文化也不至于丢失。如果再不保护，再美的风景区怎么开发都是徒劳。因为没有文化就没有内涵。现在游客散客也多了，很多人都想体验民族文化氛围，文化保护好了，就是最大的旅游资源。

很多人士都在呼吁保护九河地区的白族文化。

当前我们民族文化和旅游开发的结合点还没有找到，如果找到结合点还有的可做。旅游带动、文化参与，当地的经济效益就产生了。这可以产生良性循环，年轻人看到有经济效益就不愿出去打工了，劳务输出带来的矛盾也就解决了。

这点我们要借鉴纳西文化保护的路子，纳西文化传承比较好，丽江有纳西文化传承协会，我们白族也希望成立相应的协会。

问：你们在外地工作的人都为龙应村做了哪些贡献？

答：我们在外工作的人都自发组织一些联谊会，如中青年协会。在传承文化方面，人们可以通过协会进行交流和联系，传承一些民族的传统，如过年过节的打跳、歌会等。文化传承不是用一个办法就能管用，要通过多种方式和渠道进行潜移默化地传承。协会活动还可以丰富文化生活。在外工作的人员都会回来过节，参加村里举办的一些体育、文艺活动，进行对歌比赛，就可以丰富生活，还可以传承文化。

在经济方面，大家都做自己力所能及的事情。村里有什么公益事业我们也会捐款，比如我们刚捐钱集资给村里装上了路灯，可以方便老年人活动。

民族的凝聚力和自豪感可以通过组织的这些活动体现出来。

四、九河乡龙应村委会史家坡小组户口表

编号	家庭关系	姓名	性别	民族	年龄	文化程度	第一语言及水平	第二语言及水平	其他语言及水平	备注
1	户主	姚松军	男	白	43	小学	白,熟练	汉,熟练		
	妻子	王阿开	女	白	42	小学	白,熟练	汉,熟练		
	长子	姚国林	男	白	25	初中	白,熟练	汉,熟练		
	次子	姚国强	男	白	23	初中	白,熟练	汉,熟练		

2	户主	杨阿益	男	白	66	文盲	白,熟练	汉,略懂	
	长子	杨求生	男	白	37	高中	白,熟练	汉,熟练	
	儿媳	熊剑双	女	傈僳	30	初中	傈僳,熟练	汉,熟练	白,熟练
	次子	杨求福	男	白	32	初中	白,熟练	汉,熟练	
	次媳	熊会玉	女	傈僳	25	初中	傈僳,熟练	汉,熟练	白,略懂
	长孙	杨成	男	白	7	小学	白,熟练	汉,熟练	
3	户主	李时冒	男	白	68	小学	白,熟练	纳西,熟练	汉,熟练
	妻子	李义香	女	纳西	68	小学	纳西,熟练	白,熟练	汉,熟练
	长子	李勇军	男	白	39	初中	白,熟练	汉,熟练	
	长女	李国丽	女	白	36	初中	白,熟练	汉,熟练	
	长孙	李斌仙	男	白	18	初中	白,熟练	汉,熟练	
4	户主	李学中	男	白	39	初中	白,熟练	汉,熟练	
	妻子	李丽美	女	白	35	小学	白,熟练	汉,熟练	
	父亲	李时继	男	白	65	小学	白,熟练	纳西,熟练	汉,熟练
	弟弟	李学政	男	白	32	初中	白,熟练	汉,熟练	
	长子	李聪	男	白	22	初中	白,熟练	汉,熟练	
5	户主	姚重兴	男	白	46	小学	白,熟练	汉,熟练	
	妻子	王贵芝	女	白	44	小学	白,熟练	汉,熟练	
	长子	姚斌	男	白	23	大专	白,熟练	汉,熟练	
	次子	姚小斌	男	白	19	高中	白,熟练	汉,熟练	
6	户主	姚长学	男	白	59	小学	白,熟练	汉,熟练	
	妻子	史三女	女	白	57	小学	白,熟练	汉,熟练	
	长女	姚云贵	女	白	46	初中	白,熟练	汉,熟练	
	长子	姚云宝	男	白	44	初中	白,熟练	汉,熟练	
	儿媳	李姗	女	汉	29	中专	汉,熟练	白,略懂	
	长孙	姚卓	男	白	18	初中	白,熟练	汉,熟练	
7	户主	赵银花	女	白	53	小学	白,熟练	汉,略懂	
	长女	杨继英	女	白	29	初中	白,熟练	汉,熟练	
	女婿	李玉池	男	白	36	初中	白,熟练	汉,熟练	
	二女	杨继顺	女	白	27	初中	白,熟练	汉,熟练	
	三女	杨继梅	女	白	25	初中	白,熟练	汉,熟练	
8	户主	杨志和	男	白	35	小学	白,熟练	汉,熟练	
	妻子	刘玲	女	汉	34	初中	白,熟练	汉,熟练	
	父亲	杨大清	男	白	65	小学	白,熟练	汉,熟练	
	母亲	史丽花	男	白	63	小学	白,熟练	汉,熟练	
	长女	杨月仙	女	白	11	小学	白,熟练	汉,熟练	
9	户主	杨新和	男	白	63	高中	白,熟练	汉,熟练	纳西,熟练
	妻子	杨正英	女	白	61	小学	白,熟练	汉,略懂	
	长女	杨丽平	女	白	34	初中	白,熟练	汉,熟练	
	次女	杨路珍	女	白	32	小学	白,熟练	汉,熟练	
	长孙	杨小江	男	白	15	初中	白,熟练	汉,熟练	
	次孙	杨汉文	男	白	11	小学	白,熟练	汉,熟练	
	三孙	杨重良	男	白	9	小学	白,熟练	汉,熟练	

10	户主	史学中	男	白	40	小学	白,熟练	汉,熟练		
	妻子	王贵新	女	纳西	40	小学	纳西,熟练	汉,熟练	白,熟练	
	长子	史鹏飞	男	白	17	小学	白,熟练	汉,熟练		
	次子	史鹏销	男	白	14	小学	白,熟练	汉,熟练		
11	户主	史正义	男	白	43	高中	白,熟练	汉,熟练	纳西,熟练	
	妻子	杨吉英	女	白	42	小学	白,熟练	汉,熟练		
	长女	史学敏	女	白	10	小学	白,熟练	汉,熟练		
	长子	史学军	男	白	8	小学	白,熟练	汉,熟练		
12	户主	李树安	男	白	58	小学	白,熟练	汉,熟练		
	妻子	李三妹	女	白	58	小学	白,熟练	汉,熟练		
	长子	李红坤	男	白	32	初中	白,熟练	汉,熟练		
	次子	李红宝	男	白	30	高中	白,熟练	汉,熟练		
13	户主	李阿求	男	白	56	小学	白,熟练	汉,熟练		
	长子	史学坤	男	白	35	高中	白,熟练	汉,熟练		
	儿媳	杨丽珠	女	白	35	高中	白,熟练	汉,熟练		
14	户主	李江红	男	白	45	初中	白,熟练	汉,熟练		
	妻子	杨家顺	女	白	42	小学	白,熟练	汉,熟练		
	长女	李银花	女	白	23	初中	白,熟练	汉,熟练		
	次女	李银祥	女	白	21	大学	白,熟练	汉,熟练		
15	户主	史春女	女	白	66	小学	白,熟练	汉,熟练		
	长子	李求福	男	白	35	初中	白,熟练	汉,熟练		
	次子	李求保	男	白	34	初中	白,熟练	汉,熟练		
	三子	李求星	男	白	31	初中	白,熟练	汉,熟练		
16	户主	李雄伟	男	白	40	初中	白,熟练	汉,熟练		
	妻子	李海菊	女	白	38	小学	白,熟练	汉,熟练		
	长子	李述张	男	白	17	高中	白,熟练	汉,熟练		
	长女	李述贞	女	白	13	初中	白,熟练	汉,熟练		
17	户主	李益雄	男	白	41	高中	白,熟练	汉,熟练		
	妻子	杨亚芝	女	白	40	小学	白,熟练	汉,熟练		
	母亲	李月花	女	白	67	小学	白,熟练	汉,熟练		
	弟弟	李雄国	男	白	35	初中	白,熟练	汉,熟练		
	长子	李述意	男	白	20	高中	白,熟练	汉,熟练		
	次子	李述仁	男	白	18	高中	白,熟练	汉,熟练		
18	户主	李年生	男	白	50	小学	白,熟练	汉,熟练		
	妻子	姚长顺	女	白	48	小学	白,熟练	汉,熟练		
	父亲	李三振	男	白	77	小学	白,熟练	汉,熟练		
	长子	李寿坤	男	白	25	大学	白,熟练	汉,熟练		
	次子	李寿方	男	白	23	小学	白,熟练	汉,熟练		

19	户主	李永良	男	白	62	初中	白,熟练	汉,熟练	
	妻子	彭泽兰	汉	白	57	小学	白,熟练	汉,熟练	
	长子	李丽刚	男	白	42	初中	白,熟练	汉,熟练	
	次子	李丽创	男	白	38	初中	白,熟练	汉,熟练	
	长女	李丽其	女	白	36	初中	白,熟练	汉,熟练	
	长媳	姚艳花	女	白	37	初中	白,熟练	汉,熟练	
	次媳	杨丽芳	女	汉	31	初中	白,熟练	汉,熟练	
	长孙	李胜蛟	男	白	14	初中	白,熟练	汉,熟练	
20	户主	史小学	男	白	49	初中	白,熟练	汉,熟练	
	妻子	王四合	女	白	50	小学	白,熟练	汉,熟练	
	母亲	史阿坪	女	白	87	小学	白,熟练	汉,熟练	
	哥哥	史家齐	男	白	65	小学	白,熟练	汉,熟练	
	长女	史寿花	女	白	27	初中	白,熟练	汉,熟练	
	长子	史龙海	男	白	22	初中	白,熟练	汉,熟练	
21	户主	李玉树	男	白	40	初中	白,熟练	汉,熟练	
	妻子	史文兰	女	白	37	小学	白,熟练	汉,略懂	
	父亲	史志生	男	白	69	小学	白,熟练	汉,熟练	
	母亲	杨闰花	女	白	63	小学	白,熟练	汉,熟练	
	弟弟	史文花	男	白	60	小学	白,熟练	汉,熟练	
	妹妹	史文会	女	白	32	小学	白,熟练	汉,熟练	
	长女	史青	女	白	16	初中	白,熟练	汉,熟练	
	长子	史亮	男	白	14	初中	白,熟练	汉,熟练	
22	户主	史文女	男	白	33	初中	白,熟练	汉,熟练	
	妻子	李花敬	女	白	33	初中	白,熟练	汉,熟练	
	父亲	史志豪	男	白	64	高中	白,熟练	汉,熟练	
	母亲	李义才	女	白	62	小学	白,熟练	汉,熟练	
	姐姐	史文芝	女	白	53	高中	白,熟练	汉,熟练	
	妹妹	史文佳	女	白	30	初中	白,熟练	汉,熟练	
	长子	史朝柱	男	白	14	初中	白,熟练	汉,熟练	
23	户主	李志珍	女	白	39	初中	白,熟练	汉,熟练	
	长子	史华狮	男	白	18	初中	白,熟练	汉,熟练	
	次子	史华麟	男	白	16	初中	白,熟练	汉,熟练	
24	户主	史占强	男	白	39	高中	白,熟练	汉,熟练	
	妻子	姚杏珍	女	白	39	小学	白,熟练	汉,熟练	
	父亲	史会章	男	白	76	小学	白,熟练	汉,熟练	
	母亲	史保弟	女	白	73	文盲	白,熟练	汉,略懂	
	妹妹	史月兰	女	白	33	小学	白,熟练	汉,熟练	
	长女	史婧	女	白	13	初中	白,熟练	汉,熟练	
	长子	史丰	男	白	12	初中	白,熟练	汉,熟练	

25	户主	李继堂	男	白	68	小学	白,熟练	汉,熟练	
	妻子	史新花	女	白	65	小学	白,熟练	汉,熟练	
	长子	李志炳	男	白	35	初中	白,熟练	汉,熟练	
	次子	李志刚	男	白	33	初中	白,熟练	汉,熟练	
	次媳	杨金桃	女	白	25	初中	白,熟练	汉,熟练	
	长孙女	李霞	女	白	16	初中	白,熟练	汉,熟练	
	次孙女	李雪	女	白	14	初中	白,熟练	汉,熟练	
26	户主	史吉刚	男	白	42	初中	白,熟练	汉,熟练	
	妻子	杨印时	女	白	41	小学	白,熟练	汉,熟练	
	长女	李每芳	女	白	17	初中	白,熟练	汉,熟练	
	次女	李每桃	女	白	15	初中	白,熟练	汉,熟练	
27	户主	史吉山	男	白	56	初中	白,熟练	汉,熟练	
	妻子	李四英	女	白	55	小学	白,熟练	汉,熟练	
	长女	史育开	女	白	34	初中	白,熟练	汉,熟练	
	长子	史育洪	男	白	30	初中	白,熟练	汉,熟练	
	次女	史育风	女	白	32	初中	白,熟练	汉,熟练	
28	户主	史忠义	男	白	49	高中	白,熟练	汉,熟练	
	妻子	杨秀英	女	白	47	小学	白,熟练	汉,熟练	
	母亲	姚四香	女	白	68	小学	白,熟练	汉,熟练	
	长子	史玉海	男	白	26	初中	白,熟练	汉,熟练	
	长女	史玉年	女	白	23	初中	白,熟练	汉,熟练	
29	户主	史忠义	男	白	46	初中	白,熟练	汉,熟练	
	妻子	王顺弟	女	白	45	小学	白,熟练	汉,熟练	
	长子	史玉发	男	白	25	大学	白,熟练	汉,熟练	
	长女	史玉则	女	白	23	初中	白,熟练	汉,熟练	
30	户主	史保国	男	白	61	小学	白,熟练	汉,熟练	
	妻子	杨平弟	女	白	57	小学	白,熟练	汉,熟练	
	长女	史会兰	女	白	28	小学	白,熟练	汉,熟练	
31	户主	姚寿娘	女	白	62	小学	白,熟练	汉,熟练	
	长女	史丽娟	女	白	33	小学	白,熟练	汉,熟练	
32	户主	史丽荣	男	白	47	初中	白,熟练	汉,熟练	
	妻子	杨丽贵	女	白	47	小学	白,熟练	汉,熟练	
	长子	史悠红	男	白	24	高中	白,熟练	汉,熟练	
	长女	史靖宏	女	白	22	初中	白,熟练	汉,熟练	
33	户主	李闰元	男	白	53	初中	白,熟练	汉,熟练	
	妻子	王应菊	女	白	50	初中	白,熟练	汉,熟练	
	长子	李丽明	男	白	27	大学	白,熟练	汉,熟练	
	次子	李丽聪	男	白	26	大学	白,熟练	汉,熟练	
34	户主	李惠全	男	白	36	小学	白,熟练	汉,熟练	
	母亲	杨顺兰	女	白	69	文盲	白,熟练	汉,略懂	

35	户主	李国才	男	白	46	初中	白,熟练	汉,熟练	
	妻子	杨尚美	女	白	48	小学	白,熟练	汉,熟练	
	父亲	李付龙	男	白	72	小学	白,熟练	汉,熟练	
	长子	李华	男	白	26	大专	白,熟练	汉,熟练	
	次子	李红	男	白	24	初中	白,熟练	汉,熟练	
36	户主	史保福	男	白	59	小学	白,熟练	汉,熟练	
	妻子	彭敬香	女	白	59	小学	白,熟练	汉,熟练	
	长子	史丽常	男	白	35	初中	白,熟练	汉,熟练	
	长女	史丽梅	女	白	32	初中	白,熟练	汉,熟练	
37	户主	史树全	男	白	57	小学	白,熟练	汉,熟练	
	妻子	张银凤	女	白	55	小学	白,熟练	汉,熟练	
	父亲	史永善	男	白	76	文盲	白,熟练	汉,略懂	
	长子	史岁先	男	白	28	初中	白,熟练	汉,熟练	
	次子	史岁云	男	白	26	初中	白,熟练	汉,熟练	
38	户主	李国亮	男	白	55	小学	白,熟练	汉,熟练	纳西,略懂
	妻子	李菊花	女	白	57	小学	白,熟练	汉,熟练	
	母亲	付继年	女	白	78	小学	白,熟练	汉,熟练	
	长子	李应堂	男	白	36	初中	白,熟练	汉,熟练	
	长媳	段福寿	女	白	30	初中	白,熟练	汉,熟练	
	长女	李应梅	女	白	30	初中	白,熟练	汉,熟练	
	次女	李舍香	女	白	26	初中	白,熟练	汉,熟练	
39	户主	李国清	男	白	51	初中	白,熟练	汉,熟练	
	妻子	史盯花	女	白	48	小学	白,熟练	汉,熟练	
	长女	李应制	女	白	26	初中	白,熟练	汉,熟练	
	二女	李应芝	女	白	25	初中	白,熟练	汉,熟练	
40	户主	李国华	男	白	42	小学	白,熟练	汉,熟练	
	妻子	李会奚	女	白	39	小学	白,熟练	汉,熟练	
	长女	李唤秀	女	白	18	高中	白,熟练	汉,熟练	
	次女	李秀梅	女	白	17	初中	白,熟练	汉,熟练	
41	户主	史正强	女	白	62	小学	白,熟练	汉,熟练	
	丈夫	李四强	男	白	60	小学	白,熟练	汉,熟练	
	长子	李金国	男	白	41	初中	白,熟练	汉,熟练	
	次子	李成均	男	白	27	初中	白,熟练	汉,熟练	
42	户主	杨正宝	男	白	50	小学	白,熟练	汉,熟练	
	妻子	王吉祥	女	白	49	小学	白,熟练	汉,熟练	
	长子	杨丽云	男	白	17	中专	白,熟练	汉,熟练	
43	户主	杨运安	男	白	58	小学	白,熟练	汉,熟练	
	妻子	杨朱安	女	白	54	小学	白,熟练	汉,熟练	
	长子	杨闫刚	男	白	33	高中	白,熟练	汉,熟练	

44	户主	杨阿报	男	白	42	初中	白,熟练	汉,熟练	
	妻子	姚育春	女	白	39	小学	白,熟练	汉,熟练	
	父亲	杨树华	男	白	73	小学	白,熟练	汉,熟练	
	长女	杨润季	女	白	18	高中	白,熟练	汉,熟练	
	长子	杨润会	男	白	16	初中	白,熟练	汉,熟练	
45	户主	杨求生	男	白	47	初中	白,熟练	汉,熟练	
	妻子	李金顺	女	白	46	小学	白,熟练	汉,熟练	
	长女	杨润月	女	白	25	高中	白,熟练	汉,熟练	
	长子	杨润荣	男	白	22	大专	白,熟练	汉,熟练	
46	户主	杨锡龙	男	白	53	初中	白,熟练	汉,熟练	
	妻子	李海年	女	白	50	小学	白,熟练	汉,熟练	
	母亲	杨阿义	女	白	89	文盲	白,熟练	汉,略懂	
	长女	杨美英	女	白	28	大专	白,熟练	汉,熟练	
	二女	杨丽英	女	白	27	大专	白,熟练	汉,熟练	
	长子	杨丽雄	男	白	24	高中	白,熟练	汉,熟练	
47	户主	杨锡文	男	白	44	小学	白,熟练	汉,熟练	
	妻子	王三妹	女	白	40	小学	白,熟练	汉,熟练	
	长女	杨丽珍	女	白	20	高中	白,熟练	汉,熟练	
	二女	杨丽平	女	白	16	初中	白,熟练	汉,熟练	
48	户主	李锡群	男	白	56	高中	白,熟练	汉,熟练	
	妻子	李四妹	女	白	55	小学	白,熟练	汉,熟练	
	父亲	李尔生	男	白	79	文盲	白,熟练	汉,略懂	
	长女	李杏芝	女	白	35	初中	白,熟练	汉,熟练	
	二女	李杏开	女	白	28	初中	白,熟练	汉,熟练	
	二女婿	史寿如	男	白	29	高中	白,熟练	汉,熟练	
	长孙	李杰	男	白	14	小学	白,熟练	汉,熟练	
	二孙	李娜	女	白	8	小学	白,熟练	汉,熟练	
49	户主	李应全	男	白	45	初中	白,熟练	汉,熟练	
	妻子	姚红年	女	白	43	小学	白,熟练	汉,熟练	
	母亲	李金凤	女	白	80	小学	白,熟练	汉,熟练	
	长子	李杏友	男	白	22	大专	白,熟练	汉,熟练	
	次子	李友松	男	白	17	初中	白,熟练	汉,熟练	
50	户主	李代英	女	白	58	小学	白,熟练	汉,熟练	
	丈夫	史家富	男	白	56	小学	白,熟练	汉,熟练	
	长子	李树芳	男	白	37	高中	白,熟练	汉,熟练	
	长媳	段育香	女	白	26	初中	白,熟练	汉,熟练	
	长女	李求花	女	白	34	高中	白,熟练	汉,熟练	
51	户主	王春报	男	白	56	小学	白,熟练	汉,熟练	
	妻子	杨花林	女	白	57	小学	白,熟练	汉,熟练	
	长女	王秀兰	女	白	28	初中	白,熟练	汉,熟练	
	长子	王秀全	男	白	29	初中	白,熟练	汉,熟练	

52	户主	史闫山	男	白	56	小学	白,熟练	汉,熟练	
	妻子	姚阿菊	女	白	58	小学	白,熟练	汉,熟练	
	长子	史斌	男	白	24	初中	白,熟练	汉,熟练	
	次子	史斌云	男	白	19	初中	白,熟练	汉,熟练	
53	户主	史生龙	男	白	53	初中	白,熟练	汉,熟练	
	妻子	木秀兰	女	纳西	48	初中	纳西,熟练	汉,熟练	
	长子	史敬成	男	白	32	初中	白,熟练	汉,熟练	
	长女	史敬连	女	白	29	初中	白,熟练	汉,熟练	
	二女	史连吉	女	白	25	大专	白,熟练	汉,熟练	
54	户主	史长福	男	白	73	小学	白,熟练	汉,熟练	
	妻子	李阿杏	女	白	72	小学	白,熟练	汉,熟练	
	长女	史顺英	女	白	36	初中	白,熟练	汉,熟练	
55	户主	史福东	男	白	50	高中	白,熟练	汉,熟练	纳西,熟练
	父亲	史仁育	男	白	78	文盲	白,熟练	汉,熟练	
	母亲	史庆花	女	白	76	文盲	白,熟练	汉,略懂	
	长子	史闰峰	男	白	20	大专	白,熟练	汉,熟练	
	长女	史闰琴	女	白	18	高中	白,熟练	汉,熟练	
56	户主	姚增祥	女	白	49	小学	白,熟练	汉,熟练	
57	户主	史保如	男	白	46	高中	白,熟练	汉,熟练	
	妻子	李润芝	女	普米	43	小学	普米,熟练	汉,熟练	白,略懂	纳西,略懂
	父亲	史敬成	男	白	75	小学	白,熟练	汉,熟练	
	母亲	李阿女	女	白	70	小学	白,熟练	汉,熟练	
	长女	史春连	女	白	17	初中	白,熟练	汉,熟练	
	长子	史春武	男	白	16	初中	白,熟练	汉,熟练	
58	户主	史新如	男	白	45	初中	白,熟练	汉,熟练	
59	户主	史自由	男	白	58	小学	白,熟练	汉,熟练	
	妻子	杨收凤	女	白	57	小学	白,熟练	汉,熟练	
	长子	史四中	男	白	47	初中	白,熟练	汉,熟练	
	长女	史四香	女	白	43	高中	白,熟练	汉,熟练	
	二女	史四妹	女	白	27	初中	白,熟练	汉,熟练	
60	户主	史自成	男	白	59	初中	白,熟练	汉,熟练	
	妻子	史三杯	女	白	53	小学	白,熟练	汉,熟练	
	长女	史四年	女	白	31	初中	白,熟练	汉,熟练	
	二女	史四止	女	白	28	初中	白,熟练	汉,熟练	
61	户主	史求胜	男	白	48	初中	白,熟练	汉,熟练	
	妻子	李瓦妹	女	白	47	小学	白,熟练	汉,熟练	
	长女	史育静	女	白	27	初中	白,熟练	汉,熟练	
	长子	史育军	男	白	25	初中	白,熟练	汉,熟练	
62	户主	史求春	男	白	39	初中	白,熟练	汉,熟练	
	妻子	张顺美	女	白	38	初中	白,熟练	汉,熟练	
	母亲	史银菊	女	白	74	文盲	白,熟练	汉,略懂	
	长女	史龙晶	女	白	16	初中	白,熟练	汉,熟练	
	二女	史龚婷	女	白	15	初中	白,熟练	汉,熟练	

63	户主	李代存	男	白	62	小学	白,熟练	汉,熟练	
	妻子	史顺和	女	白	58	小学	白,熟练	汉,熟练	
	儿子	李新福	男	白	35	初中	白,熟练	汉,熟练	
	儿媳	段应槐	女	傈僳	31	初中	傈僳,熟练	汉,熟练	白,熟练
	长孙	史锦超	男	白	17	高中	白,熟练	汉,熟练	
64	户主	史正生	男	白	54	小学	白,熟练	汉,熟练	
	妻子	和玉祥	女	白	50	小学	白,熟练	汉,熟练	
	长子	史子英	男	白	20	初中	白,熟练	汉,熟练	
	长女	史寿花	女	白	19	初中	白,熟练	汉,熟练	
65	户主	史正家	男	白	49	初中	白,熟练	汉,熟练	
	妻子	张全应	女	白	47	小学	白,熟练	汉,熟练	
	长子	史剑英	男	白	27	大学	白,熟练	汉,熟练	
	次子	史剑明	男	白	25	初中	白,熟练	汉,熟练	
66	户主	史正龙	男	白	35	初中	白,熟练	汉,熟练	
	妻子	李益花	女	白	39	小学	白,熟练	汉,熟练	
	长女	史寿菊	女	白	17	高中	白,熟练	汉,熟练	
	次女	史寿梅	女	白	15	初中	白,熟练	汉,熟练	
67	户主	史阿娘	女	白	58	小学	白,熟练	汉,熟练	
	长女	史丽英	女	白	36	大专	白,熟练	汉,熟练	
	长子	史丽军	男	白	23	大专	白,熟练	汉,熟练	
68	户主	史顺银	男	白	56	小学	白,熟练	汉,熟练	
	妻子	姚重凤	女	白	49	小学	白,熟练	汉,熟练	
	长女	史丽梅	女	白	29	初中	白,熟练	汉,熟练	
	次女	史丽祥	女	白	25	初中	白,熟练	汉,熟练	
	长子	史丽明	男	白	23	大专	白,熟练	汉,熟练	
69	户主	史如兰	女	白	62	小学	白,熟练	汉,熟练	
70	户主	史求思	男	白	44	初中	白,熟练	汉,熟练	
	妻子	姚会年	女	白	44	小学	白,熟练	汉,熟练	
	母亲	杨运真	女	白	65	小学	白,熟练	汉,熟练	
	长子	史志超	男	白	22	高中	白,熟练	汉,熟练	
	长女	史志祥	女	白	20	高中	白,熟练	汉,熟练	
71	户主	史六九	男	白	50	初中	白,熟练	汉,熟练	
	妻子	李树珍	女	白	48	小学	白,熟练	汉,熟练	
	长子	史应牛	男	白	28	大学	白,熟练	汉,熟练	
	长女	史求应	女	白	27	大专	白,熟练	汉,熟练	
72	户主	史运成	男	白	42	初中	白,熟练	汉,熟练	
	妻子	王开顺	女	白	41	小学	白,熟练	汉,熟练	
	母亲	王福兰	女	白	76	小学	白,熟练	汉,熟练	
	长子	史永莲	男	白	19	大专	白,熟练	汉,熟练	
	长女	史永竹	女	白	17	高中	白,熟练	汉,熟练	

73	户主	李正海	男	白	47	小学	白,熟练	汉,熟练		
	妻子	李寸年	女	白	51	小学	白,熟练	汉,熟练		
	长女	李春菊	女	白	30	初中	白,熟练	汉,熟练		
	长子	李春富	男	白	24	初中	白,熟练	汉,熟练		
74	户主	李海清	男	白	50	小学	白,熟练	汉,熟练		
	妻子	杨润开	女	白	47	小学	白,熟练	汉,熟练		
	长子	李吉龙	男	白	26	大专	白,熟练	汉,熟练		
	长女	李春风	女	白	24	高中	白,熟练	汉,熟练		
75	户主	李世桥	男	白	43	初中	白,熟练	汉,熟练		
	妻子	史福开	女	白	41	小学	白,熟练	汉,熟练		
	父亲	李占思	男	白	74	文盲	白,熟练	汉,略懂		
	母亲	杨晶英	女	白	73	小学	白,熟练	汉,熟练		
	长子	李玉龙	男	白	21	初中	白,熟练	汉,熟练		
76	户主	李世清	男	白	42	小学	白,熟练	汉,熟练		
	妻子	姚四香	女	白	39	小学	白,熟练	汉,熟练		
	长子	李玉林	男	白	16	初中	白,熟练	汉,熟练		
77	户主	李世新	男	白	42	高中	白,熟练	汉,熟练		
	妻子	姚新妹	女	白	34	初中	白,熟练	汉,熟练		
	父亲	李占银	男	白	66	小学	白,熟练	汉,熟练		
	母亲	李求年	女	白	65	小学	白,熟练	汉,熟练		
	长子	李玉峰	男	白	17	高中	白,熟练	汉,熟练		
78	户主	史世全	男	白	54	小学	白,熟练	汉,熟练		
	妻子	杨得香	女	白	52	小学	白,熟练	汉,熟练		
	父亲	史树堂	男	白	82	初中	白,熟练	汉,熟练		
	长子	史玉春	男	白	31	初中	白,熟练	汉,熟练		
	长女	史玉手	女	白	27	初中	白,熟练	汉,熟练		
79	户主	史润六	男	白	47	初中	白,熟练	汉,熟练		
	妻子	姚合香	女	白	47	小学	白,熟练	汉,熟练		
	长女	史玉香	女	白	27	初中	白,熟练	汉,熟练		
	长子	史玉生	男	白	25	初中	白,熟练	汉,熟练		
80	户主	史代祥	男	白	63	小学	白,熟练	汉,熟练		
81	户主	史继女	男	白	44	小学	白,熟练	汉,熟练		
82	户主	姚寿娘	男	白	62	小学	白,熟练	汉,熟练		
83	户主	史海花	男	白	66	初中	白,熟练	汉,熟练		
84	户主	姚士昌	男	白	70	小学	白,熟练	汉,熟练		
	妻子	杨阿香	女	白	68	小学	白,熟练	汉,熟练		
	长子	姚松林	男	白	41	初中	白,熟练	汉,熟练		
85	户主	姚松竹	男	白	46	初中	白,熟练	汉,熟练		
	妻子	李增秀	女	白	37	小学	白,熟练	汉,熟练		
	长子	姚兴宇	男	白	22	高中	白,熟练	汉,熟练		
	次子	姚敬宇	男	白	19	高中	白,熟练	汉,熟练		
86	户主	姚顺祥	女	白	69	小学	白,熟练	汉,熟练		

87	户主	李国仁	男	白	56	高中	白,熟练	汉,熟练	纳西,略懂
	母亲	李育林	女	白	75	小学	白,熟练	汉,熟练	
	长子	李炳勋	男	白	36	高中	白,熟练	汉,熟练	纳西,略懂
	儿媳	李桂连	女	白	34	初中	白,熟练	汉,熟练	
	次子	李炳元	男	白	31	初中	白,熟练	汉,熟练	纳西,略懂
	三子	李炳锋	男	白	29	高中	白,熟练	汉,熟练	
	孙子	李健永	男	白	12	小学	白,熟练	汉,熟练	
88	户主	李世喜	女	白	38	初中	白,熟练	汉,熟练	
	长女	李斌芬	女	白	16	初中	白,熟练	汉,熟练	
89	户主	李士康	男	白	80	中专	白,熟练	汉,熟练	
	妻子	姚兰英	女	白	78	初中	白,熟练	汉,熟练	
90	户主	姚重相	男	白	47	小学	白,熟练	汉,熟练	
	妻子	李杏芝	女	白	45	小学	白,熟练	汉,熟练	
	父亲	姚顺华	男	白	76	小学	白,熟练	汉,熟练	
	长子	姚文峰	男	白	25	本科	白,熟练	汉,熟练	
	次子	姚文崎	男	白	18	高中	白,熟练	汉,熟练	
91	户主	杨益春	男	白	42	初中	白,熟练	汉,熟练	纳西,略懂
	妻子	姚美开	女	白	42	小学	白,熟练	汉,熟练	
	长子	杨彪	男	白	19	高中	白,熟练	汉,熟练	
	长女	杨梅	女	白	18	高中	白,熟练	汉,熟练	
92	户主	姚运宝	男	白	39	初中	白,熟练	汉,熟练	
	妻子	和树英	女	藏	37	小学	藏,熟练	汉,熟练	白,熟练
	父亲	姚长玖	男	白	64	高中	白,熟练	汉,熟练	纳西,略懂
	母亲	李桂兰	女	白	64	小学	白,熟练	汉,熟练	
	长妹	姚云莉	女	白	37	高中	白,熟练	汉,熟练	
	二妹	姚云香	女	白	34	高中	白,熟练	汉,熟练	
	长子	姚杰	男	白	15	初中	白,熟练	汉,熟练	
	次子	姚峰	男	白	11	小学	白,熟练	汉,熟练	
93	户主	史正芳	男	白	50	小学	白,熟练	汉,熟练	纳西,略懂
	妻子	杨作顺	女	白	48	小学	白,熟练	汉,熟练	
	父亲	杨更和	男	白	80	小学	白,熟练	汉,熟练	
	母亲	杨年弟	女	白	81	小学	白,熟练	汉,熟练	
	长女	杨剑平	女	白	25	初中	白,熟练	汉,熟练	
	次女	杨路平	女	白	23	高中	白,熟练	汉,熟练	
	女婿	姚新华	男	白	27	初中	白,熟练	汉,熟练	
94	户主	杨文红	男	白	42	高中	白,熟练	汉,熟练	纳西,熟练
	妻子	李金秀	女	白	41	初中	白,熟练	汉,熟练	
	父亲	杨茂才	男	白	65	小学	白,熟练	汉,熟练	纳西,熟练
	母亲	李写香	女	白	65	小学	白,熟练	汉,熟练	
	长子	杨灿辉	男	白	17	高中	白,熟练	汉,熟练	
	次子	杨净辉	男	白	15	初中	白,熟练	汉,熟练	
95	户主	史金海	男	白	63	小学	白,熟练	汉,熟练	

96	户主	李江长	男	白	40	初中	白,熟练	汉,熟练	
	母亲	李佑芝	女	白	75	小学	白,熟练	汉,熟练	
	长女	李钰森	女	白	15	初中	白,熟练	汉,熟练	
97	户主	李阿和	男	白	55	小学	白,熟练	汉,熟练	
	妻子	杨树香	女	白	49	小学	白,熟练	汉,熟练	纳西,略懂
	长女	李玉花	女	白	25	初中	白,熟练	汉,熟练	
	女婿	姚家福	男	白	27	初中	白,熟练	汉,熟练	
	次女	李玉英	女	白	23	小学	白,熟练	汉,熟练	
98	户主	史继全	男	白	46	小学	白,熟练	汉,熟练	
	妻子	王增开	女	白	45	初中	白,熟练	汉,熟练	
	母亲	史新妹	女	白	75	文盲	白,熟练	汉,略懂	
	长女	史顺年	女	白	23	高中	白,熟练	汉,熟练	
	长子	史顺平	男	白	21	高中	白,熟练	汉,熟练	
99	户主	史继生	男	白	42	初中	白,熟练	汉,熟练	
	妻子	姚正妹	女	白	42	小学	白,熟练	汉,熟练	
	长子	史万平	男	白	17	初中	白,熟练	汉,熟练	
	次子	史万松	男	白	14	小学	白,熟练	汉,熟练	
100	户主	李长宝	男	白	39	小学	白,熟练	汉,熟练	
	妻子	李新丽	女	白	37	小学	白,熟练	汉,熟练	
	母亲	李继余	女	白	66	小学	白,熟练	汉,熟练	
101	户主	李顺庆	男	白	56	小学	白,熟练	汉,熟练	
	长女	李丽珍	女	白	32	高中	白,熟练	汉,熟练	
	次女	李丽娟	女	白	23	大学	白,熟练	汉,熟练	
102	户主	李桂芳	男	白	59	小学	白,熟练	汉,熟练	
103	户主	李正六	男	白	62	小学	白,熟练	汉,熟练	
	妻子	李桂花	女	白	64	小学	白,熟练	汉,熟练	
	长子	李全伟	男	白	30	初中	白,熟练	汉,熟练	纳西,略懂
	儿媳	李玉美	女	白	31	初中	白,熟练	汉,熟练	
	孙子	李锋	男	白	13	小学	白,熟练	汉,熟练	
104	户主	李阿七	男	白	57	小学	白,熟练	汉,熟练	
	妻子	李吉果	女	白	57	小学	白,熟练	汉,熟练	
	长女	李桂兰	女	白	28	初中	白,熟练	汉,熟练	
	次女	李桂美	女	白	26	初中	白,熟练	汉,熟练	
	女婿	孔维江	男	汉	31	初中	白,熟练	汉,熟练	
105	户主	李增五	男	白	56	小学	白,熟练	汉,熟练	
	妻子	史确香	女	白	57	小学	白,熟练	汉,熟练	
	长子	李春才	男	白	34	初中	白,熟练	汉,熟练	
	长女	李春杏	女	白	32	初中	白,熟练	汉,熟练	
106	户主	李丽清	男	白	42	初中	白,熟练	汉,熟练	纳西,略懂
	妻子	王增菊	女	白	42	初中	白,熟练	汉,熟练	
	父亲	李智润	男	白	72	初中	白,熟练	汉,熟练	
	长女	李玲	女	白	22	大学	白,熟练	汉,熟练	
	长子	李斌	男	白	18	高中	白,熟练	汉,熟练	

107	户主	李国兴	男	白	46	初中	白,熟练	汉,熟练	
	妻子	史四花	女	白	48	小学	白,熟练	汉,熟练	
	长女	李应珍	女	白	27	初中	白,熟练	汉,熟练	
	次女	李应平	女	白	23	本科	白,熟练	汉,熟练	
	女婿	字新贵	男	彝	30	初中	彝,熟练	汉,熟练	白,略懂
108	户主	史真花	女	白	62	初中	白,熟练	汉,熟练	
	丈夫	姚万全	男	白	68	初中	白,熟练	汉,熟练	
	长子	史正槙	男	白	35	大学	白,熟练	汉,熟练	
	次子	史伟	男	白	33	高中	白,熟练	汉,熟练	
109	户主	杨拾河	男	白	68	小学	白,熟练	汉,熟练	
	妻子	赵万英	女	白	64	小学	白,熟练	汉,熟练	
	长女	杨竹连	女	白	38	初中	白,熟练	汉,熟练	
	长子	杨润根	男	白	36	小学	白,熟练	汉,熟练	
110	户主	杨运洪	男	白	53	小学	白,熟练	汉,熟练	
	妻子	王祥合	女	白	49	小学	白,熟练	汉,熟练	
	长子	杨凌云	男	白	29	初中	白,熟练	汉,熟练	
	长女	杨凌萍	女	白	25	初中	白,熟练	汉,熟练	
111	户主	李沛勤	男	白	56	初中	白,熟练	汉,熟练	纳西,熟练
	妻子	李卫女	女	白	53	小学	白,熟练	汉,熟练	
	长子	李海平	男	白	27	高中	白,熟练	汉,熟练	纳西,熟练
112	户主	李代和	男	白	59	初中	白,熟练	汉,熟练	
	妻子	史菊英	女	白	56	小学	白,熟练	汉,熟练	
	长子	李春生	男	白	34	大专	白,熟练	汉,熟练	纳西,熟练
	孙女	李娇	女	白	10	小学	白,熟练	汉,熟练	
113	户主	杨锡章	男	白	59	小学	白,熟练	汉,熟练	
	妻子	李吉祥	女	白	59	小学	白,熟练	汉,熟练	
	长子	杨丽代	男	白	34	初中	白,熟练	汉,熟练	
	儿媳	张国英	女	白	29	小学	白,熟练	汉,熟练	
114	户主	杨锡元	男	白	46	初中	白,熟练	汉,熟练	
	妻子	杨金梅	女	白	45	小学	白,熟练	汉,熟练	
	长子	杨丽芳	男	白	24	本科	白,熟练	汉,熟练	
115	户主	杨锡云	男	白	40	初中	白,熟练	汉,熟练	
	妻子	姚美开	女	白	35	小学	白,熟练	汉,熟练	
	长女	杨丽琴	女	白	14	高中	白,熟练	汉,熟练	
	长子	杨丽全	男	白	12	初中	白,熟练	汉,熟练	
116	户主	李国成	男	白	48	初中	白,熟练	汉,熟练	
	妻子	王全合	女	白	47	小学	白,熟练	汉,熟练	
	弟媳	杨吉祥	女	白	34	高中	白,熟练	汉,熟练	纳西,略懂
	长子	李应春	男	白	24	大专	白,熟练	汉,熟练	
	长女	李应开	女	白	23	初中	白,熟练	汉,熟练	

117	户主	李求元	男	白	62	小学	白,熟练	汉,熟练
	妻子	廖顺吉	女	白	58	高中	白,熟练	汉,熟练
	长子	李国荣	男	白	38	高中	白,熟练	汉,熟练
	长孙	李建伟	男	白	10	小学	白,熟练	汉,熟练
118	户主	史正荣	男	白	57	小学	白,熟练	汉,熟练
	妻子	赵万美	女	白	56	小学	白,熟练	汉,略懂
	父亲	史玉喜	男	白	79	初中	白,熟练	汉,熟练
119	户主	史四龙	男	白	44	初中	白,熟练	汉,熟练
	妻子	李福花	女	白	44	小学	白,熟练	汉,熟练
	长女	史新年	女	白	24	初中	白,熟练	汉,熟练
	长子	史新灿	男	白	23	大学	白,熟练	汉,熟练
120	户主	史阿生	男	白	71	小学	白,熟练	汉,熟练
	妻子	姚万顺	女	白	57	小学	白,熟练	汉,略懂
121	户主	史福如	男	白	56	小学	白,熟练	汉,熟练
	妻子	杨运开	女	白	55	小学	白,熟练	汉,略懂
	长子	史润昌	男	白	34	初中	白,熟练	汉,熟练
	次子	史润生	男	白	25	初中	白,熟练	汉,熟练
	儿媳	张星会	女	白	25	初中	白,熟练	汉,熟练
122	户主	史永生	男	白	50	初中	白,熟练	汉,熟练
	妻子	李茂林	女	白	50	小学	白,熟练	汉,熟练
	次女	史润彦	女	白	25	初中	白,熟练	汉,熟练
	女婿	施梅江	男	汉	26	初中	汉,熟练	

第六节 九河村高登小组[①]语言使用情况个案调查

一、高登村组概况

　　高登村组隶属于玉龙纳西族自治县九河白族乡九河村委会。九河村委会地处国道214线旁,村委会所在地距乡政府约15公里,距玉龙县城60公里。海拔2500米,年平均气温22℃,年降水量550毫米。九河村委会辖14个村民小组1302户5189人。有耕地5913亩,人均耕地面积1.43亩。

　　高登村组地处坝区中间,不靠山也不靠公路,距离九河村委会约1.5公里,离乡政府约16.5公里,距离大理州剑川县城17公里。南面300米左右是回龙小组,北面半公里处是西石坪小组;东面半公里左右是新海邑小组;西面是回龙村耕地。高登村组,纳西语称"高登侯",意为"高登"这一户人家。1949年,村民约30人,解放后人口发展较快。据九河村委会2012年6月统计,高登小组现有44户,174人。

---

　　① 也称"高登村民小组"或"高登村组",以下简称"高登村组"。

相传,这里的白族有十几代人的历史。起初是一户赵姓三兄弟从南京应天府搬过来的。高登村组是由其中一个兄弟家发展起来。因此,村里女孩全部外嫁,媳妇全部从外面讨来,外来的上门女婿全部要改姓赵。村里辈分靠口耳相传,人口流动性较小。

全村有林地三百多公顷,旱地40多亩,水地60多亩。人均耕地较少。每人有稻谷田6分,苞谷地3分多一点,水田6分左右。2010年,全村经济总收入494990元,其中农业收入148751元。

高登村组的经济水平在九河村委会属中等。从1990年开始,村民开始外出务工。外出打工成为村里的主要经济来源。全村现有约一半人外出打工,其中多数人是到广东。村里的农作物主要有苞谷、水稻、烤烟。在政府的鼓励下,2011年全村约有40亩苞谷地调整成烤烟地。2012年,有八九家村民继续将旱地、水田改为烤烟地。据统计,种苞谷每亩收入1000多元,烤烟每亩收入四五千元。此外,村里有5个水塘养鱼,年平均收入2万多。1个个人养殖场,养殖1000多头生猪,其他农户每家都养三四头生猪补贴家用。

高登村组20世纪70年代开始通电。由政府出部分资金设备、各生产队派劳工挖沟渠。村里各农户自己打井用水,2012年政府安排打一口大井,不久将实现全村通水。

2000年左右村里就修了水泥路。2005年村民出工修建一条通向二级公路的弹石路,长约一公里。全村组电视、电话比较普及,现有3辆私家车,10辆摩托车,但没有农用车。种地时只能出去雇农用车。村民出行多数靠拦截路边小面包车。(每次收费约3元钱)

由于人多地少,高登村组村民都很重视读书。全村先后有10多个大学生,现有在读学生约30人。2011年,该村有3名高中生考上大学。

村里传统风尚保存完好。逢年过节,外出打工的年轻人回来,都去探望老人或者组织一些聚会活动。这些年轻人也都互相帮助。高登村组保留了传统的结婚仪式。结婚当天,早上吃饭招待客人,派年轻人去接新娘子,接回来以后给新娘子带红花。结婚时必须穿白族的服装。要拜天地、拜父母、拜堂(老年人)、拜祖宗、拜喜神,然后招待远方来的客人。村民都有白族服装,但已婚和未婚的服饰不同。服饰图案与周围其他白族村寨、剑川白族的相同。村里有木匠、泥瓦匠、石匠、裁缝等手艺人,但是人数较少。

解放前,这里的白族一般不和别的民族通婚。现在不同民族间可以自由婚恋。

高登村组文艺活动较少。村子中央有个文化站,闲时一些妇女过去跳舞,偶有唱歌比赛、打跳等,过节时还会安排一些其他活动。比如栽秧结束以后,村民休息一天,有人会弹三弦、二胡,唱"白族调",近年逐渐发展了"阿哩哩"等集体舞。

村内的节日,除了一些常见节日如春节、端午节、中秋节外,还有"火把节"、"羊日节"、"七月半"等节日。冬至那天杀年猪。"春节"不吃饺子,按大碗做食物,从前是八大碗,现在一个月一大碗,共做12碗。其中三种食物是最重要的,一定要有。这三种食物是猪头、公鸡和鱼。猪头,寓意"睡得好,能过安稳日子";公鸡,寓意"富贵";鱼,寓意"年年有余"等。吃饭前要先祭祖宗,磕头后才吃,晚上烧烤吃消夜。"端午节"这天拴五彩线,烧雄黄,给小孩挂猴毛。每年的清明节、农历六月初五、十二月初五,村民要到坟上敬祖,有时还在祖坟前做饭吃。"火把节"是每年的农历六月二十五,这天小伙子到山上砍火把树(松树),姑娘们在村里迎接火把,那些刚结婚的女人分瓜子、馒头、蚕豆等给大家吃,天黑后以村为单位点燃火把。"羊日节"是九河乡白族特有的节日,农忙后,叫亲戚、朋友来吃饭、团聚,庆祝丰收。九河乡的部分白族村寨按顺序排列过"羊日节"。高登村组排在每年的农历六月二十八。节日当天,将邀请周边村寨和剑川的亲戚朋友一起过节。此外,还有"七月半",即农历七月十四。这是白族较大、较隆重的祭祖节日,以家为单位,近处打工的人都会回来过节。

二、高登村组语言使用现状

九河乡许多村寨分布在 214 国道两侧,但高登村组既不靠山也不靠路,距离剑川县城较近,与剑川白族有着密切的来往。受地理位置影响,村组经济来源主要靠外出打工,全组有近一半的村民外出打工。其语言使用情况具有一定的特殊性。

高登村组现有 44 户,共 174 人。课题组对全组 6 岁以上(含 6 岁)、具有完全语言能力的 161 人(男 84 人,女 77 人),进行了穷尽式的语言使用调查。这 161 名村民中,有白族 147 人,汉族 8 人,傈僳族 5 人,纳西族 1 人。以下是对这 161 人的语言使用现状的统计、分析。

(一)白族的语言生活
1. 白语使用现状及特点
通过对高登村组 147 名白族村民的调查,我们得出了以下几个结论。
(1)全民稳定使用白语

高登村组的白族不分年龄大小,百分之百都能熟练使用白语。白语是该村组的强势语言,其不同年龄段的白语使用情况统计数据见表 3-50:

表 3-50 高登村组白族白语使用情况表

年龄段(岁)	人数	熟练 人数	熟练 百分比(%)	略懂 人数	略懂 百分比(%)	不会 人数	不会 百分比(%)
6—19	37	37	100	0	0	0	0
20—39	47	47	100	0	0	0	0
40—59	42	42	100	0	0	0	0
60 以上	21	21	100	0	0	0	0
合计	147	147	100	0	0	0	0

来到高登村组,课题组成员先在村内的一家小卖部停下。一会儿工夫,这里就聚集了很多看热闹的村民,所有人都用白语交流、讨论。因为担心与我们有疏远感,村民赶紧用汉语给我们解释说:"这是大家在用白语开玩笑呢!你们知道的嘛,我们白族人就是很喜欢开玩笑,这样就轻松了嘛!"在问到白语使用情况时,所有被访问者都对白语在村里的地位充满信心。他们都说自己的家庭用语多是白语,偶尔对小孩说一点汉语,村民间交往使用的也是白语。一些青

少年告诉我们,他们在学校时也是经常说白语。如 13 岁的赵进祥,今年刚刚小学毕业。他在四龙小学就读时,上课说普通话,下课跟白族老师或同学在一起,基本都说白语,甚至有的白族老师上课时,也偶尔说几句白语。

高登村组白语的强势地位还表现在其具有熔炉作用。所有从外面嫁到本村的外族媳妇或入赘来的外族女婿,只要在村里生活一段时间以后,都能不同程度地使用白语。调查对象中只有一位汉族媳妇不会白语,是因为她结婚后就跟丈夫生活在丽江,不住在村里。村里出去打工的年轻人,无论出去多久,一回到村寨仍能熟练地使用白语。当我们问赵喜璧"是否觉得长孙不会白语可惜"时,他毫不犹豫地对我们说:"不可惜。因为我儿子他们只是出去打工,将来一定会回来的。只要一回来,孩子就会说白语了。"

(2) 出现第一语言习得转用情况,但不影响白语的强势地位

高登村组属于白语超稳定型村寨,白语是寨内的强势交际语,即全民都能熟练使用白语。但是我们也看到,在高登村组,出现了三例第一语言转用的情况,即白语转用为第二语言,但白语的水平仍为熟练。这三例都是青少年儿童,其具体情况见表 3-51:

表 3-51　高登村组白族第一语言转用情况表

姓名	性别	民族	年龄	文化程度	第一语言及水平	第二语言及水平	其他语言及水平
赵旭泰	男	白	6	小学	汉,熟练	白,熟练	
赵腾昌	男	白	7	小学	汉,熟练	白,熟练	
赵旭灿	男	白	8	小学	汉,熟练	白,熟练	粤方言,熟练

表 3-51 中这三名儿童,第一语言都转用为汉语,汉语及其母语(白语)水平都为熟练。经调查,这三名儿童的母亲都是汉族。出生时,母亲都先教他们学习汉语,现在他们的父母都在广东打工。赵旭泰和赵旭灿是堂兄弟。赵旭泰出生后,由爷爷奶奶带大,爷爷奶奶有意识地先教他说汉语。赵旭灿从小由外公(汉族)带大,四五岁时爷爷就把他带到身边,教他白语,6 岁时被父母带到广东,现在广东读小学一年级,除了汉语、白语熟练,还能说一口流利的粤语。

(3) 白语词汇量略有代际差异

我们随机抽取四个年龄段的 8 名村民,进行白语四百词测试。测试结果如表 3-52:

表 3-52　高登村组白族四百词测试统计表

姓名	年龄	性别	文化程度	A	B	C	D	A+B	等级
赵进祥	13	女	小学	277	65	48	10	342	良好
赵雪祥	14	女	初中	360	19	9	12	379	优秀
赵四兴	23	男	初中	396	3	1	1	399	优秀
赵玉年	39	女	小学	387	6	3	4	393	优秀
赵玉虎	46	男	初中	341	46	4	9	387	优秀
赵求真	49	女	小学	354	39	0	7	393	优秀
赵万斗	63	男	小学	396	3	0	1	399	优秀
赵治安	72	男	小学	400	0	0	0	400	优秀

上表测试结果显示,高登村组不同年龄段的村民,除了13岁的赵进祥测试水平为良好外,其余被测试者均为优秀级。我们可以判断,这里的白语词汇量略有代际差异,但这种差异是暂时性的,随着村里青少年认识事物的增加,这种差异将会消失。

测试水平为良好的赵进祥,其详细情况是:本学期回龙小学六年级毕业,下学期去九河中学就读。父母都是白族,家庭用语是白语。赵进祥先学会白语,进学前班时老师用白语、汉语授课,小学三年级以后开始学会说普通话。她能听懂汉语方言,但不太会说。平时在村里、学校基本说白语,上课时说普通话,下课说白语、普通话。回龙小学校有三位老师会说白语,他们在上课和课余时间都会说白语。赵进祥听过白族歌曲,也听过村里人唱白族调,自己会唱一点白族调。据我们观察,赵进祥的词汇量掌握情况,受其所知事物影响。很多词汇是她听老人说过,但是自己没见过,印象不深刻,所以要想一下或者经过提醒才记起来。

在九河中学读初二的赵雪祥也认为这些词语基本都会,只是有的事物不熟悉,所以想不起来。随着认识事物逐渐增多,她们的白语词汇量将有所增加,赵进祥的词汇掌握等级也会有新的变化。

赵玉虎和赵求真的B级词汇量较其他人多。这二人都是从外地婚配到高登村组,并都有经常外出打工的生活经历,所以有些词语要稍微想一下才能想起来。但在日常生活中,白语是他们最主要的交际语言,没有任何交流障碍。他们的个人情况分别是:

赵玉虎,大理州洱源县右所镇白族,入赘到本村24年。他说家乡和高登村的白语词汇有百分之七十到八十的相似度,大致能够通话。再加上他有时到大理、怒江等地打工,交际语使用汉语的时候多一点。

赵求真,白族,从清江村嫁过来。会白语、云南方言、普通话。全家四口人从2005年至2010年在广东佛山打工,因为不习惯气候就回来了。她用白语进行日常交流完全没有障碍,但有些词汇不常说。

2. 兼用语使用情况及其特点

(1) 兼用汉语情况

从1990年左右至今,高登村组外出打工人员逐渐增多,加之学校课堂教学模式的调整,村民整体汉语水平及兼用情况有了新的变化和特点。

① 汉语兼用水平基本没有代际差异

高登村组147名白族人,有99.3%共146人不受文化程度、性别等因素影响,不同程度地掌握汉语,其中有91.8%共135人熟练掌握,11人略懂。详情见表3-53:

表3-53 高登村组白族兼用汉语情况表

年龄段(岁)	人数	熟练 人数	熟练 百分比(%)	略懂 人数	略懂 百分比(%)	不会 人数	不会 百分比(%)
6—19	37	28	75.7	9	24.3	0	0
20—39	47	46	97.9	1	2.1	0	0

40—59	42	42	100	0	0	0	0
60以上	21	19	90.4	1	4.8	1	4.8
合计	147	135	91.8	11	7.5	1	0.7

上表中略懂的11人,有9人是青少年,1人是青壮年,1人是老年人;不会的1人是老年人。这11人的具体情况见表3-54:

表3-54 汉语略懂的11名白族村民情况表

姓名	性别	民族	年龄	文化程度	第一语言及水平	第二语言及水平	其他语言及水平
赵润生	男	白	6	小学	白,熟练	汉,略懂	
赵曦	女	白	7	小学	白,熟练	汉,略懂	
赵志江	男	白	7	小学	白,熟练	汉,略懂	
赵国栋	男	白	8	小学	白,熟练	汉,略懂	
赵腾芬	女	白	8	小学	白,熟练	汉,略懂	
赵雪彩	女	白	8	小学	白,熟练	汉,略懂	
赵小芬	女	白	8	小学	白,熟练	汉,略懂	
赵腾江	男	白	11	小学	白,熟练	汉,略懂	
赵雪敏	女	白	11	小学	白,熟练	汉,略懂	
赵正莲	女	白	33	小学	白,熟练	汉,略懂	
赵玉庆	女	白	78	文盲	白,熟练	汉,略懂	
赵富章	女	白	76	文盲	白,熟练		

从上表3-54可见,对汉语略懂的9名青少年,大部分都是小学在读生。随着年纪增长,年级升高,他们的汉语水平也将会提高。33岁的赵正莲,读书较少,她的丈夫在丽江打工,她留在村里带两个孩子,很少外出,所以汉语略懂。她的两个孩子赵学敏和赵雪彩,汉语也是略懂,其家庭用语都是白语。赵玉庆和赵富章老人,都是文盲,与外界接触较少,其汉语水平分别是略懂和不会。

② 汉语兼用情况出现新特点

从总体上看,兼用汉语的村民,不同代际之间的汉语使用特点是:由使用汉语方言向使用普通话转变。即中年及以上村民,多兼用汉语方言;青少年及以下多兼用普通话。据中老年村民反映,他们读书时,学校课堂教育以白语、汉语方言和普通话为教学语言,汉语方言较普通话的使用更为频繁。而现在的青少年所经历的课堂教育以普通话为主。

(2) 兼用纳西语情况

全村只有5.4%,共8名白族人不同程度地兼用了纳西语。其中,达到熟练水平的有2人,略懂水平的有6人。这8人的具体情况见表3-55:

表3-55 兼用纳西语的8名白族村民情况表

姓名	性别	民族	年龄	文化程度	第一语言及水平	第二语言及水平	其他语言及水平
姚阿应	女	白	26	初中	白,熟练	纳西,熟练	汉,熟练
姚翠英	女	白	55	文盲	白,熟练	纳西,熟练	汉,熟练
赵雪琴	女	白	20	大专	白,熟练	汉,熟练	纳西,略懂

赵德华	男	白	32	中专	白,熟练	汉,熟练	纳西,略懂
赵家璧	男	白	49	高中	白,熟练	汉,熟练	纳西,略懂
赵茂安	男	白	67	初中	白,熟练	汉,熟练	纳西,略懂
赵万求	男	白	68	小学	白,熟练	汉,熟练	纳西,略懂
赵万斗	男	白	62	小学	白,熟练	汉,熟练	纳西,略懂;傈僳,略懂

熟练掌握纳西语的姚阿英和姚翠英是婆媳俩,都是从外村嫁过来。她们以前所在的村子都是与纳西族住在一起,从小就学会了纳西语。赵雪琴、赵德华和赵家璧是在读书的时候,跟纳西族同学学会一点纳西语。赵茂安、赵万求和赵万斗从前经常出去做生意,在外面学会了一点纳西语。

(3) 兼用傈僳语情况

全村只有2名白族人略懂傈僳语。这二人的语言具体情况见下表3-56:

表3-56　兼用傈僳语的2名白族村民情况表

姓名	性别	民族	年龄	文化程度	第一语言及水平	第二语言及水平	其他语言及水平
赵斌	男	白	13	初中	白,熟练	汉,熟练	傈僳,略懂
赵万斗	男	白	62	小学	白,熟练	汉,熟练	纳西,略懂;傈僳,略懂

上表中,赵斌的父亲赵丽雄在怒江工作,他现在跟父亲在怒江,学会了一点傈僳语。赵万斗则是到处做生意时学会的一点傈僳语。

(二) 其他民族的语言生活

高登村组是白族聚居的村寨。村内除白族以外,还有汉族8人,傈僳族5人,纳西族1人。所有外族人都是婚配到此地。

1. 汉族语言使用情况

高登村组的8名汉族人,有7人是外地嫁过来的媳妇,1人入赘。这8人的详细情况见表3-57:

表3-57　高登村组汉族语言使用情况表

姓名	性别	民族	年龄	文化程度	第一语言及水平	第二语言及水平	其他语言及水平
赵翠丽	女	汉	26	初中	汉,熟练	白,略懂	
吕启萍	女	汉	28	初中	汉,熟练	白,略懂	
赵开芬	女	汉	29	初中	汉,熟练	白,略懂	
孙颖	女	汉	32	大专	汉,熟练	白,不会	
李丽萍	女	汉	34	初中	汉,熟练	白,熟练	
赵贵华	男	汉	37	初中	汉,熟练	白,熟练	
赵悍琴	女	汉	40	高中	汉,熟练	白,熟练	
赵银顺	女	汉	66	文盲	汉,熟练	白,熟练	

从表3-57可见:这8名汉族都是汉—白双语人。其母语水平均为熟练。兼用白语的水平是:1人不会,3人略懂,4人熟练。其特点为:呈年龄段阶梯分布。即白语略懂或不会的均

是青年人,白语熟练的是青壮年及老年人。经调查,这8人中赵开芬、吕启萍是妯娌,二人都是汉族,嫁进本村生活一段时间后都能听懂白语,但是不会说。孙颖结婚后就跟丈夫生活在丽江,不住在村里。其她人嫁到村子时间较长,并且除了66岁的赵银顺老人是文盲,其他几人都是初中及以上文化水平,所以白语均为熟练。

2. **傈僳族语言使用情况**

高登村组有5名傈僳族,都是外嫁来的媳妇。这5人的详细情况见表3-58:

表3-58 高登村组傈僳族语言使用情况表

姓名	性别	民族	年龄	文化程度	第一语言及水平	第二语言及水平	其他语言及水平
褚梅花	女	傈僳	28	初中	傈僳,熟练	白,熟练	汉,熟练
赵丽君	女	傈僳	31	中专	傈僳,熟练	白,熟练	汉,熟练
那官花	女	傈僳	33	小学	傈僳,熟练	汉,熟练	白,熟练
妮支牛	女	傈僳	35	初中	傈僳,熟练	白,熟练	汉,熟练
赵石仙	女	傈僳	45	文盲	傈僳,熟练	白,熟练	汉,熟练

表3-58中5名傈僳族媳妇,都是傈僳—白—汉三语人,且母语及兼用语水平均为熟练。其中从兰坪嫁过来的褚梅花、妮支牛等4人,嫁过来时就会白语和汉语;只有那官花是嫁过来后才学会白语的。这几人的家庭用语均为白语。

3. **纳西族语言使用情况**

高登村组有1名纳西族,是从外村嫁来的。这1人的详细情况见表3-59:

表3-59 高登村组纳西族语言使用情况表

姓名	性别	民族	年龄	文化程度	第一语言及水平	第二语言及水平	其他语言及水平
王国志	女	纳西	35	小学	纳西,熟练	白,熟练	汉,熟练

表3-59中,王国志结婚前就能熟练使用白语,丈夫赵丽雄在怒江工作,她平时与丈夫、孩子说汉语。

综上所述,高登村组全体村民的语言生活特点及成因如下:

1. **全民掌握白语。**

全村组161名调查对象中,除了1人不会白语,其余村民,不分年龄、不分性别、不分文化程度、不分民族,都能不同程度地掌握白语。有的是熟练掌握,有的是能听懂、能说一点,有的是能听懂但不会说。不会白语的是32岁的孙颖,她结婚后就定居在丽江,没有学习白语的机会。

形成高登村组全民掌握白语的原因主要有:

一是高度的村落聚居局面,使得白语长期处于绝对的强势交际语地位。161名调查对象中,有147名白族,占总人数的91.3%。白语是村内最主要的交际用语,使用语域最广,其他民族的村民如果想在村里毫无语言障碍地生活,必须学会白语。据了解,在村里的各种场合,如家庭用语、开会、村民交往等都以使用白语为主。只有在不懂白语的人来到村寨时,才可能使用汉语。少数家长教孩子汉语,但不影响孩子们的白语水平,小朋友们在一起玩耍时还是用白语。赵治安老人讲,这里的白族是从解放后才开始出现族际婚姻的,至今,仍以族内婚姻居多。村里绝大多数都是白族人,这个局面在一定时期内将长期存在。

二是高登村组的地理位置,扩大了白语的使用语域和使用功能,保证了白语的活力和生命力。高登村组的白语具有多功能性,其功能包括村寨生活用语、与外界交往的生存用语以及与同胞维系情感的民族用语,白语在高登村组具有强大的活力和生命力。高登村组的周边都是白族聚居村寨。高登村组距九河白族乡政府约16.5公里,距玉龙县城约62公里,而距离大理州剑川县城只有17公里。村民多愿意到剑川县城做生意,他们说自己说的白语跟剑川的白族是一样的,还有很多村民在剑川县有白族亲戚。总的来说,高登村组的白族与剑川白族长期密切地交往,其心理归属倾向于大理剑川白族。

三是先进的民族文化和强烈的民族自豪感,是白语得以传承的主要内因。一个民族的语言得以完整传承,必然有其重要的内在因素。先进的民族文化、强烈的民族自豪感与民族语言之间,二者互为存在依据。前者(先进的民族文化、强烈的民族自豪感)正是以后者(民族语言)为物质外壳,才能得以体现和彰显;后者则是前者得以更好传承的内在因素。白族具有较古老的文明,保存着许多优良传统,其房屋建筑、手工艺等都体现着白族的先进民族文化,白族人民以自己的民族语言为自豪,以自己的民族文化为自豪,具有强烈的民族自豪感。

2. 以双语人为主,单语人和多语人较少。

通过对高登村组161人语言使用情况的调查,发现大多数村民是白—汉双语人。即全村有155人占96.3%是双语人。其中147名白族中有133人是白—汉双语人,有3人是汉—白双语人;8名汉族中有7人为汉—白双语人。三语人是以外嫁来的傈僳族、纳西族媳妇居多;5名傈僳族和1名纳西族都是三语人,白族有9名三语人。四语人是1名白族。全村单语人只有32岁的孙颖(婚后定居丽江)和76岁的赵富章老人(文盲)两人。形成这一局面的原因有:

一是受白族的民族心理影响。高登村组白族村民能普遍兼用汉语,这是由于白族是一个勤劳向上的民族,其民族心理具有包容性特点,即白族人能包容地、积极地吸收其他民族的先进文化,长期重视读书、做生意。据统计,全组147名白族人,小学在读及小学学历的有45人,占总人数的30.6%;初中在读及以上学历的有87人,占总人数的59.2%;文盲只有15人,占总人数的10.2%,且均为49岁以上的女性,这并不影响她们的汉语掌握水平。因为在白族传统家庭结构中,妇女占据最主要的地位,包括劳作、经济支配等,这些中老年妇女年轻时经常外出做生意,所以即使没读过书,也能掌握汉语。

二是白语具有较强的熔炉作用。受白语的强势交际语地位决定,婚配到高登村组的外族人,只要生活在村里,就都能不同程度地掌握白语,以利于她们迅速融入到村组的日常交际生活。这体现了白语的熔炉作用。

3. 不同民族各有自己的兼语特点。

高登村组是白族聚居村寨,汉语是国家通用语。这里的语言生活局面,呈现民族性的特点。即:村组的白族和汉族绝大多数为白—汉或汉—白双语人;傈僳族和纳西族则熟练使用其母语、白语和汉语,都是三语人。

我们看到,近年外出打工的年轻人越来越多,族际婚姻和跨地域婚姻也越来越多。从长远来看,对该村的语言使用情况可能会产生一定的影响。但长时期内,不会影响白语的强势语言地位。对于白语的发展前景,村民们极其乐观,都不担心白语会衰退。正如村民们所说:"白语不需要教,一生下来,到处都是白族,在学校里,同学都是白族,自然就会了"、"我儿子他们只是出去打工,将来一定会回来的。只要一回来,孩子就会说白语了"……

三、高登村组人物访谈录

(一)九河村委会高登村组党小组长赵喜璧访谈录

访谈对象:赵喜璧,男,60岁,白族,中专学历,村组党小组长

访谈时间:2012年8月6日中午

访谈地点:高登村小卖部

访谈、整理者:李春风

问:请介绍一下您的个人及家庭情况。

答:我1952年5月12号出生在本村。在当地读小学,后来又读中专。2010年10月任党小组长。爱人是白族。有两个儿子,都和儿媳妇在广东打工。长子32岁,儿媳妇是宁蒗的汉族,她只会汉语,能听懂一点白语。长孙8岁,由外公带大,会说汉语。他四五岁的时候,我把他带到身边,会说一点白语,六岁的时候被父母带走,现在在广东读一年级,会说汉语普通话、粤语,但是不会说白语了。次子29岁,儿媳妇是汉族,次孙6岁,读幼儿园大班,这孩子汉语、白语都熟练,最先学会的是汉语,现在我和他奶奶在家带他,在家跟他说汉语。我儿子和儿媳妇们之间说汉语。

问:您是否觉得长孙不会白语可惜?

答:不可惜。因为我儿子他们只是出去打工,将来一定会回来的。只要一回来,孩子就会说白语了。

问:您先教孙子们说什么语言?

答:先教孩子汉语。白语嘛,孩子跟外面的小朋友就学会了,不需要特意教。小孩学什么语言都学得很快。

问:村里外出打工的人回来,白语水平有变化吗?

答:有的人回来说汉语比以前多一点,白语没有以前说得好了。有的是忘记了一些白语词语。

问:通婚现象多吗?完全不会白语的人,在村里会受到歧视吗?

答:以前通婚的很少,现在就很多了,越来越广泛了。其他民族嫁进来不学会白语不能适应这里的生活。但不会白语不会受歧视。这是一个总的趋势嘛!我的两个儿媳妇都是汉族,不会说白语,我媳妇原来不会汉语,儿媳妇嫁过来以后,才学会说汉语。

问：村里多使用什么语言？

答：以前村里全部都说白语。会汉语的老人在村里从来不说，都是出去才说汉语的。现在村里也有用汉语的时候了，但很少。比如你们来啊，纳西族来这卖东西、做生意啊，或者上面不会说白语的干部来啊，我们才说汉语。

问：您认为近年村里的语言使用有什么变化吗？

答：大约在1990年以后，村里很多人出去打工，这些人很多开始说汉语。以前我们跟这些小孩不说汉语。现在有的小孩母亲是外省的，从小就开始说汉语了。也有的家庭条件好一点的，会特意跟小孩讲汉语。

问：您认为汉语难学吗？现在村里不会汉语的人多吗？

答：汉语跟白语很多词都很像，好学的。没上过学、没读过书的人很多都不会汉语。但是慢慢就学会的。不学汉语是不行的，必须学汉语哦！

问：村里会纳西语的人多吗？

答：会纳西语的人很少。那些跟纳西族挨着的白族村寨，那些白族人能学会纳西语。我们这边纳西语用的少一些。因为离那些纳西村子比较远，离剑川很近，经常跟剑川的白族人来往，白语用得更多。

问：很多纳西人会说白语是吗？

答：跟白族挨着的纳西村寨里，纳西族人不学白语是不行的，因为不会白语很不方便。

问：您是如何学会汉语的？

答：汉语是在读书时候学会一些，当兵时候学了一些。我是1969年当兵的。在云南芒市10个月，调到湖南四年多，复员回来务农。这边去当兵的人还是多的，一个村委会有5个人去当兵。当兵的时候，我也教战友白语。

问：请您介绍一下高登小组的地理位置。

答：高登小组距离九河村委会约1.5公里，离乡政府约15公里。南面300米左右是回龙小组，北面半公里处是西石坪小组；东面半公里左右是新海邑小组；西面是回龙村的大片苞谷地，走都走不过去。

问：您知道高登村民小组的历史由来吗？

答：这个村的形成大概是十几代以前的事情了。"高登侯"指的是"高登"这一户人家。听老人说以前人很少的，解放的时候才30多个人，但是人口发展快，现在加起来有300来人（加上出去打工、嫁出去的），发展速度比其他村快。

问：咱们小组通水通电的情况怎么样？

答：我们小组在20世纪70年代就通电了，政府出一部分资金设备，各个生产队派劳工去挖沟渠，我那时候还去挖过呢！

现在是家家户户自己打井用水。今年政府安排打了一口大井。但还有很多通电、水管的后续工作没完成，所以我们小组还没完全通自来水。

我们小组组内在 2000 年左右就修了水泥路,比其他地方都早。2005 年我们百姓出工修建了现在这条弹石路,这条路约有一公里左右,通向二级公路,很结实耐用。以前是泥巴路,下雨了穿雨鞋才能走。

问:现在村小组的经济来源有哪些?

答:现在我们村组的主要经济来源是外出打工。全村有 48 户,180 多人,有一半人出去打工。我们村的人均耕地很少。全村有三百多公顷林地,旱地 40 多亩,水地 60 多亩。150 多人分田,每人有稻谷田 6 分,苞谷地 3 分多一点,水田 6 分多。所以经济来源只能出去打工了。

去年开始有大概 40 亩烤烟地。是我们自己调整旱地,把苞谷地改成了烤烟地。今年一些水田也改成了烤烟地。烤烟是在自愿基础上开始的。今年国家每人分了 80 块钱,享受公益年补助款。这些补助款都会打到惠农卡里。

问:为什么把很多田都改种烤烟?

答:因为烤烟地效益好一点。种苞谷每亩收入 1000 多块,烤烟则是 4000 块以上。

问:烤烟地多长时间能见效益呢?

答:立刻就能看见了。去年种的,今年就能收到钱。

问:从长期来看,烤烟地对土地有什么影响吗?

答:听人家说烤烟对土地是有影响的,有污染性,也影响卫生。但是为了经济效益也只能这样。中古那边已经种了十几年的烤烟,现在产量比我们这里少一半。现在我们这里的烤烟质量最好。想到未来还是有点担心的,但也没什么办法。

问:改种烤烟后,村里的粮食够吃吗?

答:以前我们村里人少,粮食不用去买,人越来越多后就不行了。现在我们自己吃的粮食都是到街上去买。如果村里的人都在家,粮食肯定不够吃,所以只能出去打工赚钱了。

问:村民收入情况如何?

答:我们村地处在坝子中间,不靠山也不靠路,没有有利地形。别的村有水塘、砂场,我们村几乎没有这样的资源可以利用,收入比其它村要少一点。村里没有盈余,也没有办法集资做些事情。现在村民外出打工多了以后,收入好一点了。打工的人,每月收入最少也在 1500 元以上。

问:村里人出行的交通工具有什么?

答:多数都是打车出去的。村里有私家车三张,摩托车十张左右,没有农用车。种地时候都是去别的村雇农用车。

问:村里都有什么娱乐活动呢?

答:平时没什么文艺活动。偶尔有唱歌比赛、打跳等,过节时还会安排一些其他活动。有的会组织几个人出去旅游。我们村打麻将的人比其他村的少一点,只是在下雨农闲的时候来这里玩一玩。没有赌博、吸毒的现象。

问:村里人重视读书吗?孩子有辍学现象吗?

答：我们村人多地少，都很重视读书，不会因为家庭经济原因不读书。而且村里人读书积极性一年比一年高，全村读书的孩子大约有 30 个左右。娃娃们的学习成绩也在提高，去年就有三个考上大学。到现在为止出了大概 10 多个大学生，国家正式职工有四五个。

问：与周围村民小组或者别的民族联系多吗？

答：经常联系。有什么事情都互相帮助、互相沟通。跟纳西族来往得很多。我们都记不起开始相处的年代了，大家在一起的时候从来没分过自己是什么民族。

问：村里经济发展后，一些传统的民族风习有变化吗？

答：很少受社会不良风气的影响。村里对老人都很尊重，这一点没有变化。逢年过节，出去打工的年轻人回来，都会去探望一些老人或者组织一些聚会活动。这些年轻人也都互相帮助。

问：村里有家谱吗？

答：白族本来有家谱的，但是我们这里的辈分是靠口头传下来的。

问：村里都过什么节日？

答：春节、妇女节、端午节等这些一般的节日嘛，我们都过。有一个白族特别的节日，意思是农忙了以后，叫亲戚、朋友来吃饭、团聚。凡是白族村都有这个节日的。我们村排在农历六月二十八，那天也会邀请剑川的亲戚、朋友过来一起过节。还有农历七月十四，是白族比较大的祭祖宗的节日，以家为单位。意思是要给老祖宗寄一点钱。很隆重，近处打工的人都会回来的。

问：咱们村的白族服饰与周围的白族有什么不同吗？

答：与周围村寨白族的衣服是一样的。和剑川的白族穿的也是一样的。

问：村民的邻里关系怎么样？

答：村里矛盾很少。极个别有矛盾的，我们去协调一下，大家静下来，就都没事了。

问：村民有宗教信仰吗？

答：没有什么宗教信仰。

问：是否担心年轻人一代白语水平下降？

答：出去打工的人，如果在外面定居，就有这个可能了。如果在村里就不存在这个问题了，因为这些小孩都是汉语也好，白语也好，有的还会纳西语等。语言呐，会的越多越好，民族大团结嘛！

问：近几十年来村里有什么变化呢？

答：语言越来越文明化了。人们见的事情多了，懂的事情也多了。经济上也有变化，现在种植烤烟，土地收入也多了；出去打工的人越来越多。

问：您觉得经济发展了，对白族的传统文化有冲击吗？

答：我们村的传统文化都能很好地传承、发展。连这小娃娃（指着 6 岁的孙子）都会唱白族歌。外面的宣传力度都在提高，是不会影响我们白族的文化传承的。

问：您认为村里发展的困难是什么？

答：教育对我们来说不成问题，因为是政府安排好的。我们村资源有限，地理环境限制了我们的发展，施展不开。

（二）九河村委会高登村组原组长赵万桥访谈录

访谈对象：赵万桥，男，68岁，白族，小学学历，原高登村组组长

访谈时间：2012年8月6日下午

访谈地点：高登小组赵万开家

访谈、整理者：余金枝

问：请您谈谈您的经历，好吗？

答：我是1944年生的。我的父亲赵会恩是九河坝有名的木匠。后来，由于父亲瘫痪在床，我读到小学四年级就辍学回家了，帮母亲干活。1958年，我才14岁，就去河源煤厂背煤，每天从源河背70斤煤到甸尾坪，一天挣三角五分钱，补贴家用。22岁时，继承父业，像父亲一样做个手艺人。我就去跟甸头村的铁匠学打铁，我打的锄头、刀子在九河是很有名的，九河人都知道有个赵铁匠。

后来没铁可打了，到了1973年，我就去学当篾匠。为了编好篾器，我编了拆、拆了编，反复摸索编好篾器的方法。但自己对自己的手艺还是不太满意。为了进一步提高手艺，我打听到关上村的杨玉书竹器编得最好，我就去拜访他。杨玉书师傅很好，手把手地教我，我的手艺进步很大。我可以把大簸箕、筛子编成寿字图、仙桃图、梅花格，每一个大簸箕、筛子都是一个工艺品。有很多人慕名来跟我学艺，我都无私地把我会的都教给了他们。

我的祖父赵志坤是医生。我从18岁开始学习行医。当时得水肿病的人很多，我就一直钻研治疗水肿的方法。我经常去老君山找药，广泛收集民间药方，在治疗水肿方面有了一技之长。1974年夏天，我在合作社当赤脚医生。在当医生期间，我救死扶伤，力所能及地帮助每一个病人。

我很喜欢帮助别人，做做善事对别人好，对自己也好。1964年我和我爱人为了帮助残疾的二弟自食其力，让他去白汉场学裁缝。1974年4月28日，我在剑川医院为出车祸者垫付了200元住院费。200元在那个年代是一笔很大的钱啊。

1980年，我开始贩卖蔬菜、大米。1987年，我创办了九河乡第一家乡镇企业。

1985年当选高登村小组长，当了10年，直到1995年。

我当小组长期间，主要做了三件事：第一件事就是重建提水匣，保证了村子里的农作物供水问题。我上任的第二件事，就是修路，用自己家里的车上城里买来了雷管炸药，从新海邑到我们高登村的路就是在我手上修的。原来没有路，走田埂，人走都很困难，现在可以通车。做的第三件事就是独自捐资购买了一台三十千瓦的变压器，保证了村里的供电。

问：您家的人都会说白语，都穿白族服装吗？

答：我家人多。我和爱人养了六个孩子，两个儿子四个女儿。大儿子赵玉带在丽江做企业，二儿子在怒江交通局。大姑娘在回龙村做农民，二姑娘在地质队村做农民，三姑娘、四姑娘在丽江。四姑娘的爱人在古城派出所，四姑爷是纳西族。我的儿子赵玉带和女儿赵玉梅租了丽江市煤建公司的几间房子，办了"丽江特色饭店"，生意很好。1993年，赵玉带又承包了一家乡镇企业，经营各种来料加工。

我的孙子们白语和汉语都说得很好，四姑娘家的两个娃娃还会说纳西语。

我的四个姑娘都有白族服装。在农村的大姑娘和二姑娘平时都穿，白族服装是他们的生活服装，在丽江的两个姑娘有时穿。

问：赵叔叔，您手机刚才响起的音乐是白族音乐吗？

答：是的。那是白族的赶马调，我非常喜欢白族的音乐。我会唱白族的调子，会弹白族的三弦，我不仅会用三弦弹白族调，还会弹汉族调。

我会说白族的民间故事，会用白语讲"三国演义"、"薛仁贵西征"等汉族的故事，用白语说"蝴蝶泉的传说"等本民族的故事。这些故事是以前老人用白语讲给我听的，以前我很喜欢听这些故事，而且一听就记住。我的六个孩子，老大、老二、老三会讲一点点，老四、老五、老六一点都不会讲。

问：村里的房子每家都贴的有对联，这些对联是谁写的？

答：我家里的对联是我孙子写的，别人家的对联有的是买的，有的是请人写的。村子里有二三十个人会抄写对联，他们买来对联的书，照着书里的抄。有三四个人会自己编写对联。

问：村里人看得懂吗？

答：四十多岁以上的基本上看不懂。很少有人去细看这些对联，去分析这些对联的意思。大家觉得贴在那里好看，贴对联热闹就贴了。对联是个装饰品。

问：村里有几个大学生，重视教育吗？

答：有五六个，最远的考到南京。这个村子以前不重视教育，现在很重视，读书的人越来越多。村里外出打工的人多，在外面打工时，大家体会到没有文化的难处。

问：村里人喜欢穿白族服装吗？

答：中老年人喜欢穿，白族服装是他们的生活服装。年轻人不穿白族服装了，只有在结婚日才穿。

问：您对白语的前途有没有担忧？

答：不担忧，我们觉得白语的前途是不怕的，完全可以代代相传。

（三）九河村委会高登村组村民赵治安访谈录

访谈对象：赵治安，男，72岁，白族，小学学历，高登村组村民

访谈时间：2012年8月6日下午

访谈地点:高登村小卖部

访谈、整理者:李春风

问:爷爷您好!您今年多大年纪了?

答:我叫赵治安,72岁。出生在高登村。在村里数我辈分最高了,大家都叫我爷爷。

问:哦,那您记得咱们这个村的来历吗?

答:白族可能有千年以上的历史了。听老人讲,我们是从南京应天府搬过来。那时候,那边的人太多了,住不下,就让大家四处分散。最开始只有姓赵的一户人家,这村子是由这家人发展起来的。附近东边、北边加上我们,这三个姓赵的村子,祖宗是赵家的三兄弟。我们村女孩子全嫁出去,都是从外面讨媳妇、招上门女婿。长期以来都是这样的。因为都是亲戚,不能嫁自己人。我记事的时候这里全都是树、荒山,有9户人家,现在有三四十户了。家族到我这有五代,现在发展到十几代了。辈分是传下来的,都能记得住。我这个村里的人都不往外面搬(流动性较小)。

问:您在家和爱人孩子都说什么话?

答:我会白语、汉语和纳西语,我爱人姓杨,白族,只会白语,不会汉语。有五个女儿。最大的留在本村,招了上门女婿。其余的四个都嫁出去了。一个孙子、一个孙女,都会说白语和汉语。在家都说白语。

问:爷爷,您的汉语这么好,是如何学会的呢?

答:解放那年我9岁,开始读书,读到15岁,六年级毕业就不读了。上学就开始学汉语。那时候读书的人比较少,很多人读不起书。

问:您这一代会汉语的人多吗?

答:这一代人会汉语的也多。现在都是用汉语了,容易学。

问:您觉得村子与过去相比有什么变化吗?

答:这么多年来,白族的传统仪式都一样,没变化,如结婚、老人去世、祭祖等。村里的风气一直都是好的。我的辈分是村里最高的,全村人都尊敬我。谁家有什么矛盾我说的话都听,过年、过节的时候,年轻人、晚辈都来看我。有的村还是有一点变化的。我们白族人一直都很勤劳,因为我们这里田地少,不勤劳不行。

经济条件比以前好多了。你们年纪小不知道,这个社会是第一好了。以前的几十个朝代都是饥寒交迫,现在是吃也吃不完,穿也穿不完,吃穿都不愁。解放以前,汉话一句都不会说,现在只要小娃娃去读书就都要学汉语,会说汉语的越来越多了。普天下都会汉语就好了嘛!人们会说的语言越多越好!

问:您外出都去过哪里?

答:去过大理、潍西、中甸、德钦等等,给人家干活赚钱。我还是最喜欢自己的家乡。现在我也经常到处走走看看。

问：外出打工的年轻人回来说什么语言？如果不说白语，您会不高兴吗？

答：回来就说白语，不说汉语。白语是我们的语言，说白语也是我们的习惯，还是应该说的。（旁边几位村民纷纷插口说"如果只说汉语就让人瞧不起了，败坏我们白族，你又不是汉族，回来就说白语嘛！"；"白语不需要教，一生下来，到处都是白族，在学校里，同学都是白族，自然就会了。"）

问：村里有人会手工木匠吗？

答：这里的手工木匠比较少。我家在剑川的亲戚很多都是。年轻人不愿意学。

问：村民与纳西族交往的多吗？您是怎么学会纳西语的？

答：这边与纳西族隔得远，来往的不多，所以一般不说纳西语，要是离得近自然就会说纳西语了。我是外出的时候与纳西族来往学会的。

问：您喜欢看电视吗？

答：特别喜欢。现在每家都有电视，我最喜欢看中央新闻和连续剧。

问：您出门都有什么交通工具啊？

答：有时候坐车、有时候走路。（旁边有人插口说"还可以划船"，老人家哈哈大笑。）

问：还能划船？

答：是啊！以前这里有一个几百年的烂泥塘，种不成地，雨水又多，我有时候划船捕鱼。后来这边挖了一个大沟渠，水就都排出去了。不排不行，庄稼都淹掉了。现在这几百亩空地有的变成鱼塘了。

问：您家有鱼塘吗？

答：我们这有五家鱼塘，占地大概三十多亩。我的鱼塘有 20 多年了，以前是用人工一锹一锹挖出来的，现在的鱼塘都是用机器挖了。

问：您觉得我们这边的民族关系有变化吗？

答：还是有一点的。我小时候这里纳西族很多，白族只有这三兄弟的村子，人很少，现在白族人也很多了。解放以前白族一般不和别的民族在一起相处，不能与普米族等其他民族通婚，不知道为什么，民族意识很浓。解放以后不同民族可以通婚了，而且现在的年轻人越来越活跃、活泼，什么民族都可以在一起相处，民族之间来往的越来越多了。这样好哇！

现在各民族都是和谐的，和谐社会嘛！我们这里的民族都很好相处，文化大革命时候，听说剑川那边有民族矛盾，这周围都没有。藏族等各民族，良心好，都好相处。

问：从您的言谈中感觉您对党很感激是吗？

答：这是必须的，不需要多说。新中国，我们这里和平解放，小时候看见红军从这里路过，但没有战争。解放前读书的人少，解放后我才有机会读书，而且读书的人越来越多。现在我们都吃穿不愁了。共产党好啊！你们从北京来的，就是代表共产党嘛！

问：您对年轻人有什么期望吗？

答：希望孩子们读的书越多越好。现在没有知识是行不通的。

（四）九河村委会高登村组村民赵勇钢等访谈录

访谈对象：赵勇钢、赵万斗、赵喜璧，高登村组村民

访谈时间：2012年8月6日下午

访谈地点：高登小组赵万斗家

访谈、整理者：范丽君

8月6日下午，课题组在九河村委高登小组调查，对村民赵勇钢进行采访，了解村里基本情况及村民语言使用状况。在访谈的过程中，很多村民对所讨论的问题非常感兴趣，先后加入到讨论中来，气氛很热烈。这里主要记述了三位村民——赵勇钢、赵万斗、赵喜璧的谈话内容。

问：请介绍一下您个人及家庭的情况。

答：我叫赵勇钢，白族，今年47岁，文化程度是初中，是土生土长的本地人。爱人赵双菊，也是本地白族。从2004年到去年春节，我和爱人一直在广东打工，最近才回来种植烟叶。长子今年23岁，初中文化水平，以前出去打工，现在承包了一个鱼塘。女儿21岁，高中毕业，已经出嫁了。

问：请介绍一下您和您家庭语言使用情况？

答：我们家都是白族，在家都说白语。我是9岁开始读书时学会汉语，读书时和纳西族同学在一起，又学会了一点纳西语，能听懂，也能简单说。当年去石头乡做生意时学会了说一点傈僳语。

问：这里白族服饰保留得怎样？

答：我们村每人都有白族服装，结婚前和结婚后的服饰不一样。

问：听说您会唱白族歌？

答：我会唱很多白族歌，尤其是白族情歌。还会唱《黄氏英对金刚经》、《穷汉叹五更》等白族传统的歌。这些是我初中毕业后和老人们在一起打工时学会的。

问：年轻人还会唱吗？

答：年轻人会唱，可能差一点。

问：咱们村里有什么文化活动？

答：在村子中央有文化站，闲的时候男的到那里打麻将，女的去跳舞。

问：咱们婚丧嫁娶用白族的传统仪式吗？

（赵勇钢喊来了熟悉仪式的赵万斗。）

赵万斗（白族，63岁。爱人李洁珍，白族，59岁。我经常外出会说汉语，我爱人的汉语是我和孙女说汉语时学会的。大女婿赵玉虎，大理白族，44岁，说白语和汉语。二女儿和二女婿在广东打工，二女婿是汉族，不会说白语。）：我们这里结婚仪式保留了传统习惯。结婚当天，早上吃饭招待客人，派年轻人去接新娘子，接回来以后给新娘子带红花。结婚必须穿白族的服装。

要拜天地,拜父母,拜堂(老年人)、拜祖宗、拜喜神,然后招待远方来的客人。

问:咱们这里都过什么节日?

赵万斗:我们这里6月25日过"火把节",过节时小伙子去山上砍火把树(松树),姑娘们在村里迎接火把,那些刚结婚的女人还要分瓜子、馒头、蚕豆等给大家吃,天黑以村为单位点燃火把。

6月28日过"团聚节",团聚节是农忙后,亲戚朋友欢聚在一起吃饭喝酒,庆祝丰收。我们还过"七月半"祭祖节,中秋节、春节等。

问:你们过春节吃饺子吗?

赵喜璧(白族,61岁。爱人也是白族。两个儿媳是汉族,大孙子跟随父母在广州打工,说汉语,以前会讲白语,现在不会了。小孙子白语、汉语都会,在家上学前班。家里人在一起只能说汉语,没有儿媳妇在场就说白语。):这里过春节不吃饺子,吃八大碗。以前是八大碗,现在一个月一大碗,会做12碗。比如有猪头(寓意睡得好,能过安稳日子)、公鸡(寓意富贵)、鱼(寓意年年有余),这三种食物是最重要的,一定要有的。吃饭前我们要先要祭祖宗,磕头后才吃。晚上烧烤吃消夜。

问:咱们这里的白族信什么宗教?

赵万斗:村里人都不信教。

问:咱们村都有哪些手艺人?

赵万斗:村里有木匠、泥瓦匠、石匠、裁缝等手艺人。

问:咱们村里的白族和别的地方的白族有什么样的联系?

赵勇钢:剑川过"二月八"节时,会邀请我们这里的白族去哪里唱歌、跳舞、打鼓。一般都是妇女去,我们村会去一二十个人(看工作忙否)。

问:你们村和纳西村子不远,与纳西族通婚的多吗?

三人:我们这里没有纳西族媳妇。我们村的村民都是由一个家族繁衍的,因此本村内部不通婚,都娶外地媳妇。

问:(问赵勇钢)你希望你儿子娶哪个民族的媳妇?

赵勇钢:我希望我儿子也娶白族媳妇,这样说话交流、农忙做事很方便。人情道理也一样。娶外边的媳妇,大家习惯不一样,不太方便。

赵喜璧:以前很多婆婆不会说汉话,交流不方便,还是白族媳妇好。

问:现在咱们村很多人出去打工,回来后不说汉语你们会怎么看?

赵勇钢:如果他们回来说汉语,我们会认为他太骄傲,你是白族又不是汉族,为什么说汉语。如果我儿子回来跟我说汉语,我会打他的。

答:(其他人附和):我们会看不起他。

问:现在打工出去的人多了,你们担心他们的白语水平下降吗?

赵喜璧:不担心孩子不会说白语,因为我们大家都在说。

赵万斗：我们不害怕孩子不会说白语，他们自然而然就学会了，根本不需要教。我女婿是贵州的汉族，我们还要教孙女学说汉语，害怕她不能跟他爸爸交流。

赵喜璧：我孙子母亲是汉族，5岁时被带到广东，现在9岁了，不会说白语。但我也不担心他不会说，因为回来几天就会说白语了。（其他人附和表示赞同）

问：你们村的村民对孩子上学怎么看？

赵万斗：非常支持孩子读书，因为读书才能有知识，有知识就有前途。

三个人：我们村大学生有10多个。初中生有10多个，高中生有5、6个，差不多50%以上都要上高中。

问：咱们村村民收入情况怎样？

赵喜璧：我们村的经济能力在九河村委会算是中等水平。我们村主要经济收入是打工收入。现在家家户户都养三四头猪可以补贴家用。村里只有村长家办了一个养殖场，有1000多头猪。现在全村有八九家开始种植烟叶。

赵勇钢：我们村一人差不多有一亩地。今年我家种植了五亩烟叶，还种了玉米水稻。今年预计最低收入两万五。我家鱼塘每年有两万多的收入，收入水平在全村是中上等。

赵万斗：我家女婿出去打工，我和媳妇种了八亩烟叶，一亩可收入四五千元。

问：大家生活越来越好过了，对未来生活有什么愿望？

赵万斗：希望孩子们有出息。孙女最好能够出去工作，即使没有工作，掌握了知识也能吃得开。

赵喜璧：希望上面多给我们支持，有钱什么都好办了。

（访问完毕，大家对所讨论的问题很感兴趣，除了我们调查者外，一屋子人都用白语相互交谈，热烈讨论。）

四、高登村组语言使用情况总表

编号	家庭关系	姓名	性别	民族	年龄	文化程度	第一语言及水平	第二语言及水平	其他语言及水平	备注
1	户主	赵春城	男	白	40	初中	白,熟练	汉,熟练		
	妻子	褚梅花	女	傈僳	28	初中	傈僳,熟练	白,熟练	汉,熟练	
2	户主	赵丽山	男	白	38	初中	白,熟练	汉,熟练		
	妻子	赵晓莲	女	白	35	小学	白,熟练	汉,熟练		
	父亲	赵佑贤	男	白	55	小学	白,熟练	汉,熟练		
	长子	赵学武	男	白	13	初中	白,熟练	汉,熟练		
3	户主	赵丽本	男	白	35	初中	白,熟练	汉,熟练		
	妻子	李四花	女	白	34	初中	白,熟练	汉,熟练		
	母亲	赵瑞益	女	白	63	文盲	白,熟练	汉,熟练		
	长女	赵雪祥	女	白	14	初中	白,熟练	汉,熟练		
	次女	赵进祥	女	白	12	初中	白,熟练	汉,熟练		

4	户主	赵燕帮	男	白	32	初中	白,熟练	汉,熟练		
	妻子	吕启萍	女	汉	28	初中	汉,熟练	白,略懂		
	母亲	赵永珍	女	白	52	小学	白,熟练	汉,熟练		
	长子	赵旭灿	男	白	8	小学	汉,熟练	白,熟练	广东方言	
5	户主	赵燕明	男	白	29	初中	白,熟练	汉,熟练		
	妻子	赵开芬	女	汉	29	初中	汉,熟练	白,略懂		
	父亲	赵喜璧	男	白	60	中专	白,熟练	汉,熟练		
	长子	赵旭泰	男	白	6	小学	汉,熟练	白,熟练		
6	户主	赵丽勇	男	白	32	高中	白,熟练	汉,熟练		
	妻子	姚阿应	女	白	26	初中	白,熟练	纳西,熟练	汉,熟练	
	父亲	赵怀璧	男	白	56	小学	白,熟练	汉,熟练		
	母亲	姚翠英	女	白	55	文盲	白,熟练	纳西,熟练	汉,熟练	
7	户主	赵新平	男	白	36	初中	白,熟练	汉,熟练		
	妻子	李丽萍	女	汉	34	初中	汉,熟练	白,熟练		
	父亲	赵佑居	男	白	57	小学	白,熟练	汉,熟练		
	母亲	赵阿路	女	白	59	文盲	白,熟练	汉,熟练		
	妹妹	赵新海	女	白	33	初中	白,熟练	汉,熟练		
	长女	赵曦	女	白	7	小学	白,熟练	汉,略懂		
8	户主	赵加胜	男	白	38	初中	白,熟练	汉,熟练		
	妻子	杨喜竹	女	白	35	小学	白,熟练	汉,熟练		
	母亲	赵顺义	女	白	80	文盲	白,熟练	汉,熟练		
9	户主	赵建华	男	白	35	初中	白,熟练	汉,熟练		
	妻子	杨正菲	女	白	25	初中	白,熟练	汉,熟练		
	父亲	赵阿胖	男	白	65	完小	白,熟练	汉,熟练		
	母亲	赵银顺	女	汉	66	文盲	汉,熟练	白,熟练		
	长子	赵国栋	男	白	8	小学	白,熟练	汉,略懂		
10	户主	杨平	女	白	37	初中	白,熟练	汉,熟练		
	长女	赵国珠	女	白	17	高中	白,熟练	汉,熟练		
	长子	赵国倌	男	白	11	小学	白,熟练	汉,熟练		
11	户主	赵贵华	男	汉	37	初中	汉,熟练	白,熟练		
	妻子	姚录义	女	白	35	初中	白,熟练	汉,熟练		
	长女	赵国艳	女	白	13	初中	白,熟练	汉,熟练		
12	户主	赵春桥	男	白	42	小学	白,熟练	汉,熟练		
	妻子	严顺祥	女	白	37	小学	白,熟练	汉,熟练		
	长子	赵润生	男	白	6	小学	白,熟练	汉,略懂		
	妹妹	赵竹梅	女	白	30	初中	白,熟练	汉,熟练		
13	户主	赵建忠	男	白	37	初中	白,熟练	汉,熟练		
	妻子	那官花	女	傈僳	33	小学	傈僳,熟练	汉,熟练	白,熟练	
	长子	赵腾江	男	白	11	小学	白,熟练	汉,略懂		
	长女	赵腾芬	女	白	8	小学	白,熟练	汉,略懂		

14	户主	赵建松	男	白	32	初中	白,熟练	汉,熟练	
	妻子	赵翠丽	女	汉	26	初中	汉,熟练	白,略懂	
	父亲	赵茂安	男	白	67	初中	白,熟练	汉,熟练	纳西,略懂
	长子	赵腾昌	男	白	7	小学	汉,熟练	白,熟练	
15	户主	赵建成	男	白	26	初中	白,熟练	汉,熟练	
	妻子	寸菊芳	女	白	25	初中	白,熟练	汉,熟练	
16	户主	赵华	男	白	35	初中	白,熟练	汉,熟练	
	妻子	李洪枝	女	白	34	初中	白,熟练	汉,熟练	
	长子	赵文武	男	白	12	小学	白,熟练	汉,熟练	
17	户主	赵德华	男	白	32	中专	白,熟练	汉,熟练	纳西,略懂
	妻子	孙颖	女	汉	32	大专	汉,熟练		
	母亲	赵发开	女	白	62	小学	白,熟练	汉,熟练	
18	户主	赵丽恒	男	白	40	初中	白,熟练	汉,熟练	
	妻子	赵正莲	女	白	33	小学	白,熟练	汉,略懂	
	长女	赵雪敏	女	白	11	小学	白,熟练	汉,略懂	
	次女	赵雪彩	女	白	8	小学	白,熟练	汉,略懂	
19	户主	赵雄杰	男	白	34	初中	白,熟练	汉,熟练	
	妻子	赵丽君	女	傈僳	31	中专	傈僳,熟练	白,熟练	汉,熟练
	长女	赵小芬	女	白	8	小学	白,熟练	汉,略懂	
20	户主	赵丽华	男	白	44	初中	白,熟练	汉,熟练	
	妻子	赵阿贞	女	白	45	小学	白,熟练	汉,熟练	
	长女	赵文英	女	白	15	初中	白,熟练	汉,熟练	
	长子	赵文斌	男	白	12	小学	白,熟练	汉,熟练	
21	户主	赵丽春	男	白	46	高中	白,熟练	汉,熟练	
	妻子	姚瑞英	女	白	43	初中	白,熟练	汉,熟练	
	母亲	赵富章	女	白	76	文盲	白,熟练		
	长女	赵雪琴	女	白	20	大学	白,熟练	汉,熟练	纳西,略懂
	长子	赵向辉	男	白	18	初中	白,熟练	汉,熟练	
22	户主	赵念文	男	白	56	初中	白,熟练	汉,熟练	
	妻子	赵阿英	女	白	54	文盲	白,熟练	汉,熟练	
	长子	赵彪	男	白	27	高中	白,熟练	汉,熟练	
	次子	赵鹏	男	白	23	大学	白,熟练	汉,熟练	
23	户主	赵万兴	男	白	45	初中	白,熟练	汉,熟练	
	妻子	赵荣祥	女	白	43	小学	白,熟练	汉,熟练	
	长女	赵慧芳	女	白	21	大学	白,熟练	汉,熟练	
	长子	赵慧聪	男	白	19	高中	白,熟练	汉,熟练	
24	户主	赵四齐	男	白	38	初中	白,熟练	汉,熟练	
	妻子	妮支牛	女	傈僳	35	初中	傈僳,熟练	白,熟练	汉,熟练
	父亲	赵念先	男	白	59	初中	白,熟练	汉,熟练	
	母亲	赵先珍	女	白	60	文盲	白,熟练	汉,熟练	
	长子	赵志江	男	白	7	小学	白,熟练	汉,略懂	

25	户主	赵万春	男	白	43	初中	白,熟练	汉,熟练	
	父亲	赵长有	男	白	81	初中	白,熟练	汉,熟练	
	母亲	赵玉庆	女	白	78	文盲	白,熟练	汉,略懂	
	长女	赵龙妹	女	白	17	初中	白,熟练	汉,熟练	
	次女	赵加利	女	白	15	初中	白,熟练	汉,熟练	
26	户主	赵玉带	男	白	42	小学	白,熟练	汉,熟练	
	妻子	颜顺义	女	白	42	小学	白,熟练	汉,熟练	
	父亲	赵万求	男	白	68	小学	白,熟练	汉,熟练	纳西,略懂
27	户主	王国志	女	纳西	35	小学	纳西,熟练	白,熟练	汉,熟练
	丈夫	赵丽雄	男	白	27	初中	白,熟练	汉,熟练	
	婆婆	赵阿凤	女	白	69	文盲	白,熟练	汉,熟练	
	长子	赵斌	男	白	13	初中	白,熟练	汉,熟练	傈僳,略懂
28	户主	赵四刚	男	白	40	小学	白,熟练	汉,熟练	
	妻子	李全吉	女	白	39	小学	白,熟练	汉,熟练	
	长子	赵志云	男	白	16	初中	白,熟练	汉,熟练	
	次子	赵志坚	男	白	13	初中	白,熟练	汉,熟练	
29	户主	赵忠新	男	白	58	小学	白,熟练	汉,熟练	
	妻子	赵石仙	女	傈僳	45	文盲	傈僳,熟练	白,熟练	汉,熟练
30	户主	杨神双	女	白	44	小学	白,熟练	汉,熟练	
31	户主	赵康璧	男	白	42	高中	白,熟练	汉,熟练	
	父亲	赵合林	男	白	83	小学	白,熟练	汉,熟练	
	母亲	赵福英	女	白	82	文盲	白,熟练	汉,熟练	
	长子	赵燕锋	男	白	17	高中	白,熟练	汉,熟练	
	次子	赵剑锋	男	白	15	初中	白,熟练	汉,熟练	
32	户主	赵发成	男	白	57	小学	白,熟练	汉,熟练	
	妻子	杨顺春	女	白	59	小学	白,熟练	汉,熟练	
33	户主	赵银凤	女	白	40	初中	白,熟练	汉,熟练	
	长女	赵淘仙	女	白	16	初中	白,熟练	汉,熟练	
	次女	赵水仙	女	白	15	初中	白,熟练	汉,熟练	
34	户主	赵恒	男	白	37	初中	白,熟练	汉,熟练	
	父亲	赵佑龙	男	白	68	小学	白,熟练	汉,熟练	
	母亲	赵瑞花	女	白	65	文盲	白,熟练	汉,熟练	
35	户主	赵双权	男	白	51	初中	白,熟练	汉,熟练	
	妻子	赵阿吉	女	白	49	文盲	白,熟练	汉,熟练	
	长子	赵建东	男	白	29	初中	白,熟练	汉,熟练	
36	户主	赵家璧	男	白	49	高中	白,熟练	汉,熟练	纳西,略懂
	妻子	赵求珍	女	白	49	初中	白,熟练	汉,熟练	
	长子	赵燕丁	男	白	26	初中	白,熟练	汉,熟练	
	次子	赵燕单	男	白	23	初中	白,熟练	汉,熟练	
37	户主	赵海邑	女	白	57	小学	白,熟练	汉,熟练	
	长女	赵盛祥	女	白	33	中专	白,熟练	汉,熟练	
	长子	赵燕武	男	白	31	高中	白,熟练	汉,熟练	

38	户主	赵德松	男	白	40	初中	白,熟练	汉,熟练		
	妻子	赵悍琴	女	汉	40	高中	汉,熟练	白,熟练		
	长女	赵浣婷	女	白	16	初中	白,熟练	汉,熟练		
39	户主	赵永刚	男	白	46	初中	白,熟练	汉,熟练		
	妻子	赵双菊	女	白	46	初中	白,熟练	汉,熟练		
	父亲	赵治安	男	白	72	初中	白,熟练	汉,熟练		
	母亲	赵阿妹	女	白	72	文盲	白,熟练	汉,熟练		
	长子	赵四兴	男	白	23	初中	白,熟练	汉,熟练		
	长女	赵冬竹	女	白	21	高中	白,熟练	汉,熟练		
40	户主	赵春鹏	男	白	59	初中	白,熟练	汉,熟练		
	妻子	赵述桥	女	白	44	小学	白,熟练	汉,熟练		
	父亲	杨合九	男	白	70	初中	白,熟练	汉,熟练		
	长子	赵正权	男	白	24	初中	白,熟练	汉,熟练		
	长女	赵润权	女	白	22	初中	白,熟练	汉,熟练		
41	户主	赵蒋梅	男	白	41	小学	白,熟练	汉,熟练		
	妻子	李学祥	女	白	38	小学	白,熟练	汉,熟练		
	长子	赵鹏飞	男	白	17	初中	白,熟练	汉,熟练		
	次子	赵鹏行	男	白	16	初中	白,熟练	汉,熟练		
42	户主	赵丽红	男	白	59	初中	白,熟练	汉,熟练		
	长女	赵金梅	女	白	19	初中	白,熟练	汉,熟练		
	长子	赵金彪	男	白	18	初中	白,熟练	汉,熟练		
43	户主	赵顺英	女	白	72	文盲	白,熟练	汉,熟练		
44	户主	赵万斗	男	白	62	小学	白,熟练	汉,熟练	纳西,略懂	傈僳,略懂
	妻子	赵结珍	女	白	58	文盲	白,熟练	汉,熟练		
	长女	赵玉年	女	白	39	小学	白,熟练	汉,熟练		
	女婿	赵玉虎	男	白	46	初中	白,熟练	汉,熟练		
	长孙	赵燕辉	男	白	21	大学	白,熟练	汉,熟练		

第七节　金普村拉普小组语言使用情况个案调查

　　金普村是九河乡的一个行政村。该村辖 13 个小组:拉普、小马坪、大马坪、大梨树、冷水沟、大麦地、通海乐、老左落、木化、新乐、小丰乐、大丰乐等。分布着普米、纳西、汉、傈僳等民族。普米族主要分布在拉普、小马坪、大马坪、大梨树、冷水沟、大麦地、通海乐、老左落 8 个小组。

　　金普村所辖的 13 个村民小组呈"东北—西南"走向的带状分布。东边是纳西族聚居的关上村和甸头村,西边是白族聚居的石头乡,南边是普米、纳西、白、傈僳等多民族杂居的河源村,北边是纳西族聚居的石鼓镇。

　　金普村共有 1217 人。普米族人口最多,有 584 人,占全村人口的 47.99%。纳西族 548 人,占全村人口的 45.03%。普米村寨分布的最大特点是散居。每寨只有十几户人,寨与寨之间相隔半公里到七八公里不等。各寨之间或隔地相望,或隔山相靠。每个寨子内,住户或两三相聚,或三五相邻,稀疏地散落在田间地头。砂石路把这13个自然寨连在一起。

本节主要分析拉普小组的语言使用情况。

一、拉普小组概况

拉普小组共有76户,305人,其中普米族63户,253人;汉族5户,19人;纳西族8户,32人;傈僳族1人。

拉普小组距离乡政府所在地白汉场15公里。从白汉场沿214国道南行2公里后,往西向金普山盘旋而上。山路狭窄弯多,路边多处插有"路弯坡陡"的提示牌。这段连接拉普和214国道的弹石路有13公里,是2008年修建的,在此之前是泥土路。

拉普小组的东边和西边是纳西族聚居的小丰乐和拉支,北边和南边是普米族聚居的通海和冷水沟。拉普人与周边乡邻互通婚姻、共庆节日、农忙互助,交往密切。拉普人与河源村、石鼓镇仁和村的普米族通婚较多,与宁蒗和兰坪的普米族偶有来往。

拉普寨是金普村的经济文化中心。金普村村委会设在拉普寨,下辖金普卫生院、金普村完小、金普贸易市场、金普文化活动中心。卫生院有1个医生2个护士,医生是通海乐的普米族,来拉普工作已经有38年了。金普完小有74名学生,9名老师。教师中有4位是白族,4位是纳西族,1位是汉族。校长是白族。学生有普米、纳西、汉三个民族。金普贸易市场是2012年1月才开设的,每周一赶街。赶街的人两三百人左右。商贩多是九河村的白族和纳西族,他们卖鱼和小五金等。当地的普米族只卖自产的蔬果。

拉普人的经济来源主要是依靠劳务输出,辅以养殖业和种植业。20岁至50岁的大多出外打工,远处去山东、浙江、深圳等地,近处去丽江、剑川等地。养有牛、猪、羊,培育牛种、猪种还得到政府的资助。农作物有玉米、土豆。今年开始发展特色种植业,种植草烟、药材,虽然还没有收益,但前景看好。也有一些村民采蘑菇、松茸卖,一年能赚几百元。因为松茸价格不稳,最贵卖到1000多元1公斤,最便宜才70多元。

拉普寨人均收入1500元左右,温饱没有问题。每户都有电视,没有的政府都捐赠了。手机家家都有。全组有6辆农用车、5辆摩托车、4辆小客车。

普米族是特少民族,孩子享受很多优惠政策,金普完小学生一日三餐均由国家免费提供,还有高考加分等。该小组村民的教育程度不断提高,60岁以上的多是文盲或小学学历,30岁左右的大多是初中毕业,现在的青少年大多能读完高中或职业高中。拉普小组现有4个大学生。

关于拉普普米人的来源,他们说原来是游牧民族,来自青海或蒙古,历史大约有300多年。在族群认同上,他们觉得自己与藏族最接近,跟纳西族和傈僳族也接近。这里的几户汉族的来源,他们自己说是1949年从弯罗搬过来的,有60多年的历史。

拉普的普米人信仰祖先,有过年过节祭拜祖先的习俗。族际家庭祭拜祖先时,还用不同的语言祭祀。普米族念普米语,纳西族念纳西语,同一内容的祭词要念好几遍。婚俗已有改变,原来实行族内婚,现在虽然老年人心里仍然希望自己的后代嫁娶本族人,但若与其他民族联姻,老人也不反对。实行土葬,逝者择日出殡,择地而葬。以前办丧事,请邻寨纳西族的东巴师念东巴经,内容是寻祖、送亡灵。现在有的还请,有的不请。所过的节日有春节、二月八、清明节、端午节、火把节、七月半、中秋节等。民族传统文化受到一定的冲击。采访中有的村民告诉我们,原来普米族还过自己的年,现在没有了,许多人连是哪一天都不知道。旧的普米族民居是木棱房,新的与白族、纳西族相同,四合院式,与大门正对的招壁上写着大大的"福"字,门边贴着各种祈福求财的红色对联。本民族的口头传统文学濒临失传,60岁以上的,年轻时还唱过普米歌曲,用竹子口琴吹过普米歌,30岁以下的完全不知道了。拉普的普米族已感到不能丢失自己的文化,正在努力做复苏的工作。村长告诉我们,村里最近从丽江买了40套普米族服装,以便在节庆时穿用。

所幸的是,普米族的语言还稳定保留,与其他文化流逝形成鲜明的对比。拉普小组的普米人不仅会说自己的母语,而且母语在家庭内、村寨内起到重要的交际作用,不仅如此,他们还兼用了纳西、汉、白等多种语言,被誉为九河乡最有语言天赋的民族。

二、拉普小组语言使用现状分析

为全面了解该小组村民的语言使用现状,我们随机抽查了17户80人,就其语言使用情况进行调查统计。除去语言能力还不成熟的6岁以下儿童2人,纳入本次调查统计的共计78人。这78人中,有普米族68人,汉族5人,纳西族4人,傈僳族1人。以下是对这78人的语言使用状况的统计分析。

(一) 拉普小组普米族的语言使用现状

通过入户调查和访谈,我们认为拉普小组普米族的语言使用现状具有三个特点:1.全民熟练使用母语。2.全民多语。3.多语场存在代际差异。以下是具体分析:

1. 全民熟练使用自己的母语。

普米人不分年龄、性别、文化程度,全民熟练使用自己的母语普米语。普米语是族内最重要的交际工具。

(1) 不同年龄段的普米人大多能熟练使用自己的母语。具体统计数据见表3-60:

表3-60 拉普组普米族普米语使用情况表

年龄段(岁)	人数	熟练		略懂		不会	
		人数	百分比(%)	人数	百分比(%)	人数	百分比(%)
6—19	12	10	83.33	2	16.66	0	0
20—39	26	26	100	0	0	0	0
40—59	23	23	100	0	0	0	0
60以上	7	7	100	0	0	0	0
合计	68	66	97.05	2	2.94	0	0

上表显示,四个年龄段的68人,除了6—19岁年龄段有2人的母语水平为"略懂"以外,其余三个年龄段的均能熟练使用母语。这两位母语略懂的人是俩兄弟:10岁的熊根福和8岁的熊根强。父母都在丽江做事,把他俩带到丽江读书。由于长期离开拉普,失去了学习普米语的语言环境,所以普米语能力下降。所会的一点普米语都是寒暑假回拉普学的。

(2) 不同年龄段的普米人母语四百词测试成绩均为"优秀"。

母语词汇量的大小也显示母语能力的高低。为此我们考察了该小组普米人掌握母语四百词的情况。测试结果见表3-61:

表3-61 拉普组普米族普米语400词测试统计表

姓名	年龄	性别	文化程度	A	B	C	D	A+B	测试结果
熊凤岗	普米	14	初三	359	6	11	24	361	优秀
熊凤娟	普米	16	初三	367	4	13	16	371	优秀
和 永	普米	18	初中	399	0	0	1	399	优秀
金 辉	普米	23	初中	395	0	2	3	395	优秀
李福限	普米	37	小学	385	4	3	8	389	优秀
熊国辉	普米	47	高中	396	0	1	3	396	优秀
和万宝	普米	50	文盲	400	0	0	0	400	优秀
和金兰	普米	70	文盲	398	0	0	2	398	优秀
熊占仁	普米	76	小学	400	0	0	0	400	优秀

表3-61显示,不同年龄段、不同文化程度的9位普米人,测试结果均为优秀。14岁的熊凤岗与76岁的熊占仁,A级词汇只相差41个,与两人62岁的年龄差距相比,这一差距是很小的。

这一调查结果与我们在访谈中了解到的情况是一致的。40岁以上的中老年人在回答"您觉得年轻人说的普米语跟您说的有什么不同吗?"这一提问时,36岁的和万伟(男,普米族,拉普村民)、43岁的张怀军(男,普米族,金普村委会主任)、61岁的和完全(男,普米族,金普村卫生院医生),回答都是"没有太大的不同,只是在词汇使用上有些不同而已",他们共同的感觉是年轻人使用的普米语掺进汉语的词汇多一些。

(3) 绝大多数普米人的第一语言是自己的母语。

以母语为第一语言是母语传承链得以保持的主要因素。因为,以自己的母语为第一语言的人,其母语能力不可能丧失。我们所抽查的68位普米人中,以自己母语为第一语言的有64人,占调查人数94.12%。以母语为第二语言的只有4人,仅占调查人数的5.88%。

(4) 拉普的普米人对自己的母语有深厚的民族情感,对母语的传承充满信心。

普米人对自己母语的前途丝毫不担忧。当问及"您担心您的后代将来不会说普米语吗?"时,我们的7位调查对象都异口同声地回答:"那是不会的。"因为,普米语代代相传,一直是他们挂在嘴边的交际工具。拉普寨经济来源途径少,寨中的青壮年大多外出打工,这些外出谋生的普米人,只要一回到拉普,见到同胞,张口便是自己的母语,大家都觉得回到自己的家乡不讲母语非常别扭。

普米人中的有识之士很关心本民族的语言文化,金普村委会主任张怀军(男,普米族,43

岁的)告诉我们说:村里正打算请人记录普米族的传统文化,从丽江的服装厂买了40套普米族服装,30套女装,10套男装。语言是一个民族的文化系统中最重要的一个构成要素。民族文化的保留、本民族的认同感,都会对语言的保留起到良好的促进作用。

拉普寨的普米人之所以能够稳定保留自己的语言,主要原因有以下两点:一是封闭的地理环境。拉普寨位于海拔2650多米的山上,长期交通不便。虽然现在已有弹石路可以通车,但这条弹石路是2008年才修的,以前是泥土路,行走都困难,更别说通车了。封闭的地理位置成为普米人保留母语的天然屏障。二是普米族在拉普寨人口占优势。这使得普米语在拉普寨里成为使用人口最多的优势语言,不仅普米族使用,寨内的其他民族也使用。

2. 普米人全民兼用纳西语和汉语。

(1) 全民熟练兼用纳西语。

拉普寨内有6户纳西族,周边还分布着很多纳西族村寨。设在寨内的金普完小,也有近半学生是纳西族,普米族与纳西人接触的机会较多。再者,纳西语在丽江是强势语言,该寨的普米人在丽江打工的较多。因此,该寨普米人既有习得纳西语的交际需求,又有自然习得纳西语的有利条件。

依据课题组设计的6—19岁、20—39岁、40—59岁、60岁以上四个年龄段,我们对68位普米人使用纳西语的水平进行入户调查,得出表3-62的数据:

表3-62 拉普组普米族纳西语400词测试统计表

年龄段(岁)	人数	熟练		略懂		不会	
		人数	百分比(%)	人数	百分比(%)	人数	百分比(%)
6—19	12	10	83.33	2	16.67	0	0
20—39	26	26	100	0	0	0	0
40—59	23	22	95.65	1	4.55	0	0
60以上	7	7	100	0	0	0	0
合计	68	65	95.59	3	4.41	0	0

表3-62显示,68位普米人没有不会说纳西语的,其中"熟练"的有68人,占调查总人数的95.59%,"略懂"的只有3人,仅占4.41%。这个数据有力地说明普米人兼用纳西语的全民性。

我们在拉普寨调查时也耳闻目睹了普米人驾驭纳西语的能力。就连村里开会,有时都用纳西语。入寨调查的课题组成员中有一位纳西族,拉普寨的普米人可以跟他顺畅地交谈。

经测试,普米人掌握纳西语四百词的水平与纳西族母语人相近。我们随机挑选了老、中、青三位普米人,测试他们掌握纳西语四百词的水平。测试结果见表3-63:

表3-63 三位普米人纳西语400词测试统计表

姓名	民族	年龄	文化程度	测试语言	A	B	C	D	A+B	测试结果
和 永	普米	19	初中	纳西	373	0	20	7	373	优秀
和志英	普米	45	小学	纳西	373	3	3	21	376	优秀
熊占仁	普米	76	小学	纳西	400	0	0	0	400	优秀

表 3-63 显示,19 岁、45 岁、76 岁的三位普米人,测试成绩都为"优秀",能脱口而出的词都在 373 个以上。他们三人的词汇量与纳西族聚居寨中古村新文一组的纳西人接近。详见表 3-64：

表 3-64　中古村纳西族纳西语 400 词测试统计表

姓名	年龄	民族	文化程度	A	B	C	D	A+B	合计	等级
和根灵	17	纳西	职高	370	21	5	4	391		优秀
和金运	38	纳西	小学	382	9	1	8	391		优秀
杨爱花	39	纳西	初中	357	31	3	9	388		优秀
和国先	46	纳西	初中	400	0	0	0	400		优秀

再说,普米人对纳西语非常接纳。对纳西语的接纳是在熟练掌握纳西语后才能产生的语言态度;这一语言态度又提高了纳西语在普米人语言生活中的地位。给逝者送葬是非常严肃的家庭大事,送葬用语应该是本民族语,但普米人却请纳西族的东巴大师和国选(男,67 岁,新乐寨人),让他用纳西语来念《东巴经》。没有全民熟练使用纳西语的语言环境,是不可能有这一语言行为的。

(2) 全民兼用汉语。

各年龄段均能熟练使用汉语。详见表 3-65：

表 3-65　拉普组普米族不同年龄段汉语使用水平统计表

年龄段(岁)	人数	熟练 人数	熟练 百分比(%)	略懂 人数	略懂 百分比(%)	不会 人数	不会 百分比(%)
6—19	12	12	100	0	0	0	0
20—39	26	26	100	0	0	0	0
40—59	23	23	100	0	0	0	0
60 以上	7	7	100	0	0	0	0
合计	68	68	100	0	0	0	0

表 3-65 数据显示,各年龄段的 68 位调查对象均能熟练使用汉语,汉语是老少皆用的语言工具。

这一数据在我们入寨访谈时得以证实。课题组成员分五组入户调查,调查对象上至 76 岁的老者,下至 7、8 岁的儿童。调查场所既有公共场合的金普村卫生院,也有拉普小组的普米族民居。在每一个场所遇到的每一位普米人均能用汉语跟我们顺畅地交流,没有发现语言障碍。我们所获得的关于金普村、拉普小组以及普米人的第一手材料,皆源自该村普米人的汉语口述。

我们还看到有少数普米族青少年以汉语为第一语言。在所调查的 68 位普米人中,有 4 位青少年以汉语为第一语言,他们的详细情况见表 3-66：

表 3-66　拉普组普米族以汉语为第一语言者信息表

姓名	性别	民族	年龄	文化程度	第一语言及水平	第二语言及水平	其他语言及水平
熊根福	男	普米	10	小四	汉,熟练	普米,略懂	纳西,略懂
熊根强	男	普米	8	小二	汉,熟练	普米,略懂	纳西,略懂
张海霞	女	普米	18	大一	汉,熟练	普米,熟练	纳西,熟练
张海燕	女	普米	21	大专	汉,熟练	普米,熟练	纳西,熟练

上表中的 4 位,分别是熊氏两兄弟和张氏两姐妹。熊氏兄弟是从小随父母在丽江上学,在习得第一语言的时间段里处于汉语交际的语言社区中,所以第一语言是汉语。张氏姐妹第一语言是汉语与祖辈的族际婚姻有关。她们的祖父是汉族,还上过高中,当过兵,曾在丽江武装部工作。其祖父的第一语言是汉语,汉语很好,普米语和纳西语只略懂。为此,汉语成为张家人的主要家庭用语。第一语言的习得主要依赖于家庭,在汉语为家庭优势用语的语域中,汉语自然成为张氏姐妹的第一语言。

(3)少数人兼用白语。

我们抽查了 68 位普米人的白语使用情况,得出的数据是共有 15 人会说白语,占调查总人数的 22.06%。其中 13 人熟练,2 人略懂。具体数据见表 3-67:

表 3-67　拉普组普米族白语使用表

年龄段(岁)	人数	熟练 人数	熟练 百分比(%)	略懂 人数	略懂 百分比(%)	不会 人数	不会 百分比(%)
6—19	12	0	0	0	0	26	100
20—39	26	3	11.53	0	0	23	88.46
40—59	23	6	26.09	2	8.69	15	65.22
60 以上	7	4	51.14	0	0	3	42.86
合计	68	13	19.12	2	2.94	55	80.88

表 3-67 显示,四个年龄段熟练白语的比例分别为 0%、11.53%、26.09%、51.14%,白语的使用水平与年龄大小大致成正比。

为了考察普米人兼用白语的原因,我们把这 15 位白语兼用者的信息列表于下:

表 3-68　拉普组普米族兼用白语信息表

姓名	性别	民族	年龄	文化程度	第一语言及水平	第二语言及水平	第三语言及水平	第四语言及水平
和亚军	男	普米	35	小学	普米,熟练	汉,熟练	纳西,熟练	白,熟练
熊向华	男	普米	35	小学	普米,熟练	纳西,熟练	汉,熟练	白,熟练
和万伟	男	普米	36	初中	普米,熟练	汉,熟练	纳西,熟练	白,熟练
张贵珍	女	普米	40	小学	普米,熟练	汉,熟练	纳西,略懂	白,略懂
张怀军	男	普米	42	小学	普米,熟练	汉,熟练	纳西,熟练	白,略懂
王万秋	女	普米	44	高中	普米,熟练	汉,熟练	纳西,熟练	白,熟练
和志英	女	普米	45	小学	普米,熟练	白,熟练	纳西,熟练	汉,熟练
金寸林	男	普米	46	初中	普米,熟练	汉,熟练	纳西,熟练	白,熟练

熊国辉	男	普米	47	高中	普米,熟练	汉,熟练	纳西,熟练	白,熟练
金寸龙	男	普米	49	小学	普米,熟练	纳西,熟练	汉,熟练	白,熟练
熊国奇	男	普米	52	初中	普米,熟练	纳西,熟练	汉,熟练	白,熟练
和金兰	女	普米	70	文盲	普米,熟练	纳西,熟练	白,熟练	汉,熟练
熊占仁	男	普米	76	小三	普米,熟练	纳西,熟练	汉,熟练	白,熟练
王学良	女	普米	82	文盲	普米,熟练	纳西,熟练	汉,熟练	白,熟练
和玉花	女	普米	94	文盲	普米,熟练	纳西,熟练	汉,熟练,	白,熟练

表3-68中的15位白语兼用者年龄从35岁至94岁,文化程度文盲、小学、初中、高中均有,可见兼用白语的是中老年群体,与其文化程度无关。

这15位白语兼用者习得白语的顺序可以分为三类:白语为第二、第三、第四语言。以白语为第四语言的最多,有13人。白语为第二、第三语言的各1人。这13人都是在习得母语和纳西语、汉语之后才习得白语。原因与民族分布有关,拉普小组及其所隶属的金普村都没有白族分布,在拉普生活的少年时期都不具备学习白语的语言环境。但九河是白族乡,白语是九河乡的强势语言,只要居住在金普山的普米人走下山来,他们便进入了白语区。随着年龄的增大,与外界交往的增多,他们也就自然而然地习得了白语。

以白语为第二语言的是和志英。她的娘家在大马坪,该寨距离白族聚居寨的龙应、中和等村很近,与白族交流交往多,在年少时期就学会了白语。

此外,还有个别普米人兼用上文未提及的其他语言。如熊占仁除了普米、纳西、汉、白等四种语言之外,还能熟练使用傈僳、彝、藏三种语言,所掌握的语言达7种之多。和万伟还会彝语,能熟练使用普米、纳西、汉、白、彝5种语言。熊占仁的傈僳语、彝语、藏语是在河源挖煤学会的。河源村是傈僳、彝、藏等多民族、多语言的分布地,8年的语言熏陶使熊占仁学会了傈僳语、彝语、藏语,成为拉普小组掌握语言熟练最多的多语人。和万伟的彝语是在兰坪学会的,他在兰坪住了10年,经常跟彝族人交往。

(二) 拉普小组其他民族的语言使用现状

拉普寨中除了人数最多的普米族以外,还有8户纳西族,32人,5户汉族,19人;傈僳族1人。我们随机选取5位汉族、4位纳西族、1位傈僳族作为我们的分析样本,以下表3-69是这10人语言使用的相关信息:

表3-69 拉普组其他民族语言使用表

家庭关系	姓名	性别	民族	年龄	文化程度	第一语言及水平	第二语言及水平	其他语言及水平	备注
女婿	唐志东	男	汉	28	初中	汉,熟练	普米,熟练		
妻子	张荣丽	女	汉	44	小学	汉,熟练	普米,熟练	纳西,熟练	
妻子	黄建春	女	汉	60	初中	汉,熟练	普米,略懂		
父亲	张连山	男	汉	72	高中	汉,熟练	纳西,熟练	普米,略懂	
户主	张连高	男	汉	76	初中	汉,熟练	纳西,熟练	普米,略懂	

长子	杨世荣	男	纳西	27	初中	普米,熟练	汉,熟练	纳西,熟练	
妻子	杨成爱	女	纳西	32	小学	纳西,熟练	汉,熟练	普米,熟练	
户主	杨继锋	男	纳西	51	初中	纳西,熟练	普米,熟练	汉,熟练	
妻子	杨洁文	女	纳西	73	文盲	纳西,熟练	普米,熟练	汉,略懂	
长媳	胡春花	女	傈僳	25	初中	傈僳,熟练	汉,熟练	纳西,熟练	普米,熟练

表 3-69 中的 10 人从家庭关系来看,大多是女婿、妻子、媳妇等家庭角色,这说明他们都是从外地迁入。如女婿唐志东是四川的汉族,媳妇胡春花是河源的傈僳族。也有的是本寨的纳西族和汉族。拉普小组的老干部熊占仁告诉说:拉普小组的纳西族是由东山那边搬来的,历史有三百年左右,汉族是 1949 年从弯罗搬过来的。

这 10 人除了熟练使用自己的母语以外,都能兼用普米语。有 4 位纳西族和 1 位傈僳族共 5 人兼用汉语,有 3 位汉族和 1 位傈僳族共 4 人兼用纳西语。从这 10 人的语言兼用情况可以看出,在拉普小组这个多语场中各语言的地位排序是普米、汉、纳西语。普米语是拉普小组的**强势语言**,不管什么民族,只要生活在拉普小组,就得学会普米语,这样才能进入普米语社区,融入到拉普小组的语言生活中去。汉语是国家通用语,是各少数民族进入主流社会、融入主流文化的媒介,所以,不管什么民族,选用汉语已经成为语言生活必然的选择。

三、拉普小组语言使用特点、成因及启示

与九河乡的其他民族相比,拉普小组的语言使用情况具有以下几个特征:

1. 拉普小组的普米族均为多语人。

我们随机抽查的 68 位普米人,老老少少均掌握普米、汉、纳西三种语言,有部分人还能掌握白语。多语现象是拉普人语言生活的突出特征。拉普小组的普米人之所以兼用多种语言,是由于其人口少,需要兼用使用人口较多的白语和纳西语,以满足族际交流的需要。

2. 多语场出现代际变迁。

代际变迁主要表现为以下两点:一是 35 岁以上的中老年人大多掌握白语,其多语场由普米语、纳西语、汉语、白语四种语言构成;35 岁以下的青少年都不会白语,其多语场由普米语、纳西语、汉语三种语言构成。这说明在拉普人的多语场里,白语的地位下降。在 35 岁以上拉普人的语言生活里,白语有其不可替代的功用价值,兼用白语可以满足与白族人的交际需要;而在 35 岁以下的拉普人语言生活里,没有兼用白语的语言需求。

二是多语的顺序不同。普米语、纳西语、汉语这三种语言,50 岁以上的多语顺序一般是"普米语—纳西语—汉语",而 50 以下则是"普米语—汉语—纳西语"。这两种顺序体现了汉语习得顺序的前推和纳西语习得顺序的后延,即中青年先习得汉语后习得纳西族,老年人先习得纳西语后习得汉语。这种变化看似微小,其实反映了在普米人语言生活中汉语地位提升、纳西语语言地位下降的变化趋势,意味着汉语在普米人未来的语言生活中将起到越来越重要的作用。

语言习得顺序的代际差异是时代发展的一种必然。拉普村普及电视等大众媒体,而其传

播媒介又是汉语和汉字,这为拉普孩子在学前接触汉语创造了条件。拉普完小实行免食宿的封闭管理、汉语普通话教学,为学生创造了习得汉语的语言社区。拉普人越来越重视教育,其子女在读完初中之后继续读高中或职业技术学校。这13年的汉语教育促进了拉普人汉语水平的提高。

多语类型的代际变迁是语言能力消长的表现,是语言竞争的结果。

3．不同代际所兼用的汉语出现差别。

汉语包括国家共同语——普通话和汉语方言。拉普小组的中老人兼用的是云南方言,青少年兼用的是普通话。之所以造成这一差异,与习得途径的不同有关。中老年人的习得途径是日常交往的自然习得,青少年的习得途径主要是学校教育和媒体传播。

4．拉普人的语言生活多元和谐。

普米、汉语、纳西、白语等多种语言使得拉普人的语言生活多元化。每种语言都在他们的语言生活中承担不同的功能,形成多元和谐的语言关系。普米语既是族内交际的最重要的交际工具,也是维系民族情感的重要纽带。拉普的普米族在民居、服饰、节庆、习俗都与当地的主体民族相同,唯有普米语成为普米族的重要标记。尽管拉普寨的普米族还能熟练使用多种语言,但他们对自己的母语有很强的认同感,他们认为在节日仪式上说母语是对祖先的尊重。

汉语、纳西、白语用于族际交际。使用什么语言依据交际对象和交际场合而定。如张怀军(普米族,42岁)家,父亲是汉族,母亲和妻子是普米族。父亲在家时,为了尊重父亲,他们就说汉语。父亲不在家时,他跟母亲和妻子就说普米语。和永(普米族,18岁,男)告诉我们说,普米语和汉语都重要,普米语主要是回到寨子里讲,跟村里的乡亲讲汉语有点别扭。汉语主要是到外面才用,不然很难找到工作。纳西族听不懂普米语,就跟他们讲纳西语了。

5．对汉语越来越重视。

劳务输出是该小组主要的经济来源。随着与外界联系的日益加强,拉普人越来越意识到汉语的重要性。有的家庭开始有意识地教孩子学习汉语。和完全(普米族,61岁,男,中专学历)告诉我们,他女婿(36岁,纳西族,会说普米语)有意识地教5岁的孙女说汉语,因为他女婿担心孩子不会汉语将来读书很吃力。和万宝(普米族,50岁,男,文盲)也说了类似的情况,他家兼用普米语和汉语,大人之间主要用普米语,孙子们在家的时候讲汉语,主要是为了锻炼孙子和孙女学好普通话,这样将来读书才方便,因为出去读书班级里普米族毕竟很少。

刻意教孩子汉语的家庭现在虽然不多,但这是拉普人语言使用的新现象,值得我们关注。因为在我国,少数民族兼用汉语是必然趋势。但怎样兼用汉语,不同的民族会有不同的模式,拉普人在家庭里就教孩子学汉语,是一种值得借鉴的语言习得模式。

四、拉普小组人物访谈录

(一)金普村委会主任张怀军访谈录

访谈对象:张怀军,男,42岁,普米族,小学学历,金普村委会主任

访谈时间：2012 年 8 月 16 日下午

访谈地点：张怀军家

访谈、整理者：范丽君

问：您好，请您先介绍一下您的个人经历？

答：我姓张，名怀军，普米族，今年 42 岁，小学文化程度。2003 年以前，我拉煤跑运输，2003 年以后，开始种植山嵛菜（芥末），一直到现在。在此期间，2007 年村民把我选入金普村委会，现在我是金普行政村委会主任。

问：请您介绍一下您和您家人的语言使用情况？

答：我的母亲是普米族，没有上过学，她的第一语言是普米语，还能熟练使用白语、纳西语、汉语。我父亲是汉族，上过高中，后来去当兵。他的第一语言是汉语，从部队转业回来后在丽江武装部工作过，在那里学会了纳西语。他会听普米语但不会说。我的第一语言是普米语，因为父亲在外当兵，母亲在家带我，普米语说得好一些。我的第二语言是汉语，还会说纳西语、白语。这两种语言是和周边纳西族、白族打交道时学会的。我妻子张贵珍，也是普米族，她的第一语言是普米语，第二语言是汉语，还略懂纳西语和白语。我两个女儿的第一语言都是汉语，普米语沟通没有问题，但比她们的奶奶要差一些。她俩还都会纳西语，那是她们上小学时和纳西族的同学在一起学会的。

问：您生活在"普汉"结合的一个家庭里，每个人掌握的语言不尽相同，你们之间相互用什么语言交流？

答：平时在家说汉语比较多。父亲在家我们说汉语，因为父亲是汉族，我们要尊重他。今天父亲出去了，我们就说普米语。我和母亲说普米语比较多，与爱人和孩子说汉语。

吃年夜饭时，我们家什么语言都说。那时要祭祀祖先，祭祀时要说好几种语言，用普米语、汉语各说一遍。父亲的祖先我们祭祀时要用汉语说，普米族的祖先要用普米语说，纳西族的祖先就用纳西语说，不能用一种语言一带而过，这样对祖先不尊重。

问：你们家人用什么语言和村里人交流？

答：我和母亲哪种语言都会，见到普米族就说普米语，见到纳西族说纳西语，见到白族说白语。我爱人会普米语，纳西语不太好，所以她见到普米族说普米语，见到纳西族就说汉语，但她更喜欢说汉语，很少说普米语。

问：您的孩子不怎么说普米语，您担不担心她们将来不会说普米语？

答：我不担心她们不会说普米语，她们现在出去读书了，只要回到家里，跟她们用普米语沟通一下就会了，我就是老师，教她们一下就会了。

下一代的普米语可能会差一些，有的词语现在不会说了。比如普米语里"酒"有三种，用三个词来称呼。"烈酒"是一个词，"一般的酒"是一个词，还有一个称呼"酒"的"黑话"（婉转曲折的表达）词，现在孩子们都只知道"一般的酒"这个词。还有的人"屋檐"也不会说了。

问：对金普村普米语的未来您是怎么看的？

答：我认为语言不会丢失。但我担心普米语会受其他语言的冲击，变得不纯。比如金普的普米族和汉族、纳西族生活在一起，语言也会发生融合，普米语里会有汉语、纳西语的词汇。

问：你们家都过哪些节日？

答：我们什么节日都参与。我们过普米族的"吾昔节"，还有中秋节、春节等。但我们不过"三朵节"和"二月八"。

问：您家里都是现代化的家具，院子里停了吉普车，您家一派小康景象，生活过得很好吧。

答：我 2003 年贷款 60 万元，租了 200 亩地种植山嵛菜，山嵛菜 18 个月一个收获周期，每亩有 8000 元左右的收入，到现在我已经种了快十年了。现在我种植山嵛菜的技术比较成熟，与丽江"瓦莎毕"公司合作，产品主要出口日本。现在我又和这个公司续签了 10 年的合约。对我个人而言，生活过得可以了，但我们村还有很多人生活不太好。

问：面对这种情况，您有什么办法帮大家共同致富吗？

答：最近几年，我一直在找项目，看看什么项目适合我们这个地方的海拔、气候条件。已经引进了一些药材项目，初步找到一些致富门路。面对一个新项目的时候，也要做好村民的思想开导工作。

另外，我把我种植山嵛菜的经验推广到全村，现在有 20 多户人家开始种了。也有普米族、纳西族的村民在我那里打工，每户每年能挣 1 万元到 2 万元。

丽江"瓦莎毕"公司在我们村租了 500 亩荒地，搞农业观光旅游，这些都能带动我们村经济发展。

问：您觉得哪些方面的因素制约了金普村的发展？

答：第一，交通条件制约了金普的发展。从九河白汉场到金普都是山路，交通不太便利。2007 年以来，村里面貌有了较大改善。政府投入了 1200 万元左右，主要用于基础设施的建设，教育状况的改善，新品种、畜牧业改良等。通过这些措施，改善了教学环境，提高了农民收入。

第二，气候条件制约了金普的发展。我们这里海拔高，平均海拔 2600 米，这导致农作物种植较为单一，一年只能种植一季农作物。农民其他收入很少，每年七八月份，人们上山采些菌类，补贴家用。这里养殖业不发达，村里七八十户人家，只有 5 户养羊、50 户养牛，但每户只养一头。

鉴于金普村的实际条件，我们鼓励村民外出打工。其次整合资源，那些出去打工的走后，很多田地闲置，这样可以开展农田承包，规模种植。

问：作为一个成功的普米族致富带头人，您觉得普米族有哪些特点？

答：我觉得普米族特别善于沟通、言谈，易于融入到各个民族当中去，性格爽快、干脆。我们村有从北京、深圳娶过来的媳妇。

问：对于你们金普的普米族文化、语言的未来，您有些什么想法？

答:关于普米族文化方面,我打算请教传统艺人,记录一下普米族的打跳、民风民俗。还可以找一些年龄大、会的语言多、在金普生活时间长的老人,把他们集中起来,给他们一些补助,记录下普米族的传统文化。

关于普米族的服装,我最近从丽江的服装厂买了40套普米族服装,30套女装,10套男装。一般过大节时穿这些服装。

关于民族历史、语言方面,要和老人沟通,比较一下金普的普米族和别的地方的普米族有哪些共同点,哪些差异。金普的普米族与纳西族、白族居住在一起,语言有哪些变异。

(二)金普村委会拉普村组村民熊占仁访谈录

访谈对象:熊占仁,男,76岁,普米族,小学学历,拉普村组老干部

访谈时间:2012年8月15日上午

访谈地点:拉普村组熊占仁家中

访谈、整理者:李春风

问:爷爷您好!请介绍一下您的个人经历、家庭及语言使用情况好吗?

答:我叫熊占仁,属牛,76岁,普米族。生长在金普村,会普米语、纳西语、汉语、白语、傈僳语、彝语、藏语7种语言。我5岁的时候,父母就去世了,由亲戚养大。读了三年小学,然后回家自己学习。我们那时候读书的人不多。普米语、纳西语、汉语是我从小在村里就会的。我在河源煤矿地下挖矿挖了8年,那时候学会了白语、傈僳语、彝语、藏语。在拉普队当了32年的干部,1981年以后就休息了。我去过红河、瑞丽、缅甸等地,去做药材、木材生意。这村里出去做生意的人不太多。

2005年开始经营这个小卖部,还养羊、牛、鸡、猪等牲畜。生活得到了一点改善。去年买了这个烤炉(指旁边轰轰作响的工作机器),这两个月收菌子,烘干了以后等曲靖那边的公司派人过来收。这样也是为这里的老百姓做点好事,要不有时候村民采了菌子,等不到来人收,就烂掉了,很可惜的。

家里有8口人(妻子、三个儿子、一个儿媳、两个孙子)。奶奶(妻子)叫杨杰文,本村的纳西族,71岁,文盲,会普米语、纳西语,汉语能听懂,但很少说。我有三个儿子,两个女儿。大儿子有点毛病,就呆在我们身边;二儿子结婚后和媳妇在丽江,他开微型车,媳妇在一个公司里上班,两个孙子都在丽江上小学。三儿子也在丽江开微型车,还没结婚。两个闺女,一个嫁给中古的纳西族,生了两个男孩;一个嫁给石鼓的汉族,也生了一个男孩。

问:您的孩子、孙子回来跟您和奶奶说什么语言啊?

答:平时在家与妻子说普米语、纳西语,喜欢说什么语言就说什么语言。儿女回来一般都说普米语,有时候说纳西语。孙子嘛,我用普米语跟他们说话,他们用普通话回答;奶奶用纳西语跟他们说话,他们也用普通话回答。有时候他们跟奶奶说汉语,奶奶就用纳西语回答,很有

意思。

问：他们不说普米语或纳西语，您对此生气吗？

答：他们喜欢说什么就说什么吧，没什么的。

问：村里用什么语言多一些？

答：平时村里普米语用得最多。村里开会时用纳西语，也都能听得懂。我当村干部时，遇见什么民族就说什么语言。

问：现在的年轻人与您那一辈人比，语言有什么变化？

答：年轻人没我们会的语言多。50年代时，人们什么语言都懂，都会多种语言，会说汉语方言；年轻人就不会那么多了，一般就会说普米语、普通话、纳西语了。村里的小孩进学校的时候基本都会这三种语言的。

问：您这台烘菌子的机器多少钱啊？

答：这一台机器八千元，这些工具一万一。去年倒贴了四千块，因为去年菌子少。今年菌子多一点。

问：村里的经济来源有哪些呢？

答：这里没有资源，种地的多，出去打工的也多。多数去丽江开微型车。全村有耕地500多亩，以种苞谷、洋芋、油菜为主。人均约3亩地。我家现在有9亩多苞谷地、8亩洋芋地、1亩多菜籽地，大儿子放30多只山羊，奶奶喂了20多头生猪。

问：爷爷，那您的收入还不错吧？

答：去年亏了六千多块钱。洋芋卖不出去，三万多斤全都喂猪了，贴了四千多。现在化肥什么都贵，请工一天要50块钱，还供顿饭，赚不到什么钱。去年就算是葵花籽收了三千多块。村里靠庄稼收不到什么钱，只能靠养牲畜赚点钱。

问：请您介绍一下金普村吧！

答：这个行政村有13个生产队，分布线长达十多公里，普米族占一半。拉普队（拉普村组）海拔2400多米，北面是石鼓街县，南面是石头街县，东面是白汉场街县，西面是石鼓路洼村。拉普队有74户，320多普米族人。纳西族有七八户，汉族有七八户。这里的纳西族是由东山那边搬来的，开始只有两户人家，发展到今天可能有三百年左右了。汉族是1949年从弯罗搬过来的，他们本来是地主的长工，解放时把地主的房子分给他们。这里的汉族都是这一家发展起来的。拉普队的纳西族、汉族都能说普米语。

问：普米族与别的民族自由通婚吗？

答：解放前这里的普米族只有12户人家，不能与其他民族通婚。解放后就不讲究了，各个民族大团结嘛！现在嫁进来的白族、纳西族、汉族都有。嫁出去的也多，我的两个女儿就都嫁出去了。

问：您知道拉普村普米族是从哪里来的吗？

答：传说我们的祖辈是从内蒙古、青海搬来的，先到丽江，战争中，普米族战败后就分布在兰坪、小中甸等地的山区、半山区。可能有几百年的历史了吧！我们这个民族以前是居住在山区、半山区的,养奶牛、羊,挤牛奶、羊奶喝,专门吃酥油。

问:我看到村里有一所学校,很干净、整洁。咱们村的小孩都在这个小学读书吗？

答:父母出去的,就把孩子带出去读书;没有出去的,孩子就在这个小学读书。拉普队有5个大学生。今年有一个毕业了。周围13个生产队(村组),就我们这一所小学。起校(建校)的时候,我还在当村干部,募捐了200块钱、五百块砖。现在的小孩都是6周岁入学。学校实行封闭式管理,周一进去周五出来。全校有80来个学生,9名老师,1名炊事员,1名保安。炊事员是通海的,保安是这个村的,9名老师中有3名纳西族,5名白族,1名汉族。这些人来买东西时,都用自己的民族语言,我都能跟他们用民族语对话。

问:村里家家都有电视吗？

答:都有了。有几家没有的,去年政府都给了。

问:爷爷,看您身体特别的好,很有精神头啊！

答:我的生活很有规律。平时四点起来烧火炉烤菌子,五点半跑步,回来扫地、烧火,一直忙到晚上十二点再记账。虽然很累,也愉快。现在政策好了,自己做一点小生意,也活动活动。我们这一代太艰苦了,是吃苞谷饭、洋芋长大的,十几岁时还没吃过大米粥。父母去世得早,家境太贫寒了。我是不想给国家添麻烦,你看我写在墙上的几个字(边说边指给我们看):自力更生、艰苦奋斗。

问:爷爷,这也是您的座右铭吧？

答:哈哈,是啊,我就是告诉自己这么做的。

三、拉普小组语言使用情况总表

编号	家庭关系	姓名	性别	民族	年龄	文化程度	第一语言及水平	第二语言及水平	其他语言及水平	备注
1	户主	和亚军	男	普米	35	小学	普米,熟练	汉,熟练	纳西,熟练	白,熟练
	妻子	和作书	女	普米	36	初中	普米,熟练	汉,熟练	纳西,熟练	
	父亲	和万生	男	普米	59	小学	普米,熟练	纳西,熟练	汉,熟练	
	母亲	王润菊	女	普米	60	文盲	普米,熟练	纳西,熟练	汉,熟练	
	长女	和桂芳	女	普米	8	小二	普米,熟练	汉,熟练	纳西,熟练	
	姐姐	和作祥	女	普米	39	小学	普米,熟练	汉,熟练	纳西,熟练	
	弟弟	和作程	男	普米	29	大专	普米,熟练	汉,熟练	纳西,熟练	
2	户主	和万钟	男	普米	46	初中	普米,熟练	汉,熟练	纳西,熟练	
	妻子	张荣丽	女	汉族	44	小学	汉,熟练	普米,熟练	纳西,熟练	
	母亲	和玉花	女	普米	94	文盲	普米,熟练	纳西,熟练	汉,熟练,	白,熟练
	长女	和敏	女	普米	24	大专	普米,熟练	汉,熟练	纳西,熟练	
	长子	和军	男	普米	19	大专	普米,熟练	汉,熟练	纳西,熟练	

3	户主	和万光	男	普米	44	小学	普米,熟练	汉,熟练	纳西,熟练	
	妻子	和志英	女	普米	45	小学	普米,熟练	白,熟练	纳西,熟练	汉,熟练
	长子	和永	男	普米	19	初中	普米,熟练	汉,熟练	纳西,熟练	
	次子	和远	男	普米	15	初中	普米,熟练	汉,熟练	纳西,熟练	
	弟弟	和万伟①	男	普米	36	初中	普米,熟练	汉,熟练	纳西,熟练	白,熟练
4	户主	杨继锋	男	纳西	51	初中	纳西,熟练	普米,熟练	汉,熟练	
	妻子	熊茂芬	女	普米	49	小学	普米,熟练	汉,熟练	纳西,熟练	
	长子	杨世荣	男	纳西	27	初中	普米,熟练	汉,熟练	纳西,熟练	
	长媳	胡春花	女	傈僳	25	初中	傈僳,熟练	汉,熟练	纳西,熟练	普米,熟练
	次子	杨世坤	男	普米	25	初中	普米,熟练	纳西,熟练	汉,熟练	
5	户主	金树周	男	普米	28	初中	普米,熟练	汉,熟练	纳西,熟练	
	妻子	熊青海	女	普米	25	小学	普米,熟练	汉,熟练	纳西,熟练	
	父亲	金寸光	男	普米	59	小学	普米,熟练	纳西,熟练	汉,熟练	
	母亲	熊光秀	女	普米	61	文盲	普米,熟练	纳西,熟练	汉,熟练	
6	户主	纪荣生	男	普米	48	小学	普米,熟练	汉,熟练	纳西,熟练	
	妻子	和天秀	女	普米	50	小学	普米,熟练	纳西,熟练	汉,熟练。	
	长子	纪秋圆	男	普米	24	小学	普米,熟练	汉,熟练	纳西,熟练	
7	户主	熊建明	男	普米	51	高中	普米,熟练	纳西,熟练	汉,熟练	
	长子	熊金鹏	男	普米	27	初中	普米,熟练	汉,熟练	纳西,熟练	
	次子	熊鹏贵	男	普米	25	初中	普米,熟练	汉,熟练	纳西,熟练	
	三子	熊贵州	男	普米	23	初中	普米,熟练	汉,熟练	纳西,熟练	
8	户主	金寸龙	男	普米	49	小学	普米,熟练	纳西,熟练	汉,熟练	白,熟练
	妻子	和天玉	女	普米	48	小学	普米,熟练	纳西,熟练	汉,熟练	
	长子	金松	男	普米	23	初中	普米,熟练	汉,熟练	纳西,熟练	
	长女	金妃	女	普米	21	初中	普米,熟练	汉,熟练	纳西,熟练	
9	户主	熊国奇	男	普米	52	初中	普米,熟练	纳西,熟练	汉,熟练	白,熟练
	妻子	李东英	女	普米	48	小学	普米,熟练	纳西,熟练	汉,熟练	
	长女	熊清松	女	普米	26	初中	普米,熟练	汉,熟练	纳西,熟练	
	长子	熊得昌	男	普米	22	初中	普米,熟练	汉,熟练	纳西,熟练	
	次子	熊得胜	男	普米	22	初中	普米,熟练	汉,熟练	纳西,熟练	
10	户主	张怀军	男	普米	42	小学	普米,熟练	汉,熟练	纳西,熟练	白,略懂
	妻子	张贵珍	女	普米	40	小学	普米,熟练	汉,熟练	纳西,略懂	白,略懂
	父亲	张连山	男	汉	72	高中	汉,熟练	纳西,熟练	普米,略懂	
	母亲	和金兰	女	普米	70	文盲	普米,熟练	纳西,熟练	白,熟练	汉,熟练
	长女	张海燕	女	普米	21	大专	汉,熟练	普米,熟练	纳西,熟练	
	次女	张海霞	女	普米	18	大一	汉,熟练	普米,熟练	纳西,熟练	

① 和万伟除了会表中所列举的四种语言之外,还能够熟练使用彝语。彝语是在兰坪时学会的。他在兰坪住了十年,经常跟白族人交往。

11	户主	熊占仁①	男	普米	76	小三	普米,熟练	纳西,熟练	汉,熟练	白,熟练
	妻子	杨洁文	女	纳西	73	文盲	纳西,熟练	普米,熟练	汉,略懂	
	长子	熊向功	男	普米	48	文盲	纳西,熟练	普米,熟练	汉,熟练	
	长女	熊向开	女	普米	42	小学	普米,熟练	纳西,熟练	汉,熟练	
	次女	熊白英	女	普米	38	小学	普米,熟练	纳西,熟练	汉,熟练	
	三子	熊向华	男	普米	35	小学	普米,熟练	纳西,熟练	汉,熟练	白,熟练
12	户主	熊向龙	男	普米	35	小学	普米,熟练	纳西,熟练	汉,熟练	
	妻子	杨成爱	女	纳西	32	小学	纳西,熟练	汉,熟练	普米,熟练	
	长子	熊根福	男	普米	10	小四	汉,熟练	普米,略懂	纳西,略懂	
	次子	熊根强	男	普米	8	小二	汉,熟练	普米,略懂	纳西,略懂	
13	户主	熊建生	男	普米	42	小学	普米,熟练	汉,熟练	纳西,熟练	
	妻子	张怀梅	女	普米	38	小学	普米,熟练	汉,熟练	纳西,熟练	
	长女	熊凤娟	女	普米	16	初三	普米,熟练	汉,熟练	纳西,熟练	
	长子	熊凤岗	男	普米	14	初三	普米,熟练	汉,熟练	纳西,熟练	
14	户主	和万宝	男	普米	50	文盲	普米,熟练	纳西,熟练	汉,熟练	
	妻子	熊茂珍	女	普米	48	小学	普米,熟练	纳西,熟练	汉,熟练	
	长女	和作萍	女	普米	25	小学	普米,熟练	汉,熟练	纳西,熟练	
	女婿	唐志东	男	汉	28	初中	汉,熟练	普米,熟练		
	次女	和作红	女	普米	21	高中	普米,熟练	汉,熟练	纳西,熟练	
15	户主	张连高	男	汉	76	初中	汉,熟练	纳西,熟练	普米,略懂	
	妻子	黄建春	女	汉	60	初中	汉,熟练	普米,略懂		
16	户主	熊国辉	男	普米	47	高中	普米,熟练	汉,熟练	纳西,熟练	白,熟练
	母亲	金玉兰	女	普米	77	文盲	普米,熟练	纳西,熟练	汉,熟练	
	弟弟	熊国章	男	普米	37	初中	普米,熟练	汉,熟练	纳西,熟练	
	侄女	熊青萍	女	普米	8	小二	普米,熟练	汉,熟练	纳西,熟练	
17	户主	金寸林	男	普米	46	初中	普米,熟练	汉,熟练	纳西,熟练	白,熟练
	妻子	王万秋	女	普米	44	高中	普米,熟练	汉,熟练	纳西,熟练	白,熟练
	长女	金玉芳	女	普米	19	大二	普米,熟练	汉,熟练	纳西,熟练	
	次女	金玉梅	女	普米	16	高二	普米,熟练	汉,熟练	纳西,熟练	
	母亲	王学良	女	普米	82	文盲	普米,熟练	纳西,熟练	汉,熟练	白,熟练

第八节 河源村普米族语言使用情况个案调查

河源村辖河源、白岩、松坪、磨石河、大麦地、桥地坪、大栗坪、石红上组、石红下组、峰坪、牛住山、单岭、新房、老屋基 14 个村民小组。全村共有 2068 人,白族人口占全村总人口的 36.99%,纳西族占总人口的 24.66%,普米族占 22.05%。

这里的普米族主要分布在桥地坪和河源两个小组以及大栗坪小组小栗坪社。通过入户调

---

① 户主熊占仁,除了普米、纳西、汉、白四种语言之外,还能熟练使用傈僳、彝、藏三种语言。

查和专人采访,获知这三个调查点的普米族在语言生活上各有特点,分属不同的母语保留类型。具体是:桥地坪小组的普米族全民熟练使用自己的母语,属于母语保留型;河源小组普米族中的青少年群体大多不会说自己的母语,属于母语衰退性;大栗坪小组小栗坪社的普米族母语衰退之后又出现复苏的迹象,属于母语复苏型。

这种活生生的语言事实,对于研究我国语言生活及其演变非常有价值。下面对这三个点普米族的语言使用现状逐一进行描写分析。

一、母语保留型:桥地坪小组普米族语言使用现状

该小组共有 46 户,181 人。其中普米族 35 户,140 人;傈僳族 4 户,21 人;汉族 5 户,20 人。

桥地坪是一个自然寨。寨子的东边是大栗坪,西边是隶属大理的洱源,南边是大麦地,北边是峰坪。大栗坪、大麦地和峰坪三个自然寨都是白族聚居的村寨,洱源是汉族聚居地。

桥地坪寨在分布上处于白族、汉族的包围之中,形成一个小小的普米族孤岛。根据语言使用的一般规律,我们推测这个孤岛上的普米人,其母语可能会受到周边民族的影响出现母语衰退。但是我们从面上获得的信息是他们的母语仍然很好地保留。为了证实这一现象,我们物色了多个土生土长的、对当地情况熟悉的人进行调查。

该材料源自和双秀的口述。和双秀(女,普米族,50 岁)是九河乡计划生育专干,第八届全国人大代表,河源村河源小组人,她的家现在仍安在河源小组。她告诉我们说,桥地坪的普米人都能熟练使用母语。当地有哭葬习俗,连小孩都会用普米语哭葬。她告诉我们说:"在桥地坪,3 岁的孩子都会说普米语。他们一学说话就是学普米语。"为了证实已获得的材料和获取更多的语言使用信息,8 月 22 日,课题组从交通不便的普米族山寨请来大栗坪小组组长颜江平(白族,38 岁,小学学历)和大栗坪小组小栗坪社村民和庆生(44 岁,普米族)询问桥地坪小组的普米语使用情况。颜、和二人提供的材料也证实了和双秀的说法。

我们问及"桥地坪的普米人为什么都能熟练使用普米语?"三人的回答都是:寨子里都是普米人,天天都要说普米话。看来高度聚居可以使语言孤岛上的普米人保留自己的母语。

二、母语衰退型:河源小组普米族的语言使用现状

河源小组共有 41 户,其中 6 户是普米族,其余的 35 户是汉族。该小组的东边是大栗坪小组,南面是峰坪小组,北边是桥地坪小组,这三个小组都是白族聚居寨;西边是普米族居多的单岭小组。

该小组的 35 户汉族有 9 户娶普米族媳妇,他们的孩子都使用父亲的母语——汉语,不兼用母亲的母语——普米语。

(一)河源小组普米族语言使用现状

河源小组普米族语言使用现状是:母语只有部分人能熟练使用,且多为中老年人;汉语均

能熟练使用。下面从母语水平衰退和语言使用类型两个方面分析河源普米族的语言使用现状。

1. 河源小组普米族母语水平衰退

我们穷尽调查了河源小组6户27人的语言使用情况,统计出不同年龄段母语"熟练"、"略懂"、"不会"的人数和比例,对其母语衰退情况形成量化的认识。具体数据见表3-70:

表3-70 河源村河源小组普米族普米语使用情况表

年龄段(岁)	人数	熟练 人数	熟练 百分比(%)	略懂 人数	略懂 百分比(%)	不会 人数	不会 百分比(%)
6—19	6	0	0	3	50.0	3	50.0
20—39	11	2	18.2	4	36.4	5	45.5
40—59	7	7	100	0	0	0	0
60以上	3	3	100	0	0	0	0
合计	27	12	44.4	7	25.9	8	29.6

表3-70中的数据显示,60岁以上和40—59岁两个年龄段母语熟练的比例均为100%,但到20—39岁这一年龄段,剧减到18.2%,再到6—19岁这一年龄段缩减为0%。这三个数据的变化,反映出母语的活力呈"老年——中青年——青少年"的下降,到了青少年这一年龄段,6人只有3人略懂母语,这清楚地说明河源小组普米人母语使用由盛而衰。

我们选取统计表中8位不会母语的普米人,进一步了解河源小组母语的转用情况。他们的语言信息列表如下:

表3-71 河源小组普米族母语转用村民的语言使用情况表

姓名	性别	民族	年龄	文化程度	第一语言及水平	第二语言及水平
和君珠	女	普米	18	大学	汉,熟练	普米,略懂
和晓玲	女	普米	24	大专	汉,熟练	
和亚雄	男	普米	22	高中	汉,熟练	
和红星	男	普米	31	小学	汉,熟练	
和国华	男	普米	26	初中	汉,熟练	
和天红	女	普米	36	小学	汉,熟练	
张东玲	女	普米	9	小学	汉,熟练	
张东明	男	普米	6	学前	汉,熟练	

表3-71显示,这些母语转用汉语的普米人,年龄都在36岁以下。由于河源小组39岁以下的一共只有17人,而这17人中就有8人转用汉语,这个数字反映了普米语在这一年龄段的生存危机。

不但如此,我们还对母语水平为"略懂"的7人进行调查。调查后发现他们的母语水平是"听"的能力和"说"的能力不平衡,听的能力强,说的能力弱。会说的普米语词汇不多,如会说"父母、爷爷、奶奶、哥哥、姐姐"等普米语的亲属称谓,但要跟汉语词汇合在一起说。例如:"爷爷,吃饭了。"说成:"阿布(普米语"爷爷"的音译),吃饭了。"略懂母语的青少年中,有一位是18

岁的和君珠(女,普米族,大学一年级),她在14岁以前不会说普米语。14岁以后,她的母亲和双秀开始有意识地教她学说普米语。现在所会说的一些简单的普米句子都是近四年来学会的。虽然和君珠的母语习得是人为习得,与母语的自然习得方式不同,但这说明河源村已经有人意识到失去母语的危机,在进行力所能及的抢救。不管这一行为能否起到使河源普米人母语复活的效果,但普米人自觉地保护自己的母语这一行为令人欣喜。

2. 河源小组普米族的语言使用有不同的类型

该组普米人的语言使用可分为四种类型:汉语单语型,普米语汉语均熟练型,普米语熟练汉语略懂型,汉语熟练普米略懂型。具体统计数据见表3-72。

表3-72 河源小组普米族兼用语使用情况表

汉语单语型6人		普米语汉语均熟练型12人		普米语略懂汉语熟练型6人	
姓名	年龄	姓名	年龄	姓名	年龄
张东明	6	和国秀	28	和双秀	50
张东玲	9	和润玉	37	和席英	56
和亚雄	22	和七命	41	和金妹	59
和晓玲	24	张继光	47	和金强	68
和红星	31	和玉喜	48	和四山	74
和天红	36	和茂花	49	和四花	78

姓名	年龄		
和丽青	8		
和丽梅	14		
和君珠	18		
张银堂	20		
张银春	22		
和润英	30		

下面分别对这三种类型做些分析:

(1) 汉语单语型

该类型有6人,均为36岁以下。他们完全丧失母语能力,以汉语为自己唯一的交际工具,汉语在他们的语言生活中已经完全取代了母语。这些人大多错过了母语习得的最佳时期,要回补母语能力的可能性不太大。

(2) 普米语汉语均熟练型

这一类型有12人,他们是河源小组母语水平最高的群体,主要分布在中老年人中。母语用于与普米语熟练者交际,汉语用于与普米语不熟练者交际。

(3) 普米语略懂汉语熟练型

这一类型有6人,他们是30岁以下的群体。其语言习得顺序是:在1岁至3岁时,先在家庭里学习母语;4岁至6岁,母语还不能熟练使用时,在村寨与同伴玩乐当中习得了汉语;7岁上学后开始完全使用汉语,没有回补习得母语的时间,使他们的母语停留在尚未完成的阶段。这一双语类型显示母语的语域是在家里,汉语的语域在村寨。

(二)普米族家庭外族成员的语言使用现状

从普米族家庭外族成员的语言使用现状可以反观普米语的语言功能。若家庭中的外族成员普米语熟练,则说明普米语在家庭和村寨社区为强势语言,反之亦然。为此,我们调查普米

族家庭外族成员的语言使用信息,列表如表 3-73:

表 3-73 河源小组普米族家庭外族成员语言使用情况表

家庭关系	姓名	性别	民族	年龄	文化程度	第一语言及水平	第二语言及水平
女婿	刘正刚	男	白	54	初中	白,熟练	普米,略懂
妻子	杨发芝	女	汉	72	文盲	汉,熟练	
父亲	张寿久	男	汉	71	小学	汉,熟练	普米,略懂
长子	张建永	男	汉	31	小学	汉,熟练	

表 3-73 中的 4 位外族成员,有 2 位略懂普米语,即不会说但能够听懂日常交际用语;有 2 位不会,即没有普米语能力。为什么他们不学普米语?和双秀说:"他们认为普米语比较难学,也没有必要学,村里的人大都懂汉语,不影响生活。"这说明普米语在河源小组的弱势地位。

综上所述,河源小组普米族由于人数少,族际婚姻较多,外部又被汉语包围,其语言必然走向衰退,多被强势语言汉语所代替。这虽然是普米语的不幸,但却符合语言功能演变的一般规律。

三、母语复苏型:小栗坪社普米族的语言使用现状

小栗坪社有 15 户,都是普米族家庭。这 15 户中有 7 户娶白族媳妇,6 户娶傈僳族媳妇,只有 2 户娶普米族媳妇。

小栗坪社是大栗坪小组所辖的三个社之一。该社的东边是白族聚居的单岭小组,西边是白族聚居的二南箐社,北边是白族、傈僳杂居的大栗坪社。这三个组以白语为主要的交际工具;南边是汉族、普米族杂居河源小组,主要使用汉语。

小栗坪社的语言使用有两个突出的特点:一是普米语由衰变到复苏,二是多语现象具有普遍性。分述如下:

(一) 小栗坪社普米族母语由衰变到复苏

我们对该社 15 户 47 人的普米语使用现状进行穷尽性调查,下表 3-74 是调查得出的数据:

表 3-74 小栗坪社普米族母语使用情况表

年龄段(岁)	人数	熟练 人数	熟练 百分比(%)	略懂 人数	略懂 百分比(%)	不会 人数	不会 百分比(%)
6—19	7	5	71.4	0	0	2	28.6
20—39	21	7	33.3	8	38.1	6	28.6
40—59	16	16	100	0	0	0	0
60 以上	3	3	100	0	0	0	0
合计	47	31	66.0	8	17.0	8	17.0

表 3-74 显示三个重要的信息:

(1) 全社47人母语水平熟练的平均值是66.0%。这个数字说明该社母语使用是局部的,普米语不是该社的通用语。

(2) 60岁以上和40—59岁这两个年龄段母语熟练比例均为100%,但到了20—39岁这一年龄段,剧减33.3%。这个数据说明母语保留分布在40岁以上的年龄段,20—39岁的群体母语水平衰退。

(3) 6—19岁母语熟练的为71.4%,母语水平较20—39岁高38.4%。这说明6—19岁的母语水平回升。

这些信息使我们思考两个问题:一、为什么20—39岁这一年龄段普米语水平急剧下滑。二、6—19岁的母语水平为什么没有延续下降,反而回升。

我们调查发现,第一个问题主要与族际婚姻有关。小栗坪的普米族有族内婚的传统,在60岁以上这一代大多是族内婚姻,普米语自然是家庭和村寨的通用语。在这样的语言环境中,他们的子女辈,也就是40—59岁这一年龄段的普米人,自然也就能够熟练使用母语。但由于该社普米族人口太少,与外族联姻是繁衍后代的必然选择,族际婚姻家庭不断增多。到我们调查时,该社15户中就有12户都是族际婚姻家庭。族际婚姻家庭的增多必然使小栗坪的语言生活重建新的格局。

该社3户族内婚姻家庭成员均能熟练使用普米语。12户族际婚姻家庭中,3户普米语传承好的都是娶了会说普米语媳妇的人家。由此可见,小栗坪社的母语衰退与族际婚姻和长辈是否熟练使用普米语有关。

第二个问题与国家的特少民族优惠政策有关。从2006年起,九河乡的普米族每年都享受到国家特少民族项目的优惠政策,普米人切身体会到国家的关怀,有的家庭意识到丢失普米语的遗憾。大栗坪小组的组长颜江平(白族,38岁,小学学历)就为自己没有跟母亲学会普米语而感到遗憾。该社村民和庆生(44岁,普米族,小学学历)告诉我们说:"现在30多岁的人很多都不会讲普米语了,见面只能用白语交流,慢慢地感觉到自己本民族语言就要消失了,所以我们现在都刻意地教自己的小孩学说普米语。"一旦本族人意识到自己母语的宝贵,母语的复苏行为就成为可能的。

小栗坪社普米族母语的复苏说明,语言衰退虽然有其自身的规律,但政府的引导、本民族母语意识的觉醒能够扭转其衰变趋势。

(二) 多语现象较为普遍

小栗坪社普米族只有15户,其中又有7户有白族成员,小栗坪寨内的普米人很少。且又被周边分布的白族、汉族包围,在这样的民族分布下,普米语自然处于弱势,所以该社的大多数村民都兼用白语和汉语,少部分村民还兼用纳西语。下表3-75是小栗坪社47位普米人兼用语的具体数据。

表 3-75 小栗坪社普米族兼用语使用情况表

年龄段	人数	普米人兼用汉语 熟练	略懂	不会	普米人兼用白语 熟练	略懂	不会	普米人兼用纳西语 熟练	略懂	不会
6—19	7	6	0	1	5	0	2	0	0	7
20—39	21	21	0	0	14	0	7	1	1	19
40—59	16	16	0	0	16	0	0	8	1	7
60 以上	3	1	2	0	3	0	0	3	0	0
合计	47	44	2	1	38	0	9	12	2	33
		熟练:93.62%			熟练:80.85%			熟练:25.53%		

表 3-75 显示了小栗坪社普米族兼用语的几个特点:

(1) 熟练使用汉语、白语、纳西语的比例分别为 93.62%、80.85%、25.53%。这些比例说明汉语的兼用具有全民性,白语的兼用具有普遍性,纳西语的兼用具有局部性。

(2) 不同年龄段兼用语的水平不同。不同年龄段的兼用语存在差异。大致的规律是,汉语是青少年的水平比中老年高,白语是中老年水平比青少年高。60 岁以上的村民都会纳西语,青少年基本不会。

(3) 不同年龄段的兼语类型不同。6—19 岁和 20—39 岁兼用汉、白两种语言,40—59 岁和 60 以上的兼用汉、白、纳西三种语言。这说明不同代际在兼用语的选择上存在差异,汉语的地位在提升,白语的地位稍有下降,纳西语基本不被选用。

综上所述,小栗坪社不同代际的普米人在母语普米语、汉语、白语、纳西语等语言构成的多语场中选择自己所需要的语言。语言的选择看似自由,其实受到了各种因素的制约。各种语言的力量在不同时代里有消有长,普米语由强到弱再复苏,兼用纳西语的力量由强到弱,汉语的力量由弱到强。多种语言在小栗坪社这个语言社区中并存竞争,和谐互补,满足小栗坪社普米人的各种语言需求。

四、河源村人物访谈录

九河乡第八届全国人大代表和双秀访谈录

访谈对象:和双秀,女,50 岁,初中学历,九河乡计划生育专干,河源村河源小组人。
访谈时间:2012 年 8 月 20 日下午
访谈地点:九河乡政府办公室
访谈者:余金枝
整理者:杨露

问:您好!请先介绍一下您的个人情况吧。
答:我叫和双秀,今年 50 岁,普米族,初中毕业。在河源完小读小学,初中在九河中学,毕业后在河源三队当出纳。1982年,任河源大队妇女主任。1986年,兼任计划生育宣传员。1996年10月,调任九河乡妇联主席。2004年任乡计划生育专干。2009年至今担任乡计划生育办公室主任。

我家有8口人:我、丈夫、母亲、女儿、表妹的两个孩子,一男一女。我丈夫是龙应村的白族,目前在河源小组务农,表妹也在家做农活。我跟妹妹都是招女婿。我女儿还在读书,今年考到昆明国防科技大学,外甥高中毕业后在河源完小管理学前班,外甥女今年从文山学院毕业,准备去丽江打工。

问:能介绍一下您家人的语言使用情况吗?

答:我母亲叫和四花,78岁了,会讲普米语、汉语、纳西语、白语,还懂一点傈僳语。我爱人54岁,白语和汉语熟练,普米语能听得懂但讲不好。妹妹叫和玉喜,48岁,初中毕业,会说普米语、白语、汉语,纳西语只会讲一点。我姨夫是汉族,在分家之前,我们都住在一起。受其影响,我妹妹现在基本上讲汉语。我会讲普米语、汉语、白语和纳西语,傈僳语能听懂,只会简单地讲几句。

我女儿叫和君珠,18岁,因为村子里都用汉语交流,所以她最先学会了汉语,白语和纳西语是在学校里学会的,普米语懂一些,是最近四年我刻意教她的。我觉得是普米人不能丢掉自己的语言。因为,过去有的人不愿承认自己是普米族,我家从来不改自己的民族。她现在会说简单的普米语。外甥女叫和晓玲,24岁,外甥叫和亚雄,22岁,都是先学会汉语,读书时才会白语,普米语都只能听懂,不会说了。

问:您为什么要特意教女儿普米语呢?

答:那是代表我们民族的语言啊!丢掉太可惜了!如果我不教,说不定到我孙子那代就消失了。平时我会教她生活用语,还有普米族在祭祀时的用语,比如:"希望山神保六畜兴旺"等。

问:您在村寨里用什么语言交流呢?

答:在河源小组通常讲汉语,偶尔用普米语,看说话对象。在家只讲普米语。

问:请您再介绍下河源小组的基本情况。

答:河源小组是以汉族为主的村寨,有41户家庭,其中有6户是普米族,9位普米族与当地汉族通婚。村里年长的普米族以普米语作为主要的交际工具,20岁以下的年轻人已只会讲"父母、爷爷奶奶、哥哥姐姐"等表示亲属称谓的词语。比如:"爷爷吃饭了。"就讲成"阿布,吃饭!"("阿布"是普米语对爷爷的称呼)

问:河源普米族的风俗习惯有什么特点?

答:60岁以上的老年人会唱普米族歌、会讲普米族故事,20岁以下的人只会一些简单的日常用语。普米族的丧葬习俗,即要为逝去的人吟唱送葬歌,一般要由自己的亲人来哭唱,30岁以上的人基本都会,有的小孩也会,内容是"我们的民族从哪里来,死了要往哪里去"。服饰方面,村民平时大都穿便装,只在结婚嫁娶、过节迎宾等重要的节日才穿民族传统服装,且通常是老人、儿童、女性穿。普米族欢度的节日主要有春节、三朵节、七月半等,与其他村寨的过法基本一样,唯一不同的是这里的普米族不过火把节。

五、河源村普米族语言使用情况总表

(一)河源村河源小组普米族语言使用情况表

编号	家庭关系	姓名	性别	民族	年龄	文化程度	第一语言及水平	第二语言及水平
1	户主	刘正刚	男	白	54	初中	白,熟练	普米,略懂
	妻子	和双秀	女	普米	50	初中	普米,熟练	汉,熟练
	母亲	和四花	女	普米	78	文盲	普米,熟练	汉,熟练
	妻妹	和玉喜	女	普米	48	小学	普米,熟练	汉,熟练
	长女	和君珠	女	普米	18	大学	汉,熟练	普米,略懂
	外甥女	和晓玲	女	普米	24	大专	汉,熟练	
	外甥	和亚雄	男	普米	22	高中	汉,熟练	
2	户主	张继光	男	普米	47	高中	普米,熟练	汉,熟练
	妻子	和茂花	女	普米	49	高中	普米,熟练	汉,熟练
	母亲	和金强	女	普米	68	小学	普米,熟练	汉,熟练
	长女	张银春	女	普米	22	大学	普米,略懂	汉,熟练
	长子	张银堂	男	普米	20	大学	普米,略懂	汉,熟练
3	户主	和七命	男	普米	41	文盲	普米,熟练	汉,熟练
	妻子	和润玉	女	普米	37	小学	普米,熟练	汉,熟练
	母亲	和席英	女	普米	56	文盲	普米,熟练	汉,熟练
	长女	和丽梅	女	普米	14	小学	普米,略懂	汉,熟练
	次女	和丽青	女	普米	8	小学	普米,略懂	汉,熟练
4	户主	和四山	男	普米	74	文盲	普米,熟练	汉,熟练
	妻子	杨发芝	女	汉	72	文盲	汉,熟练	
	长子	和红星	男	普米	31	小学	汉,熟练	
	长媳	和国秀	女	普米	28	小学	普米,熟练	汉,熟练
	次子	和国华	男	普米	26	初中	汉,熟练	
	孙子	和丽琴	男	普米	10	小学	普米,略懂	汉,熟练
5	户主	张永	男	普米	38	小学	普米,略懂	汉,熟练
	妻子	和天红	女	普米	36	小学	汉,熟练	
	父亲	张寿久	男	汉	71	小学	汉,熟练	普米,略懂
6	户主	和金妹	女	普米	59	文盲	普米,熟练	汉,熟练
	长子	张建永	男	汉	31	小学	汉,熟练	
	长媳	和润英	女	普米	30	小学	普米,略懂	汉,熟练
	长孙	张东玲	女	普米	9	小学	汉,熟练	
	次孙	张东明	男	普米	6		汉,熟练	

(二) 河源村小栗坪社普米族语言使用情况表

编号	家庭关系	姓名	性别	民族	年龄	文化程度	第一语言及水平	第二语言及水平	其他语言及水平
1	户主	和国文	男	普米	49	小学	普米,熟练	白,熟练	汉,熟练
	妻子	熊国建	女	普米	47	小学	普米,熟练	白,熟练	纳西、汉,熟练
	长子	和成风	男	普米	23	初中	普米,熟练	白,熟练	汉,熟练
2	户主	和庆华	男	普米	49	小学	普米,熟练	白,熟练	汉、纳西,熟练
	妻子	和瑞福	女	普米	43	文盲	普米,熟练	纳西,熟练	白,熟练
	长子	和江龙	男	普米	24	大学	普米,熟练	白,熟练	汉、纳西,略懂
	次子	和江胜	男	普米	21	初中	普米,熟练	白,熟练	汉,熟练
3	户主	和玉根	男	普米	40	小学	普米,熟练	白,熟练	汉,熟练
	妻子	李凤兰	女	傈僳	35	小学	傈僳,熟练	汉,熟练	白、普米,熟练
	母亲	和阿开	女	普米	78	文盲	普米,熟练	纳西,熟练	白、汉,略懂
	长子	和灵杰	男	普米	9	小学	普米,熟练	白,熟练	汉,熟练
4	户主	和庆忠	男	普米	40	小学	普米,熟练	白,熟练	汉、纳西,熟练
	妻子	杨金花	女	傈僳	26	小学	傈僳,熟练	白,熟练	普米,熟练
	母亲	和益弟	女	普米	78	文盲	普米,熟练	纳西,熟练	白、汉,略懂
	二哥	和庆生	男	普米	44	小学	普米,熟练	白,熟练	汉、纳西,略懂
	长子	和江君	男	普米	10	小学	普米,熟练	白,熟练	汉,熟练
	长女	和江琴	女	普米	8	小学	普米,熟练	白,熟练	汉,熟练
5	户主	和杰生	男	普米	46	初中	普米,熟练	白,熟练	汉,熟练
	妻子	李庆术	女	白	41	小学	白,熟练	汉,熟练	
	长子	和应芳	男	普米	23	初中	白,熟练	汉,熟练	
	长媳	乔波英	女	傈僳	22	小学	傈僳,熟练	汉,熟练	白,熟练
	长女	和春丽	女	普米	20	小学	白,熟练	汉,熟练	
6	户主	和文忠	男	普米	54	小学	普米,熟练	白,熟练	汉,熟练
	长子	和建清	男	普米	26	初中	普米,略懂	白,熟练	汉,熟练
	次子	和建仁	男	普米	23	初中	普米,略懂	白,熟练	汉,熟练
7	户主	和建华	男	普米	39	小学	普米,略懂	白,熟练	汉、傈僳,略懂
	妻子	余丽花	女	傈僳	35	文盲	傈僳,熟练	白,熟练	汉,略懂
	爷爷	和敬先	男	普米	55	小学	普米,熟练	白,熟练	汉,熟练
	奶奶	虎玉珍	女	傈僳	54	文盲	傈僳,熟练	白,熟练	汉、普米,熟练
	长女	和春香	女	普米	12	小学	普米,熟练	白,熟练	汉,熟练
	长子	和春生	男	普米	6		普米,熟练	白,熟练	
8	户主	和学文	男	普米	54	小学	普米,熟练	白,熟练	汉,熟练
	妻子	严庆和	女	白	49	小学	白,熟练	汉,熟练	普米,略懂
	长子	和先成	男	普米	32	小学	普米,熟练	白,熟练	汉,熟练
	长媳	杨志女	女	普米	30	初中	普米,熟练	汉,熟练	

9	户主	和学良	男	普米	55	小学	普米,熟练	白,熟练	汉,熟练
	妻子	胡成英	女	傈僳	54	文盲	傈僳,熟练	白,熟练	汉,略懂
	长子	和建军	男	普米	33	小学	普米,略懂	白,熟练	汉,熟练
	次子	和建峰	男	普米	28	小学	普米,略懂	白,熟练	汉,熟练
	次媳	李静莲	女	白	27	小学	白,熟练	汉,熟练	
10	户主	和晶亮	男	普米	48	初中	普米,熟练	白,熟练	汉、纳西,熟练
	妻子	杨四静	女	傈僳	47	文盲	傈僳,熟练	普米,熟练	白、汉,熟练
	长子	和立交	男	普米	25	初中	普米,略懂	白,熟练	汉,熟练
11	户主	和金泉	男	普米	54	小学	普米,熟练	白,熟练	汉、纳西,熟练
	妻子	李新妹	女	白	52	小学	白,熟练	汉,熟练	
	长子	和福牛	男	普米	25	小学	普米,略懂	白,熟练	汉,熟练
	长女	和丽红	女	普米	23	小学	普米,略懂	白,熟练	汉,熟练
12	户主	颜桥益	女	白	41	文盲	白,熟练	汉,熟练	普米,略懂
	长子	和丽鹏	男	普米	22	初中	普米,略懂	白,熟练	汉,熟练
	长女	和丽琴	女	普米	20	初中	白,熟练	汉,熟练	
13	户主	和双宝	男	普米	93	文盲	普米,熟练	白,熟练	汉、纳西,熟练
	妻子	颜玉香	女	白	86	文盲	白,熟练	普米,熟练	
	四女	和杰妹	女	普米	37	文盲	普米,熟练	白,熟练	汉、纳西,熟练
14	户主	和杰林	男	普米	49	小学	普米,熟练	白,熟练	汉、纳西,熟练
	妻子	虎兰花	女	傈僳	47	文盲	傈僳,熟练	白,熟练	汉,略懂
	长女	和春梅	女	普米	29	小学	白,熟练	汉,熟练	
	长子	和应聪	男	普米	27	小学	白,熟练	普米,略懂	汉,熟练
	次子	和应佳	男	普米	25	小学	白,熟练	汉,熟练	
15	户主	和杰文	男	普米	47	小学	普米,熟练	白,熟练	汉、纳西,熟练
	妻子	赵国顺	女	白	45	小学	白,熟练	汉,略懂	
	长子	和春松	男	普米	18	初中	白,熟练	汉,熟练	
	长女	和春玉	女	普米	19	初中	白,熟练	汉,熟练	

第九节 和志强一家三代人语言使用情况的变迁

和志强是南高村彼古小组人,纳西族,今年47岁,现任南高村村委会主任。其一家三代人中,父辈和自己这一辈的六兄妹都是族际婚姻。这些族际婚姻家庭的成员,大多是双语人或多语人。

族际婚姻家庭的语言生活与族内婚姻家庭相比,有自己的特点。因为族际婚姻家庭的成员在语言的使用上存在多选性。九河乡是一个白族和纳西族杂居的地区,族际婚姻家庭比较普遍,其语言生活存在许多值得研究的特点。

本文选择南高村彼古小组和志强族际婚姻家庭为个案,通过考察其一家三代人语言生活的变迁,以认识族际婚姻使用语言的特点及其规律。下面对和志强一家三代人的语言使用情况做具体的描写分析。

一、第一代(和志强父母)的语言使用情况

和志强的父亲和长清是纳西族,九河乡南高村彼古小组人,能熟练使用纳西语、白语、汉语三种语言。母亲是白族,大理剑川人,能熟练地使用白语,能听懂纳西语,会说一些简单用语,但不会汉语。母语熟练、不会汉语、汉语习得时间晚是和志强父母二人语言使用的一个重要特点。他们二人的语言使用情况见表3-76:

表3-76 第一代(和志强父母)的语言使用情况表

家庭关系	姓名	年龄	民族	文化程度	第一语言及水平	第二语言及水平	第三语言及水平
父亲	和长清	80	纳西	私塾	纳西,熟练	白,熟练	汉,熟练
母亲	张定妹	68	白	文盲	白,熟练	纳西,略懂	汉,不会

和志强的父亲出生的彼古寨是纳西族聚居寨,寨子里的孩子在儿童时期都只会说纳西语,他也不例外。他少年时读过私塾,私塾老师是白族,所教的"四书五经"都用白语讲解,所以学会了白语。解放后,他参加民兵,宣传党的政策需要说汉语,才开始学习汉语。之后转为税务干部。当税务干部期间,他去昆明读了一年书,课上课下都说汉语,就学会了汉语。此后,他大多使用汉语,只有与白族和纳西族交谈时,才说白语和纳西语。

和志强的母亲张定妹不识字,也不喜欢外出,婚前只会说白语。在剑川认识和志强的父亲,结了婚后,便随丈夫定居九河乡彼古小组。在彼古小组,纳西语是日常交际用语,久而久之,她就听懂纳西语了。跟家人交谈,她说白语;跟村里人交谈,她就用一些简单的纳西语句子应答。

在家里,和志强的父母跟孩子和孙子都说白语,不说纳西语和汉语。

和志强的母亲会唱白族调。每年农历八月二十六到三十,在剑川的石宝山景区举行盛大的白族歌会。这是和志强父母这一辈人非常期盼的盛会。他的母亲说,原来交通不便时,周边四五十公里的爱好白族歌曲的男女老少,都徒步前去唱歌,且自备伙食。现在同样举行歌会,但唱歌的大多是中老年人,年轻人会唱的不多。他的母亲只跟同辈人唱,不跟年轻人唱。

他说父亲会唱"忙达"(纳西族歌曲中的一类),但一般不唱,因为纳西语歌曲是在婚丧嫁娶时才唱,而婚丧嫁娶的人家会请高手唱,像他父亲这样水平一般的人没有机会唱。每次人家唱,他都会去听。歌词的内容很丰富,"喜歌"歌词表达对主人的美好祝愿,"丧歌"歌词表达对丧者亲属的劝慰和对亡灵的告诫,告诫亡灵不要走地狱路,不要走岔路,一定要跟着自己的祖先走,这样才能找到好的安魂之处。纳西族老人都会唱,不会唱的也能听得懂。他们很喜欢听这些歌曲,因为他们认为这些歌曲才能表达他们内心的情感需求和价值取向。

和志强的母亲穿的是剑川沙溪的白族服装,这是她的生活装,还戴着白族头饰。她只穿白族服装,不穿其他民族的服装。

他的母亲虽然不会说汉语,但也看汉语电视,还挺爱看韩剧,特别是韩文原版的。因为她听不懂汉语,汉语电视剧和韩语电视剧对她来说都是一样的。她可以根据口形、表情、动作猜

到一点剧情,他的父亲给她讲解,就能懂了。

二、第二代(和志强兄妹)的语言使用情况

和志强有 6 个兄妹,3 男 3 女,除了和志强的三弟 1 人随母报白族以外,其余的 5 个兄妹都随父报纳西族。和志强 6 个兄妹的配偶都是白族人,除了和志强三弟 1 户是族内婚姻以外,其余 5 户都是族际婚姻家庭。

和志强兄妹 6 人的第一语言都是白语,白语的习得途径是家庭交流。他们 6 人中除了三弟 1 人不会说纳西语以外,其余五兄妹都能熟练使用纳西语。纳西语的习得途径是村寨交往和族内交际。除了二妹汉语水平为略懂以外,其余 5 人均能流利地使用汉语。这 6 兄妹中有 5 人的语言习得顺序是"白语——纳西语——汉语",只有三弟 1 人为"白语——汉语"。和志强这一代人语言使用的主要特点:一是以母亲的母语白语为第一语言;二是能熟练使用纳西语;三是掌握三种语言。

为了具体地了解和氏兄妹的语言使用情况,我们将其相关信息列表于下表 3-77。

表 3-77 第二代(和志强兄妹)的语言使用情况表

家庭关系	姓名	年龄	民族	文化程度	第一语言及水平	第二语言及水平	第三语言及水平
丈夫	和志强	45	纳西	高中	白,熟练	纳西,熟练	汉,熟练
妻子	王澍英	40	白	初中	白,熟练	汉,熟练	纳西,略懂
大哥	和志刚	49	纳西	大学	白,熟练	纳西,熟练	汉,熟练
大嫂	赵珊玉	49	白	中专	白,熟练	汉,熟练	
三弟	和志红	40	白	初中	白,熟练	汉,熟练	
三弟媳	李笋英	35	白	初中	白,熟练	汉,熟练	
大姐	和杰花	55	纳西	高中	白,熟练	纳西,熟练	汉,熟练
大姐夫	姚云三	58	白	中专	白,熟练	纳西,熟练	汉,熟练
二妹	和梅花	38	纳西	初中	白,熟练	纳西,熟练	
二妹夫	赵三恁	45	白	初中	白,熟练	汉,略懂	
三妹	和叶红	36	纳西	初中	白,熟练	纳西,熟练	汉,熟练
三妹夫	杨同堂	38	白	初中	白,熟练	汉,熟练	

下面对上表 3-77 中的 12 位家庭成员的语言使用情况做些必要的说明:

和志强是南高村主任。南高村辖彼古、易之古和南高三个村民小组。其中彼古是纳西族聚居寨,也是和志强居住的寨子,纳西语是这个寨子的生活用语。易之古和南高是白族聚居寨。由于交际需要,和志强习得了白语、纳西语和汉语三种语言。跟家人和白族人说白语,跟纳西人说纳西语,与其他民族或外来者沟通说汉语。

和志强的妻子是甸头村河西小组人。河西寨是纯粹的白族寨,大约有 100 多户,四五百人左右,都是白族。她习得语言的顺序为:"白语——汉语——纳西语"。婚前,她只会说白语和汉语,白语是跟父母和同伴学会的,汉语是上学时学会的。嫁入纳西族聚居的彼古寨后,由于生活在纳西语为强势语言的环境中,逐渐学会了纳西语的日常用语。2005 年到 2008 年,她开

车跑九河到剑川、丽江的路段,经常说白语。因为,白语是九河乡的强势语,除了白族说白语以外,纳西、普米等其他民族也说白语。2008年之后,孩子去丽江读书,为了照顾孩子,她就去丽江开出租车了。在丽江,她的工作用语是汉语,因为丽江的乘客来源广,只有用国家通用语才能满足交际需要。回到家里,她还是喜欢跟孩子说白语,她觉得说白语亲切自然。

和志强的大哥在部队工作时曾被派到南京陆军学院学习两年。1991年,被派遣到迪庆军分区工作,2006年任维西傈僳族自治县武装部长,2010年退休,现居丽江。其妻子原是维西县一中的工勤人员,现已退休。和志强的大哥白语、纳西语和汉语都很好,其妻子白语和汉语很好,但因为长期离开使用白语和纳西语的语言环境,现在都不说白语和纳西语,只说汉语了。

和志强的三弟小时候送给他的姨妈当养子,所以民族成分随养母定为白族。现在大理州洱源县茈碧乡当上门女婿。他的妻子是白族,二人在家说白语。

和志强的大姐原在丽江环卫局工作,现已退休。他的大姐夫是丽江汽车总站的驾驶员,也退休了。他们在家说白语,外出说汉语。

和志强的二妹家住在九河村清江小组,从小就学会了白语和纳西语,因为一直在家务农,不太外出,缺乏学习汉语的语言环境,到现在还不会说汉语。二妹喜欢穿白族服装,会说白语的民间故事,会唱一点白族调。他的二妹夫是白族,虽然读过初中,但一直在家务农,不爱外出,汉语也说得不好。清江是白族聚居寨,白语是该寨村民的交际用语,只说白语就能满足他们的交际需要了。

和志强的三妹住在九河乡九河村西还邑寨。他的三妹白、纳西和汉三种语言都说得很好,但是不会唱白族歌曲,不会说白族民间故事,也不穿白族服装。他的三妹夫是白族,能熟练使用白语和汉语。因为西还邑是白族聚居寨,村里还保留白族的传统文化,他的三妹夫还会说白族民间故事,会唱白语歌曲。

三、第三代(和志强兄妹的子女)的语言使用情况

和志强兄妹共有11个子女,其中3人的民族成分填报纳西族,8人填报白族。民族成分为纳西族的3个孩子中,有2人的第一语言是白语,1人的第一语言是汉语。民族成分为白族的8个孩子都以白语为第一语言,并能熟练使用汉语。他们使用语言的具体情况见表3-78:

表3-78 第三代(和志强兄妹的子女)的语言使用情况表

家庭关系	姓名	年龄	民族	文化程度	第一语言及水平	第二语言及水平	第三语言及水平
和志强的长子	和小明	19	纳西	大学	白,熟练	汉,熟练	纳西,略懂
和志强的次子	和周明	16	纳西	高中	白,熟练	纳西,熟练	汉,熟练
大哥的孩子	和潇辉	23	纳西	大专	汉,熟练	白,略懂	
三弟的长女	李金环	14	白	初中	白,熟练	汉,熟练	
三弟的次女	李娟	12	白	小学	白,熟练	汉,熟练	
大姐的长子	姚崇鑫	25	白	大专	白,熟练	汉,熟练	纳西,熟练
大姐的长女	姚晓芹	28	白	大专	白,熟练	汉,熟练	纳西,略懂

二妹的长女	赵丽霞	23	白	大专	白,熟练	汉,熟练	纳西,略懂
二妹的长子	赵兴发	19	白	大专	白,熟练	汉,熟练	
三妹的长子	杨重发	17	白	中专	白,熟练	汉,熟练	
三妹的次子	杨重旺	12	白	小学	白,熟练	汉,熟练	

下面对上表3-78中的11位孩子的语言使用水平进行逐一说明。

和志强的两个孩子和小明、和周明语言使用水平有两点不同：(1)语言习得顺序不同，其长子的语言习得顺序是"白语——汉语——纳西语"，其次子的语言习得顺序是"白语——纳西语——汉语"。(2)纳西语的使用水平不同，其长子的纳西语水平为"略懂"，其次子为"熟练"。为什么同一个家庭两个年龄相近的孩子语言使用会出现这一差别？原因与其二人的交往对象有关。小学阶段，虽然二人都就读于南高村完小，但两人的玩伴不同，其长子的玩伴多为白族，其次子的玩伴多为纳西族。初中阶段，其长子就读的九河中学白族学生多，其次子就读的丽江实验学校纳西族学生多。现在，其长子已经从丽江市一中毕业，就读于昆明的云南中医学院，其次子仍在丽江市一中读高中，经常与纳西族同学交往。

和志强大哥的孩子长期居住在维西傈僳族自治县，那里没有纳西族和白族，缺乏习得这两种语言的环境，所以他不会说纳西语和白语，只会说汉语。所能听懂的一点点白语是寒暑假回老家跟长辈，以及同辈的兄妹学会的。

和志强三弟的长女和次女，语言习得顺序都是先学会母语白语，后学会汉语，两种语言都能熟练使用。她俩的语言使用情况相同，与其所处的语言环境相同有关。和志强三弟的长女所就读的苴碧中学和次女所就读的洱源大果完小都是白族学生较多的学校，课后大家都用白语交谈。

和志强大姐的两个孩子姚崇鑫和姚晓芹语言使用状况相近，不同的是姚崇鑫纳西语熟练，姚晓芹纳西语略懂。姚崇鑫之所以纳西语熟练，是由于他从小学到高中一直在丽江读书，喜欢踢球，纳西族学生也喜欢踢球，他的纳西语是跟他的纳西族球友学会的。现在，他讲的纳西语比九河纳西族讲的还要流利，很多人都以为他是丽江的纳西族。姚晓芹不太喜欢跟他人交往，所以纳西语差一些。

和志强二妹的两个孩子赵丽霞和赵兴发，白语和汉语都很好，白语是从小学会的，汉语是从学校学会的。因为都是大专文化，两人的汉语都很好。赵丽霞毕业后在丽江工作，慢慢听懂了纳西语。

和志强三妹的两个儿子杨重发和杨重旺，白语和汉语都很好。他俩白语好是由于其父母都用白语交流，所居住的寨子是白族聚居寨，白语是村寨用语。汉语是在学校习得的，一般读完三年级后，汉语都很好。

这11个孩子，除了和志强大哥的孩子以外，其余的10个孩子都喜欢用白语交谈，只有遇到白语表达不了的内容，他们才用汉语。虽然这些孩子的白语都说得很流利，在口语交际能力上看不出他们的白语水平与其父辈和祖辈的差距，但是他们母语的词汇量赶不上其父辈和祖辈。一些平时不太用的词语，如"洞"、"冰"、"绵羊"、"熊"等；一些表示总称的词，如"水果"、"野兽"等,他们不用本语词,而用汉语借词。

和志强兄妹的孩子这一辈,白族和纳西族的歌曲、民间故事等都不会了。母语的文化传承功能在这一代人身上出现衰退,只有母语的交际功能仍在延续。

四、和志强一家三代人语言生活的现状及变迁说明了什么?

通过以上分析,我们可以看到和志强一家三代人的语言使用情况出现一定的差异。主要表现在以下三点上:

1. 第一语言与民族成分的关系出现了不一致。一般的情况是第一语言与民族成分之间的关系是一致的,即在语言顺序上第一语言是自己的母语。但和志强一家三代人的情况是:第一代人的第一语言与民族成分的关系是一致的。他的父亲是纳西族,第一语言是纳西语。他的母亲是白族,第一语言是白语。到了第二代,有一致的,也有不一致的。兄妹6人及其配偶共12人中有7人是一致的。如和志强的妻子民族成分是白族,其第一语言也是白语。但有5人是不一致的。如和志强的三妹民族成分是纳西族,但第一语言是白语。到了第三代,11人有8人是一致的,但有3人是不一致的。

2. 语言生活的类型出现三点明显的改变:一是第一代人和志强的母亲白语熟练、纳西语略懂,主要用白语交际,可以算是白语单语人,但到了第二、第三代都没有单语人;二是第二代有1人是"白语——纳西语"双语人,所使用的两种语言都是少数民族语言,第三代人没有只会使用少数民族语言的双语人;三是第三代有1人是"汉语——白语"双语人,而第一、二代都没有这一双语类型。(详见"和志强一家三代语言使用统计表")

3. 习得汉语的时间呈现低龄化趋势。具体是,和志强的父亲是在成年之后才学会汉语的,汉语是他的第三语言。但到了第二代,12人中有6人在小学阶段学会了汉语,汉语是他们的第二语言。再到第三代,11人中有10人在小学或学前就接触了汉语,以汉语为第二语言,甚至有1人以汉语为第一语言。(详见下表3-79)

表3-79 和志强一家三代语言使用情况统计表

不同代际	人数	单语型	双语型			三语型	
		白	白、汉	汉、白	白、纳西	白、纳西、汉	白、汉、纳西
第一代	2	1				1	
第二代	12		5		1	5	1
第三代	11		5	1		1	4

4. 以语言为载体的口头传统文学的传承出现了代际断裂。和志强的父母能说、能唱自己民族的民间故事、歌曲。到了和志强他们这一代,只能懂本民族的故事和歌曲,但不会说了、不会唱了。再到下面一代,就连听也听不懂了。

和志强一家三代人语言生活的现状及变迁说明了什么?

1. 和志强一家三代人语言生活构成了一个多语场。这个多语场由汉、白、纳西三种语言构成。家庭成员在这三种语言之间选用适合自己的语言。在不同代际,这三种语言的力量出现消长。白语、纳西语的力量有消有长,而汉语的力量则一直增长。其原因与家庭成员的交往对象、受教育程度的高低有关。

除了和志强一家外,九河乡的许多家庭也是族际婚姻家庭,都有各自的多语场。从整体上看,语言的选用受人口分布、地域位置、文化教育程度等社会因素的制约。

2. 族际婚姻家庭成员语言的选用,并不完全依民族成分而定。一般的规则是子女以父亲的母语为母语,这是由父系社会的特点决定的。但和志强一家三代人的母语选择,有的遵循这一规则,有的突破这一规则。这说明,民族原则淡化了,语言应用的实际需要在语言选择中起到主要作用。

3. 族际婚姻家庭成员的语言使用,是语言使用的一个内容,有其特点和规律,过去语言学界对族际婚姻家庭的语言使用,并没有进行深入的、分类型的研究。这是今后应当加强研究的一个领域。

第四章 九河乡少数民族母语使用现状及其成因分析

前文的个案调查为我们显示了白族、纳西族、普米族自然寨以及族际婚姻家庭的语言使用状况,使我们对村寨社区的语言生活和家庭语言使用的代际变迁有了具体的了解。本章我们依据这些个案的统计分析和田野调查获得的第一手材料,围绕九河乡各少数民族稳定使用自己的母语及其成因、青少年母语能力的新变化、九河乡少数民族稳定使用自己母语的启示三个问题展开论述。

第一节 九河乡少数民族稳定使用自己的母语及其成因

因为本节主要论述母语的使用状况,而九河乡少数民族又存在不少族际婚姻家庭,家庭成员中出现民族成分随父而第一语言随母的不一致现象,这就与第一语言是父亲的母语的一般通则相违背。到底父方语言是母语,还是母方语言是母语;第一语言是否就是母语;什么是母语等问题就出现了。需要在本节的开头做些分析。

关于什么是"母语",学者主要有两种不同的观点:一种是以语言习得的顺序为依据,把母语定义为"最先习得的语言";另一种是以语言使用者的民族成分为依据,把母语定义为"本民族的语言"。我们采纳后一种观点。因为若把母语定义为"最先习得的语言",那么就不存在语言转用、母语濒危等一系列的问题,凡是有语言能力的人都使用自己的母语,不管是不是父母的母语。我们只能依据考察对象所填报的民族成分来确定他的母语,如"甲"的父亲是白族,母亲是纳西族,他随母填报纳西族,我们就把他的母语确定为纳西语。

九河乡境内居住着白、纳西、普米、傈僳、藏等多个少数民族。其中白族人口最多,占全乡总人口的52.1%;其次是纳西族,占37.9%;再次是普米族,占4.26%;傈僳族占1.77%。藏族不到百人,且都是外来人口。考虑到人口数量和语言生活是否具有主流性等因素,我们重点考察白、纳西、普米3个民族的母语使用状况。

依据对白族、纳西族、普米族分布的10个村寨共1902人进行入户调查所获得的数据和通过访谈、母语四百词测试、语言生活场景观察等途径所获取的实证材料,我们初步形成这样一个认识:"九河乡各少数稳定使用自己的母语。"下面进行具体的描写分析。

一、九河乡各少数民族稳定使用自己母语的表现

之所以说九河乡各少数民族稳定使用自己的母语,是由于该乡的少数民族在母语的使用上具有以下特征:母语熟练的人数比例高;母语的词汇量较大;母语传承基本稳定;母语是区域强势语;母语是族内交际最重要的语言工具等。

(一)九河乡白族稳定使用母语例证

1. 母语保留具有全民性。

全乡白族人口有14300人,有聚居和杂居两种类型。聚居的有龙应、九河两个村委会,这两个村委会所辖的12个村民小组都是白族。杂居的有关上、甸头、中和、北高、南高五个村委会。

为了全面掌握该乡白族使用母语的情况,我们从聚居村和杂居村中共选取4个点进行深入调查。3个白族聚居的调查点是龙应村的史家坡小组、南高村的易之古小组和九河村的高登小组,1个白族与其他民族杂居的调查点是关上村的梅瓦小组。通过对这4个调查点的白族共计1101人使用母语的情况进行入户调查,得出数据见表4-1:

表4-1　九河乡白族白语使用情况表

调查点	人数	熟练 人数	百分比(%)	略懂 人数	百分比(%)	不会 人数	百分比(%)
史家坡	521	521	100	0	0	0	0
高登	147	147	100	0	0	0	0
易之古	351	350	99.7	0	0	1	0.3
梅瓦	82	80	97.56	2	2.44	0	0
合计	1101	1098	99.72	2	0.18	1	0.09

表4-1显示两个重要信息:(1)4个调查点的1101位白族,只有2人母语略懂,1人不懂,熟练使用自己母语的人数比例高达99.72%,可见白语是白族人普遍掌握的语言工具。(2)白族聚居村的史家坡和高登两个寨,熟练掌握母语的人数比例均为100%。白族和纳西族杂居的梅瓦,熟练掌握母语的人数也高达97.56%。这说明分布在聚居村和杂居村的白族人,母语水平大致相同,并不因杂居而影响母语水平。

2. 白语是族内交际最重要的语言工具。

白族人绝大多数都是"白语——汉语"双语人。史家坡、高登、易之古、梅瓦四个寨共1101人,能熟练使用汉语的有1058人,占调查人数的96.09%。这个数据说明从语言能力的角度说,汉语也可以成为白族的交际用语。但实际的情况是,在族群内部,他们都习惯选用自己的母语来交流。

"在家里、寨子里,您说哪种语言?"是我们入户调查必问的问题。我们在白族村寨得到的回答是"当然是白语,除非对方不会说白语才改用其他语言"。龙应村史家坡小组的史永生

(白族,50岁)家有父母、两女儿、他、妻子6口人,大女儿28岁,已嫁到别的村子,二女儿24岁,在深圳打工。他们不仅在家说白语,两个女儿跟家里人打电话都用白语。

龙应村的李志远(白族,14岁)、李俊林(白族,13岁)和李茂松(白族,14岁)三人都在丽江福慧中学读书。福慧中学白族学生很少。但他们三个在一起时就说白语。

九河村高登小组有30人去广东佛山打工。在广东佛山,这些白族人又形成一个小小的白语社区。只要是白族人聚在一起就说白语。

我们问李海春(男,37岁,白族,大学学历):"在其他民族为主体的交际场所,用白语交流是否有自卑感?"他很自信地说:"丝毫没有。"

3. 代际之间母语能力差异不大。

母语传承是否稳定,可以通过考察不同年龄段的母语水平来考察。

(1) 16—19岁村民的母语使用情况。见表4-2:

表4-2 16—19岁 白族白语使用情况

调查点	人数	熟练 人数	熟练 百分比(%)	略懂 人数	略懂 百分比(%)	不会 人数	不会 百分比(%)
史家坡	68	68	100	0	0	0	0
高登	37	37	100	0	0	0	0
易之古	76	76	100	0	0	0	0
梅瓦	17	15	88.24	2	11.76	0	0
合计	198	196	98.99	2	1.01	0	0

表4-2中的4个调查点有3个点"熟练"级比例为100%,只有梅瓦点稍低一些,为88.24%。虽然梅瓦有2人母语略懂,但纯属个人的特殊原因,不影响白族青少年熟练使用白语具有全民性这一结论。无论是居住在聚居寨还是杂居寨的青少年都能熟练使用自己的母语,母语是他们离不开的语言交际工具。这两位母语略懂的青少年,在大多数人都熟练使用母语的大环境中,其母语水平会不断提高。

(2) 20—39岁村民的母语使用情况。见表4-3:

表4-3 20—39岁 白族白语使用情况

调查点	人数	熟练 人数	熟练 百分比(%)	略懂 人数	略懂 百分比(%)	不会 人数	不会 百分比(%)
史家坡	198	198	100	0	0	0	0
高登	47	47	100	0	0	0	0
易之古	122	122	100	0	0	0	0
梅瓦	25	25	100	0	0	0	0
合计	392	392	100	0	0	0	0

这一年龄段熟练掌握母语人口比例均为100%。这个年龄段的人是劳务输出的主要群体。他们不管是远赴广东、上海,还是近在丽江、大理,并不影响他们的母语保留。在高登寨我们遇到刚从广东打工回来的一位青年男子,看样子三十来岁,我们在向村民测白语四百词时,

他在旁边帮着用白语解释词义。我们问他:"你外出打工这么久,你的白语为什么还这么熟练?"他说:"我一般不会一个人在外地打工,都要邀几个老乡,大家在一起都说白语。农忙时节、婚丧大事,都要回村子,还是说白语。白语是不可能忘记的。"

(3) 40—59 岁村民的母语使用情况。见表 4-4:

表 4-4　40—59 岁 白族白语使用情况

调查点	人数	熟练		略懂		不会	
		人数	百分比(%)	人数	百分比(%)	人数	百分比(%)
史家坡	168	168	100	0	0	0	0
高登	42	42	100	0	0	0	0
易之古	120	119	99.2	0	0	1	0.8
梅瓦	27	27	100	0	0	0	0
合计	357	356	99.72	0	0	1	0.28

这一年龄段的母语水平的平均值是 99.72%。四个寨子 357 人除了易之古有 1 人不会以外,其余的 356 人都能熟练使用自己的母语。我们在调查中了解到,357 人中唯一一位不懂母语的白族人叫王太兴,43 岁,是外村入赘来的。入赘前的民族成分是汉族,上门之后才依照当地习俗随妻改为白族。

(4) 60 岁以上村民的母语使用情况。见表 4-5:

表 4-5　60 岁以上白族白语使用情况

调查点	人数	熟练		略懂		不会	
		人数	百分比(%)	人数	百分比(%)	人数	百分比(%)
史家坡	101	101	100	0	0	0	0
高登	21	21	100	0	0	0	0
易之古	33	33	100	0	0	0	0
梅瓦	13	13	100	0	0	0	0
合计	168	168	100	0	0	0	0

这一年龄段的母语水平,四个村寨的"熟练"级均为 100%,没有"略懂"和"不会"等级的。

以上四个年龄段的母语水平统计数据,说明不同代际的白语水平差异不大,也说明代际传承还是稳定的。

4. 不同村寨、不同代际的白族人所掌握的母语词汇量大致均衡。

考察分布在聚居寨和杂居寨的白族所掌握的词汇量,可以了解人口分布对母语能力是否有影响,从地域跨度的"横向"角度来看白族人母语水平的分布是否均衡。为此,我们分别从白族聚居的史家坡和高登、易之古和杂居寨梅瓦等选取 28 人进行母语四百词测试,测试结果是"优秀"26 人,占测试人数的 92.86%,"良好"2 人,占测试人数的 7.14%。没有"一般"和"差"这两个等级(详见下表 4-6)。

表4-6 白族白语四百词测试统计表

调查点	人数	优秀		良好		一般		差	
		人数	百分比(%)	人数	百分比(%)	人数	百分比(%)	人数	百分比(%)
史家坡	6	5	83.33	1	16.67	0	0	0	0
高登	8	7	87.5	1	12.5	0	0	0	0
易之古	7	7	100	0	0	0	0	0	0
梅瓦	7	7	100	0	0	0	0	0	0
合计	28	26	92.86	2	7.14	0	0	0	0

表4-6显示,史家坡和高登除各有1人为"良好"外都是优秀;易之古和梅瓦均为"优秀"。史家坡为"良好"级的1人是23岁的姚丽辉,现就读于云南农业大学,他从初中毕业以后就到外地就读,很少有机会说白语。高登为"良好"的1人是13岁的女孩赵进祥,她的父母都是白族,她的第一语言是白语,平时在家里、村里以及学校的课余都说白语。她的口语交流没有问题,但一些没有见过的事物名称不知道如何表达。看来,这2位白语词汇量稍低的青少年是个人行为,不影响九河乡聚居寨和杂居寨的白族人母语词汇量基本均衡这一结论。

从不同代际的角度考察白族人的母语词汇量,可以从时间跨度的"纵向"角度来看母语水平的时代变迁。为此,在每一个测试点,我们均选取不同年龄段的母语人测试其词汇量。这些测试者中,年纪的最小是12岁的刘重康,年纪最大的是80高龄的李士康,二者之间的年龄跨度达68岁,但他俩的四百词测试的等级均为"优秀"。为了更具体地了解测试对象的信息,我们把来自4个小组共计28位测试者的信息如表4-7:

表4-7 白族不同年龄段白语四百词测试统计表

姓名	年龄	性别	文化程度	A	B	C	D	A+B	等级
刘重康	12	男	初中	324	29	21	26	353	优秀
赵进祥	13	女	小学	277	65	48	10	342	良好
李志远	13	男	小学	398	0	0	2	398	优秀
李茂松	14	男	小学	385	4	1	10	389	优秀
赵雪祥	14	女	初中	360	19	9	12	379	优秀
刘凤平	16	女	高中	363	8	7	12	371	优秀
刘重钧	17	男	中专	397	1	2	0	398	优秀
杨文江	17	女	高中	367	18	12	3	385	优秀
赵丽梅	19	女	中专	400	0	0	0	400	优秀
杨金龙	21	男	大学	372	3	6	9	375	优秀
赵四兴	23	男	初中	396	3	1	1	399	优秀
姚丽辉	23	男	大学	304	1	70	25	305	良好
杨玉红	24	男	初中	342	9	9	36	351	优秀
赵玉年	39	女	小学	387	6	3	4	393	优秀
刘树生	41	男	大专	400	0	0	0	400	优秀
杨灿发	42	男	小学	394	4	2	0	398	优秀
张劲莺	44	女	初中	392	3	1	4	399	优秀
赵应勇	44	男	小学	384	0	12	4	384	优秀

赵玉虎	46	男	初中	341	46	4	9	387	优秀
赵求真	49	女	小学	354	39	0	7	393	优秀
史永生	50	男	初中	400	0	0	0	400	优秀
姚玉星	60	男	小学	346	17	37	0	363	优秀
杨胜书	60	男	小学	394	1	3	2	395	优秀
赵万斗	63	男	小学	396	3	0	1	399	优秀
李时季	66	男	小学	400	0	0	0	400	优秀
赵治安	72	男	小学	400	0	0	0	400	优秀
刘阿顺	78	女	文盲	373	8	14	5	381	优秀
杨如九	79	男	初中	399	0	0	1	399	优秀
李士康	80	男	初中	400	0	0	0	400	优秀

上表显示了两个信息：(1)不同年龄段的母语词汇量没有出现明显的代际差异。如19岁的赵丽梅和41岁的刘树生A级词汇均为400个，13岁的李志远A级词汇为398，80岁的李士康为400个。(2)学校教育没有导致母语词汇量大幅下降，学历为高中、中专、大学的共有5人，这5人有4人的测试结果均为优秀，只有1人为良好。

5. 白语不仅被白族使用，还被其他民族兼用，是九河乡的强势语。

白语不仅是白族最重要的语言交际工具，也是九河乡其他民族的交际用语。在九河乡，白语的强势地位主要体现在以下三个方面：

(1)从语言使用者的人口数量上看，白语的使用人口大于白族人口。不仅白族掌握白语，纳西、普米、傈僳等其他民族也兼用白语。在白族与纳西、普米、傈僳等其他民族构成的族际婚姻家庭中，尽管有的家庭户主的民族成分不是白族，但大多使用白语，有的甚至以白语作为第一语言。如南高村彼古小组和志强五兄妹都是纳西族，但其第一语言都是白语。嫁进白族村寨的外来媳妇，过两三年都能顺畅地用白语交流。

(2)从白语的语域上看，白语不仅用于白族的居住地，还用于其他民族的分布地。如白族村和纳西村组成的寨子，寨内用语主要是白语。又如金普村是普米族和纳西族聚居地，那里的普米族和纳西族也有部分人兼用白语。又如河源村大栗坪小组的小栗坪社，这个社成员的普米族大部分都会说白语，有的甚至以白语为第一语言。

(3)在语用中，当交际双方不知道对方的民族身份或语言背景时，白语成为首选的交际用语。如在九河乡境内，乘客拦车，即便司机不是白族，也习惯用白语问："到哪去？"[1]，纳西族乘客用白语回答："甸头灵芝园。"交谈后，才知道双方都是纳西族。又如在高安村小卖部，售货人对前来购物的九河中学生，也是用白语问："要买什么？"学生也会跟着用白语回答[2]。一种语言能够在某一区域内成为陌生人的交际用语，说明这种语言在该区域内处于语言强势地位。

---

[1] 引自和智利《玉龙纳西族自治县多语现象研究——以九河乡白族乡为个案》，云南师范大学硕士论文，2012年。
[2] 引自和智利《玉龙纳西族自治县多语现象研究——以九河乡白族乡为个案》，云南师范大学硕士论文，2012年。

(二) 九河乡纳西族母语使用例证

九河乡的纳西族人口数量仅次于白族。以聚居和杂居两种方式分布在九河乡的北部和中部。纳西族聚居地在九河乡北部的中古村,这个村所辖的 8 个村民小组,纳西族人口占绝对优势,少量的其他民族是婚嫁进入的。纳西族与其他民族的杂居地主要在九河乡中部的关上、金普、甸头、北高、南高等村。这些村所辖的村民小组,有的是纳西族,有的是白族,有的是普米族。

为了全面掌握该乡纳西族使用母语的情况,我们从纳西族聚居村和纳西族与白族杂居村各选 2 个调查点,共 4 个调查点。通过对这 4 个点的入户调查,我们发现纳西族聚居的中古村所选的雄古二组和新文一组,母语使用状况基本一致,就把这两个点放在一起分析,统称为中古调查点。这样我们的调查样本有 3 个:中古村、南高村彼古小组(下文简称"彼古")、关上村梅瓦小组(下文简称"梅瓦")。这 3 个点的纳西族人数共计 686 人。通过对这 3 个点 686 人入户调查的第一手材料,我们认为九河乡纳西族稳定保留自己的母语。下面对其特点做些分析。

1. 全民稳定使用母语。

实地调查显示,纳西族基本上都能掌握自己的母语。纳西族聚居的中古村、杂居的彼古寨和梅瓦寨熟练掌握母语的人口比例分别为 100%、99.26%、99.42%。这个数字说明,纳西语在纳西族社区内具有很强的活力。下表 4-8 是各村寨纳西人母语使用水平统计表。

表 4-8 纳西族纳西语使用水平统计表

村寨	人数	熟练 人数	熟练 百分比(%)	略懂 人数	略懂 百分比(%)	不会 人数	不会 百分比(%)
中古	152	152	100	0	0	0	0
彼古	405	402	99.26	3	0.74	0	0
梅瓦	129	128	99.22	0	0	1	0.78
合计	686	682	99.42	3	0.44	1	0.15

从上表 4-8 的数据我们可以看到,除了梅瓦有 1 人不会纳西语、彼古有 3 人略懂以外,其余 682 人都能熟练使用自己的母语纳西语。彼古寨这 3 位略懂母语的人,是指他们的母语听说能力发展不平衡,听的能力较强,说的能力较弱,但他们还能够用母语交流。

在这些寨子里,无论是在村头巷尾还是在家庭里,无论是在劳动中还是在休息、开会的时候,无论男女老幼,纳西人都能通过纳西语交流信息、表达感情。甚至连嫁入纳西族寨的外族媳妇,在纳西语为优势语言的语言环境下,也都逐渐掌握了纳西语。纳西人不仅天天使用自己的母语,而且还对保留自己的母语充满信心。中古村 78 岁的纳西人和习文十分坚信纳西语能长期保留。他说:"纳西语一定会长期保留的。我们在家里、寨子里天天说纳西语,打电话、去乡镇府、去丽江、去石鼓都说纳西语,只要有纳西人的地方都说纳西语,纳西语是不会消失的。"在全国通用语汉语、地方强势语言白语的包围下,九河乡的纳西人仍能坚持使用自己的母语,实属难得。

2. 纳西人大多以自己的母语为第一语言。

第一语言为自己的母语是母语传承良好的表现。我们在调查中经常听到"孩子一会说话就会纳西语,纳西语很好学"之类的话。在村寨里,我们遇见的五六岁的孩子嬉戏游玩,他们所用的语言都是自己的母语。退休教师和克武(纳西族,男,62岁)在九河乡的纳西族地区教了30多年书,所从教的中古完小、雄古小学、中坪小学等小学,都是纳西族学生占绝大多数的学校。他说:纳西族都先学会纳西语,教一年级的学生有时需要用汉语讲解。为了对纳西族习得母语的顺序有量的了解,我们对中古、彼古和梅瓦三个寨子共686位纳西族母语习得的顺序进行了穷尽性调查,统计出表4-9中的数据:

表4-9 纳西族第一语言情况统计表

村寨	人数	第一语言为纳西语 人数	百分比(%)	第一语言不是纳西语 人数	百分比(%)
中古	152	152	100	0	0
彼古	405	392	96.79	13	3.21
梅瓦	129	126	97.77	3	2.23
合计	686	670	97.67	16	2.33

三个寨子以母语为第一语言的平均值是97.67%。根据这个数字我们可以认为九河乡的纳西族母语习得顺序符合语言习得顺序的一般规律,优先习得自己的母语,母语仍然在代代相传。不过,这三个寨子也稍有一些差别。纳西族聚居的中古寨为100%,而彼古和杂居的梅瓦有少数人改变母语习得顺序,比例略低于中古村,仅为96.79%和97.77%。

3. 纳西人的母语词汇量在不同年龄段、不同村寨的分布差别不大,只是聚居寨和杂居寨稍有差别。

我们共测试了26位纳西人的母语四百词。测试结果为"差"的只有彼古小组的2位村民,其他都为"优秀"。聚居寨和杂居寨没有明显差距。为了对这三个点的差距有量化的认识,我们选择年龄相近的4位纳西人,把他们的测试成绩列于表4-10:

表4-10 不同村寨纳西语四百词测试情况统计表

中古			梅瓦			彼古		
姓名	年龄	A+B	姓名	年龄	A+B	姓名	年龄	A+B
和根灵	17	391	和秋芳	18	376	和秋军	19	230
杨爱花	39	388	杨绍娣	36	370	和正军	39	379
和兰	50	400	和灿星	49	357	和正华	49	394
和振宣	68	400	和秀山	69	387	和继贤	72	376

通过对比可以看出中古的纳西人母语词汇量最大,梅瓦和彼古的稍微差一些。但这并不影响纳西人的母语流畅度,母语人自己感觉不到不同村寨之间母语水平的差别。

(三)九河乡普米族母语使用例证

九河乡的普米族共有1150人,主要分布在金普和河源两个村。金普村的普米族人数最多,有584人,其次是河源村456人。这两个村的普米人占了全乡普米族人口的90.43%。其余的110人散居在甸头、关上、中古、北高、河源等多个行政村。为此,我们选取金普和河源两个村作为考察对象进行比较深入的调查统计。如果掌握这两个村普米人使用母语的情况,就可以对九河全乡普米族母语使用现状有较为全面的了解。

金普村共有1210人,其中普米族人口最多,占全村总人口的48.26%,其次是纳西族548人,占全村总人口的45.29%,傈僳、汉等其他民族仅占6.45%。该村辖13个村民小组:拉普、小马坪、大马坪、大梨树、冷水沟、大麦地、通海乐、老左落、木化、新乐、小丰乐、大丰乐等。普米族主要分布在拉普、小马坪、大马坪、大梨树、冷水沟、大麦地、通海乐、老左落8个小组。这8个小组的普米人母语使用现状基本相同,都属于母语保留型。

但河源村的情况不同。该村共有2068人,其中白族人口最多,占全村总人口的36.99%。其次是纳西族,占总人口的24.66%;再次是普米族,占22.05%。全村辖河源、白岩、松坪、磨石河、大麦地、桥地坪、大栗坪、石红上组、石红下组、峰坪、牛住山、单岭、新房、老屋基14个村民小组。普米族主要分布在桥地坪小组、河源小组以及大栗坪小组小栗坪社[①]。河源村普米族的母语使用具有不平衡性,三个小组分属三种不同的类型。桥地坪小组属于母语保留型,河源小组属于母语衰退型,大栗坪小组小栗坪社属于母语复苏型。下面分别加以论述。

1. 母语保留型

这一类型是九河乡普米族母语使用的基本类型,分布在金普村和河源村桥地坪寨的普米人的母语使用状况都属于这一类型,这是九河乡普米人母语使用的主流形态。下面是母语保留的例证分析。

(1) 普米语具有很强的语言活力。

金普村拉普寨是普米族聚居的自然寨,普米族占该寨人口的82.95%。我们随机抽取的68人,除了2人的母语水平为"略懂"以外,其余的66人均能熟练使用自己的母语。母语略懂的两位是长期在丽江生活的孩子,年龄分别是8岁、10岁。虽然他俩长期脱离拉普寨这一普米语社区,但寒暑假在拉普寨的短暂生活仍能帮助他们习得母语。这可以证明普米语在拉普寨语言社区中的强势地位。

金普村拉普小组的和万宝(男,50岁,普米族,文盲)家的上门女婿是四川的汉族,刚来时他不懂普米语,两年左右他的普米语讲得很流利。

从和完全一家三位家庭成员的普米语水平,可以窥见普米语的强劲活力。和完全是金普村通海乐寨的普米族,他的大女婿是金普村大丰乐寨的纳西族,他的妻子是河源村的普米族。他们三人都能说一口流利的普米语,他女婿的普米语是在大丰乐就学会了。他们三人分别来自不同的三个村寨:金普村的通海乐和大丰乐、河源村都是普米族聚居的自然寨。这些都能说明普米语在这三个寨子很强势。

[①] "社"是行政区划单位,隶属于小组。如大栗坪小组辖大栗坪、小栗坪、二南菁三个社。

中古村雄古二组的两位普米族和月仙(女,30岁,小学学历)与和庭娟(女,21岁,初中学历)都是从河源村嫁过来的,她俩的第一语言是自己的母语,母语非常流利。这又是普米语得到很好保留的又一例证。

河源村桥地坪小组普米族的母语使用现状也属于母语保留型。该小组共有46户,181人,其中普米族35户,140人。该小组的普米人全民熟练使用母语。

桥地坪小组母语保留的原因主要与普米族在桥地坪小组人口占优势有关。普米族人口占该村人口的77.35%,这个人口比例使普米语成为桥地坪寨的强势用语。

(2) 母语是族群内部首选的语言交际工具。

九河乡的大多数普米人除了掌握自己的母语以外,还兼用汉、纳西、白等多种语言,从而成为一个全民多语的语言群体。我们抽查金普村拉普小组的68位普米人,发现他们全是会说普米、汉、纳西等三种语言的多语人,有的人会说的语言甚至多达7种。

虽然同族人在交际时存在语言使用的多选性,但实际的情况是只要是族内交际,普米人都不约而同地选用母语。母语的选用只受到交际对象族群身份的制约,不受交际场合的制约。无论是在家庭,还是在村寨、学校、卫生院等公共场合,无论是日常闲聊、还是正式会议,只要交际对象是普米人,普米语便成为首选的交际工具。

如上文所提到的张怀军,他的母亲是普米族,他俩的普米语和汉语都很好,但他跟他母亲说话,还是习惯用普米语。张怀军这一语言选择现象具有一定的代表性。我们在拉普寨随机调查的17户人家,家庭成员都是多语人,他们在家庭交流中,都喜欢用母语交流。

在金普村拉普寨和桥地坪寨这样的普米族聚居寨,普米语是村落强势语。红白喜事、饭后闲聊,只要大家聚在一起都说普米语。在拉普寨,我们看到普米人遇到陌生人,首先用普米语打招呼,见对方不会普米语,才改用纳西语或汉语。金普卫生院聚集着下棋和闲聊的一些人,他们说的也是普米语。和完全医生告诉我们说:"我习惯跟病人说普米语,除非病人不懂普米语。"

(3) 不同代际的母语水平差距不大。

拉普寨6—19岁、20—39岁、40—59岁、60岁以上四个不同年龄段的普米人绝大多数都能熟练使用自己的母语。我们所调查的68位普米人,母语熟练的人数比例达97.05%。

母语四百词测试也显示不同代际的词汇量大致均衡。如16岁的熊凤娟、37岁的李福限、61岁的和完全、76岁的熊占仁A级词汇分别是367、385、388、400。四位不同代际者的词汇量没有明显的差距。

2. 母语衰退型

母语衰退表现为熟练使用母语的人数比例低、母语水平出现代际差异,甚至部分人出现语言转用。如河源村河源小组的普米人母语水平出现了衰退。

河源小组共有41户,其中只有6户是普米族,其余35户都是汉族。根据前文的个案研究,我们认为河源小组普米人的母语水平可分为母语水平保留型、母语水平弱化型和母语水平丢失型三类。这三种类型与年龄差异有关。母语水平保留型主要是中老年群体以及从金普嫁进来的普米族媳妇,这一群体之间都用普米语交流。母语水平弱化型主要是20岁以下的青少年,他们能听但不能说。母语丢失型也在20岁以下的青少年中,他们连听都听不懂了。

我们梳理了河源村河源小组和双秀一家三代人的母语使用情况,藉此进一步认识河源村河源小组普米族的母语衰退趋势。下表4-11列举的是她家成员的语言使用情况:

表4-11　和双秀一家三代母语使用情况表

代际	家庭关系	姓名	民族	年龄	文化程度	第一语言及水平	备注
第一代	母亲	和四花	普米	78	文盲	普米,熟练	
第二代	和双秀	和双秀	普米	50	初中	普米,熟练	
	丈夫	刘正刚	白	54	初中	普米,略懂	
	妹妹	和玉喜	普米	48	小学	普米,熟练	
第三代	女儿	和君珠	普米	18	大一	汉,略懂	普米,略懂
	侄女	和晓玲	普米	24	大专	普米,不会	
	侄子	和亚雄	普米	22	高中	普米,不会	

上表显示和氏祖孙三代母语水平的变迁:第一代和第二代母语都熟练,第三代只有1人略懂,其余2人都不会了。而且,略懂母语的和君珠是她14岁时,母亲和双秀开始有意教她的,14岁之前她不会普米语。和双秀之所以教她的女儿学普米语,是由于她有母语丢失的危机感。她说:"说不定到我孙子那一辈,普米语可能会丢完掉。因为不教不讲,就会丢失。"

河源村河源小组普米语衰退跟普米族在河源小组的人口比例太小有关。6户普米族与35户汉族的数量比,普米语在河源小组居于绝对劣势地位,必然导致语言功能的衰退。

3. 母语复苏型

小栗坪社是河源村大栗坪小组所辖的三个社之一。该社有15户,都是普米族。小栗坪社和河源小组有类似之处,也有不同之处。类似之处是都出现了母语衰退,不同之处是小栗坪社衰退之后又出现了母语复苏。下表4-12不同年龄段的母语水平数据统计体现了这一变化:

表4-12　小栗坪社普米族普米语使用情况表

年龄段(岁)	人数	熟练 人数	熟练 百分比(%)	略懂 人数	略懂 百分比(%)	不会 人数	不会 百分比(%)
6—19	7	5	71.4	0	0	2	28.6
20—39	21	7	33.3	8	38.1	6	28.6
40—59	16	16	100	0	0	0	0
60以上	3	3	100	0	0	0	0
合计	47	31	66.0	8	17.0	8	17.0

表4-12显示,60岁以上、40—59岁、20—39岁、6—19岁四个年龄段母语熟练比例分别为:100%、100%、33.3%、38.4%,这四个数字显示普米人的普米语水平由衰退到复苏的变化趋势。

导致小栗坪普米人母语衰退的原因主要与族际婚姻和周边的民族分布有关。小栗坪社所隶属的大力坪小组有 60 多户，大多是白族，而且小栗坪社的 15 户中有 7 户娶了白族媳妇。外围的民族分布与寨内的族际婚姻合力削弱普米语在小栗坪社语言社区的语言势力，导致小栗坪社 20—39 岁的普米族母语水平衰退，有的甚至转用白语。

小栗坪社 6—19 岁的普米族母语得以复苏的原因主要是得益于国家的特少民族政策。从 2006 年起，九河乡的普米族每年都享受到国家特少民族项目的优惠政策。国家的关怀唤醒了普米人的母语意识，有的家庭开始教孩子学普米语，于是出现了普米语水平上升的良好势头。

（四）傈僳族母语保留例证

傈僳族在九河乡只有 478 人，除了少量在河源村聚居以外，其余都散居在各个村。我们对散居在中古村雄古二组、九河村高等小组、金普村拉普小组、河源村大栗坪小组小栗坪社的 16 位傈僳人进行了调查，发现他们都能熟练使用自己的母语，并且以母语为第一语言。而且这个信息与我们对当地傈僳人语言使用的了解是一致的。下表 4-13 是这 16 位傈僳人的相关信息：

表 4-13 傈僳族傈僳语使用情况表

居住地	家庭关系	姓名	性别	民族	年龄	文化程度	第一语言及水平
中古村雄古二组	妻子	余光美	女	傈僳	49	小学	傈僳，熟练
九河村高登二组	妻子	褚梅花	女	傈僳	28	初中	傈僳，熟练
	妻子	赵丽君	女	傈僳	31	中专	傈僳，熟练
	妻子	那官花	女	傈僳	33	小学	傈僳，熟练
	妻子	妮支牛	女	傈僳	35	初中	傈僳，熟练
	妻子	赵石仙	女	傈僳	45	文盲	傈僳，熟练
	弟媳	和吉鲜	女	傈僳	34	初中	傈僳，熟练
金普村拉普小组	长媳	胡春花	女	傈僳	25	初中	傈僳，熟练
河源村小栗坪社	妻子	李凤兰	女	傈僳	35	小学	傈僳，熟练
	妻子	杨金花	女	傈僳	26	小学	傈僳，熟练
	长媳	乔波英	女	傈僳	22	小学	傈僳，熟练
	妻子	余丽花	女	傈僳	35	文盲	傈僳，熟练
	奶奶	虎玉珍	女	傈僳	54	文盲	傈僳，熟练
	妻子	胡成英	女	傈僳	54	文盲	傈僳，熟练
	妻子	杨四静	女	傈僳	47	文盲	傈僳，熟练
	妻子	虎兰花	女	傈僳	47	文盲	傈僳，熟练

表 4-13 显示，她们的第一语言都是傈僳语，并且水平熟练。据了解，其他地区的傈僳族都会说傈僳语。

二、九河乡少数民族稳定使用自己母语的成因

在九河乡，无论是人口较多的白族、纳西族，还是人口较少的普米族，他们都仍然使用自己

的母语。他们的母语都在九河乡这个多语场中占据自己的位置,保持着应有的活力。这是为什么?我们认为主要有以下几点原因:

(一)小聚居的分布格局是稳定使用自己母语的地域条件。

九河乡辖 10 个村委会 81 个村民小组。每一个村民小组都是一个自然寨,一个相对独立的地理单元。村是数个自然寨的集合。九河乡的民族分布,以"村"为单位,聚居区少,杂居区多。以"寨"为单位,则聚居区多,杂居区很少。即便是寨内有杂居,也是北寨一个民族,南寨一个民族,很少有不同民族无序地混杂在一起居住。如关上村梅瓦小组,这个小组由白族和纳西族构成。我们在梅瓦小组调查时惊讶地发现,白族都居住在南边,纳西族都居住在北边,并有较明确的分界线。

九河乡南北延伸,北窄南宽,东西横距 28 公里,南北纵距 32.25 公里,214 国道横贯南北。沿着 214 国道,由北往南,我们可以把九河乡的 10 个村委会 81 个村民小组大致可以切分为三个语言板块。各板块所对应的语言区是以主要语言为依据,必然还会夹杂着其他少量语言。具体是:最北边的中古村是纳西族聚居区,对应的语言分布是纳西语区。从中古村往南的关上村、甸头村、北高寨村、南高寨村所辖的村民小组,有的组是纳西族,有的是白族。对应的语言分布是纳西语区和白语区。南高寨村是纳西族居住地和白族居住地的一个分水岭。南高寨村以南没有纳西族分布区,南高寨村以北没有白族分布区。南高寨以南的龙应村、九河村、河源村都是白族分布区,对应的语言分布是白语区。在关上村西边的金普村位于金普山上,金普山把金普村隔离成一个相对独立的地理单元,这个村辖 13 个村民小组,普米族分布在其中的 8 个小组,纳西族分布在其中的 5 个小组。

这样一种聚族而居的分布格局,使得同一族群分布在同一个自然村落,为自己母语的使用提供了天然的地域条件。

(二)周边同民族人数较多的分布格局为九河乡少数民族母语的保留提供了社会条件。

九河乡的东部是纳西族聚居的太安乡,西边是石头白族乡,北边是纳西族聚居的石鼓镇,南边是白族聚居的大理州剑川县金华村。九河乡的白族和纳西族所说的白语和纳西语与周边的语言能够通话。而且九河乡的白族、纳西族与周边的同族人长期以来都有往来和婚姻关系。这种民族分布特点,为九河乡少数民族的母语保留提供了有利的条件。

九河乡的白族不仅可以用白语与西边石头白族乡和南边剑川县金华村的白族交流。更为重要的是,白族分布在九河乡的南部,与大理的白族连成一片。从乡镇府所在地白汉场到剑川县城,只有 18 公里,而到玉龙县城有 50 公里。无论是族群认同、地缘关系,九河白族的心理归属更趋向于大理剑川,而不是玉龙县。而大理是白族自治州,白语是大理的强势语言。因此,九河白族说白语的功用远远超出九河乡所辖地域范围。

九河乡的纳西族与石鼓镇、太安乡的纳西族交往较多。他们把去石鼓赶街叫"赶小街",经常去石鼓赶街买些小东西。可以用母语跟与石鼓的纳西族交流。更为重要的是,纳西族在九河乡的分布有一个重要的特点:九河乡的中部至北部,纳西族的分布密度越来越大。中部是纳西族和白族杂居,北部是纯粹的纳西族聚居区,并与玉龙县的纳西族连成一片。九河的纳西族把去玉龙县城(丽江市区)购物叫赶"大街"。买电器、纳西族服装等就去玉龙县城。而玉龙是纳西族自治县,境内的纳西族大多能熟练使用纳西语,其他民族即便不能说也能听得懂。纳西语是玉龙县的强势用语。在玉龙县城购物、去县政府办事、去医院看病、问路、学生课余交流,都可以用纳西语。

九河乡的普米、傈僳等人数较少的民族,其分布也不局限于九河乡,在玉龙县其他乡镇都有分布,并且不同地区的语言都能通话,这也为他们保留母语提供了社会条件。

(三)民族内部的认同是稳定使用自己母语的精神力量。

语言是民族最重要的特征,也是维系民族情感的重要纽带。九河乡的少数民族不仅把母语当成语言交际工具,还把母语看作自己民族的标记。他们除了使用自己的母语外,还能熟练使用国家通用语汉语以及其他少数民族语言。但他们还是习惯于使用自己的母语,认为这样亲切自然。

在九河乡,无论是在家里、村寨,还是在学校、医院、食堂、乡政府,我们每天都能耳闻目睹同族人之间的母语交流。8月9日,我们到了雄古小学,学校里来了很多纳西人,有老有小,年纪最大的是82岁的何振仁,最小的是身着纳西族服装的七八岁的小女孩。老老少少都用纳西语畅快地交谈。纳西族退休教师和克武对我们说:"丽江有学校教纳西语,玉龙电视台讲的纳西语很好,要是有机会学就好。我听人说丽江还有人研究东巴文,我不会,很想学。应该在小学里开设纳西语和东巴文的课,让纳西族的孩子从小就懂得我们的传统文化。这些课程学了对考学不一定有用,但是可以增强我们的民族自信心,帮助我们学习本民族的语言文化。"8月11日,我们在龙应村调查白语的使用情况。因为这天是白族的"羊日节",很多在外生活的白族都回家过节。我们也碰巧观察到这些回家过节的白族人的语言使用场景。我们看见在丽江福慧中学读书的李志远(白族,14岁)、李俊林(白族,13岁)和李茂松(白族,14岁)一直用白语说笑。问他们在丽江读书几年了,为什么还喜欢说白语。他们回答说:"用白语说话很自然。"我们还遇到了在玉龙县城工作的李海春(白族,龙应村人),他携妻带女回家过节。他大学在云南民族大学就读,毕业后在玉龙县工作,离开家乡多年。他跟我们说汉语,跟他父亲一直说白语。其实,他和他父亲的汉语都很好,但他们之间不习惯说汉语。他告诉我们:"不管在哪里,本族之间都喜欢说白语。"他有意识地教他的女儿学白语。他建议在小学开白语课,教白语、白族民间故事、白族舞蹈。8月16日,在金普村拉普小组调查普米语使用情况时,金普村委会主任张怀军(男,42岁,普米族)告诉我们说:"我打算请传统艺人,给他们一些补助,记录下普米族的传统文化。"我们问金普村拉普小组的普米人和万伟(男,36岁):"要是将来普米族不会说普米语了,你感到可不可惜?"他用非常肯定的语气说:"当然可惜了,那样的话,我们普米族就跟其他民族没有区别了。"

从上述这些人的言谈中,我们深深地感觉到母语在本族人心目中的情感价值。当今社会,在主流文化的冲击下,很多少数民族的文化特征都在流逝,唯有母语还在保留。对于很多少数民族而言,母语已经成为确认民族身份的唯一标记。每个人、每个民族都有寻根意识,母语的民族标记功能,从某个程度上说也可以算作是一个民族的根。

(四)互相尊重各自语言的使用是稳定使用自己母语的人文条件。

九河乡是一个以白族为主的多民族乡,各少数民族的人口比例相差很大,但是,这里的民族都相互尊重彼此的语言使用,没有出现民族歧视、语言歧视的行为。

普米族在九河乡只有1150人,且分隔在金普和河源两个村。但金普村的普米族仍然较好地保留了自己的母语。普米人少,普米语难学。当对方不是普米族时,普米人会自觉地选用他人的母语来交流。我们在金普村拉普寨看见普米人和纳西人对话用的多是纳西语。普米人告诉我们:纳西人大多数不会说普米语,我们跟纳西人说话就说他们的纳西语。在九河乡,很多陌生人之间的交谈首选白语而不是汉语。为什么?并不是双方的汉语不熟练,而是九河乡是白族人口过半的民族,发话人以为对方是白族从而选择对方的母语来交际。

九河乡的乡干部大多数会说少数民族语言,有的还会说好几种。如九河乡党委书记李金明,会说白语、纳西语等多种语言,去白族村就说白语,去纳西族村就说纳西语。

优先选择对方的母语交际,是对对方母语使用权的尊重。彼此尊重母语的使用权,可以为母语使用创造良好的人文条件,从而促进母语的保留。

(五)我国的少数民族政策是稳定使用自己母语的政治条件。

新中国成立后,我国颁布了一系列有关民族语言文字的方针政策,这些政策的核心思想是强调语言平等和语言的自由使用。这些政策主要包括两方面的内容:一是各民族不分大小,都有使用和发展自己语言的自由,其他人不能干涉,更不能歧视;二是政府根据各民族的意愿帮助他们使用和发展自己的语言。十七届六中全会又进一步规定:"科学保护各民族语言"。

地方政府在国家政策的引导下,采取相应措施。云南省政府提出"把云南建设成文化强省"的奋斗目标。丽江市相关教育部门提出在丽江各小学开设母语课(纳西语课)。云南民族大学从二十世纪八十年代开始,开始创设中国少数民族语言文学专业。对会说母语的少数民族学生降分录取,专门为云南省培养少数民族语言人才。发展到今年,已有纳西语、拉祜语等12个小语种专业。在云南民族大学、云南大学、云南师范大学等高校,都有一批专门从事少数民族语言研究的专业人才。丽江市政府在五年前与云南民族大学签订协议,委托云南民族大学专门为丽江市培养纳西语人才。丽江市设有东巴文化研究院,专门研究纳西族的语言文化。玉龙县电视台有用纳西语播放的节目,玉龙县的一些小学开设纳西语课。这些措施提高了少数民族语言的地位,为云南少数民族语言的保留起到了良好的促进作用。

国家对少数民族语言不仅实行语言平等政策,还对少数民族都有特殊照顾的政策。如九河乡的普米族从 2006 年开始享受国家对特少民族的资助项目:高考加分、引水工程、通路工程、扶贫资助等多项优惠照顾政策。九河乡的普米族倍感政策的温暖。他们保护自己的母语、抢救自己的文化的意识正在复苏。河源村大栗坪小组的组长彦江平(白族,38 岁)告诉我们:"从 2006 年开始,有的普米族人家开始有意识地跟自己的孩子说普米语。"金普村委会在村主任张怀军的带领下,已经开始着手普米族语言文化的保护工作。

在这样一个大的民族语言政策环境下,九河乡的少数民族语言的保留和使用得到了保障。

第二节 青少年母语能力的新变化

全民稳定保留母语是九河乡少数民族语言生活的主流。但与中老年相比,九河乡少数青少年的母语能力呈下降的趋势,主要表现在母语词汇量有所下降、汉语借词的增多、口头文学的失传、少数青少年不能熟练使用母语上,此外,还有个别青少年母语习得的顺序改变。

一、青少年的母语词汇量有所下降

调查中发现,青少年的母语词汇量有所下降,主要表现为以下几个方面:

1. 日常生活中不常见、不常用的事物,青少年不会用母语表达。

九河乡青少年掌握母语词汇的水平,在很大程度上取决于这些词所指称的事物在日常生活中出现频率的高低。凡属于日常生活中常见的、常用的事物,能用母语表达,如"鸡、鸭、猪、狗、老鼠、鸟、鱼、虫、蚊子"等动物,青少年生活中经常接触到,所以这些词都能脱口而出。而对于那些不常见、不常用的事物,往往不会用母语表达,如"老虎、野猪、狼、熊、蝙蝠、蚂蟥、大象、狮子"等动物,平时见不到,因而很多青少年既不会用母语表达也听不懂母语词汇,属于 D 级。在植物名称中,"玉米、水稻、小麦、竹子"等是当地的农作物及较常见的植物,他们能脱口而出;而"芭蕉、棉花、荞麦"等作物在九河不常见,因而他们不能表达[①]。

2. 不可视的或特征不明显的事物,青少年不能用母语词表达。

在四百词测试中,我们发现青少年对于可视的而且特征明显的词能用母语很快说出,属于 A 级词汇。而对于不可视的而且特征不明显的词,则不能用母语表达。以身体部位和身体器官为例:"头、头发、眼睛、耳朵、鼻子、嘴、嘴唇、手、指甲、脚"等,青少年都能用母语脱口而出。但"肺、肾、肝、胆、胃"等内脏器官不可视的事物,以及"脑髓、肋骨、肚脐、指节、膝盖、肘、喉咙"等特征不明显的事物,不能马上表达,经测试人员提醒才能想得起,属于 B 级词汇。

---

① 参见和智利《玉龙纳西族自治县多语现象研究——以九河乡白族乡为个案》,云南师范大学硕士论文,2012。

3. 有一些词,老年人用本语词,青少年用汉语借词。

如"苞谷"、"四季豆"、"花生"、"线"、"扣子"等,纳西族中老人用本语词,而青少年用汉语借词。

二、词义泛化

词义泛化是指用一个词泛指与其语义相关的几个词。如用"甲"词指称"甲"、"乙"、"丙","甲"词与"乙"、"丙"有语义关联性,或"甲"词是"乙"、"丙"的上位词。词义泛化是由于语言使用者不能深入细致描述事物而引起的,是母语能力下降的表现形式之一。

在测试白族、纳西族、普米族青少年母语词汇时,我们发现有一些事物,老人区分得比较细致,而年轻人不能区分。例如:

青少年用"甲"词	中老年用"甲"、"乙"、"丙"词
脚	脚、大腿、小腿、脚踝
脸	脸、脸颊、下巴
手	手、手臂、肘
手指	手指、指节、无名指
苦	苦、涩
鸟	鸟、喜鹊、麻雀、燕子
羊	羊、绵羊、山羊

三、会说本语词但习惯用汉语借词

会说本语词但习惯用汉语借词的,有以下几类词:

(一) 数词

白族都会用本语说数词"一"、"二"、"三"……"十",也知道"二十"、"三十"、"四十"……"九十"等数词短语用本语怎么表达,但更习惯借用汉语表达。

纳西族青少年的情况稍有差别,"一"到"十"仍用纳西语表示,虽然会说"十一"、"十二"等数词短语,但嫌用本语表达音节多,不经济,都用汉借词表达。农历月份纳西语有本语的表达法,但青少年习惯用汉借表达法[①]。"百"、"千"、"万"、"亿"等位数词,绝大多数青少年只会用汉语借词,不会说本语词。

纳西族有自己的月份表示法,但青少年大多不会说了,少数能说的也只会十二个月中的两三个月[②]。

[①] 参见和智利《玉龙纳西族自治县多语现象研究——以九河乡白族乡为个案》,云南师范大学硕士论文,2012年。
[②] 参见和智利《玉龙纳西族自治县多语现象研究——以九河乡白族乡为个案》,云南师范大学硕士论文,2012年。

有些数词单说用母语,在句子中用汉语借词。普米族青少年会说本语的数词,数"一"、"二"、"三"等数字时都用本语词。如单说"四"用本语词,但在"你们四个到哪里去?""我们四个去白汉场"的对话中,"四"却用汉借词。

(二)名词、动词

有一些普通名词,纳西语有自己的固有词,但青少年不喜欢用本语词,觉得用本语词别扭。动词如"打雷"、"闪电"、"地震"、"倚靠"等。青少年喜欢使用汉借词,如"桌子"、"椅子"、"盘子"、"肥皂"、"火柴"、"水壶"、"杯子"、"老虎"等。和翛(纳西族,女,25岁,大专学历)告诉我们:有些词可能跟先用什么语言表达有关,如"老虎"虽然纳西语有,但是这个词我是先从老师那里用汉语学会。老师指着画有老虎的画片告诉我们这就是"老虎"。虽然后来我们也知道母语怎么说,但心理上更接受用汉语说"老虎"。看来两种语言中表达同一意义的词,哪种语言的词先挤进母语人的词库,哪种语言的词就获得优先使用权。

有些亲属称谓词,老人只用本语词,白族青少年则会用本语词,但倾向于用汉语借词。如"婶母"、"姐姐"、"姑母"等。

(三)词语掌握得不牢固

很多词不会单说,只能组成短语说出。如何伟平(15岁,女,纳西族)"路"不会说,但会说"一条路"。

四、纳西族青少年母语"熟练"级的比例略低于其他年龄段

6—19岁的纳西族青少年母语水平为"略懂"的有3人,"不会"的有1人,"熟练"级的有126人,占调查青少年总人数的96.92%。而20岁以上的518位纳西人熟练使用母语的比例则是100%。

(1)6—19岁的纳西族纳西语使用情况。见表4-14:

表4-14 6—19岁的纳西族纳西语使用情况表

调查点	人数	熟练		略懂		不会	
		人数	百分比(%)	人数	百分比(%)	人数	百分比(%)
彼古	99	96	96.97	3	3.03	0	0
梅瓦	31	30	96.77	0	0	1	3.23
合计	154	149	96.75%	5	3.25	0	0

统计表中不会母语的1人是白晓玲,因其父是汉族,家中交流用汉语,所以不会自己的母语。略懂母语的均来自族际婚姻家庭,他们的第一语言是母亲的母语白语,纳西语是他们的第三语言。

(2)20岁以上的纳西族纳西语使用情况。见表4-15:

表 4-15 20 以上岁的纳西族纳西语使用情况表

调查点	人数	熟练		略懂		不会	
		人数	百分比(%)	人数	百分比(%)	人数	百分比(%)
中古	114	114	100	0	0	0	0
彼古	306	306	100	0	0	0	0
梅瓦	98	98	100	0	0	0	0
合计	518	518	100	0	0	0	0

以上两个表 4-14 和表 4-15 显示的数据差别虽然不大,但还是反映出青少年母语能力呈下降趋势的信息。青少年的语言使用情况反映了语言使用的演化趋势,应该加以关注。

五、少数青少年改变母语习得顺序

语言习得的正常顺序是以母语为第一语言,九河乡青少年的母语习得顺序大多符合这一规律。但也有少数违反这一规律。我们对纳西族青少年改变母语习得顺序进行调查,统计到下表 4-16 中的数据:

表 4-16 纳西族第一语言情况统计表

村寨	人数	第一语言为纳西语		第一语言不是纳西语	
		人数	百分比(%)	人数	百分比(%)
中古	152	152	100	0	0
彼古	405	392	96.79	13	3.21
梅瓦	129	126	97.77	3	2.23
合计	686	670	97.67	16	2.33

表 4-16 显示,有 16 位纳西族青少年改变母语习得顺序。但他们后来又熟练地掌握母语,只是在应该习得母语的时间出现习得母语的"空档"。

六、大多数青少年对自己民族的传统文学所知不多

九河乡的白族、纳西族、普米族都有自己的传统文学,如民间故事、传说、谚语、谜语、民歌,但这些以语言为载体的民间文学出现传承危机。60 岁以上的老年人有的会一点,40 岁左右的中年人不会讲但是听得懂,青少年就连听都听不懂了。

民族传统文学是与口语不同的一种语言形式,是一种文学语言,是少数民族语言功能的延伸。民族传统文学如果得以传承,能对民族语言的保留起到很好的促进作用;反之,民族传统文学传承链的断裂,就削弱了民族语言的功能。

第三节 九河乡少数民族稳定使用自己母语的启示

一、人口少的少数民族在现代化进程中也能保持自己的母语

少数民族的母语保留往往与使用人口有密切的关系,人口多的民族,其母语容易保留,反

之亦然。现代化进程中,国际通用语、国家通用语对少数民族语言冲击较大,容易引起少数民族语言功能的衰退,甚至濒危。所以,国际上一些社会学家、民族学家、语言学家对人口少的民族的语言表示担忧。如戴维·克里斯托(David Crystal)预测,到2050年,世界一半人口每天说英语或使用英语。越来越多的人将选择学习或使用少数几种分布地区广、使用人数多的强势语言。事实的发展果真如此吗?

母语人口数量少、强势语言冲击导致少数民族母语功能衰退甚至濒危,这是语言功能演变的一个规律,但并不完全如此,还会有别的规律在起作用。有的语言虽然人数少,但能与强势语言共存,在"各得其所,各有其用"的规则下并存使用,九河乡少数民族稳定保留自己的母语就是一个例证。九河乡白族、纳西族只有一万多人,但都能熟练使用自己的母语,并且大多数人以母语为自己的第一语言,母语的代际传承没有出现断裂的迹象。特别是人口只有1150人的普米族,其母语在金普村和河源村桥地坪小组竟然能够保留下来,这真是一个奇迹。因为在金普村的普米族只有587人,且散居在18个自然寨里;河源村桥地坪小组的普米族只有37户160人。这些普米人寨子的周边都分布着白族、纳西族等人口占绝对优势的民族,但这两地的普米语并没有被周边的强势语言"吃掉"。可见,小语种也有适合它存活的语言生态环境,不一定都会濒危。

什么是小语种的语言生态环境?从九河乡少数民族的母语保留来看,小语种语言生态环境主要由独立的地理单元、聚集的族群分布、共同的社会生活等因素构成。独立的地理单元指自然村落或地理环境。如金普寨的普米族都住在金普山上,金普山把普米族和白族、纳西族切分成山下、山上两个地理分布的单元。自然村落是指在地理分布上聚集在一起的住户群,与行政区划的"村"、"小组"是不同范畴的概念。在九河乡,同一个自然村落的居民往来有共同的亲缘关系或社会关系,这些关系使得他们形成共同的社会生活,而这些关系体现在语言上就是都选择使用自己的母语。聚集的族群分布是指在自然寨这一地理单元里,同一族群的人口占绝对优势。如果这些条件得以满足,小语种是可以在大语种的包围中生存下来的。但是,如果这些条件遭到破坏,就会威胁小语种的存活。九河乡河源村大栗坪小组小栗坪社和河源村河源小组的普米族母语出现衰变,就是由于普米族人口比例小、族际婚姻引起的。

二、母语习得顺序的改变不一定会导致母语能力下降

语言习得顺序的一般规律是第一语言为自己的母语,而母语习得顺序的改变是第一语言不是自己的母语,即母语作为第二或第三语言习得。这就使得母语习得时间后延。这种情况往往会引起母语能力下降,但九河乡不少改变母语习得顺序者的母语能力并没有下降。

如前文的"和志强一家三代语言使用个案调查",和志强六兄妹中有五位改变母语习得顺序,先学会白语,而后才学会自己的母语纳西语,其语言能力水平均为"熟练"。我们还考察了像和志强这样改变母语习得者,发现他们中也有类似于和志强的情况。

但是,我们认为改变母语习得顺序的结果,有必要分为"母语水平下降型"和"母语水平保留型"。在九河乡,"母语水平保留型"多于"母语水平下降型"。

为什么九河乡会出现这一情况?这主要与九河乡族际婚姻家庭的民族成分和各少数民族母语的稳定保留有关。九河乡的族际婚姻家庭有不同于其他地区之处。其他地区的族际婚姻家庭是"民、汉"型,即少数民族与汉族结合。而九河乡则多为"民、民"型,即少数民族与少数民族组合,如纳西族与白族、白族与普米族、纳西族与傈僳族等。这种组合,其后代若改变母语习得顺序,以母亲的母语为第一语言。以后他也能学会父亲的母语,因为父亲的母语是村寨的强势语,他能够从村寨这一语言社区很快地习得自己的母语。因此,无论是母亲的母语还是父亲的母语都稳定地保留,这就为改变母语习得顺序者提供了再次习得母语的语言环境。

三、语言兼用是人口少的少数民族保留自己母语的一种手段

我们一般认为语言兼用会引起兼用语冲击母语,从而危及母语的保留。但是人口少的少数民族要保留自己的母语必须兼用其他语言来弥补母语交际功能的不足。

九河乡的少数民族除了使用自己的母语以外,很多人还能兼用其他语言。如白族兼用汉语,纳西族兼用汉语、白语,普米族兼用纳西、汉语、白语。这三个民族兼用语言的数量与该民族在九河乡的人口数量大致成反比,即白族人口最多,兼用的语言最少,只兼用汉语一种语言;普米族人数最少,兼用的语言最多,兼用纳西、汉、白三种语言。由于普米族人口少,所以其他民族兼用普米语的人数也少。为什么会形成这一兼语现象?当地的老百姓都说:普米人会说的语种多是由于普米人有语言天赋,学习语言容易。其实这是语言功用的大小在起作用。语言的功用大小在很大程度上取决于语言使用的人数。普米族只有区区的一千人,分布区域仅限于金普山上的八个村落和河源村的几个村落,不兼用强势语言,普米人的语言生活就无法正常运转。因此,普米人兼用纳西语、白语以满足与周边民族交往的需要,兼用国家通用语以满足更高层次的需要。普米人兼用的任何一种语言都是对母语交际功能不足的补充。这种补充对普米人母语的保留起到重要的作用。

四、文化进步、经济发展未必会引起少数民族语言的濒危

九河乡的白族和纳西族在当地是经济文化水平较高的少数民族。从秦汉以来,九河乡的民族就开始受到中原的影响。在1891年以前,九河一直属剑川管辖,在1891年以后,丽江总督张瑞从大理管辖划为丽江管辖。剑川是"文献名邦",以私塾为主体的民间教育十分普遍,这使得九河具有重视教育的文化渊源。该乡白族有"耕读传家"的古训,从1900年起,该乡就出了贡生姚士玉、拔贡姚继华等一批读书人。纳西族有"天雨(书)流(去)芳(看)"(纳西语的音译,义为"要读书")的祖训,告诫纳西人勤奋学习,积极上进。

该乡的龙应小学建于1910年,有百年校史,就读学生达5000余人。该乡的九河中学培养的学生是受玉龙县一中青睐的生源,今年玉龙县的高考状元是九河乡的白族。这说明,文化教育水平较高的九河乡白族和纳西族,他们的母语并没有走向衰退或濒危。

十多年来,劳务输出一直是九河乡的主要经济来源之一。全乡外出打工人口达到 8200 人之多。我们调查这些打工者及其子女,并没有发现母语转用或母语濒危。

近十年来,九河乡一直发展特色种植业,种植烤烟、药材、芥末,芥末出口日本。还发展特色养殖业,养种猪、种牛,经济发展较快。全乡现已经实现通水、通电、通路,电视、通信、网络覆盖所有村寨。

随着经济的发展,九河乡的民族语言文化保护意识也在增强。纳西族退休老师和振武(61岁,雄古小学教师)呼吁在小学开设民族语言文化课,乡干部和双秀(普米族)教自己的女儿学普米语。河源村有部分普米族家庭在有意识地跟孩子说母语。这样的人虽然为数不多,但这表示九河乡少数有识之士开始意识到自己民族的语言文化是一笔财富,这样的人会越来越多。

文化进步、经济发展是每一民族的内在需求。怎样在文化进步、经济发展与母语保留之间形成良性的互动关系,九河乡的母语保留应该可以为我们提供借鉴。

五、语言结构系统的变化算不算语言衰退

不同代际的词汇测试显示,九河乡的白语、纳西语、普米语借入了越来越多的汉语词。借词的类别涉及到名词、数词、动词等多种词类。借词分为两类:第一类是借入本语没有的词,借词的进入增强母语的表达功能。第二类是借入本语已有的词,借词与本语词并存竞争,借词的发展势头更好。第一类借词,属于语言之间的正常借代,是语言自身发展的需要,每一种语言都会从其他语言或方言中借入词汇,以丰富语言的表达功能。第二类借词,会引起少数民族语言在较短的时期内出现较多的汉语借词,会使少数民族语言日益与汉语趋同。这可能会引起部分少数民族心理的不安,正如当地老百姓说的一句话:"越来越不像自己的语言。"

大量地使用借词引起少数民族语言结构系统的变化算不算语言衰退?我们认为这不算。因为,外来借词和本语词的选择使用有其自身的规律,能得到使用者认可的必然有它的合理性。人类的语言总是在择优的过程中丰富自己、发展自己,不会去区分哪些是本语的,哪些是外来的。

第五章　九河乡少数民族兼用语现状及其成因分析

九河乡居住着白、纳西、普米、傈僳、藏、汉六个民族,有中古、关上、金普、甸头、中和、北高寨、南高寨、龙应、九河、河源 10 个村委会,共 81 个村民小组,7232 户 27645 人。我们共抽取了中古、关上、南高寨、九河、龙应、金普、河源 7 个村委会的 10 个调查点,对其中 9 个调查点①的兼用语情况进行了全方位的阐述。所到之处,看到各民族既使用自己的母语,还使用国家通用语——汉语,以及周围其他民族的语言,各种语言共同汇合成一首和谐的交响乐。普普通通的村民告诉我们:"我们想用什么语言就用什么语言,就是看需要。"九河乡村民过着一种自由平等的多语生活。下面让我们走进九河乡,看看各族兼用语的类型和特点。

第一节　九河乡少数民族兼用语类型

九河乡少数民族除了稳定使用自己的母语外,大部分人还能兼用其他民族的语言。划分兼用语的类型可以从不同的角度做不同的划分:根据兼用语言的种类,可分为兼用汉语型和兼用少数民族语言型;根据九河乡少数民族掌握和使用语言的数量,可分为双语型和多语型;根据村寨兼用不同语言的人数进行划分,可分为普遍兼用汉语型和局部兼用少数民族语言型;此外还可以根据兼用语言的习得顺序进行分类。

一、兼用汉语型和兼用民族语言型

九河乡少数民族普遍兼用汉语,还有相当多的一部分人能够兼用周边其他民族的语言。

(一) 兼用汉语型

九河乡少数民族兼用汉语的情况如表 5-1 所示:

---

① 河源小组和桥地坪小组的兼用语情况未作说明,故不在本节统计范围内。

表 5-1　九河乡四村寨兼用汉语情况表

村寨名称		中古①	史家坡	高登	梅瓦	
民族		纳西(152)	白(521)	白(147)	纳西(129)	白(82)
兼用汉语人数	熟练	91	505	135	98	73
	略懂	47	16	11	30	9
	不会	15	0	1	1	0

从表 5-1 可知,不管是聚居区还是杂居区,兼用汉语比较普遍。具体是,中古村纳西族大部分人能兼用汉语,只有 7 人略懂白语。史家坡小组是白族聚居区,没有人不会汉语,但只有 10 人能熟练使用纳西语,500 人只能兼用汉语。高登小组只有 2 人能熟练使用纳西语,大部分能兼用汉语。

值得一提的是梅瓦小组。梅瓦小组的纳西族都会使用汉语,但一半以上的人(77 人)不能兼用白语,梅瓦的纳西族部分人为兼用汉语型,部分人为兼用民族语型。

由此可以得出这样一个认识:聚居村落民族成分较为单一的,绝大部分人不能兼用其他民族语言,语言兼用类型为兼用汉语型。

(二)兼用民族语言型

九河乡少数民族兼用少数民族语言的情况如下表 5-2 所示:

表 5-2　九河乡四村寨兼用民族语情况表

村寨名称		彼古		易之古	拉普		小栗坪	
民族		纳西(405)	白(79)	白(351)	普米(68)		普米(47)	
兼用民族语		白	纳西	纳西	纳西	白	白	纳西
	熟练	393	61	287	65	13	38	12
	略懂	7	13	2	3	2	0	1
	不会	5	15	62	0	55	1	33

从表 5-2 可知,杂居的村民大部分人能兼用相邻民族的语言。彼古小组以纳西族为主体,白族占少数,周边毗邻白族村寨,处在相对杂居的环境中。彼古小组的大部分纳西族、白族能兼用对方的语言。易之古小组白族占绝大多数,有 351 人,纳西族只有 18 人。但易之古与纳西族村寨彼古、南高相邻,处于相对杂居的大环境中,所以易之古的白族绝大多数都能兼用纳西语。拉普小组绝大多数是普米族,村中有 6 户纳西族,拉普小组周边有纳西族寨子,也处于相对杂居的大环境中,所以拉普小组村民都能兼用纳西语,还有少部分人能够兼用白语。这是由于他们与九河的白族联系较多,掌握了九河乡区域强势语言白语。小栗坪社隶属于河源村大栗坪小组,是一个普米族聚居的寨子,但其东边是白族聚居的单岭小组,西边的二南箐社全部是白族,北边是白族、傈僳族杂居的大栗坪社。可见,小栗坪周围都是白族为主的村寨,处在使用白语的大环境中。我们调查的 15 户 47 名普米族,有 38 人能够兼用周围的白语,还有

---

① 中古指中古村委的雄古二组、新文一组,以下简称中古。

部分人因为上学和打工,能够兼用纳西语。

综上所述,中古村是纳西族聚居村寨,隶属龙应村的史家坡和隶属九河村的高登都是白族聚居村,周边没有纳西族村寨,三个小组都是单一民族聚居区,绝大多数人只能兼用汉语,而不兼用民族语,语言使用类型属于兼用汉语型。彼古、易之古、拉普、大栗坪小组都是以一个民族为主体民族,散居着其他民族,并且还处于大杂居的环境中,其村民绝大部分都能兼用其他民族的语言,他们的语言使用类型属于兼用民族语型。

二、普遍兼用汉语型和局部兼用少数民族语言型

根据表5-1-1所示,9个调查点白族、纳西族、普米族共1981人中只有17人不会汉语。就是说九河乡少数民族兼用汉语具有普遍性,属于普遍兼用汉语类型。

我们调研的9个点中,除了普遍兼用汉语,还有几个村寨的人能够兼用少数民族语言。如彼古、易之古、梅瓦、拉普、大栗坪小组大部分人能够兼用其他少数民族语言。九河乡部分地区能够兼用少数民族语言,兼用少数民族语言具有局部性,属于局部兼用少数民族语言型。

三、双语型和多语型

根据使用语言的多少,九河乡少数民族语言使用可分为双语型和多语型两种类型。

(一)双语型

双语是指个人或语言(方言)集团除能熟练使用自己的母语外,还能用另一种语言进行日常交际活动。九河乡各少数民族多数能熟练使用自己的母语,还能兼用汉语。有些人除熟练掌握自己的母语外,不懂汉语,但能熟练使用另一种地域性的民族语言。我们把这种同时掌握两种语言的现象称为"双语型"。

"双语型"多出现在民族集中聚居的村寨,如高登、史家坡是白族聚居的村寨,中古是纳西族聚居的村寨,这四个小组绝大部分村民除熟练掌握母语外,还兼用汉语,不会其他民族语言,是典型的"双语型"。见表5-3:

表5-3 史家坡、高登、中古兼用汉语情况表

村寨名称		史家坡	高登	中古
民族		白	白	纳西
总人数		521	147	152
母语熟练		521	147	152
汉语熟练		505	135	67
其他语言熟练	纳西	10	2	—
	白	—	—	—

表5-3显示:史家坡有白族521人,全部能熟练使用母语,其中505人能熟练兼用汉语,只有10人能兼用纳西语;高登小组有147名白族,全部能熟练使用白语,其中135人能熟练兼

用汉语,只有 2 人能熟练兼用纳西语;中古村调查了 152 名纳西族,全部能熟练使用纳西语,其中 67 人能熟练兼用汉语,没有人会其他民族语言。

还有个别人除熟练掌握自己的母语外,还能兼用一种民族语,不会其他语言。如彼古 77 岁的白族人刘阿算,除了能熟练使用母语外,还能熟练使用纳西语,不会其他语言。这种类型也属于"双语型"。这种类型并不常见。

可见,这三个村寨大部分人只能熟练使用两种语言,一是母语,一是汉语。他们使用语言的类型属于典型的"双语型"。

(二) 多语型

多语型是指除母语外,还能兼用两种或两种以上语言的现象。九河乡少数民族有些村处于相对杂居的环境中,这部分人除能使用母语、汉语外,还能兼用邻近民族的语言。

易之古小组是白族为主的村寨,有白族 351 人,因与纳西族村寨彼古毗邻,所以大多数白族还会纳西语。梅瓦小组分南社和北社,北社以纳西族为主,南社以白族为主,全村有白族 83 人,纳西族 136 人,梅瓦是白族、纳西族杂居的村寨,南社的白族都能使用纳西语。拉普小组以普米族为主,周围有纳西族村寨,村子里 5 户汉族,8 户纳西族,拉普也处在相对杂居的环境中,很多普米族能兼用其他民族的语言。

上述几个小组都处于相对杂居的状态,他们除了能熟练使用母语、汉语外,还能兼用相邻民族的语言,属于"多语型"。见表 5-4:

表 5-4 五小组兼用汉语、其他民族语言情况表

村寨名称		易之古	彼古		梅瓦		拉普	小栗坪
民族		白	纳西	白	纳西	白	普米	普米
总人数		351	405	79	129	82	68	47
母语熟练		350	402	79	128	80	66	31
汉语熟练		345	360	42	98	73	68	43
其他语言熟练	纳西	287	—	61	—	72	65	12
	白	—	393	—	20		13	38

表 5-4 显示:易之古小组 351 名白族中,有 350 人能熟练使用母语,345 人熟练掌握汉语,还有 287 人能熟练使用纳西语,有大约三分之二村民熟练掌握三种语言;彼古的纳西族有 402 人能熟练使用自己的母语,有 360 人熟练使用汉语,还有 393 人能熟练使用白语,绝大部分纳西族是三语人。彼古的 79 名白族全部能熟练使用母语,其中 42 人能熟练使用汉语,61 人能熟练掌握纳西语,彼古的白族一半以上能够熟练掌握三种语言;梅瓦 129 名纳西族中 128 人能熟练掌握母语,98 人能熟练使用汉语,还有 20 人能熟练掌握白语,梅瓦小组少部分纳西族能熟练使用三种语言。梅瓦 82 名白族中 80 人能熟练使用母语,73 人能熟练使用汉语,72 人熟练掌握纳西语,梅瓦绝大多数白族能够熟练使用三种语言。拉普 68 名普米族中有 66 位能熟练使用自己的母语,68 人全部能够熟练使用汉语,其中 65 人能熟练使用纳西语,还有 13 人熟

练掌握白语,可见拉普小组少部分人能够熟练使用四种语言。小栗坪47名普米族,其中31人能熟练使用母语,43人能熟练使用汉语,38人能熟练使用白语,还有12人能熟练使用纳西语,可见小栗坪小组小部分人能熟练使用四种语言,大部分人能熟练使用三种语言。

综上所述,这五个村寨大部分人能够熟练使用三种语言,少部分人能熟练使用四种语言。他们使用语言的类型属于"多语型"。

此外,我们还可以根据兼用语言的习得顺序划分兼用语的类型。九河乡白族兼用语类型大致可分为:白—纳西—汉型、白—汉—纳西型、白—汉型等三种类型。高登、龙应小组属于"白—汉型",彼古、梅瓦、易之古的白族部分人属于"白—纳西—汉型",部分人属于"白—汉—纳西型"。纳西族兼用语言类型大部分可分为纳西—白—汉型、纳西—汉—白型、纳西—汉型三种类型。中古村属于"纳—汉型",彼古、梅瓦的纳西族部分属于"纳西—白—汉型",部分属于"纳西—汉—白型"。普米族兼用语类型大致可分为普—纳西—汉型、普—汉—纳西型、普—汉—纳西—白型、普—纳西—汉—白型四种类型。

第二节　九河乡少数民族兼用汉语的特点及其成因

一、九河乡少数民族兼用汉语具有普遍性

我们调查了九河乡白族、纳西族及普米族三个民族兼用汉语的情况。其总体情况分别如表5-5、表5-6、表5-7和表5-8所示:

表5-5　五村寨白族兼用汉语情况表

年龄段(岁)	人数	熟练 人数	熟练 百分比(%)	略懂 人数	略懂 百分比(%)	不会 人数	不会 百分比(%)
6—19	202	183	90.59	19	9.41	0	0
20—39	404	396	98.02	8	1.98	0	0
40—59	390	367	94.10	20	5.13	3	0.77
60以上	184	154	83.70	24	13.04	6	3.26
合计	1180	1100	93.22	71	6.02	9	0.76

表5-6　四村寨纳西族兼用汉语情况表

年龄段(岁)	人数	熟练 人数	熟练 百分比(%)	略懂 人数	略懂 百分比(%)	不会 人数	不会 百分比(%)
6—19	168	137	81.55	27	16.07	4	2.38
20—39	204	189	92.65	15	7.35	0	0
40—59	204	168	82.35	35	17.16	1	0.49
60以上	110	55	50.00	33	30.00	22	20.00
合计	686	549	80.03	110	16.03	27	3.94

表 5-7　拉普普米族兼用汉语情况表

年龄段(岁)	人数	熟练		略懂		不会	
		人数	百分比(%)	人数	百分比(%)	人数	百分比(%)
6—19	12	12	100	0	0	0	0
20—39	26	26	100	0	0	0	0
40—59	23	23	100	0	0	0	0
60以上	7	7	100	0	0	0	0
合计	68	68	100	0	0	0	0

表 5-8　小栗坪普米族兼用汉语情况表

年龄段(岁)	人数	熟练		略懂		不会	
		人数	百分比(%)	人数	百分比(%)	人数	百分比(%)
6—19	7	6	85.71	0	0	1	14.29
20—39	21	21	100	0	0	0	0
40—59	16	16	100	0	0	0	0
60以上	3	1	33.33	2	66.67	0	0
合计	47	44	93.62	2	4.26	1	2.13

表 5-5 是梅瓦、彼古、易之古、史家坡、高登五个小组白族兼用汉语的情况。这五个村寨 93.22% 的白族都能熟练使用汉语进行交流,只有 0.76% 的人不会汉语。

表 5-6 是中古村雄古二组、新文一组、梅瓦、彼古四个小组纳西族兼用汉语的情况。这四个村寨 80.03% 的纳西族能熟练使用汉语,96.06% 的人能用汉语进行交流,3.94% 的人不会汉语。与表 5-5 白族使用汉语情况相比,纳西族兼用汉语出现轻度代际差异,表现在 60 岁以上的老人汉语能力稍差,其次是 6—19 岁的青少年。

表 5-7 统计了拉普村 68 名普米族兼用汉语的情况,普米族无论年龄大小,全部都能熟练地使用汉语。

表 5-8 反映的是河源村小栗坪社 47 名普米族兼用汉语的情况,普米族兼用汉语呈现一定的代际差异。老年人由于很少外出,汉语运用的不熟练。青少年中有一名 6 岁的学前儿童,汉语还不会说。

从表 5-5、表 5-6、表 5-7、表 5-8 的统计可以认为,九河乡无论哪个少数民族,绝大多数都能够用汉语进行交际,汉语是九河乡少数民族生活中不可缺少的语言工具。

二、九河乡少数民族兼用语汉语的功能分析

九河乡各少数民族普遍能够兼用汉语,是由于汉语是各民族的通用语,它在人们的生活中发挥着重要作用,有着其他语言不可替代的功能。

所谓通用语,是指各民族都能通过它进行交际,达到互相交流、互相了解的目的。一个多民族国家如果没有通用语,各民族之间就难以沟通联系,不利于各民族的发展繁荣。

在九河乡,我们看到了汉语通用语的巨大作用。这种作用是不可替代的,主要表现在以下几个方面:不同民族的交际需要使用汉语,母语功能的不足需要汉语来补足,少数民族的发展需要掌握汉语。

(一) 汉语满足不同民族交际的功能

九河乡主要生活着 6 个民族,各民族不仅要和本民族的人交往,还要和其他民族的人交往,民族语言往往具有一定地域性,不能满足所有交际需求。而汉语是通用语,能够满足九河乡少数民族之间的相互交流需要。汉语满足不同民族交际需要的功能主要体现在下面一些场合中。

1. 村寨内

在聚居或杂居村寨内,一般的村内交际用语是民族语。但他们面对远方而来的陌生人,只能用通用语——汉语进行沟通交流。我们在各个点进行调查采访时,无论老少,大部分人都用汉语与我们交流。高登小组赵雪祥说:"一般客人来了用汉语。"关上村梅瓦小组白族村民杨如九说:"现在村里也有用汉语的时候了,但很少。比如你们来啊,纳西族来这卖东西、做生意啊,或者上面不会说白语的干部来啊,我们才说汉语。"可见,即使不出寨子,当面对外来人口时,九河乡村民会选择通用语进行交流。

2. 集市

九河乡有些村寨经常定期举行集会,通过集会,人们可以就近买些生活生产资料,实现物资的交流,这也是村民一次较大的社交活动。比如南高寨每周六举行集会,周围村寨的村民都会去赶集。九河与大理州的剑川距离很近,每周五剑川的货商会拉着蔬菜、水果、干货等日用品来白汉场摆摊叫卖。河源、金普村离剑川较近,很多村民也会去剑川赶集。每到这种集会时,各个民族在买卖东西时什么语言都说,但汉语是一个十分重要的通用交际工具。中古村何建军说:"我们一般去南高寨或者去丽江、石鼓赶集,去南高寨(纳西族多)赶集,有时说纳西语,有时说汉语。"据我们了解,九河乡各少数民族和不会说民族语的货商交流时,或者与不懂本民族语的货商交流时,只能使用汉语。

3. 学校

九河乡每个行政村委基本上都有一个完小,初中都到九河中学上学。小学设在村子里,学生之间用民族语交流较多,中学则是通用语使用的一个重要场所。九河的行政村民族分布比较聚居,如龙应村、九河村都是白族聚居村,龙应完小白族学生较多,中古村是纳西族聚居区,中古完小纳西族学生较多。学生上小学的时候,学生之间交流用民族语较多。中古村的和玉娟说:"老师上课说汉语,下课后跟我说纳西语,我们同学之间下课后也说纳西语。"但是升入初中后,都到九河中学来读,各个民族的学生都有,学生之间交流主要用汉语。正如金普村拉普小组和永(普米族)所说:"初中(九河中学)上课时,完全用普通话教学。课后同学之间讲普通话,偶尔插几句纳西语;跟老师只用普通话交流。"

4. 开会

九河白族乡是政府基层行政单位,乡下设行政村,行政村下设自然村小组。平级单位、上下级指导单位的基层干部聚在一起开会的时间很多,开会时基层干部有可能是同一民族,但更多时候是不同民族在一起开会,这时选择何种语言,就要看怎样才能达到畅通交流的目的。民族干部可能懂母语而不懂另一民族语言,但他们都会通用语——汉语,这时汉语就充当了重要的交际角色。正如中古村(纳西族聚居村)总支副书记和建军说:"开会时,有一个互相尊重的问题,如果开会的人中有一个听不懂纳西语,我们就说汉语。如果有一两个白族,听不懂纳西语,我们就用汉语开会。如果开会的都是纳西族,我们就用纳西语开会。"彼古小组组长和正华说:"小组开会时都用纳西话,与乡干部说话有时说民族语,但大多数说汉语。"

5. 外出

"外出"包含两方面意思,一是走出村寨到九河乡的其他村寨,二是走出九河乡,到更远的地方去工作、生活或逗留。这里指前者。九河乡各民族相对聚居,但自然小组之间、各村委之间民族各异,无论去哪里,都要接触别的民族。民族语作为一种地区性用语,毕竟具有一定的地域性,如果外出势必要使用大家都会说的汉语。关上村梅瓦小组杨如九说:"会汉语的老人在村里从来不说,都是出去才说汉语的。"中古村雄古二组老教师和克武也说:"平时在家里和寨子里都说纳西语,出了寨子才说汉语。"

(二) 汉语补足母语的功能

汉语对母语使用的补充功能主要是语言结构的补充,包括复杂句子、新词术语、成语等方面。如有些句子或表达方式用民族语不好表达时,就会用汉语来表达。在说民族语的过程中,有的意思用民族语表达不了,也会借用汉语的词汇表达。这些都是汉语对民族语的补充功能的体现。龙应村史家坡小组的李海春上大学后长期在外工作,他说:"我现在一年少说回来两三次,多的时候七八次。感觉到离家时间长了,慢慢地有些词只会用汉语说了。"中古村雄古二组退休教师和克武在河源完小任教时,就观察到:"下课后,这些学生在一起都说自己的民族语,说民族语说不通了,才说汉语。"雄古二组和柏光也说:"我在工作中主要讲纳西语,偶尔说汉语,因为有的词语纳西语里没有,只能讲汉语。"用民族语谈话的过程中,如果谈到手机号码时,普遍不用民族语,而使用汉语数词互报手机号码。如果谈话涉及科技术语、政治经济方面的话题,即使是同民族,也都转用汉语。

(三) 少数民族的发展进步需要掌握汉语

随着社会的发展,现代化进程的加快,九河乡也愈加开放,越来越多地接受外界的新鲜事物。少数民族要发展自己,就要和外部多接触联系。近年来,为了发展经济,农村劳动力输出越来越多,很多九河人到丽江、昆明、广东、深圳等地打工。打工时要使用汉语,这也使得这部分打工回来的人汉语水平更好。金普村拉普小组18岁的和永告诉我们:"汉语主要是到外面才用,不然很难找到工作。""上学的时候学了一些汉语,但说不好。去年在丽江打工,讲的机会多,就进步了。"再如中古村雄古二组组长和柏光说:"因为现在到外面读书啊、工作啊都需要用汉语交流,而纳西语就只是在我们这个地方用。"易之古杨亚兵认为,会多种语言可以让他和外村人交流时没有障碍,因而做生意更方便,可以发展得更好。九河乡很多有识之士走出大山,寻找经济发展的机遇,引进适合本地发展的项目,在与外界联系的过程中,必须使用汉语进行交流,他们的发展进步离不开汉语。

三、九河乡少数民族习得汉语的学习途径

九河乡各少数民族无论居住在哪个村寨,无论文化程度高低,大部分人都能用汉语进行交流。他们习得汉语的途径是什么,习得汉语的环境是否一样,不同年龄段的人习得途径有何差异,我们试图通过调查找出上述问题的答案。

九河乡大部分少数民族掌握汉语是在自然的语言环境中,不知不觉地获得汉语使用的规则,还有部分人通过刻意学习掌握汉语。

九河乡少数民族学习汉语根据有无人为干预,可分为自然习得汉语和刻意习得汉语两种类型。不同的年龄阶段和不同的家庭对这两种方式的采用有所差异。

(一) 自然习得汉语指通过沟通意义的交际活动,不知不觉地获得汉语使用规则。人们自然习得汉语的方式主要有:

1. 与村寨孩子们玩耍、看电视

这种习得方式主要针对未上学的儿童。九河乡少数民族儿童在未上学之前没有系统学习过汉语知识,他们习得汉语的方式主要是看电视,比如动画片,与村寨孩子们的玩耍也是他们学习语言的一个途径。彼古小组组长和正华告诉我们:"小孩上学前都有一定的汉语基础,再通过看电视和日常交流,不知不觉就学会了。"74岁的熊占仁是金普村拉普小组的村民,他告我们,他的普米语、纳西语、汉语是他从小在村里就会的。

2. 外出或与外乡人做生意时的交流

外出使得九河乡少数民族有了学习汉语的良好环境,外乡人的到来也使他们能够接触、学习并使用汉语。拉普村村委会主任张怀军告诉我们,20世纪80年代以后实行"包山到户",与周边村民打交道多了,什么语言都学会一些。在金普村医务室工作的医生和完全告诉我们:"以前别的地方的汉族为逃脱兵役、赋税,跑到我们这里的山上来,还有从四川来我们这里做零活(烧瓦、打板子)的,在与这些汉族人打交道的过程中,很多人都学会了汉语。"关上村梅瓦小组杨如九说:"汉语是在读书时候学会一些,当兵时候学了一些。"在外的当兵生活也是他学习汉语的一个途径。

3. 赶集时的互相交流

女性外出的机会少,使用汉语的机会相对而言就少一些。但集市使得她们有了学习汉语

的环境和平台。在这里,他们开始通过手势等身体语言,然后慢慢地接触了解,在交际中掌握了汉语。当问到距离九河乡很远、交通不便利的金普村村民怎么学会汉语时,金普村医生告诉我们,金普的村民经常到石鼓镇、九河街去赶集,在赶集的时候用汉语交流,慢慢就掌握了汉语,金普村老年人很多人就是通过这种方式学会汉语的。

(二) 人为习得汉语是指在习得汉语的过程中加入了人为因素,主要指有意识地提供说汉语的环境,还指进行较为系统的汉语学习。人为习得汉语的方式主要有:

1. 学校学习

学校教育中的汉语学习虽然不是单纯的语言教学,但也提供了学习、使用汉语的环境。九河乡少数民族掌握汉语的一个主要途径就是学校教育。在我们所到的每一处,当问到"你们是怎么学会汉语的?"这个问题时,很多人都回答是在上学时学会的。如我们问 72 岁的九河乡高登村民赵治安:"爷爷,您的汉语这么好,是如何学会的呢?"他回答:"解放那年我 9 岁,开始读书,读到 15 岁,六年级毕业就不读了。上学就开始学汉语。"当问到学校教育是否需要民族语辅助时,彼古小组组长和正华告诉我们:"我们这里有学前班教学,用纳西语和白语辅助教学。在学前班第二个学期,孩子们都可以用汉语交流。一年级开始学生使用汉语上课学习,语言障碍几乎没有。"

2. 家庭刻意教授

汉语是国家的通用语,学好汉语对学习、工作都很重要。有些人甚至认为应该先教孩子汉语,当我们问关上村梅瓦小组的杨九如:"您先教孙子们说什么语言?"他回答说:"先教孩子汉语。白语嘛,孩子跟外面的小朋友就学会了,不需要特意教。小孩学什么语言都学得很快。"现在很多村民开始重视孩子的汉语学习问题,在孩子没上学之前,有意识地教孩子说汉语。金普村委会拉普小组村民和万宝(普米族)说:"我家兼用普米语和汉语,大人之间主要用普米语,就是孙子们在家的时候讲汉语,主要是为了锻炼孙子和孙女学好普通话,这样将来读书才能方便些,因为出去读书班级里普米族毕竟很少。"当问到"这里的孩子上学前会说汉语吗?"时,中古村党总支副书记和建军说:"有些孩子上学之前会说一些汉语。有的家庭害怕孩子上学跟不上,会提前教孩子学说汉语。但家庭不会说汉语的就没能教孩子汉语,等上学后开始学。"

九河乡少数民族大多数之所以能够用汉语进行交流,一是因为汉语的地位和功能,二是因为各少数民族对汉文化的接纳和认同。对汉文化的接纳和认同反映在人们生活的方方面面。在节日方面,九河乡纳西族、白族、普米族都过清明节、端午节、中秋节、春节等汉民族的传统节日。在风俗习惯方面,我们所到之处,无论白族家庭、纳西族家庭还是普米族家庭,家家都贴春联,贴"福"字,梅瓦村民小组村长杨志华家的照壁上还写着"清白传家"四个大字。九河白族、纳西族等少数民族还深受儒家文化的熏陶,十分重视教育,龙应村一直供奉文庙,龙应完小迄今已有百年历史,培养了一批优秀人才。纳西族自古有"天雨流芳"之说,意思是教育后代应该去读书、去学习,这是他们崇尚汉文化的一个见证。

对文化的认同会影响到对语言的态度。白族、纳西等民族对汉文化的接纳使得他们对汉语也持接受认同态度。当我们问梅瓦小组杨如九"您认为汉语难学吗？现在村里不会汉语的人多吗？"这个问题时，他回答："汉语跟白语很多词都很像，好学的。没上过学、没读过书的人很多都不会汉语。但是慢慢就学会了。不学不行的，是必须学汉语哦！"在谈到学习汉语和学习白语的关系时，史家坡小组在外工作的李海春这么认为："肯定要学汉语。从语言的发展来看，最好先教这些小孩学汉语，因为小孩有白语的语言环境，自然而然就学会了。如果先教白语的话，口音很难改过来。"当问到纳西语和汉语的关系时，雄古二组和柏光说："不可分开，生活当中都需要。汉族不需要学习纳西语，但是纳西族必须学习汉语，离开了汉语，没法儿生活。比如去了昆明啊，外省啊，他们不懂纳西语，我们就得讲汉语。"

多元文化的交融，使得他们对语言使用持开放态度。九河乡少数民族不仅能兼用汉语，还有相当一部分人能够兼用少数民族语言。在这里，我们看到多个民族的文化、语言互相交融，构成了一个和谐的文化、语言圈。在节日方面，白族、纳西族都过"二月八"、"七月半"、"火把节"。过节时，各个民族聚在一起，共同打跳。在服饰方面，白族服饰融入了纳西族服饰的因素，如白族服饰也有纳西族"披星戴月"的披肩，彼古纳西族和白族穿一样的服饰。九河乡各民族生活在一起，他们彼此都向对方敞开怀抱。语言方面也是如此，他们在接触中不知不觉地学会了对方的语言。拉普小组 23 岁的普米族小伙子金松告诉我们，他的纳西语是和同学交流学会的，好像天生就会纳西语。

第三节 九河乡少数民族相互兼用语言的特点及其成因

九河白族乡特有的文化历史使其各民族的兼用语生活呈现出独特、多样的地域特色。部分少数民族出于生存和交际的需要，不但能兼用汉语，还能不同程度地兼用别的少数民族语言。少数民族兼用别的民族语言与兼用汉语是不同的类型，存在不同的特点。本节对九河乡少数民族兼用民族语言的情况进行分类，并就其成因、功能、特点及发展走向进行分析。

一、九河乡少数民族兼用其他民族语言的类型

九河乡少数民族兼用民族语言，可以根据兼用语言的功能、数量、范围进行如下的类型分类。

（一）按兼用语的功能划分

根据兼用语的功能不同，可分为兼用区域优势语言、兼用其他民族村落优势语言两种类型。

"区域优势语言"是指在某一地区范围内，通用于各种交际场合的语言。通常是该区域内

主体民族的语言。白族和纳西族是九河乡的主体民族,白语和纳西语的功能大体相当,二者都是九河乡的区域优势语言,并在一些地区存在功能互补。

"村落优势语言"是指在某个民族聚居村落中,占有优势交际语地位的语言,通常也是该村落主体民族的语言。包括"主体民族的村落优势语言"和"其他小民族的村落优势语言"两类。前者是指该地区主体民族聚居的村落所使用的主要交际用语,该语言既是区域优势语言,也是村落优势语言。如彼古小组的纳西语既是九河乡的区域优势语言,又是彼古小组的村落优势语言。

"其他小民族村落优势语言"是指在除主体民族以外的其他小民族聚居村落中使用的主要交际用语。本文指非白族、纳西族的民族聚居村落的优势交际语言。如拉普小组是普米族聚居的村落,普米语是拉普小组的村落优势语言。其中以兼用区域优势语言居多,少数还能兼用其他村落优势语言。

1. 兼用区域优势语言型

(1) 民族杂居区或处于不同民族聚居区域过渡带及其他小民族聚居的村民,多数都能兼用区域优势语言。所兼用的民族语言与其母语构成功能互补。在我们所选取的9个调查点中,有5个点的村民能兼用区域优势语言。这5个村落的名称、民族分布及主要兼用语等详细情况见表5-9:

表 5-9 九河乡五村落兼用民族语情况表

所属村委会	村落名称	村落民族分布	兼用民族语
关上村	梅瓦南社	白族聚居	纳西语
南高村	彼古小组	纳西族聚居	白语
南高村	易之古组	白族聚居	纳西语
金普村	拉普小组	普米族聚居	纳西语>白语①
河源村	小栗坪社	普米族聚居	白语>纳西语②

从表5-9的总体情况看,这5个调查点的村民所兼用的民族语都是九河乡的区域优势语言。梅瓦小组是以纳西族、白族为主的杂居区,其中白族多集中于南社,白族村民主要兼用纳西语;彼古小组和易之古小组都处于不同民族聚居区域过渡带,彼古小组的纳西族村民主要兼用白语,易之古小组的白族村民主要兼用纳西语;拉普小组是小民族——普米族聚居村,普米族主要兼用纳西语,有的还能兼用白语;小栗坪社也是小民族——普米族聚居区,这里的民族绝大多数都能兼用白语,部分村民还能兼用纳西语。

下面我们再以其中3个调查点的兼用民族语人数为例进一步说明。详情见表5-10:

---

① 指兼用纳西语的人数超过兼用白语的人数。
② 指兼用白语的人数超过兼用纳西语的人数。

表 5-10　梅瓦、彼古、易之古小组兼用民族语人数统计表

村落名称	主体民族人数	兼用语言	会 人数	不会 人数
梅瓦南社	82	纳西语	80	2
彼古小组	405	白语	400	5
易之古组	351	纳西语	289	62
合计	838	白语、纳西语	769	69

从表5-10可见,这三个村组的838名村民中,有769人能不同程度地兼用区域优势语言,占总人数的91.8%。这说明兼用区域优势语言的人数很多。

（2）聚居村落中的其他少数民族兼用区域优势语言

本次调查选取的9个点,都有外来的少数民族如傈僳族、普米族、藏族、彝族等,且多数是婚配到该村的。这9个点的少数民族兼用民族语情况见表5-11:

表 5-11　七村寨的少数民族兼用民族语情况表

村落名称	村内少数民族人数	区域优势语言	会 人数	不会 人数
新文一组、雄古二组	5	纳西语	5	0
梅瓦小组	3	纳西语	3	0
彼古小组	3	纳西语	3	0
易之古组	19	白语	17	2
高登村组	6	白语	6	0
史家坡组	9	白语	8	1
拉普小组	5	普米语、纳西语	5	0
小栗坪组	8	白语	8	0
合计	59	白语、纳西语	56	3

表5-11中的9个调查点共有59名组内少数民族,其中有94.9%共56人能够兼用区域优势语言,有3人不会使用区域优势语言。这3人的具体情况是:

表 5-12　不能兼用区域优势语言的三名村民情况表

家庭	姓名	性别	民族	年龄	文化程度	第一语言及水平	第二语言及水平	其他语言及水平
儿媳	和积英	女	藏	28	初中	藏,熟练	纳西,熟练	汉,熟练
儿媳	和国花	女	纳西	30	初中	纳西,熟练	汉,熟练	
妻子	木秀兰	女	纳西	48	初中	纳西,熟练	汉,熟练	

表5-12中的这3个人都是外嫁来的媳妇,其中和积英和和国花来自易之谷小组,木秀兰来自史家坡小组。这三个人都不能兼用其所在的村落优势语言白语,但和积英能够兼用九河乡的另一个区域优势语言纳西语。因此,这50名被调查者只有2人不能兼用民族语言。也就是说,有96%的被调查者能兼用民族语,即聚居村落中的其他少数民族绝大多数能兼用区域优势语言。

2. 兼用村落优势语言型

在九河乡的小民族聚居村落，其村落强势交际语多为该村落主体民族的母语，生活在里面的其他少数民族，一般都能兼用该强势交际语。以普米族聚居的金普村拉普小组为例：在拉普小组，普米语是村落的优势语言，不管什么民族，只要生活在拉普小组，就得学会普米语，这样才能进入普米语社区，融入到拉普小组的语言生活中去。课题组随机选取了拉普小组的4位纳西族、1位傈僳族作为调查对象，这5位村民的语言使用情况见表5-13：

表5-13 五位拉普村村民语言使用情况表

姓名	性别	民族	年龄	文化程度	第一语言及水平	第二语言及水平	第三语言及水平	其他语言及水平
杨世荣	男	纳西	27	初中	普米,熟练	汉,熟练	纳西,熟练	
杨成爱	女	纳西	32	小学	纳西,熟练	汉,熟练	普米,熟练	
杨继锋	男	纳西	51	初中	纳西,熟练	普米,熟练	汉,熟练	
杨洁文	女	纳西	73	文盲	纳西,熟练	普米,熟练	汉,略懂	
胡春花	女	傈僳	25	初中	傈僳,熟练	汉,熟练	纳西,熟练	普米,熟练

表5-13中的5人都能兼用村落优势语言普米语。其中，27岁的杨世荣，其父杨继锋是纳西族，其母是普米族，杨世荣随父亲的民族成分，杨世荣的其他弟弟、妹妹的民族成分都是普米族，他们的第一语言都是普米语。

还有个别村民能兼用其他小民族语言的，如高登小组的赵斌和赵万斗都略懂傈僳语。赵斌是因为父亲赵丽雄在怒江工作，他现在跟父亲在怒江，学会了一点傈僳语。赵万斗则是到处做生意时学会的一点傈僳语。这些都属于个人行为，构不成兼用民族语的类型。在这里不再赘述。

（二）按兼用语的数量分类

根据兼用民族语数量的不同，可分为兼用单一民族语和兼用多民族语两种类型。九河乡少数民族兼用民族语，多数只能兼用一种，有的还能兼用两种或两种以上，但人数较少。

1. 兼用单一民族语型

九河乡能兼用民族语的村民，以兼用一种区域优势语的居多。以上文中能兼用民族语的3个村落为例，这3个村落的主体民族兼用一种民族语的详细情况见表5-14：

表5-14 三村寨兼用单一民族语情况表

村落名称	主体民族人数	兼用单一民族语人数
梅瓦南社	82	80
彼古小组	405	400
易之古组	351	289
合计	838	769

从表5-14可见，能兼用民族语的838名村民中，有769人是兼用单一民族语言，占总人数的91.8%，而另外的69人有的是单语人，有的是母—汉双语人，都不会其他少数民族语言。

这一情况也与这3个村组兼用区域优势语言的情况相吻合。

此外,聚居村落中的其他小民族也多能兼用单一民族语民族聚居村的外族村民,多数是婚配到本村的。那些外来的小民族村民,只要生活在村里,就要受强势交际语地位影响,为了迅速地融入该村的社区生活,都能掌握该村的村落强势交际语,从而成为该民族的兼用语之一。如高登村组是白族聚居村,白语是村落强势交际语。村里有5名傈僳族和1名纳西族,都是外嫁来的媳妇,她们都熟练兼用白语。这6人的语言使用情况见表5-15:

表5-15 六位高登村村民语言使用情况表

姓名	性别	民族	年龄	文化程度	第一语言及水平	第二语言及水平	其他语言及水平
褚梅花	女	傈僳	28	初中	傈僳,熟练	白,熟练	汉,熟练
赵丽君	女	傈僳	31	中专	傈僳,熟练	白,熟练	汉,熟练
那官花	女	傈僳	33	小学	傈僳,熟练	汉,熟练	白,熟练
妮支牛	女	傈僳	35	初中	傈僳,熟练	白,熟练	汉,熟练
赵石仙	女	傈僳	45	文盲	傈僳,熟练	白,熟练	汉,熟练
王国志	女	纳西	35	小学	纳西,熟练	白,熟练	汉,熟练

又如中古村是纳西族聚居区,纳西语是村落强势语,统计中的1名白族、2名普米族、1名傈僳族和1名藏族都是外嫁来的媳妇,这5人都能兼用纳西语。其语言使用情况见表5-16:

表5-16 五位中古村村民语言使用情况表

家庭关系	姓名	性别	年龄	民族	文化程度	第一语言及水平	第二语言及水平	备注
儿媳	李宝美	女	26	白	初中	白,熟练	汉,熟练	纳西,略懂
妻子	和月仙	女	30	普米	小学	普米,熟练	纳西,熟练	汉,略懂
儿媳	和庭娟	女	21	普米	初中	普米,熟练	纳西,熟练	汉,熟练
妻子	余光美	女	49	傈僳	小学	傈僳,熟练	纳西,熟练	汉,熟练
妻子	纠英	女	28	藏	小学	藏,熟练	纳西,熟练	汉,熟练

2. 兼用多民族语型

九河乡还有一些村民能兼用多民族语,这种类型多出现在小民族聚居区的小民族。

位于九河乡高寒山区的有金普村委会和河源村委会,这两个村委会的民族分布特点多是民族大杂居、小聚居。金普村的拉普小组和河源村的小栗坪小组都是普米族聚居区,多数能兼用其活动区域内的区域强势语言。九河乡的区域强势交际语是纳西语和白语。

拉普小组的普米族,全民兼用纳西语,35岁以上的中老年人多数还能不同程度地兼用白语。有的年轻人能听懂白语,但只能用普米语、纳西语或汉语对答。小栗坪47名普米族,有38人能熟练使用白语,还有12人能熟练使用纳西语。可见这一地区的小民族,大多能兼用纳西语或白语,属兼用多民族语型。

(三) 按兼用范围大小分类

根据民族语兼用的范围大小不同,可分为村民普遍兼用和部分兼用两种类型。九河乡少数民族兼用民族语,以村落为单位,其兼用范围有的是全民性的,有的则是部分村民兼用。大多数兼用的为"普遍兼用型",部分兼用的为"部分兼用型"。

1. 普遍兼用型

"普遍兼用型"是指村落的大多数村民都能兼用一种或一种以上的民族语。在我们所选的几个调查点中,有的地方是白族较为普遍地兼用纳西语,如梅瓦小组南社是白族聚居处,82名白族村民中,有97.6%共80人能兼用纳西语。易之古小组是白族聚居地,只要是土生土长的易之古白族,都能说一口流利的纳西语,两种语言可以自由、灵活地转换。

有的地方是纳西族普遍兼用白语,如彼古小组是纳西族聚居地,405名纳西族被调查者中,有98.8%共400人能兼用白语。

2. 部分兼用型

"部分兼用型"是指村落中的部分村民能兼用民族语。如梅瓦小组北社是纳西族聚居处,纳西族是梅瓦小组的世居民族,多数不懂白语,有的虽然能听懂,却用纳西语回答。该社纳西族兼用白语的情况见下表 5-17:

表 5-17 梅瓦小组北社纳西族兼用白语情况表

民族	人数	兼用语	熟练		略懂		不会	
			人数	百分比(%)	人数	百分比(%)	人数	百分比(%)
纳西族	129	白语	20	15.5	32	24.8	77	59.7

表 5-17 显示:梅瓦北社共有 129 名纳西族,会白语的人有 52 人,占总人数的 40.3%;不会白语的有 77 人,占总人数的 59.7%。其中熟练兼用白语的仅 20 人,只占总人数的 15.5%。

就其兼用民族语的范围看,还有兼具普遍兼用和部分兼用两种类型的。拉普和小栗坪小组的普米族就是这种情况。其中,拉普小组村民普遍兼用纳西语,部分兼用白语(35 岁以上的中老年人多数熟练兼用白语,部分年轻人能听懂白语);小栗坪小组村民普遍兼用白语,部分兼用纳西语(47 名普米族有 38 人兼用白语,14 人兼用纳西语)。这受两个小组周边村寨的民族成分影响。

二、九河乡少数民族相互兼用语言的成因

九河乡少数民族间能够相互兼用语言,其兼用途径都是自然习得的。其形成的原因既有历史因素,也有现实因素。但总的来看,这里的少数民族兼用另一民族语,首先是为了满足自我生存交际的需要,选择兼用地区语言功能价值较大的语言,即地域优势语言;其次是这些民族具有包容的民族心理;再次是受其家庭、日常学习、生产或生活环境等因素的制约。

（一）生存、发展是九河乡少数民族相互兼用语言的驱动力

人们兼用其他民族语言,是为了满足生存、发展或文化、情感等需求。兼用区域优势语言或村落优势语言,就可以与主体民族无障碍地进行沟通往来,创造一个无沟通障碍的生存环境,扩展生存、交际空间,进而实现个人及家庭生存、发展的愿望。

纳西族是九河乡的世居民族。与之相比,一些白族迁来较晚。这些外迁来的民族和一些其他小民族,有着强烈的生存欲望。如梅瓦村的原始居民是纳西族,白族从剑川搬来定居的历史约两三百年,村里还有部分白族村民稍晚些从外地迁来。这里的白族由初始的不会纳西语,到逐渐学会纳西语,从而达到普遍兼用的程度。79岁的杨如九老人说,他小的时候,纳西族和白族还不能通话,现在白族多数能兼用纳西语了。他们在村内勤苦劳作,与纳西族友好共处;有的还经常外出做木工、做生意。学会纳西语,无论在村里还是村外,都扩展了他们的生存、交际空间。

即使是九河乡的主体民族也希望自己通过兼用其他民族语言,在不同民族区域谋生,创造更好的生存条件和发展机会。易之古村民杨亚兵说:"我觉得会多种语言可以让我和其他外村人交流时没有障碍,因而做生意更方便,可以发展得更好","无论是白族还是纳西族,他们都能和睦相处,村子与村子之间来往也比较密切,交往很频繁,再加上他们都会两种语言,彼此交流没有障碍,因此工作起来也能亲密合作"。

九河乡的其他小民族,其生存、活动范围主要都在九河乡内进行,如果想迅速地融入到九河乡这个大环境中,就必须要兼用九河乡的两大主体民族纳西族或白族的语言。而兼用哪种语言,往往取决于其村寨周边的民族环境。

对于一些主体民族聚居的村落村民来说,如果其掌握的语言已经满足了生存需要的话,就很可能不兼用其他民族语言了。如中古村雄古二组和新文一组,都是纳西族聚居村寨,其村民的兼用语是汉语。雄古村民和振宜告诉我们:"村里人打招呼时用纳西语。开会时,我们用纳西语开会。如果有一个人听不懂纳西语,我们就用汉语开会。村民一般去南高寨或者去丽江、石鼓赶集,去南高寨(纳西族多)赶集,有时说纳西语,有时说汉语。但讲白语的机会少……"从这段话中可以看出,雄古村村民使用纳西语和汉语即可完成日常生活交际需要,再加上周围没有白族聚居村落,使得这里的纳西族很少有人能兼用白语。

再如高登村组与周边的白族村寨和剑川白族来往密切,对于高登村组的白族村民来说,只要会白语和汉语,就可以在村内和村外无沟通障碍地生活,所以这里的绝大多数白族也不能兼用纳西语。

（二）和谐的民族关系是九河乡少数民族相互兼用语言的沃土

九河乡主要有白、纳西、普米、汉、傈僳、藏6个民族,多民族的多元文化底蕴共同奏响九河乡多民族和谐共处的乐章。本次调查的白、纳西、普米三个民族的交往、融合长达两三百年以

上。这几个民族都具有开放包容的民族心理和热情淳朴的民族情怀,这是九河乡各个民族能够和谐相处的内在因素和重要前提。九河乡和谐的多民族关系成为各民族相互兼用语言的沃土。

调查中,很多村民喜笑颜开地说,村寨周围的各民族都能互相帮助。还有的说"会的语言多也是民族大团结的表现"。拉普小组的原始居民是普米族,纳西族从东山搬来定居的时间约三百年。长期的民族交往,开放包容的民族情怀,使得杂居村落的村民能相互学习对方的语言。高登村组的赵喜璧说:"语言呐,会的越多越好,民族大团结嘛!"还有很多村民纷纷表示,只要能够很好地进行交流,说什么语言都可以。彼古小组组长和正华说,他们纳西族见到白族讲白语。新文一组的村民和文武说,在学会纳西语的基础上,希望自己的孩子会的语言越多越好。易之古的杨亚兵也说:"只要孩子回来和我待在一起,我一定会教他们白族话,甚至纳西话也要让他们学,因为多学几种语言不管走到哪里都会有用。"多么开放、包容的语言态度和民族情怀啊!正是有这样和谐的民族关系,才使得这里的语言生活如此和谐,进而保证各民族和谐发展、共同进步。

(三)自然习得的生活环境为九河乡少数民族相互兼用语言营造习得氛围

掌握任何一门语言都不是一蹴而就的。九河乡少数民族相互兼用语言都是自然习得的,自然习得的前提条件是要有一个自然习得的生活环境。这一环境的特点是要有日常的耳濡目染、频繁的你来我往。九河乡少数民族兼用民族语的自然习得环境包括家庭环境、村落生活环境以及学校环境等几方面。

1. 家庭环境主要指家庭成员的语言使用情况。

调查发现,在族际婚姻家庭里,家庭成员的语言兼用情况较为丰富。族际婚姻的夫妻双方,往往互相影响,共同生活一段时间后多数能兼用配偶的母语。如彼古小组42岁的村民张丽珍,白族,从新海邑村嫁到该村18年,跟丈夫学会了纳西语,丈夫跟她学会了白语。其中族际婚姻家庭中的母亲,对其子女的儿童语言习得初期产生的影响最为深刻。母亲在家中的地位越重要,子辈兼用母亲的母语的可能性就越大。以彼古小组为例,彼古小组有很多外来的白族媳妇,这些白族媳妇进入纳西族家庭后,多影响下一代的语言使用。村民和耀全的一家四口全都熟练掌握白语,重要原因之一是他妻子李重凤是白族,两个女儿能熟练使用白语。族际婚姻家庭对家庭成员兼用民族语的影响可见一斑。12岁的和丽秀是纳西族,她的第一语言是白语,是因为她的母亲是白族,从小教她白语,纳西语是后来学会的。

2. 村落生活环境包括村落内部的语言环境和村落周边的语言环境。

村落的主要交际用语以及周边村落的民族成分,都对少数民族相互兼用语言产生深刻影响。在民族聚居村落,村落的强势交际语具有强大的磁石和熔炉作用。它将村内的少数民族吸引到村落强势交际语的巨大磁场中,在磁场的作用下,最终令这些村民自如地融入到村内强势语言的熔炉中。民族聚居村的外族村民,多数是婚配到本村。她们生活在村里,为了迅速地融入该村的社区生活,都能掌握该村的村落强势交际语,从而成为其兼用语之一。

九河乡的民族分布特点是小聚居大杂居。几个相邻村落交往得越密切,其相互兼用语言的可能性就越大。如拉普小组的东边和西边是纳西族聚居的小丰乐和拉支,北边和南边是普米族聚居的通海和冷水沟。村民与周边纳西族来往密切。如拉普小组的一些丧事还请邻寨纳西族的东巴师念东巴经。受周边环境影响和民族交际、民族生存发展的需要,拉普村的普米族全民兼用纳西语。

3. 学校教育是语言兼用的重要环境

少年儿童的语言习得受家庭环境、所生活的村落语言环境影响,还受入学后所在学校的学生民族成分的影响。九河乡每个村都有一所完小,其独特的民族地理分布,影响了村完小学生的民族成分。由于学校教育为孩子们提供了相互接触、交往、学习的机会,学生民族成分越丰富,相互间兼用民族语的机会就越大。于是部分学生民族成分丰富的学校就成为一些少年儿童兼用民族语的重要场所。兼用哪种民族语或兼用民族语的水平与学生所接触的民族相关。如南高寨有三个村委,村里的完小位于白族村寨易之古和纳西族村寨彼古之间,不同民族的孩子在学校之间相互交流,相互学会了对方的语言。村民和志强的两个孩子都曾就读于这所学校。长子和小明的玩伴多为白族,次子和周明的玩伴多为纳西族。中学阶段,其长子就读于白族学生多的九河中学,次子就读于纳西族学生多的丽江实验学校。结果是长子的纳西语水平为"略懂",其次子为"熟练"。可见,学校的多语言学习生活环境也是少数民族学生兼用民族语的成因之一。

三、九河乡少数民族相互兼用语言的特点

九河乡少数民族相互兼用语言的特点有:具有地域特征,兼用的途径都是自然习得,与母语之间存在功能互补,不同民族兼用民族语的能力存在差异。

1. 具有地域性特点

九河乡少数民族兼用民族语具有鲜明的区域性特征,其兼用语情况与九河乡特殊的民族和民族村落的分布特点密切相关。九河乡白、纳西族的民族分布特点是:白汉场以北是纳西族聚居区,如雄古二组、新文一组。白汉场到南高村委会之间是从北到南,是纳西族向白族渐进的民族聚居区的过渡地带,其中有的是杂居区,如梅瓦村北社是纳西族聚居,南社是白族聚居;有的仍是聚居区,如彼古小组是纳西族聚居、易之古组是白族聚居;从彼古、易之古再往南是白族聚居区,如高登、史家坡等村组。其他普米族、傈僳族等小民族聚居区都位于高寒山区,如普米族聚居区拉普小组位于海拔 2600 多米的山区。

经调查发现,能兼用民族语的村落多位于民族聚居区的过渡地带和山区的小民族聚居村落。

以本书选取的 9 个调查点为例说明,这 9 个点的村落地理位置、民族分布及主要兼用语等详细情况见表 5-18:

表 5-18　八村寨的民族和兼用语分布等情况表

地理位置	所属村委会	村落名称		村落民族分布	主要兼用民族语
白汉场以北	中古村	雄古二组、新文一组		纳西族聚居	——
白汉场与南高村之间	关上村	梅瓦小组	北社	纳西族	白语
			南社	白族	纳西语
	南高村	彼古小组		纳西族聚居	白语
	南高村	易之古组		白族聚居	纳西语
南高村以南	九河村	高登村组		白族聚居	——
	龙应村	史家坡组		白族聚居	——
高寒山区	金普村	拉普小组		普米族聚居	纳西语、白语
	河源村	小栗坪组		普米族聚居	白语、纳西语

表 5-18 中能兼用民族语的村落有梅瓦、彼古、易之古及拉普、小栗坪小组,前三者位于民族聚居区的过渡地带,拉普小组和小栗坪小组是位于山区的小民族聚居村落。其他小组则基本不兼用民族语。可见,九河乡少数民族兼用民族语具有地域性特点。

2. **兼用途径都是自然习得**

与具有系统的学习手段和方法过程的人为习得不同,自然习得以交际为主要目的,但没有成系统的学习方法和学习手段。如本节二(三)所述,九河乡内的少数民族兼用民族语的途径主要是通过家庭环境、村落生活环境以及学校环境等几方面自然习得的。

村落生活环境是兼用民族语的最主要途径。本次调查中的彼古小组往南都是白族村寨,而且它的东、南、西三面也都是白族村寨,与南面的易之古小组紧邻,两个小组平日交往极其密切,经济文化相互影响较深,二者特殊的地理位置和周边村落环境使得他们与白族人接触较多,多数能兼用白语。

族际婚姻家庭是族际婚姻家庭成员兼用民族语的主要途径。在所调查的族际婚姻家庭中,夫妻双方多数都能兼用对方的语言,小民族一方100%都能兼用对方的语言,而其子辈多数能兼用父母亲双方的语言。如拉普小组熊占仁老人是普米族,妻子是纳西族,平时他在家与妻子说普米语、纳西语,他的儿女在家跟父亲说普米语,跟母亲有时候说纳西语,有时候说普米语,双方都没有沟通障碍。彼古村民和正华说:"我的父亲是纳西族,母亲是白族。母亲说白语,能听懂纳西语,但不讲。母亲跟我讲白语,我就用纳西语回答她。父母之间有时讲纳西语,有时讲白语。"

学校环境是青少年兼用民族语的主要途径。很多青少年的民族兼用语是在学校跟其他民族同学学会的。如金普完小就在拉普寨内,周围13个小组的孩子都在这所学校读书,学校实行封闭式教育。学校里近半学生是纳西族,金普小组的很多小孩就是在这所学校学会纳西语的。雄古二组17岁的和根灵说,村里人读初中的人要到九河中学,学校里的白族同学比较多,有的人就能会一点白语了,不出门读书的,跟白族村寨接触又少,都不会白语。

3. **兼用的民族语与其母语形成功能互补**

少数民族兼用民族语主要是为了生存、交际,与其母语形成了功能互补。即母语用于族内交际,兼用的民族语用于族际交际。

拉普小组的普米人之所以兼用多种语言,是由于其人口少,需要兼用九河乡使用人口较多的纳西语和白语,以满足族际交流的需要。其中普米语既是族内交际最重要的交际工具,也是维系民族情感的重要纽带。纳西、白语则用于族际交际。

很多被调查者都表示,见什么民族能说什么语言就最好了。易之古村民杨亚兵说:"如果是白族的村民,我用白族话,如果是纳西族,那我就用纳西话。我妻子也是一样的。"河源村委会小栗坪社组长颜江平说:"我们也想多学一些语言,会的越多沟通就越方便,跟人家说起话来格外亲切。不会人家的语言,站在人家面前,沟通不了,就好像讨饭的一样。"

4. 各民族兼用民族语能力的不平衡性

不同民族兼用民族语的能力存在差异。九河乡内的特少民族普米族、傈僳族、藏族等兼用语言能力最强,最少能兼用一种民族语,有的能兼用更多;杂居区的少数民族[①]兼用语言能力次之,多数能兼用一种民族语。

纳西语和白语都是九河乡的区域强势交际语,因此,这一地区的特少民族如傈僳族、普米族等,或民族聚居区的少数民族村民,大多数都能不同程度地兼用区域优势语言和村落优势语言,是兼用民族语能力较强的多语人。

如拉普小组的普米人全民兼用纳西语,村里35岁以上的中老年人多数还能兼用白语。76岁的熊占仁老人甚至能熟练使用七种语言,语言学习能力特别强。他很自豪地告诉我们,自己经营的小卖店,来什么样的民族顾客,他都能用对方的语言沟通。

再如史家坡村组是白族聚居区,白语是村落强势语,村内有纳西族3人,傈僳族3人,藏族1人,彝族1人,普米族1人。这9人的语言使用情况如表5-19:

表5-19 九位史家坡村民语言使用情况表

姓名	性别	民族	年龄	文化程度	第一语言及水平	第二语言及水平	其他语言及水平	备注
李义香	女	纳西	68	小学	纳西,熟练	白,熟练	汉,熟练	
王贵新	女	纳西	40	小学	纳西,熟练	汉,熟练	白,熟练	
木秀兰	女	纳西	48	初中	纳西,熟练	汉,熟练		
熊剑双	女	傈僳	30	初中	傈僳,熟练	汉,熟练	白,熟练	
熊会玉	女	傈僳	25	初中	傈僳,熟练	汉,熟练	白,略懂	
段应槐	女	傈僳	31	初中	傈僳,熟练	汉,熟练	白,熟练	
李润芝	女	普米	43	小学	普米,熟练	汉,熟练	白,略懂	纳西,略懂
字新贵	男	彝	30	初中	彝,熟练	汉,熟练	白,略懂	

从表5-19可见,史家坡村的9名纳西族、傈僳族、普米族、彝族,有8名能兼用民族语,有1名纳西族不能兼用其他民族语。

九河乡主体民族聚居的地方,有的能兼用一种区域优势语,有的则不能。能与不能,主要

---

① 除村落主体民族和汉族以外的其他民族。

受其地理位置影响。而在族际婚姻家庭中,其家庭成员有兼用民族语的可能。还有个别经常外出四处谋生的人也能兼用民族语。但总的来看,兼用民族语的能力没有小民族兼用民族语能力强。这也是受其地区民族语的优势地位影响。

四、九河乡少数民族相互兼用语言的走向

人们在选择交际语言时,总是围绕语言交际的经济原则进行的。即在交际过程中,人们倾向于选择语言交际功能最强的语言。当两种语言功能大致相当时,有的人就选择兼用两种或其中一种;当其中一种语言功能逐渐缩小,另一种语言功能逐渐扩大时,人们则倾向于选择语言功能更强大的语言。

九河乡少数民族相互兼用语言也符合这一语言经济原则。近年九河乡各项经济不断发展,各民族、地区间的交往日趋频繁,再加上外出打工的人逐年增多,族际婚姻和跨地域婚姻也越来越多。从长远来看,这些对少数民族相互兼用语言必然会产生深远的影响。通过调查,我们可对其未来的发展走向作如下预测:兼用民族语的类型发生变化,有的由兼用多民族语言到兼用单一民族语,还有的是民族语的兼用水平出现下降,汉语的通用语地位逐渐凸显。

1. 由兼用多民族语言到兼用单一民族语

调查发现,九河乡少数民族兼用民族语存在由兼用多民族语言向兼用单一民族语方向发展。这是由民族语的交际地位决定的。拉普小组的熊占仁老人说:"50年代时,人们什么语言都懂,都会多种语言;年轻人就不会那么多了。"他本人就能兼用5种民族语,村里35岁以上的中老年人多数都能兼用纳西语、白语,有的还能兼用更多;而村里的年轻人基本只能兼用一种民族语纳西语了。这说明在拉普人的多语场里,白语的地位下降。在35岁以上的拉普人语言生活里,白语有其不可替代的功用价值,兼用白语可以满足与白族人的交际需要;而在35岁以下的拉普人语言生活里,没有兼用白语的语言需求。

2. 民族语的兼用水平出现下降,汉语的通用语地位逐渐凸显

兼用民族语有着深刻的历史背景,其主要目的是满足可丈量范围内[①]的个人基本生存需要;兼用汉语则是在国家通用语的社会大背景下,满足个人、家庭、社会、民族的生存及发展需要,语言功能不断扩大,其交际地位日益凸显。二者之间存在一定的竞争和互补关系,以竞争为主,并且在不同时期,分别占据优势地位。

九河乡各民族人民兼用汉语的年代较为久远,普遍能兼用汉语。从总体趋势看,民族语在年轻一代,兼用水平出现下降情况,并且有由兼用民族语为主到兼用汉语为主的发展趋势。以河源村小栗坪小组为例。小栗坪有47名普米族,其不同年龄段的普米族兼用语情况见表5-20:

---

① 与个人生存环境及生存状况发生直接关系的范围。

表 5-20　小栗坪小组不同年龄段的普米族语言兼用情况表

年龄段(岁)	白 熟练	白 略懂	白 不会	汉 熟练	汉 略懂	汉 不会	纳西 熟练	纳西 略懂	纳西 不会
6—19	5	0	2	6	0	1	0	0	7
20—39	14	0	7	21	0	0	1	1	19
40—59	16	0	0	15	0	1	8	1	7
60以上	3	0	0	1	2	0	3	0	0
合计	38	0	9	43	2	2	12	2	33

从表 5-20 可见,47 名普米族中,有 45 人能兼用汉语,38 人能兼用白语,14 人能兼用纳西语。兼用纳西语的人数比例低于兼用白语的,兼用民族语的人数比例低于兼用汉语的。不会白语的 9 人都是 40 岁以下的年轻村民,而 40 岁以下的村民中只有 1 人不会汉语。相比之下,年轻一代兼用民族语的能力下降,兼用汉语的能力很强。

有的年轻人甚至由兼用汉语方言向兼用普通话转变。如梅瓦小组 18 岁的杨旭文,熟练兼用纳西语、汉语方言和普通话。他的妹妹杨文江,17 岁,兼用纳西语的水平是略懂,熟练兼用普通话。与哥哥相比,杨文江兼用纳西语的水平较低,并且只会说普通话,不会汉语方言。她说能听得懂汉语方言,但平时基本用不到。在家、村寨里,白语完全可以进行交际;去街上买东西时,如果对方不会白语,就用普通话问问价钱;平时在学校都说普通话。一个家庭里出现这种情况,不能不说是一种兼用语的发展趋势。

此外,个别地区的民族语学习出现升温现象。近年来,国家对一些少数民族地区及一些少数民族加大了照顾扶持的力度,出台了很多惠及小民族的政策。既保障了少数民族的经济利益,又极大塑造了一些民族的民族自豪感。出于民族感情和经济发展的需要,很多少数民族越来越意识到民族语言的重要性。一些有识之士开始注意培养年轻一代掌握民族语。同时鼓励年轻一代利用学习等机会,尽量多学会些当地的民族语。

附 录

一 九河乡关上村白语音系

关上村梅瓦村民小组位于云南省玉龙纳西族自治县九河白族乡境内。梅瓦村民小组东隔214国道,与关上村民小组相对(居民有白、纳西民族);西靠老君山脉;南与林子园村(以纳西族、白族为主)相邻;北接子明罗村(以纳西族为主)。梅瓦小组是白族和纳西族合居的村寨,全村共有228人,其中白族82人,纳西族136人,傈僳族1人,普米族2人,汉族7人。

梅瓦村的白族主要说白语,但普遍兼用纳西语。纳西族主要说纳西语,30岁以上的大多兼用白语;30岁以下的只会听不会说。

本音系的发音人是杨文江,女,1995年7月出生,现为玉龙县第一中学高二学生。父母都是白族,都说白语,也能兼用纳西语。她的第一语言是白语,小学二年级才会说汉语。纳西语她只会听日常用语,但不会说。

(一) 声母:有27个。

声母的主要特点是:

1. 在塞音、塞擦音上只有清音没有浊音。
2. **擦音有清浊对立。**
3. 有舌尖前音、舌面音、舌后音三套,但舌后音只出现在舌尖元音上。
4. 只有单辅音声母,没有复辅音声母。这27个声母排列如下:

p	ph	m	f	v
t	th	n	l	
ts	tsh	s	z	
tɕ	tɕh	ɲ	ɕ	ʑ
tʂ	tʂh	ʂ	ʐ	
k	kh	ŋ	x	ɣ

声母例词:

p	pɑ³¹	盆	pi³¹	蓑衣	
ph	phɑ³¹	移植	phi³¹	躲	
m	mɑ³¹	拔（草）	mi³³	想	
f	fv̱³¹	凉粉	fv⁵⁵	蜜蜂	
v	vv̱³¹	云	vv³³	背（东西）	
t	tv⁵⁵	东	tɑ⁵⁵	拿起	
th	thv⁵⁵	通	thɑ⁵⁵	脱开	
n	nv³³	篮子	nɑ̱³³	烂	
l	lv³³	脏	lɑ̱³³	诅咒	
ts	tsv³³	早	tsə³¹	树	
tsh	tshv³³	草	tshʅ³¹	菜	
s	se³³	洗	sə³¹	婶子	
z	ze³³	染	zə³¹	忍让	
tɕ	tɕi⁵⁵	熊	tɕu⁵⁵	（木头）腐烂	
tɕh	tɕhi⁵⁵	粪	tɕhu⁵⁵	（心）好	
ȵ	ȵi⁵⁵	您	ȵu⁵⁵	软	
ɕ	ɕi⁵⁵	柴	ɕu⁵⁵	香	
ʑ	ʑi⁵⁵	衣	ʑu⁵⁵	约	
tʂ	tʂʅ³³	纸	tʂʅ³³	（稀）猪食	
tʂh	tʂhʅ³³	睡	tʂhʅ³³	红	
ʂ	ʂʅ³³	菌子	ʂʅ³³	割	
ʐ	ʐʅ³¹	二（月）	ʐʅ³¹	陶罐	
k	kɔu³¹	水稻	kɑ⁵⁵	干	
kh	khɔu³¹	坑	khɑ⁵⁵	腊肉	
ŋ	ŋɔu³¹	炒（豆）	ŋɑ⁵⁵	我们	
x	xɔu³¹	晒	xɑ⁵⁵	看	
ɣ	ɣɔu³¹	简单	ɣə³¹	雇工	

说明：

1. 舌尖前音 ts、tsh、s、z 与后元音 ɑ、ɔ、o、u、v、ɯ 及央元音 ə 结合时，略有舌叶化。
2. ɣ 出现较少，不出现在前元音上。

（二）韵母：

韵母的主要特点是：

1. 单元音丰富，有 13 个，又各分松紧，共 25 个（u 没有紧音）。

2. 二合元音也多,还有少量三合元音。

3. 有少量鼻化元音和带鼻韵尾元音。

4. 单韵母:共有 25 个。

i	mi³¹	粉刷	tɕi³³	拉
i̠	mi̠³¹	粉	tɕi̠³³	蚂蟥
e	tɕe³¹	手镯	n̠e³¹	银
e̠	tɕe̠³¹	箭	n̠e̠³¹	泥
ɛ	tsɛ³¹	缝	kɛ³¹	(打)一下
ɛ̠	tsɛ̠³¹	断	kɛ̠³¹	碗
a	pa³¹	平	xa³³	吼
a̠	pa̠³¹	白	ŋa̠³¹	芽儿
ɑ	tɑ³¹	平坝	pɑ³¹	盆子
ɑ̠	tɑ̠³¹	桃子	pɑ̠³¹	豹子
ɔ	nɔ³¹	懒	ɔ³³	寻找
ɔ̠	nɔ̠³¹	狼	a⁵⁵xɔ̠³¹	什么
o	ɣo³¹	搂	n̠o³³	痒
o̠	ɣo̠³¹	下(雨)		
u	ɣu³¹	(狗)窝	ɕu⁵⁵	消肿
v	kv³³	老	khv³³	苦
v̠	kv̠³³	角	khv̠³³	酒曲
ə	kə³¹	旧	ɣə³¹	漏
ə̠	kə̠³¹	流	ɣə̠³¹	学
ɯ	tɕɯ³³	野鸡	kɯ³³	污垢
ɯ̠	tɕɯ̠³³	渗入	kɯ̠³¹	讨厌
y	tɕy³¹	(一)卷	y³³	遇
y̠	tɕhy̠³¹	蜷缩	tɕhy̠³¹	裙子
ʅ	tʂʅ³³	纸	tsʅ³³	有
ʅ̠	tʂʅ̠³³	汁	sʅ̠³¹	牢靠

5. 复合元音共有 21 个。

(1) 二合元音韵母:共有 19 个。

ui	tsui³¹	(一)趟	lui⁵⁵	脱(衣)
u̠i	tsu̠i³¹	光滑	lu̠i³¹	铝
uɛ	tuɛ³³	远	luɛ³³	烫

uɛ̠	tuɛ̠³³	（一）对	tsuɛ̠³¹	滑
uɑ	uɑ³¹	老鹰	suɑ³¹	蒜
uɑ̠	uɑ̠³¹	挖	suɑ̠³¹	算
uɔ	tsuɔ⁵⁵	装	cuɔ³³	稻谷
iɛ	piɛ³¹	扁	miɛ³¹	免
iɛ̠	piɛ̠³¹	抬	miɛ̠³¹	瞎
iu	piu⁵⁵	（一）鞭	phiu⁵⁵	瓢
iu̠	tiu̠³¹	掉	thiu̠³¹	调
iə	tiə³³	碰撞	phiə⁵⁵	批（作业）
iə̠	thiə̠³¹	停止	miə̠³¹	清楚
ɔu	phɔu³³	跑	tɔu³³	上（面）
ɔ̠u	phɔ̠u³³	泡	tɔ̠u³³	摔
əu	məu³³	墨	tsəu³¹	树
ə̠u	mə̠u³³	闭	tsə̠u³¹	驮
ɛi	tɛi³¹	拉	tsɛi³³	摞
ɛ̠i	tɛ̠i³¹	猪	tsɛ̠i³³	摘

（2）三合元音韵母：共 2 个。

iɛu	tiɛu³³	（一）首（歌）	thiɛu³³	跳
iɔu	tiɔu³³	吊	thiɔu⁵⁵ vv̠³¹	跳舞

说明：

1. ʅ、ɿ 与舌后音 tʂ、tʂh、ʂ、ʐ 结合时读为 ʅ、ɿ。

2. 少量的鼻化元音和鼻辅音尾的元音，如：tə̃⁵⁵"灯"；xuɑ⁵⁵səŋ⁵⁵"花生"。

（三）声调：

声调主要有 3 个：高平、中平、低降。例如：

高平(55)	例词	中平(33)	例词	低降(31)	例词
thv⁵⁵	通	thv³³	路	thv³¹	桶
khuɔ⁵⁵	慢	khuɔ³³	狗	khuɔ³¹	洞
tɛi⁵⁵	碟子	tɛi³³	根	tɛi³¹	猪
kv⁵⁵	叫	kv³³	歌	kv³¹	柜子

说明：

1. 同一类调因元音松紧在调值上存在差异。具体是：中平调的松元音音节是 33 调，而紧元音是 44 调；低降调的松元音音节是 31 调，紧元音是 42 调。例如：

	松元音音节	紧元音音节
低降调	ŋa³¹ 芽	ŋa̰³¹⁽⁴²⁾ 硬
	tsv³¹ 筷子	tsv̰³¹⁽⁴²⁾ 虫
中平调	mi³³ 想	mḭ³³⁽⁴⁴⁾ 蜜
	sv³³ 老鼠	sv̰³³⁽⁴⁴⁾ 稻谷

2. 除了这三个调外，还有高升(35)、高降(53)两个调，但出现频率很低。例如：

tɕɔ³⁵	角
la³⁵ tʂʅ³³	辣椒
tsɤ³⁵ xɔ³¹	怎么

(四) 音节结构类型

1. 元音：ɔ³³ "寻找"；
2. 元音＋元音：uɑ³¹ "老鹰"；
3. 辅音＋元音：kv³³ "歌"；
4. 辅音＋元音＋元音：khuɑ³³ "狗"；
5. 辅音＋元音＋元音＋元音：tiɔu³³ "吊"。

二　九河乡关上村白族说普通话(中介语)的音系

九河乡的白族普遍兼用汉语方言，而且大都还会说普通话。但是他们说的普通话由于受到母语的负迁移，都带有一定的中介语特点。科学地认识九河乡白族所说普通话的中介语特点，有助于改进白族的普通话教学，对中介语的研究具有一定的意义。

为此，我们对梅瓦村白族说普通话(中介语)的语音系统进行了记录整理。本音系的发音人是杨文江，女，白族，1995年7月出生于丽江玉龙县九河乡梅瓦村。第一语言是白语，7岁开始学汉语，8岁就过了汉语听说关。其父母均为白族，家庭用语是白语。

(一) 声母：有 24 个。

p	ph	m	f	
t	th	n	l	
k	kh	x		
ts	tsh	s	z	
tɕ	tɕh	ȵ	ɕ	ʑ
tʂ	tʂh	ʂ	ʐ	

声母例词：

p	pv⁵³	布	pa³³	八
ph	phv³³	铺	pha³³	趴
m	mo³¹	亩	ma⁵³	骂
f	fei³³	飞	fa³³	发
t	tɑu⁵³	道	ta³³	搭
th	thɑu⁵³	套	tha³³	他
n	nɑu⁵³	闹	na̠³¹	那
l	lɑu³³	涝	la³³	拉
k	kɑu⁵³	告	kv̠³³	姑
kh	khɑu⁵³	靠	khv̠³³	哭
x	xɑu⁵³	号	xa³³	哈
ts	tsɑu³³	糟	tsa³⁵	杂
	tsaŋ³³	张	tsau³³	招
tsh	tshɑu³³	操	tsha³³	擦
	tshaŋ⁵³	唱	tshoŋ³³	冲
s	sɑu³³	搔	saŋ⁵³	散
	saŋ³³	商	səŋ³³	生
z	zou⁵³	肉	zɑu⁵³	绕
	zəŋ³⁵	人	zɑu³⁵	揉
tɕ	tɕɑu³³	教	tɕa³³	家
tɕh	tɕhɑu³³	敲	tɕha³³	掐
ȵ	ȵɑu³¹	鸟	ȵa³⁵	娘
ɕ	ɕɑu³¹	小	ɕa⁵³	下
ʑ	ʑɑu³¹	咬	ʑa³³	压
tʂ	tʂʅ³³	知	tʂʅ³¹	纸
tʂh	tʂhʅ³³	吃	tʂhʅ³¹	齿
ʂ	ʂʅ⁵³	试	ʂʅ³⁵	时
ʐ	ʐʅ⁵³	日		

说明：

1. 普通话的卷舌音 tʂ、tʂh、ʂ、ʐ，除与舌尖音结合的读为卷舌音外，其他都读为舌尖前音。如：tsaŋ³³"张"、tshv³³"出"、sa³³"沙子"、zv⁵³"入"。这与白语的舌后音只出现在舌尖音上是一致的。

2. 普通话的 w 都读为 u。如 uo³³"窝"、ua³¹"瓦"。

3. 中介语的音位系统与梅瓦村白语语音系统相比，少了 v、ŋ、ɤ 三个声母。也就是说，他们在说普通话时不使用母语的这三个音。

(二) 韵母

1. 单韵母有 8 个。

i	mi³¹	米	ti⁵³	地	
ɑ	mɑ⁵³	骂	phɑ⁵³	怕	
ɔ	mɔ⁵³	墨	phɔ³³	泼	
u	pv⁵³	布	mu⁵³	木	
v	tv⁵³	肚	khv³³	哭	
ə	ə³⁵	鹅	ə⁵³	饿	
ɿ	tsɿ³¹	子	ʂɿ³⁵	时	
y	y³¹	雨	n̠y³¹	女	

说明：

(1) 白语的单韵母比较多，有 13 个，分松紧对立，共 25 个。但中介语的音位系统只用了 8 个，少了 e、ɛ、a、o、ɯ 五个松元音及所有紧元音。白语有紧元音，但在说普通话时只有个别音节出现紧元音音节，大部分都使用松元音。

(2) 普通话的 a 都读为 ɑ，o 读为 ɔ。

(3) 元音 u 除与双唇音结合读 u 外，其余都读为唇齿音 v。

2. 复合元音有 12 个。复合元音的特点是：二合元音较多，有 11 个；三合元音较少，只有 1 个。例词：

iɛ	tiɛ³³	跌	piɛ³⁵	别	
iu	liu³⁵	刘	n̠iu³¹	扭	
ue	tsue³¹	嘴	sue³¹	水	
uɛ	kuɛ⁵³	怪	khuɛ⁵³	快	
uo	luo⁵³	落	xuo⁵³	货	
uɑ	kuɑ³³	刮	khuɑ³³	夸	
uə	muə³⁵	磨	phuə³³	坡	
ɛi	lɛi³⁵	来	nɛi³¹	奶	
ɑu	pɑu³³	包	phɑu⁵³	泡	
ɔu	tɔu⁵³	豆	thɔu³³	偷	
	zɔu⁵³	肉	sɔu³³	收	
yɛ	tɕhyɛ³³	缺	lyɛ⁵³	略	
iɑu	thiɑu³⁵	条	tiɑu⁵³	掉	

说明：

(1) 复合元音中的 a 实际读音为 ɑ。如：pɑu³³"包"。
(2) 普通话中的少数单元音读为复合元音。如：muə³⁵"磨"。
(3) 受白语（母语）影响，əu 都读为 ɔu。如：ɔu³¹"呕"。

3. 鼻音尾的韵母有 9 个。例词：

iŋ	ziŋ³³	因	ɕiŋ³¹	醒
ɑŋ	ɑŋ³⁵	昂	khɑŋ⁵³	抗
əŋ	kəŋ³³	根	ləŋ³¹	冷
ɔŋ	xɔŋ³³	轰	tshɔŋ³³	聪
	ɕɔŋ³³	凶	ɕɔŋ³⁵	熊
yŋ	yŋ³⁵	云	tɕhyŋ³⁵	群
iɑŋ	liɑŋ³⁵	凉	liɑŋ³¹	两
iɛŋ	miɛŋ³⁵	棉	liɛŋ³⁵	连
uɑŋ	kuɑŋ³³	关	suɑŋ³³	双
uɛŋ	kuɛŋ³¹	棍	xuɛŋ³³	婚

说明：

（1）白语语音系统没有带鼻音尾的韵母，说普通话时增添了 9 个带舌根鼻音尾的韵母，但舌根鼻音尾很弱。

（2）普通话中的舌尖鼻音韵尾都读为舌根鼻音韵尾。如：pəŋ³³"奔"、niɛŋ³⁵"年"。

（三）声调：

声调共有 4 个，名称及例词如下：

阴平 33	mɑ³³	妈	ʂɿ³³	诗	kuɑŋ³³	关
阳平 35	mɑ³⁵	麻	ʂɿ³⁵	时	məŋ³⁵	门
上声 31	mɑ³¹	马	ʂɿ³¹	始	sɔu³¹	扫
去声 53	mɑ⁵³	骂	ʂɿ⁵³	是	ti⁵³	地

说明：

1. 与白语语音系统的语音声调相比，多了两个声调，其中一个是高升调 35，一个是高降调 53；少了一个高平调 55。虽然白语语音系统中也出现了个别 35 调，但在中介语中出现的频率很大。

2. 白语中出现频率很高的 55 调，在说普通话时都不使用。

三 九河乡关上村白族说当地汉语方言的音系

九河乡的白族普遍兼用汉语，除了会说普通话外，还会说当地的汉语方言。我们对九河村白族说当地汉语方言的语音系统进行了记录整理,从中看到九河村白族说普通话和说地方方言的差异主要在声调、声母上,韵母差异不大。

本音系的发音人是杨富贵,男,白族,1986年10月出生于丽江玉龙县九河乡九河村。大专毕业,大学本科在读,第一语言是白语。7岁开始学当地汉语方言,14岁时能熟练使用,11岁学会普通话,其父亲为白族,母亲为纳西族,家庭用语是白语。杨重敬,女,白族,1987年9月出生于丽江玉龙县九河乡九河村。大学本科学历,第一语言是白语。5岁开始学当地汉语方言,12岁能熟练使用,7岁学会普通话。其父母均为白族,家庭用语是白语。

(一) 声母:有 23 个。

p	ph	m	f
t	th	n	l
ts	tsh	s	z
tɕ	tɕh	ɕ	ʑ
tʂ	tʂh	ʂ	ʐ
k	kh	x	

声母例词:

p	pv³¹	布	pɑ³¹	八
ph	phv³³	铺(被子)	phɑ³³	趴
m	mo⁵³	亩	mɑ³¹	骂
f	fei³³	飞	fɑ³¹	发
t	tau³¹	道	tɑ³¹	搭
th	thau³¹	套	thɑ³³	他
n	nau³¹	闹	nɑ³¹	那
l	lau³¹	涝	lɑ³³	拉
k	kau³¹	告	ku³³	姑
kh	khau³¹	靠	khu³¹	哭
x	xau³¹	号	xɑ³³	哈
ts	tsau³³	糟	tsɑ³¹	杂
tsh	tshau³³	操	tshɑ³¹	擦
s	sau³³	搔	sɑ̄³¹	散
tɕ	tɕau³³	教	tɕɑ³³	家
tɕh	tɕhau³¹	翘	tɕhɑ³³	掐
ɕ	ɕau³³	小	ɕɑ³¹	下
ʑ	ʑau³³	咬	ʑɑ³¹	压

tʂ	tʂɿ³³	知	tʂɿ⁵³/tʂɿ³³	纸
tʂh	tʂhɿ³¹	吃	tʂhɿ³³	齿
ʂ	ʂɿ³¹	试	ʂɿ³³	时
ʐ	ʐɿ³¹	日	ʐu³¹	肉

说明：九河村白族说当地方言时，卷舌音只出现在舌尖元音上，不与其他韵母结合。

（二）韵母：共有 29 个。

1. 单韵母有 8 个。

i	mi³³	米	ti³¹	地
ɑ	mɑ³¹	骂	phɑ³¹	怕
ɔ	mo³¹	墨	pho³¹	泼
u	xu³¹	湖	mu³¹	木
v	tv³¹	肚	khu³¹	哭
ə	ə³¹	鹅	ə³¹	饿
ɿ	tsɿ³³	子	ʂɿ³¹	时
y	y³³	雨	ny³³	女

2. 复合元音有 12 个。复合元音的特点是：二合元音较多，有 11 个；三合元音较少，只有一个。例词：

iɛ	tiɛ³¹	跌	piɛ³¹	别
iu	liu³¹	刘	niu³³	扭
ue	tsue³³	嘴	ʂue³³/ʂue⁵³	水
uɛ	kuɛ³¹	怪	khuɛ³¹	快
uo	luo³¹	落	xuo³¹	货
uɑ	kuɑ³¹	刮	khuɑ³³	夸
uə	muə³¹	磨（刀）	phuə³³	坡
ai	lai³¹	来	nai³³	奶
au	pau³³	包	phau³³	泡
əu	təu³¹	豆	thəu³³	偷
yɛ	tɕhyɛ³¹	缺	lyɛ³¹	略
iau	thiau³¹	条	tiau³¹	掉

3. 鼻音尾的韵母有 9 个。例词：

iŋ	ʑiŋ³³	因	ɕiŋ³³	醒
ɑŋ	ɑŋ³³	昂	khɑŋ³¹	抗
əŋ	kəŋ³³	根	ləŋ³³	冷

ɔŋ	xɔŋ³³	轰	tʂhɔŋ³³	聪
yŋ	yŋ³¹	云	tɕhyŋ³¹	群
iɑŋ	liɑŋ³¹	凉	liɑŋ³³	两
iɛŋ	miɛŋ³¹	棉	liɛŋ³¹	连
uɑŋ	kuɑŋ³³	关	suɑŋ³³	双
uɛŋ	kuɛŋ³¹	棍	xuɛŋ³³	婚

说明：

（1）九河村白族说当地汉语方言只有舌根鼻韵尾韵母一套，没有舌尖鼻韵尾。

（2）九河村白族说当地汉语方言发舌根鼻韵尾韵母时，鼻音韵尾很弱，前面的元音略带鼻化。

（三）声调：声调共有 2 个。与普通话的四声对应如下：

阴平 33	mɑ³³	妈	ʂʅ³³	诗	kuɑŋ³³	关
阳平 31	mɑ³¹	麻	ʂʅ³¹	时	məŋ³¹	门
上声 33	mɑ³³	马	ʂʅ³³	始	sou³³	扫
去声 31	mɑ³¹	骂	ʂʅ³¹	是	ti³¹	地

说明：

1. 上声多读 33 调，但有的字也读 53 调。如 tʂʅ³³/tʂʅ⁵³ "纸"。

2. 阴平与上声合一，阳平与去声合一。

四　九河乡梅瓦村白语长篇话语材料

口述者：张劲莺、杨文江

记录时间：2012 年 8 月 16 日下午

记录、翻译者：李旭芳

（一）ŋɯ⁵⁵ ze³³
　　　我的　爷爷

ŋɯ⁵⁵ ze³¹ tsʅ³³ vɔu³¹ u³¹ suɑ³³ tɕhue³³ nə³³ ɑ³¹ ȵe³¹ . tə³¹ xe³¹ mou³¹ kv³¹ khə³³ xou³¹ tv⁵⁵
我的 爷爷 是   文 武 双全   的 一人   以前 他 在 （助）家里

tou³¹ khə³³ tə³³ sʅ³³ sou³⁵ ɑ³ ke⁵⁵ . phiɑ³³ piɑ³³ ŋuɑ³³ tsʅ³³ ŋv³³ tsʅ⁵⁵ , mə³³ ɕu⁵⁵ sə⁵⁵ tsʅ³¹ ɑ³¹ ȵe³¹ li⁵⁵ ,
建 起 了 私塾 一间 到 八   月   十五（语） 他的 学生   一个

sou³³ pi⁵⁵ mə⁵⁵ nɑ³³ pɑ³¹ pɑ⁵⁵ ɑ³¹ phi³¹ tsv³³ sv⁵⁵ kɑ³¹ . kou³¹ xe⁵⁵ tə³¹ tou³¹ nə³³ kɑ³⁵ ŋuɑ³³
送 给 他（助）月饼 一块 当   书费   过了 （语）好（定语标记）几月 （语）

tsɛi³³ ʑɯ³³ ʐɑ³⁵ lɔu³¹, pɑ³¹ pɑ⁵⁵ mə³¹ ʐɑ³¹ tsv³³ tɕe³¹ nə³³ khə³³ thv⁵⁵ luɔ³³. ŋɯ⁵⁵ pɑ³³ mɑ⁵⁵
还 吃 不完 月饼 那 些 早就 (定语标记) 发霉 我的 爸爸 他们

tsɛi³³ tsə⁵⁵ khə³³ lɛ⁵⁵ ʑɯ³³ xɔu³¹ tv⁵⁵ tsə⁵⁵ khə³³ ʑɯ³³ ʐɑ³⁵ lɔu³¹, tsʅ⁵⁵ fv⁵⁵ tsʅ³¹ ɕu⁵⁵ sə⁵⁵ tsʅ³³
还 蒸 着(连) 吃 家里 蒸着 吃 不完 就 分 给 学生

xɔu³¹ ʑɯ³³. ŋɯ⁵⁵ ʐe³¹ thɑ³¹ xə⁵⁵ tə³³ vv³³ sɑ⁵⁵ ȵe³¹, mə⁵⁵ vv³³ kɑ³³ tə³¹ ȵe³¹ kv³¹
们 吃 我的 爷爷 娶 了(语) 妻子 三 人 他的 妻子 最前面 人 在

ˈtshe⁵⁵ fɔ⁵⁵ xə³¹ ɕi³³ xə⁵⁵, tsv³³ ȵo³³ ɑ³¹ ȵe³¹ li⁵⁵ ʐɑ³⁵ liu⁵⁵ thə⁵⁵. mə⁵⁵ ɣɑ³³ vv³³ ȵe³¹ liu⁵⁵ thə⁵⁵
产房 里 死了 子女 一人 (语)没有 留 下 他的 后妻人 留 下

ȵo³³ sɑ⁵⁵ ȵe³¹, tsʅ³³ ɕi³³ sə⁵⁵ ɔ³¹. ŋɯ⁵⁵ ʐe³¹ ŋv³³ tsʅ³¹ tɕu⁵⁵ suɑ³³ tsʅ⁵⁵ mə⁵⁵ tɔu³¹ ȵo³³ suɑ⁵⁵
女儿 三 人 就 死 了 我的 爷爷 五十九 岁时 他的 大 孙女

ȵe³¹ tɑ³³ fɑ³³, mou³¹ ɑ³¹ mə⁵⁵ ɣɑ³³ tsv⁵⁵ xɔu⁵⁵ tɕhi³³ khə³⁵. phiɑ³³ mɑ⁵⁵ tv⁵⁵ tsʅ⁵⁵, mə⁵⁵ nə³³ sɑ⁵⁵ pɑ³⁵ uɛ⁵⁵
出嫁 他 去 她 后边 做 后 请客 到 他 家(语)他 (助) 尊 位

ʐɑ³⁵ ʐʅ³¹ kv³¹, ʑiŋ³³ uɛ⁵⁵ mou³¹ tsʅ³³ ȵe³¹ ʐɑ³⁵ mo³³. mə⁵⁵ ɣə³³ xə³¹ tsʅ⁵⁵, mou³¹ tɕe⁵⁵ piɛ³³ lɛ⁵⁵ tsɛi³³
不让坐 因为 他 子嗣 没有 后来 (语) 他 打听 (连) 再

ɑ³³ ɑ³¹ ȵe³¹. tsʅ³³ tə³³ ɑ³¹ ȵe³³ tsʅ⁵⁵, mə³¹ ɕu⁵⁵ sə⁵⁵ tsʅ³³ ɑ³¹ ȵe³¹ ɑ³¹ tsv⁵⁵ sə⁵⁵ ʑe³¹, kɑ³³ xɑu³¹ y³³ tə³³
找一人 有(语) 一天(语) 他的 学生 一人去做 生意 刚好 遇

tɕe³¹ xɔu⁵⁵ ɕɔ⁵⁵ tɔ³¹ tɕe³¹ tɕhu⁵⁵ nə³³ ȵo³³ ȵe³¹ ɑ³¹ ȵe³¹, ȵo³³ ȵe³¹ mou³¹ ȵe³¹ nɔ³¹ khə³³ pei⁵⁵ fɔ⁵⁵
到绣花 相当 绣 好 的 女人 一人 女人 那个(助) 关在 牢房

xə³¹, ɕu⁵⁵ sə⁵⁵ mou³¹ ȵe³¹ ʐɑ³³ khv³¹ tsʅ⁵⁵ tɕɑ³¹ mə⁵⁵ ŋu⁵⁵. ŋɯ⁵⁵ ʐe³¹ tɕe⁵⁵ tə³¹ tsʅ⁵⁵ kɑ³³ mou³¹
里 学生那人 回家 (语)告诉 他(助) 我的 爷爷 听到 (语)把

mɑ³¹ ʐɑ³³ kɯ⁵⁵. ȵo³³ ȵe³¹ mou³¹ ȵe³¹ mə⁵⁵ mie⁵⁵ ɯ⁵⁵ tɕɛ³¹ xuɛ³¹, mou³¹ tsʅ³³ thi³³ tsʅ³³ ɑ³¹ ȵe³¹, y³³ tə³³
他 买 回来 女人 那人 她的 名 叫 洁慧 她 有弟弟 一人 遇到

tɑ³³ tsɑ³³ lɛ⁵⁵, xɔu³¹ tv⁵⁵ xɔu³¹ ȵu³³ mɑ⁵⁵ nə³³ tsɔu³¹ khə³³. mə⁵⁵ nə³³ ȵi³¹ kɛ⁵⁵ ȵu³³ mou³¹ kɑ³³ ȵe³³
战争(语)家 里 把他们 (助)藏着 她(助)别人 把她 抓进

pei⁵⁵ fɔ⁵⁵ xə³¹, tsʅ³³ mə⁵⁵ thi³³ tsʅ³³ li³³ ɑ³³ ʐɑ³⁵ tə³¹. tɕɛ³¹ xuɛ³³ nə³³ mɑ³¹ tɕhe³¹ mə³¹ pɑ³¹, mou³¹
牢房 里 (语) 她的 弟弟也 找不到 洁慧 (助)买 出 时 她

tɕhe³¹ tsʅ³¹ piɔ³³ suɑ³³ ȵe³⁵, mou³¹ tɕhe³¹ tɕɑ³¹ tə³³ xɑ³¹ ŋuɔ³³ ȵɛ³¹. ŋɯ⁵⁵ ʐe³¹ fv³³ tsʅ³¹ suɑ³³
才 十 八 岁 (语)她 只 讲 会 汉语 (语)我的 爷爷 六十 岁

tsʅ⁵⁵, thɑ³¹ tɕɛ³¹ xuɛ³¹ tsv⁵⁵ mə³¹ vv³³. lɛ⁵⁵ ŋɯ⁵⁵ ʐe³¹ fv³³ tsʅ³¹ suɑ³³ tsʅ⁵⁵
娶 洁慧 做 他的妻子 (语) 我的 爷爷 六十 岁 (语)

thɑ³¹ tə³³ tsʅ³¹ piɑ³³ suɑ³³ nə³³ ŋu⁵⁵ ȵe³³, mou³¹ uɛu³³ tə³³ ɕɔ³³ tɔ³¹ tsʅ⁵⁵ ɕi³³ tɕhɛ³¹. lɛ⁵⁵ mə³¹ nə³³
娶 了 十八 岁 的 我的 奶奶 他 觉得 相当(语)稀奇 (连)她(助)

tsuɔ³¹ sə³³ ʐɑ³⁵ ʐʅ³¹ tsv⁵⁵, tshou³³ sɔu³³ mou³¹ tɕhe³³ xɔu⁵⁵. mou³¹ tɕhe³³ xɔu⁵⁵ mə³¹ pɑ³¹, tshɔu³³
活 不让做 只 让 她 绣花 她 绣花 时 只

kv̠³¹ khə³³ mou³¹ tei̠³³ tei̠³¹ tsa⁵⁵ khə³³ nə³³ tshv³³ tə⁵⁵ khou³³ nə³³. ka³¹ ma⁵⁵ tʂɿ³¹, mou³¹ kɛ⁵⁵ xɛ⁵⁵ mə⁵⁵
坐着 她 自己 扎着 的 草墩   个 上 用别人的话说 她 害怕 她的

tʂɿ⁵⁵ ne̠³¹ sv⁵⁵ sə⁵⁵, lɛ⁵⁵ ŋu⁵⁵ ne̠³³   tshou³³ tei̠³¹ ŋua̠⁵⁵ li⁵⁵ tehe³¹ tshou³³ mə⁵⁵ pi⁵⁵ nə³³ mə⁵⁵ tehy⁵⁵ ne̠³¹.
针 颗 丢失 (连)我的 奶奶   扫地   (语) 只 扫   她的 边上 那 圈 (语)

mou³¹ sua³³, ŋu⁵⁵ ne̠³³ tʂɿ³³ tə³³ tsɿ³³ n̠e̠³¹ a³¹ n̠e̠³¹. ŋu⁵⁵ ze³¹   teu⁵⁵ tə³³ fv³³ tsɿ³¹ sua³³ li⁵⁵ tə³³
那 年 我的 奶奶 生 了 儿子 一 人   我的 爷爷   觉得 六 十 岁 (语)

tə³³ tsɿ³³ n̠e̠³¹ a³¹ n̠e̠³¹ na³¹ tə³⁵, lɛ⁵⁵ mə⁵⁵   miɛ⁵⁵ tʂɿ⁵⁵ ta̠³¹ tsɿ³³ mou³¹ sa⁵⁵ cu³⁵. la̠³¹ tsɿ⁵⁵ lɛ³¹ tʂhɿ³¹
得 到 儿子 一 人 难得(连)他的 名字   取 给 他 尚 六 之后   生

tə³³ tsɿ³³ n̠e̠³¹ ɕe³³ n̠e̠³¹ n̠u³¹ n̠e̠³¹ a³¹ n̠e̠³¹. xə⁵⁵ tsɿ⁵⁵ tsv³³ n̠o⁵⁵ tei̠⁵⁵ khə³³, xou³³ tv⁵⁵ li⁵⁵ tʂɿ³¹ la³¹ tʂɿ³¹
了 儿子 四 个 女儿 一 个 后来 孩子 多 起来 家里 也 渐渐地

lə³³ tsɿ⁵⁵ fo⁵⁵ khə³³ la̠³¹. xou³¹ tv⁵⁵ tsɿ³¹ li⁵⁵ tei̠⁵⁵ khə³³ la̠³¹, n̠i³¹ kɛ⁵⁵ li⁵⁵ teha³³ pa³³ za³⁵ ka³¹ la̠³¹. tə³³
就好起来了 家里   儿子 也 多 起来了 别人 也 欺负 不 敢了 等

phia³³ mə⁵⁵ tou³¹ tsɿ³¹ n̠e̠³¹ ɯ⁵⁵ vv³³ tsɿ⁵⁵, mou³¹ lɛ³¹ a³¹ ɯ⁵⁵ mə⁵⁵ tehi⁵⁵ tea⁵⁵ mou³¹ n̠e³ ŋu⁵⁵, sou³³
到 他的 大 儿子 娶亲 (语)他 再 去 请 他的 亲家 那 人 (助) 让

mou³¹ kv³¹ tsɿ³¹ sa⁵⁵ pa³⁵ uɛ⁵⁵ nə³³, tea³¹ : kɛ³¹ n̠e³³ tsɿ⁵⁵, nə³¹ uɛ³³ n̠o⁵⁵ kou³³ n̠e³¹ kv³¹. tehi⁵⁵ tea⁵⁵
他 坐 在 上座 上 说 今天 (语) 这 个 位 咱们 两 人 坐 亲家

mou³¹ n̠e³¹ teu⁵⁵ tə³³ za³⁵ ɕou³¹.
那 人 觉得 不好意思

译文：

我的爷爷

　　我的爷爷是一个文武双全的人。以前他在家办了一个私塾。到了中秋节,他的学生每人送给他一个月饼当学费。过了好几个月(月饼)还吃不完,而里边早就发霉了。我爸爸他们还蒸着吃,吃不完就分给学生吃。我爷爷娶了三个妻子,他的第一个妻子在产房里死了,没有留下子女。他的第二个妻子留下三个女儿就死了。我的爷爷59岁那年,他的大孙女出嫁,他去孙女婿家里做后请客。到了孙女婿家里,主人不让他坐上座,因为我爷爷没有子嗣。后来我爷爷到处打听想再找一个妻子。有一天,他的一个学生去做生意,刚好遇到一个绣花绣得很好的女人。那个女人是被关在牢房里,那个学生回家后就告诉了他(我爷爷)。我爷爷听了后就把她买回家来。那个女人名叫洁慧,她有一个弟弟,遇到战乱,家人把他们藏了起来。她被抓进了牢房里,她的弟弟也不知下落。洁慧被买出来时,才十八岁,她只会讲汉语。我爷爷60岁那年,娶洁慧当妻子。我的爷爷六十岁娶到我十八岁的奶奶,他觉得很稀奇。(所以)不让她干活,只让她绣花。她绣花的时候,只坐在她自己扎的草墩上。用当时的话说,我奶奶扫地都只扫自己周围的那一小圈,害怕自己的针会丢失掉。那一年,我奶奶生了个儿子,我爷爷觉得60岁得个儿子不容易,因此给他取名为尚六(即"上六",因上了六十岁才得子,故如此命名)。之后又连着生了四个儿子一个女儿,因此子孙逐渐多起来,也不会再因为家里没有男后丁而被欺负。等到他大儿子(我大伯)结婚的时候,他又去请当时给他难堪的那个亲家过来喝喜酒,让他坐上座,并告诉他今天这两个上座就应该属于我们两个。那个亲家因此而十分难堪。

(二) kuɑ⁵⁵ ʑi⁵⁵ mə⁵⁵ pə³¹ tsʅ³³
观 音 的 故 事

tə³¹ xə³¹, kuɑ⁵⁵ ʑi⁵⁵ yə³⁵ thə⁵⁵ sei̯³¹ kɑ³¹ pɑ³³ xə³¹ khou³¹ ʐɛ⁵⁵ n̪i³¹ kɛ⁵⁵ xou³³. moupi³¹ tsʅ⁵⁵ n̪o³³ tshɑ⁵⁵
 从前 观音 下 来 凡间 里 考验 人 们 她变成 要饭

pɛ³³ nə³³ kv³³ ʐou̯³¹ ɑ³¹ n̪e̯³¹, sɑ³⁵ tɕhe³⁵ xə³¹ pei̯³³ khə³³, pei̯³³ phiɑ³³ ɛi³³ yɛ³¹, yə³⁵ phiɑ³³ tɕo³³ xə³¹.
 的 老奶奶 一 人 从 七河 走 起 走 到 洱源 来到 九河

phiɑ³³ ɛi³³ yɛ³¹ tsʅ⁵⁵, mou̯³¹ xɔ⁵⁵ kɛ³¹ tv³¹ tɕei̯³¹ nə³¹ n̪i³¹ kɛ⁵⁵ xou³³ ʐɯ³³ n̪ɯ³³ tə³¹. mɑ⁵⁵ xɔ⁵⁵ kɛ³¹ n̪o³³ tshɑ⁵⁵
 到 洱源 时 她 看到 挖地 的 人 们 吃 午饭 他们 看到 要饭

pɛ³³ nə³³ kv³³ ʐou̯³¹ n̪e̯³¹, lɛ⁵⁵ xɔ⁵⁵ mou̯³¹ ʐɑ³⁵ khə³³. kuɑ⁵⁵ ʑi⁵⁵ ɕo³³ xou̯³¹ khə³³, mou̯³¹ kɑ³³ mɑ⁵⁵
 的 老奶奶 人(连) 看 她 不起 观音 相当 生气 她 把 他们

tɕi³¹ xə³¹ nə³³ khə⁵⁵ tsɑ³¹ pi³¹ tou̯³¹ khə³³. sou³³ mɑ⁵⁵ tsv⁵⁵ xe⁵⁵ tɕei̯³¹ lə̯³³ sou⁵⁵ khv³³, lɛ⁵⁵
 地里 的 土块 变 大 起来 让他们 种 地 更 辛苦(连)

tshə³¹ fɑ³⁵ mɑ⁵⁵. kuɑ⁵⁵ ʑi⁵⁵ yə³⁵ phiɑ³³ tɕo³³ xə³¹, y³³ tə³³ tsʅ³³ tɕi³¹ xə³³ tsv⁵⁵ tsou³¹ sə³³ nə³³ tɑ⁵⁵
 惩罚 他们 观音 来 到 九河 遇到 在 地里 做活 的

mou³³ n̪e̯³¹. tɑ⁵⁵ mou³¹ mou̯³¹ n̪e̯³¹ xɔ⁵⁵ kɛ³¹ mou̯³¹, tɕeu⁵⁵ tə³³ ɕo³³ tɔ³³ n̪i⁵⁵ kv³¹. lɛ⁵⁵ tɕɑ³¹ mə⁵⁵ ŋuo⁵⁵:
 大妈 人 大妈 那 人 看到 她 觉得 相当 可怜(连) 说 她(助)

tɑ⁵⁵ mou³³ n̪e̯³¹, n̪e̯³¹ sɑ³¹ mɑ³³ yə³⁵, pei̯³³ sou⁵⁵ khv³³ xə⁵³ tsɑ³¹, ŋ⁵⁵ li⁵⁵ ʐɯ³³ tsə³¹ ʐɑ³⁵ mo³³, ɕou⁵³ tɑ³³
 大妈 您 从 哪儿来 走 辛苦 吧 我 也 能吃的 没有 但 跟

ŋɔ⁵⁵ nə³³ ɯ³³ ɕy³³ xou⁵⁵ yə³⁵. kuɑ⁵⁵ ʑi⁵⁵ piə³³ uɛ³³ ɑ⁵⁵ nə³¹ ɑ³¹ ʐɑ³¹ li⁵⁵ ʐɯ³³ tsə³¹ tuɑ³¹. tɑ⁵⁵ mou³³ mou³¹
 我(助) 喝水 些 来 观音 问 为什么 (助) 一样 也 吃 不能 大妈 那

n̪e³¹ tɕɑ³¹: ŋɑ⁵⁵ ɑ⁵⁵ tɑ³¹ tsv⁵⁵ tɕhe³⁵ nə³³ tə³¹ tsə³¹ li⁵⁵ zʅ³¹ tɕi³¹, lɛ⁵⁵ ʐɯ³³ tsə³¹ ʐɑ³⁵ mou³¹. kuɑ⁵⁵ ʑi⁵⁵
 人 说 我们 这 里 种 出来 的 豆子 也 喂猪(连) 吃 能 没有 观音

piɛ³³ mou³¹: tsʅ⁵⁵ nɔ⁵⁵ ʐɯ⁵⁵ ɑ⁵⁵ xɑ³¹. tɑ⁵⁵ mou³³ mou³¹ n̪e̯³¹ tɕɑ³¹: ŋɔ⁵⁵ ɯ³³ zʅ³¹ thou⁵⁵ ɕy³³ nə³¹, tshʅ³¹
 问 她 那 你们 吃 什么 大妈 那 人 说 我们 喝 淘米 水(语)菜

ʐɑ³⁵ mou³³. kuɑ⁵⁵ ʑi⁵⁵ tɕɑ³¹ mə⁵⁵ ŋo⁵⁵: nɔ⁵⁵ tə³¹ tɕi³¹ xə³¹ tɕi⁵⁵ tsʅ³³ ʂə³⁵ lɛ⁵⁵ tsv³³ ʐɯ³³ uɑ⁵⁵,
 没有 观音 说 她(助)你家 豆田 里 豆 尖 割 来(连) 煮 吃(语)

ʂə³³ xə⁵⁵ tsʅ⁵⁵ lɛ³¹ thv³¹ tɕhe³³ nɛ³¹. mou³¹ ɛɛ³¹ tsʅ⁵⁵ tɑ⁵⁵ mou³³ n̪e̯³¹ kɑ³³ mou³¹ liu⁵⁵ thə⁵⁵. mɑ⁵⁵ yɑ³³
 割 掉(语) 又 发 出(语) 那 晚(语) 大妈 人 把他 留下 第二天

n̪e³³ tsʅ⁵⁵, mou³¹ tsou³¹ kuɑ³³ nɔ⁵⁵ kɑ³³ tə³¹ tɕi³¹ tsə³³ ʂə³⁵ lɛ⁵⁵ tsv³³ ʐɯ³³, tɕeu⁵⁵ tə³³ ɕo³³ tɔ³³ ʐɯ³³
 (语) 她 真的 (助) 把 豆尖儿 割 来(连) 煮 吃 觉得 相当 吃

ɕo³¹. tɑ⁵⁵ mou³³ mou³¹ n̪e̯³¹ ʂə³³ tsʅ³¹ kv³³ nə³³ n̪e̯³¹ ɑ³¹ tɕhy³¹, sou³³ mou³¹ kv³¹ thv³³ nə³³ ʐɯ³³. kuɑ⁵⁵ ʑi⁵⁵
 好 大妈 那 人 割 给 老奶奶 一些 让 她 在 路上 吃 观音

附　录　259

vv̱³³ khə³³ tə³¹ tɕhy³¹　lɛ³¹ pɛi³³． pɛi³³ phiɑ³³ kuɛ⁵⁵ nə³³，mɔu³¹ tɛu⁵⁵ tə³³ sɔu⁵⁵ khv³³ lɛ⁵⁵ kv̱³¹ thə⁵⁵
背　着　豆　些　又　走　走　到　关上　她　觉得　累　就　坐下

kɑ³³ ɕɔ⁵⁵． tə³³ phiɑ³³ mɔu³¹ tsə³¹ khə³³ nə³³ khɑ³¹ tsʅ⁵⁵，kɑ³³ xɔu³¹ kɛ⁵⁵ mɑ³¹，lɛ⁵⁵ tsə³¹ ʑɑ³⁵ khə³³ tə³³，
休息　等到　她　站　起来　的时候　刚好　鸡叫（连）站　不　起

lɛ⁵⁵ kuɑ⁵⁵ ʑi⁵⁵ tshɔu³³　lu⁵⁵ tɕɔ³⁵ kɛ³¹ tsʅ³¹ kuɛ⁵⁵ nə³³．ȵi³¹ kɛ⁵⁵ xɔu³³ tɑ³¹ mə⁵⁵ xə³¹ sv̱³³ khə³³ vɛ³³ ɑ³¹ tsue⁵⁵．
（连）观音　就　落脚　在　关上　人们　帮　她　竖　了　像一　尊

phiɑ³³ tsʅ⁵⁵ kɛi⁵⁵ ȵe³³，kuɛ³³ nə³³ tsɛ³³ tsʅ³³ kuɑ⁵⁵ ʑi⁵⁵ miɔu³³ ɑ³¹ kɛ³⁵． tɛɔ³¹ xə³³ xɔu³³ li⁵⁵ tsə³³ ʑɯ³³ tə³¹
到　了　今天　关上　还　有　观音庙　一　间　九河　人　也　还　吃

tɕi⁵⁵ tsʅ³³．
豆尖儿

译文：

观音庙的传说

　　从前，观音菩萨下凡来考验人们。她变作一个要饭的老奶奶，从七河出发，经过洱源，来到九河。她到了洱源，菩萨看到在地里挖地的一家人正在吃午饭。他们看到要饭的老奶奶，很看不起她。观音非常生气，于是把这家人地里的土块变大。让他们种地时更加辛苦，以此来惩罚他们。观音来到九河，遇到了一个在地里干活的大妈。那个大妈看到她，觉得（她）十分可怜。就对她（观音）说："大妈，您从哪儿来？走累了吧？我什么吃的也没有，但来跟我喝杯水吧。"观音问（大妈）为什么没有吃的。那个大妈回答说："我们这里种出的豆子也给猪吃，所以没有吃的。"观音问大妈那你们吃什么。那个大妈回答说："我们只喝淘米水，没有什么菜。"观音对大妈说："你们可以把豆尖儿割来煮着吃，割掉以后还会长出来的。"那晚，大妈把观音菩萨留下过夜。第二天，大妈真的把豆尖儿割来煮着吃，觉得非常好吃。大妈又割给老奶奶一些，送她在路上吃。观音背着那些豆尖儿继续走。观音走到关上，她觉得走累了，就坐下来休息一会儿。等到观音要起身的时候，刚好鸡叫，她变不了身了，就落在了关上。村民们便给她塑了一尊像。直到今天，关上还有一间观音庙。九河人也还在吃豆尖儿。

（三）ŋɑ⁵⁵ ɑ³¹ xɔu³¹
我们一家

ŋɑ⁵⁵ xɔu³¹ kv̱³¹ khə³³ tɕɔ³¹ xə³¹ kuɛ³³ nə³³ nə³³ mɛ³¹ uɑ³³ ʑə³³ xə³¹． xɔu³¹ tv⁵⁵ tsʅ³³ ɕe³³ ȵe³³，
我们家　住在　九河　关上　的　梅瓦　村里　家　有　四人

ŋɯ⁵⁵ pɑ³³，ŋɯ⁵⁵ mɔu³³，ŋɯ⁵⁵ kɔu³³ ȵɛ³³ ȵe³¹． ŋɑ³³ xɔu³¹ tsʅ³³ pɑ³¹ xɔu³³ mo³¹ sɔu³¹ ŋə³¹ li³³
我的爸爸　我的妈妈　我的哥哥还有我　我们家是　白族人　纳西　我也

kɑ⁵⁵ tɛɯ³¹ tɕhɛ⁵⁵ thɔ⁵⁵． ʑi³³ uɛ⁵⁵ ŋɑ⁵⁵ ʑɛ³³ tsʅ³¹ pɑ³¹ xɔu³¹ ȵɛ⁵³ mo³¹ sɔu³¹ xɔu³¹ xuɛ⁵⁵ xə³⁵ khə³³ nə³³
全部　听懂　因为　我们村　是　白族　和　纳西族　混合着　的

a³¹ zə³³. ŋɯ⁵⁵ ti³³ kɛ⁵⁵ tʂɿ⁵⁵ ɕi³³ tʂɿ³¹ so⁵⁵ sua̠³³, thɯ³¹ thɯ³¹ tsɿ³¹ ŋua³³ mi³¹ nə³³ tsv⁵⁵ tsou³¹ sə³³.
一 村   我的 父亲   今年   四 十 三 岁   经常   在 外面 （助） 做 活

tsa³⁵ xə⁵⁵ za⁵⁵ zou³³ kə⁵⁵, kou⁵⁵ ŋa³³ ɣə³¹ sv⁵⁵. ŋɯ⁵⁵ mou³³ kɛ⁵⁵ tʂɿ³¹ ɕi³³ tʂɿ³¹ ŋv³³ sua̠³³. kv³¹ xou³¹ tv⁵⁵
经常   不 回来   供 我们 读书   我的 妈妈   今年   四 十 五 岁   在 家

tɕi³³ tɕi³¹ xo⁵⁵ kɛ⁵⁵ tɕi³¹. ŋɯ³³ kou³³ kɛ⁵⁵ tʂɿ⁵⁵ tʂɿ³¹ pia³³ sua̠³³, kɛ⁵⁵ tʂɿ⁵⁵ fv³¹ ŋua³³ xə³¹ kau tsou³³ pi³⁵ ɳe³⁵
自己 养 鸡 猪   我的 哥哥 今年   十 八   岁   今年   六 月 里 高中   毕业

khou³¹ khə³³ uə³¹ sa³³ ɕue³⁵ yɛ⁵⁵. ɳo³¹ kɛ⁵⁵ tʂɿ⁵⁵ tʂɿ³¹ tɕhe³³ sua̠³³, tsɿ³³ y³³ lo³³ ɕiɛ⁵⁵ zi³⁵ tsou³³ xə³³ ɹə³¹ sv⁵⁵.
考   上 文山 学院   我 今年   十 七   岁   在 玉 龙 县 一中 里 读书

kv³¹ ɕu⁵⁵ tha⁵⁵ xə³³, ŋa⁵⁵ tɕi³³ tsha³¹ ɳo³¹ xa³¹ ŋo³¹ nə³³ tɕa³¹ xua³¹. ɕou⁵³ kv³¹ khə³¹ xou³¹ tv⁵⁵
在 学堂   里 我们   经常   用   汉语（助） 讲话   但 在   家里

tʂɿ⁵⁵ tshou³³ tɕa³¹ pa³¹ ŋv³¹ nɛ³¹.
就 只   讲 白语（语）

译文：

我们一家

　　我们家在九河关上的梅瓦村。家里四口人，我的爸爸、妈妈、哥哥和我。我们家是白族人，纳西语我也全部能听懂，因为我们村是一个白族和纳西族混合居住的村子。我父亲今年43岁，（他）天天在外面干活，不能经常回来，供我们读书。我的妈妈今年45岁，在家里养家畜。我哥哥今年十八岁，今年六月高中毕业了，考上了文山学院。我今年十七岁，在玉龙县一中读书。在学校里，我们经常用汉语交流，但是在家里，我们只讲白语。

五　九河乡南高寨村纳西语音系

　　南高寨村委会南高小组①位于九河乡中部,南高小组位于南高寨村委会北面。该村背对立本山,南与南高村委会彼古小组相接,北与北高村委会快乐小组毗邻,西与龙应村委会隔214国道相望。全村151户,共628人。南高村是纳西族聚居村,村内居民以纳西族为主,有十几个从外村嫁进村内的白族、汉族、彝族女性。

　　南高村的纳西族主要使用纳西语,30岁以上的中老年人能够兼用白语进行日常交际,30岁以下的多数只会听不会说白语。该村的白族、汉族、彝族媳妇能够使用本民族语,兼用纳西语,并且将纳西语作为日常交际的主要用语。

　　本音系的发音人是和翛,女,1987年7月出生。大学本科学历。系九河乡乡政府的工作人

---

① 以下简称"南高村"。

员。父母都是纳西族,都说纳西语,也都会说白语。家庭使用语言为纳西语。她的第一语言是纳西语,小学一年级(7岁)习得当地汉语方言,小学四年级(11岁)同时习得汉语普通话和白语。

(一)声母:

有 37 个。声母的特点主要是:

一、塞音、塞擦音、擦音声母都分清浊两套。

二、有鼻冠音声母。

三、没有复辅音声母。

p	ph	b	mp	m	f	v
t	th	d	nt	n	l	
ts	tsh	s	z			
tɕ	tɕh	dʑ	ntɕ	ȵ	ɕ	ʑ
tʂ	tʂh	dʐ	ntʂ	ʂ	ʐ	
k	kh	g	ŋk	ŋ	x	ɣ

声母例词:

p	pi³¹	胶水	pa³¹	扫(地)
ph	phi³¹	大腿	pha³¹	(一)排
b	bi³¹	飞	da³³ba³¹	小腿
mp	mpi³¹	搓(绳)	mpa³¹	米酒
m	mi³¹	名	ma³¹	来得及
f	fv³³	毛	fa³¹	去
v	vɚ³¹	赶紧	va³³	网
t	tɑ³¹	挡	tɔ³³	棺材
th	thɑ³¹	瓶子	thɔ³³	通
d	dɑ³¹	房	dɔ³³khuɑ³³	黄瓜
nt	ntɑ³¹	纺	ntɔ³³	蛰
l	lɑ³¹	手	lɔ³³	依靠
n	nɑ³¹	黑	nɔ³³	闻
ts	tsɿ⁵⁵	堵塞	tsɛ⁵⁵	砌
tsh	tshɿ⁵⁵	渡	tshɛ⁵⁵	刮
s	sɿ⁵⁵	肝	sɛ³¹	凉
z	zɿ⁵⁵	皱	zɛ³¹	哪
tʂ	tʂɿ³³	土	tʂv⁵⁵	汗水
tʂh	tʂhɿ³³	这	tʂhv⁵⁵	擦

dʐ	dʐɿ³³	街	dʐə³¹	拿	
ntʂ	ntʂɿ³³	燃烧	ntʂv³³	增加	
ʂ	ʂɿ³³	肉	ʂv³³	生（小猪）	
ʐ	ʐɿ³³	酒	ʐv³³	柳树	
tɕ	tɕi³¹	云	tɕɔ³³	滑	
tɕh	tɕhi³¹	麂子	tɕhɔ⁵⁵	计谋	
dʑ	dʑi³¹	水	dʑo³³	有	
ntɕ	ntɕi³³	走	ntɕə³¹	难	
ɲ	ɲi³³	鱼	ɲə⁵⁵	脏	
ɕ	ɕi³¹	水稻	ɕɔ³¹	空闲	
ʑ	ʑi³¹	漏（水）	ʑɔ³¹	怂恿	
k	kə³¹	筛（米）	ko⁵⁵	投掷	
kh	khə³¹	线	kho⁵⁵	门	
g	gə³¹	下（雨）	gɔ³¹	针	
ŋk	ŋkə³³	相信	ŋkɔ³¹	熬	
ŋ	ŋə³¹	我	ŋa³¹	岩石	
x	xə³¹	雨	xo³³	等（待）	
ɣ	ɣə³¹	磨（面）	ɣo³³	肿	

说明：

1. 浊塞音、塞擦音声母都带有轻微的鼻冠音；而鼻冠音声母的鼻冠成分较重。例如：dʑi³¹"水"、ntɕi³³"走"，dʐɿ³³"街"、ntʂɿ³³"燃烧"等。所以对上述两组进行区分，可以从鼻冠音后是清音还是浊音判断。鼻冠音后是清音的，鼻冠成分较重，是名副其实的鼻冠音；是浊音的，发音时只带有轻微的鼻冠音，严格来说，还是浊音，不是鼻冠音。

2. 鼻冠音在连音中的后一音节时，还会使鼻音移至前一音节当鼻韵尾。如：ma⁵⁵ŋkɯ³³"裂开"、ʂɿ⁵⁵ntɔ³³"害羞"。

3. 声母 f、v、ɣ 的出现频率较低。

4. k、kh 等舌根声母和 p、ph 等双唇声母结合的带 i 韵头的复合元音 iə、iɛ 的音节，声母也可处理为腭化的舌根声母和腭化的双唇声母。如 kjə⁵⁵"剜"可以处理为 kiə⁵⁵，khjə⁵⁵"焦"可以处理为 khiə⁵⁵。从来源上考虑，处理为腭化声母较好，但从简明方面考虑，处理为带 i 的复合韵母较好。这里按后一方法处理。

（二）韵母

韵母的主要特点是：

一、元音较多。

二、元音不分松紧。

三、有一些复合元音韵母,但多出现在汉语借词中。

四、没有鼻化元音和带鼻音尾的韵母。

1. 单元音韵母:共有 10 个。

i	phi³¹	偷偷溜	pi³¹	辣
ε	phε⁵⁵	张	pε³¹	半
a	pha³¹	拴	pa³¹	扫
ɑ	phɑ³³	脸	pɑ³¹	宽
ɔ	phɔ⁵⁵	泡(菜)	pɔ³³	保护
o	pho³³	开(门)	po³¹	包(东西)
v	phv³³	吹(牛)	pv³¹	干燥
ɯ	phɯ³³	米糠	pɯ⁵⁵	核
ə	phə³¹	白	pə³¹	(一)根(草)
ɿ	sɿ³³	知道	sɿ³³	死;肉

2. 复元音韵母:共有 11 个。

iɚ	kiɚ⁵⁵	剜	khiɚ⁵⁵	焦
iε	ŋkiε⁵⁵	晾	thɔ³³ ŋkiε³¹	松香
iu	liu³¹ xua³¹	硫磺	piu⁵⁵ piu³³	改变
iə	miə⁵⁵ fε⁵⁵	(一)份	miə³¹	眼睛
ia	ɕa⁵⁵ lia⁵⁵	项链	pia³³ pia³³	边
iɔ	thiɔ³¹ kε³³	调羹	piɔ³¹	舀水声
uε	kho³³ tɕhuε³⁵	孔雀	ti³³ tʂhuε³¹	锤子
ua	liu³¹ xua³¹	硫磺	tʂhua³³ kho³³	窗户
uɑ	xuɑ⁵⁵	锈	lɑ³¹ kuɑ³³	腋
uɔ	tɕi³³ kuɔ³¹	南瓜	tʂə³¹ uɔ³¹	仆人
uə	uə³¹	聚集	ka³³ uə⁵⁵ uə³³	集合

说明:(1) 带 ɚ、ɿ 的韵母,音值较紧。如:sɿ³³"肉"。

(2) 复合元音韵母大多出现在汉化借词中。如:mə³⁵ tou³³"墨斗"。

(三) 声调

声调有 4 个:高平、中平、低降、高升。例如:

高平		中平		低降		高升	
mɑ⁵⁵	粉末	mɑ³³	擦(脸)	mɑ³¹	油	mɑ³⁵	抹
phɯ⁵⁵	断	phɯ³³	糠	phɯ³¹	(一)顿	ɕi³⁵	吸气
kɔ⁵⁵	(水)减少	kɔ³³	浇	kɔ³¹	针	kɔ³⁵	角

说明：

35 调多出现在汉语借词中。

（四）音节结构类型

1. 元音：o³¹"鹅"，ə³³"铜"；
2. 元音＋元音：uɑ³¹"真"，uə³¹"聚集"；
3. 辅音＋元音：lɑ⁵⁵"密"，phɑ³³"脸"；
4. 辅音＋元音＋元音：xuɑ⁵⁵"锈"，miə³¹"眼睛"。

六 九河乡南高寨村纳西族说普通话（中介语）的音系

九河乡的纳西族普遍兼用汉语，而且大都还会说普通话。但是他们说的普通话由于受到母语的负迁移，都带有一定的中介语特点。科学地认识九河乡纳西族说普通话的中介语特点，有助于改进纳西族的普通话教学，对中介语的研究具有一定的意义。

为此，我们对南高村纳西族说普通话（中介语）的语音系统进行了记录整理。本音系的发音人是和翛，女，纳西族，1987 年 7 月出生于丽江玉龙县九河乡南高寨村南高小组。大学本科学历，第一语言是纳西语。6 岁开始学当地汉语方言，7 岁即能熟练使用，11 岁学会普通话。其父母均为纳西族，家庭用语是纳西语。

（一）声母：有 23 个。

p	ph	m	f
t	th	n	l
k	kh	x	
ts	tsh	s	
		ȵ	
tɕ	tɕh	ɕ	z
tʂ	tʂh	ʂ	ʐ

声母例词：

p	pv⁵³ 布	pɑ³³ 八
ph	phv³³ 铺(被子)	phɑ³³ 趴
m	mo³¹ 亩	mɑ⁵³ 骂
f	fei³³ 飞	fɑ³³ 发
t	tɑu⁵³ 道	tɑ³³ 搭

th	thau⁵³	套	tha³³	他	
n	nau⁵³	闹	na⁵¹	那	
l	lau³³	涝	la³³	拉	
k	kau⁵³	告	kv̩³³	姑	
kh	khau⁵³	靠	khv̩³³	哭	
x	xau⁵³	号	xa³³	哈	
ts	tsau³³	糟	tsa³⁵	杂	
tsh	tshau³³	操	tsha³³	擦	
s	sau³³	搔	saŋ⁵³	散	
tɕ	tɕau³³	教	tɕa³³	家	
tɕh	tɕhau³³	敲	tɕha³³	掐	
ȵ	ȵy³¹	女	ȵiu³³	妞	
ɕ	ɕau³¹	小	ɕa⁵³	下	
z	zau³¹	咬	za³³	压	
tʂ	tʂɿ³³	知	tʂɿ³¹	纸	
	tʂaŋ³³	张	tʂau³³	招	
tʂh	tʂhɿ³³	吃	tʂhɿ³¹	齿	
	tʂhaŋ⁵³	唱	tʂhoŋ³³	冲	
ʂ	ʂɿ⁵³	试	ʂɿ³⁵	时	
	ʂaŋ³³	商	ʂəŋ³³	生	
ʐ	ʐɿ⁵³	日	ʐəŋ³⁵	人	
	ʐou⁵³	肉	ʐau⁵³	绕	

说明:

1. 南高村纳西语有浊塞音、浊塞擦音,但说普通话时一律用清音不用浊音。

2. 普通话的 w 都读为 u。如 uo³³ "窝"、ua³¹ "瓦"。

3. 中介语的音位系统与南高村纳西语音系相比,少了 b、mp、v、d、nt、dz、nts、z、dʐ、ntɕ、dʑ、ntʂ、g、ŋk、ŋ、ɣ 16 个。

4. 纳西人说普通话时,普通话的声母除了部分的 n 声母用 ȵ 代替外,如: "鸟"读为 ȵau³⁵ 外,都用相同的音值替代。

(二) 韵母:

1. 单韵母有 8 个。

i	mi³¹	米	ti⁵³	地	
a	ma⁵³	骂	pha⁵³	怕	
ɔ	mɔ⁵³	墨	phɔ³³	泼	

u	xu³⁵	湖	mu⁵³	木
v	tv⁵³	肚	khv³³	哭
ə	ə³⁵	鹅	ə⁵³	饿
ʅ	tsʅ³¹	子	ʂʅ³⁵	时
y	y³¹	雨	ȵy³¹	女

说明：

1. 南高村的纳西语的单韵母比普通话多，除了普通话的 u 部分用 v 表达外，其他都用相同相近的音值表示。例如：tv⁵³"肚"、mu⁵³"木"。

2. 南高村的纳西语元音有 a、ɑ 两个音位，读普通话时都读为 ɑ。例如：tɑ³¹"打"。

3. 普通话中的 o 读为 ɔ。例如：mɔ⁵³"墨"。

4. 复合元音有 12 个。复合元音的特点是：二合元音较多，有 11 个；三合元音较少，只有一个。例词：

iɛ	tiɛ³³	跌	piɛ³⁵	别
iu	liu³⁵	刘	ȵiu³¹	扭
ue	tsue³¹	嘴	ʂue³¹	水
uɛ	kuɛ⁵³	怪	khuɛ⁵³	快
uo	luo⁵³	落	xuo⁵³	货
uɑ	kuɑ³³	刮	khuɑ³³	夸
uə	muə³⁵	磨（刀）	phuə³³	坡
ai	lai³⁵	来	nai³¹	奶
ɑu	pɑu³³	包	phɑu⁵³	泡
ɔu	tɔu⁵³	豆	thɔu³³	偷
	zɔu⁵³	肉	sɔu³³	收
yɛ	tɕhyɛ³³	缺	lyɛ⁵³	略
iɑu	thiɑu³⁵	条	tiɑu⁵³	掉

说明：

1. 普通话中的少数单元音读为复合元音。如：muə³⁵"磨"。

2. 普通话的三合元音 uai，读为二合元音 uɛ。例如："快"读为 khuɛ⁵³。

3. 鼻音尾的韵母有 9 个。例词：

iŋ	ʑiŋ³³	因	ɕiŋ³¹	醒
ɑŋ	ɑŋ³⁵	昂	khɑŋ⁵³	抗
əŋ	kəŋ³³	根	ləŋ³¹	冷
ɔŋ	xɔŋ³³	轰	tshɔŋ³³	聪
	ɕɔŋ³³	凶	ɕɔŋ³⁵	熊

yŋ	yŋ³⁵	云	tɕhyŋ³⁵	群
iaŋ	liaŋ³⁵	凉	liaŋ³¹	两
iɛŋ	miɛŋ³⁵	棉	liɛŋ³⁵	连
uaŋ	kuaŋ³³	关	suaŋ³³	双
uɛŋ	kuɛŋ⁵³	棍	xuɛŋ³³	婚

说明：

1. 南高村纳西语语音系统没有带鼻音尾的韵母，说普通话时增添了9个带舌根鼻音尾的韵母。

2. 所有的舌尖鼻韵尾都读为舌根鼻韵尾。例如："安"读为 aŋ⁵⁵，"亲"读为 tɕiŋ⁵⁵。

3. 部分受汉语教育不多或汉语水平较低的纳西人说普通话时，鼻音尾韵母都读为没有鼻音尾的韵母。例如："党"读为 ta³¹。

（三）声调：

声调共有4个。与普通话的四声对应如下：

阴平 33	ma³³	妈	ʂʅ³³	诗	kuaŋ³³	关
阳平 35	ma³⁵	麻	ʂʅ³⁵	时	məŋ³⁵	门
上声 31	ma³¹	马	ʂʅ³¹	始	sou³¹	扫
去声 53	ma⁵³	骂	ʂʅ⁵³	是	ti⁵³	地

说明：

1. 四声中的上声214调，南高村纳西人读为31调，不会曲折读。例如："好"读为 xau³¹。

2. 南高村纳西语的55调，在读普通话时大多读为33调。例如："天"读为 than³³。

七　九河乡南高寨村纳西族说当地汉语方言的音系

九河乡的纳西族普遍兼用汉语，除了会说普通话外，还会说当地的汉语方言。我们对南高村纳西族说当地汉语方言的语音系统进行了记录整理，从中看到南高村纳西族说普通话和说地方方言的差异主要在声调上，声母韵母差异不大。

本音系的发音人是和儵，女，纳西族，1987年7月出生于丽江玉龙县九河乡南高村。大学本科学历，第一语言是纳西语。6岁开始学汉语，7岁熟练使用当地汉语方言，11岁又学会普通话。其父母均为纳西族，家庭用语是纳西语。

（一）声母：有24个。

p　　ph　　m　　f

t	th	n		l	
k	kh	x			
ts	tsh	s		z	
tɕ	tɕh	ȵ		ɕ	ʑ
tʂ	tʂh	ʂ		ʐ	

声母例词：

p	pv⁵⁵	布	pɑ³⁵	八
ph	phv³³	铺（被子）	phɑ³³	趴
m	mo³³	亩	mɑ⁵⁵	骂
f	fei³³	飞	fɑ³¹	发
t	tɑu⁵³	道	tɑ³³	搭
th	thɑu⁵⁵	套	thɑ³³	他
n	nɑu⁵⁵	闹	nɑ⁵⁵	那
l	lɑu³³	涝	lɑ³³	拉
k	kɑu⁵⁵	告	kv³³	姑
kh	khɑu⁵⁵	靠	khv³¹	哭
ŋ	ŋy³³	女	ŋɑ³¹	挨（挨不起）
x	xɑu⁵⁵	号	xɑ³³	哈
ts	tsɑu³³	糟	tsɑ³¹	杂
tsh	tshɑu³³	操	tshɑ³³	擦
s	sɑu³³	搔	sɑŋ⁵⁵	散
tɕ	tɕɑu³³	教	tɕɑ³³	家
tɕh	tɕhɑu⁵⁵	翘	tɕhɑ³¹	掐
ȵ	ȵau⁵⁵	尿	ȵiu³³	妞
ɕ	ɕɑu³³	小	ɕɑ⁵⁵	下
ʑ	ʑɑu³³	咬	ʑɑ³¹	压
tʂ	tʂɿ³³	知	tʂɿ³¹	纸
	tʂɑŋ³³	张	tʂɑu³³	招
tʂh	tʂhɿ³¹	吃	tʂhɿ³³	齿
	tʂhɑŋ⁵⁵	唱	tʂhoŋ³³	冲
ʂ	ʂɿ⁵⁵	试	ʂɿ³¹	时
	ʂɑŋ³³	商	ʂəŋ³³	生
ʐ	ʐɿ³¹	日	ʐu³¹	肉
	ʐəŋ³¹	人	ʐəu³¹	揉

说明:

1. 南高村纳西语有浊塞音、浊塞擦音,但说当地汉语方言时一律用清音不用浊音。

2. 普通话的 w 都读为 u。如 uo³³ "窝"、uɑ³³ "瓦"。

3. 中介语的音位系统与南高村纳西语音系统相比,少了 b、mp、v、d、nt、dz、nts、z、dʑ、ntɕ、dʐ、ntʂ、g、ŋk、ɣ 15 个。

4. 南高村纳西人说当地汉语方言时,当地汉语方言的声母除了部分的 n 声母用 ȵ、ŋ 代替外,如 "鸟" 读为 ȵau³³、"女" 读为 ŋy³³,都用相同或相近的音值替代。

5. 南高村纳西人说当地方言时,声母的读音除个别外与普通话大致相同。不同的如:"女",说普通话时读为 ȵy³⁵,说当地方言时读为 ŋy³³。

(二) 韵母:

1. 单韵母有 8 个。

i	mi³³	米	ti⁵⁵	地
ɑ	mɑ⁵⁵	骂	phɑ⁵⁵	怕
ɔ	mɔ³¹	墨	phɔ³¹	泼
u	xu³¹	湖	mu⁵⁵	木
v	tv⁵⁵	肚	khv³¹	哭
uə	uə³¹	鹅	uə⁵⁵	饿
ɿ	tsɿ³³	子	ʂɿ³¹	时
y	y³³	雨	ŋy³³	女

说明:

① 南高村纳西人说当地汉语方言时,区分 u 和 v。例如:tv⁵³ "肚"、mu⁵³ "木"。

② 南高村纳西人元音区分 a、ɑ,说当地汉语方言时只用 ɑ。例如:tɑ³¹ "打"。

2. 复合元音有 12 个。复合元音的特点是:二合元音较多,有 11 个;三合元音较少,只有一个。例词:

iɛ	tiɛ³¹	跌	piɛ³¹	别
iu	liu³¹	刘	ȵiu³³	扭
ue	tsue³³	嘴	ʂue³³	水
uɛ	kuɛ⁵⁵	怪	khuɛ⁵⁵	快
uo	luo³¹	落	xuo⁵⁵	货
uɑ	kuɑ³¹	刮	khuɑ³³	夸
uə	muə³¹	磨(刀)	phuə³³	坡
ai	lai³¹	来	nai³³	奶
ɑu	pɑu³³	包	phɑu⁵⁵	泡

əu	təu³³	豆	thəu³³	偷
yɛ	tɕhyɛ³¹	缺	lyɛ⁵⁵	略
iau	thiau³¹	条	tiau⁵⁵	掉

3. 鼻音尾的韵母有9个。例词：

iŋ	ziŋ³³	因	ɕiŋ³³	醒
ɑŋ	ɑŋ³¹	昂	khɑŋ⁵⁵	抗
əŋ	kəŋ³³	根	ləŋ³³	冷
ɔŋ	xɔŋ³³	轰	tshɔŋ³³	聪
	ɕɔŋ³³	凶	ɕɔŋ³¹	熊
yŋ	yŋ³¹	云	tɕhyŋ³¹	群
iɑŋ	liɑŋ³¹	凉	liɑŋ³³	两
iɛŋ	miɛŋ³¹	棉	liɛŋ³¹	连
uɑŋ	kuɑŋ³³	关	suɑŋ³³	双
uɛŋ	kuɛŋ⁵⁵	棍	xuɛŋ³³	婚

说明：

1. 南高村纳西人当地汉语方言系统只有带舌根鼻韵尾的韵母，没有带舌尖鼻韵尾的韵母。

2. 部分受汉语教育不多或汉语水平较低的纳西人说当地汉语方言时，鼻音尾韵母都读为没有鼻音尾的韵母。例如："听"读为 thin³³。

（三）声调：

声调共有3个。与普通话的四声对应如下：

阴平 33	mɑ³³	妈	ʂɿ³³	诗	kuɑŋ³³	关
阳平 31	mɑ³¹	麻	ʂɿ³¹	时	məŋ³¹	门
上声 33	mɑ³³	马	ʂɿ³³	始	sɔu³³	扫
去声 55	mɑ⁵⁵	骂	ʂɿ⁵⁵	是	ti⁵⁵	地

说明：阴平和上声合一，都读为33调。

八　九河乡南高寨村纳西语长篇话语材料

口述者：和翛

记录时间：2012年8月22日

记录、翻译者：和智利

附录 271

mo³⁵ lau³³ ʐɛ³¹ nɛ ³⁵ a⁵⁵ ʑi³¹ nta⁵⁵ ŋɯ³³ ŋɯ³¹
木老爷   和 阿一旦   打赌

dɯ³³ ɲi³³ ʐɛ⁵⁵, mo³⁵ lau³³ʐɛ³¹ tshɿ³³ a⁵⁵ ʑi³¹ nta⁵⁵ tɔ⁵⁵ ʂo³¹ ʐɛ⁵⁵ ŋɯ³³ ŋɯ³¹ mbɯ³³ tsɿ⁵⁵ mɛ⁵⁵.
一 天 （语） 木老爷   （助）阿一旦 （助）找（助） 打赌   要   （助）

tshɿ³³ ɲi³³ kv⁵⁵ ŋɯ³³ ŋɯ³¹ mɛ³³, ə³¹ nɛ³¹ nɯ³³ ka³³ ʑi³¹ ə³³ nɛ³¹ tɔ⁵⁵ khua³³ mbɯ⁵⁵ zo⁵⁵ ʐɔ³³ nɛ³³
这 两个 打赌   （语）谁（助） 先 （助）谁 （助） 骗   （助） 家里（语）

mɯ³¹ tø⁵⁵ thv³³. ə⁵⁵ ʑi³¹ nta⁵⁵ nɯ³³ ʂə⁵⁵ mɛ³³, ŋə³¹ tshɿ³³ ɲi³³ mə³³ ma³¹ mə³³ ma³¹. ɕi³³ nɯ³³ ʂə⁵⁵ mə³³,
外面 到 阿一旦 （助）说（语）   我 这天 没空 没空   人（助）说 （语）

la³³ ʂɿ⁵⁵ xɯ⁵⁵ lɔ³¹ dʐɿ³¹ kɔ⁵⁵ nə⁵⁵ ʐɛ⁵⁵ tsɿ⁵⁵. ɲi³³ tʂə³¹ bɯ³³ tha⁵⁵ tsɿ⁵⁵, ŋə³¹ ɲi³³ tʂə³¹ bɯ³³ nə³³ ʑi⁵⁵
拉市海 里水 下降 正在（语） 鱼 抓 去 可以（语）我 鱼 抓 去 需要（语）

bɯ³³ nə³³ ʐɛ³³. mə³³ ua³⁵ ʐɛ⁵⁵ dɯ³³ kha³¹ kv³¹ ɛ⁵⁵ ma⁵⁵ ŋko³¹ ma³¹ mə³³ tha⁵⁵. thɛ³⁵ mo³⁵ lau³³
去 需要（语） 要不然（语）一会儿 （语） 跟 （助）来得及 不可以（连）木老

ʐɛ³¹ dɯ³³ mi³³ nɛ³¹ mɛ³³, ɛ³⁵, tshɿ³³ ɲi³³ la³³ ʂɿ⁵⁵ xɯ⁵⁵ lɔ³¹ ɲi³³ tʂə³¹ tha⁵⁵ ʐɛ⁵⁵, ŋə³¹ la³³ bɯ³³ nə³³
爷 一 听（助）（语） 哦 这 天 拉市海 里鱼 抓 可以 （助）我 也 去 需要

ʐɛ³³. mo³⁵ lau³³ʐɛ³¹ tshɿ³³ phɛ⁵⁵ fv³⁵ tɕi⁵⁵ ʐɔ³³ to⁵⁵ phiə³¹. ʐo⁵⁵ tsha³³ ma³¹ tʂɚ³¹ ua³¹ ka³³ lɚ³³ lɚ³³
（助）木老爷   （助）非常 钱 （助）喜欢 （连） 马上 仆人 先 聚集

tshɿ³¹ ʑi⁵⁵, ʐua³³ ntsa³¹ ntsa³³ bɯ⁵⁵ ʑi⁵⁵ la³³ ʂɿ⁵⁵ xɯ⁵⁵ lɔ³¹ lɛ³³ khɯ⁵⁵. mɛ³³ la³³ ʂɿ⁵⁵ xɯ⁵⁵ kho⁵⁵ thv³³ dɯ³³
来（语） 马 骑 骑 （语）拉市海 里 去 （语）拉市海   旁 到 一

lø³¹ nə³, la³³ ʂɿ⁵⁵ xɯ⁵⁵ tshɿ³³ dʐɿ³¹ pv³¹ nɛ⁵⁵ mə³³ ua³¹ bɛ³³, dʑi³¹ lɯ⁵⁵ gə³³ ʂɚ⁵⁵ ʐɔ³³, ʂɚ⁵⁵ ʂɚ⁵⁵ biə³³
看（助） 拉市海 （语）水 干涸 正在 不是（语） 水 都 上 满（语） 满满当当

biə³³ bɛ³³. thɛ³⁵ mo³⁵ lau³³ ʐɛ³¹ tshɿ³³ tshɿ³³ kɔ⁵⁵ dɔ³¹ ʑi³¹ ʐɛ³³ mɛ⁵⁵. mo³⁵ lau³³ ʐɛ³¹ mə³³ xɯ³¹ nɯ⁵⁵ ʑi⁵⁵,
（语）（连） 木老爷   （语）这里 傻 （语）   木老爷   生气 （助）（语）

lɛ³³ tshɿ³⁵ ʐɛ⁵⁵ a⁵⁵ ʑi³¹ nta⁵⁵ tɔ⁵⁵ ʂə⁵⁵ ʂɚ⁵⁵ tshɿ³¹ ʐɛ³¹ mɛ⁵⁵. mɛ³³ a⁵⁵ ʑi³¹ nta⁵⁵ nɯ³³ xa⁵⁵ xa⁵⁵ xa⁵⁵ xa⁵⁵ tsɿ⁵⁵
回去 （助）阿一旦 （助） 理论 来（助）（语）（语）阿一旦 （助）哈哈哈哈   （助）

ʐa³¹ ʑi⁵⁵, thɯ⁵⁵ lɯ⁵⁵ kə³¹ dv³¹ mə³³ kv³³ tsɿ⁵⁵. thɛ³⁵   tshɿ³³ kha³⁵ ʑi³¹ mo³⁵ lau³³ tshɿ³³ a⁵⁵ ʑi³¹ nta⁵⁵
笑（语） 腰 连 上 直不会（语） （连） 这会 （语）木老爷 （语） 阿一旦

kə³³ tɕo³¹ piə³³ lɔ³¹ nta⁵⁵ ʐɛ³³ tʂə⁵⁵ ʐɛ³³ ʐo³³ tsɿ³ mɛ⁵⁵. tha³⁵ mo³⁵ lau³³ ʐɛ³¹ tshɿ³³ dɯ³³ ɕø³¹ la³³ ʂɚ⁵⁵ tsɔ³³
的 陷阱 里 跌（语） 知道 （语）   （连）木老爷 （语）一点   也 说

mə³³ tɕø³³ ʐɛ³³ tsɿ⁵⁵, ɣo³³ dʑɛ³¹ ɣo³³ ta⁵⁵ sɿ³³.
没有 （语） 自己 困难自己 才 知道

ka³³ tshɿ³³ zɿ³¹ tshɿ³³ mo³⁵ lau³³ ʐɛ³¹ nɛ³⁵ a⁵⁵ ʑi³¹ nta⁵⁵ ŋɯ³³ ŋɯ³³, mo³⁵ lau³³ ʐɛ³¹ lɛ³³ phi⁵⁵. thɯ³³
前（助）次 （助）木老爷   和 阿一旦 打赌   木老爷 （语）输 他

tshɿ³³ pha³³ phiu⁵⁵ tʂə⁵⁵ dɯ³³ ʑi⁵⁵. lɛ³³ tɕo⁵⁵ ə³⁵ dɯ³³ ɲi³³ ʐɛ⁵⁵, a⁵⁵ ʑi³¹ nta⁵⁵ lɛ³³ ʂo³³ ʂo³¹ ʑi⁵⁵ lɛ³³
（助）丢脸 知道（语） 又 （语） 一 天（语）阿一旦 又 找 （语）再

tɕo³¹ ŋgɯ³³ ŋgɯ³¹ bɯ³³ tsɿ⁵⁵. tʂhɿ³³ zɿ³¹ ŋgɯ³³ ŋgɯ³¹ zɛ⁵⁵ ə³³ nɛ³¹ nɯ³³ ə³³ nɛ³¹ to⁵⁵ khiə³³ ntsɿ³³
　打赌　　要(语)　这　次　打赌　(语)谁　(助)谁　(助)　屎　吃

dɯ³³ tʂə³¹. a⁵⁵ʑi³¹ nta⁵⁵ le³³ tɕo³¹ ʂə⁵⁵ mɛ³³, ŋə³³ lɔ³³ zɛ³³　ɛ³¹　be³³ tsɔ³³ tɕo³³, ŋv⁵⁵ kuɛ⁵⁵ ŋka³³ xɯ³³
到(语)　阿一旦　再次　说(语)　我　活多　(语)做　有　您　和　玩

mə³³ ma³¹. the³¹ thɯ³³ xɯ³³ tsɿ⁵⁵ mɛ³³. dɯ³³ khɑ³¹ kv³¹ɛ³⁵ a⁵⁵ʑi³¹ nta⁵⁵ thɯ³³ ʂɿ³³ ntʂɯ³³ dɯ³³ tʂhə⁵⁵
没空　(连)他　去　(助)(语)　一会　(语)阿一旦　他　湿　柴　一　把

ʂo³³ ʂo³⁵ tshɿ³¹ ʑi⁵⁵, mo³⁵ lau³³ zɛ³¹ thɑ³⁵ dʑi³¹ dɯ³³ ka⁵⁵ lɔ³¹ tʂa⁵⁵ ʑi³³. the³¹ mi³³ tɑ⁵⁵ tɑ³³ zo⁵⁵ mv⁵⁵
找　来(语)　木老爷　他　房子一　间　里　放(语)　(连)　火　点　(助)火

khv³¹ thv³³ tʂə³¹. thɯ³³ nɯ³³ tʂhɿ³³ ka⁵⁵ kho³³ ka³³ sɑ³³ ʑi³³, khiə³³ dɯ³³ ma³¹ ntsɿ³³ kv³¹ khɔ³³ lɔ³³ lɔ³³
烟　起　使　他　(助)这　间　门　先　锁(语)　屎　一点　钥匙　孔　里

khə⁵⁵ʑi³³. nə⁵⁵ mo³⁵ lau³³ zɛ³¹ khə³³ khə⁵⁵ʑi⁵⁵ mo³⁵ lau³³ zɛ³¹ to⁵⁵ ʂə⁵⁵ mɛ³³ thɑ³⁵ kə³³ dʑi³³ ka⁵⁵ mi³³
放(语)　(连)木老爷　旁　去(语)　木老爷　(助)说　(语)他家的　房子　火

ntʂɿ³³ nɛ³¹ zɔ³³　tsɿ⁵⁵. mo³⁵ lau³³ zɛ³¹ tʂhɿ³³, tʂha³³ ma³¹ tʂho³¹ dʑi³³ ka³³ ka³¹ be³³, a⁵⁵ʑi³¹ nta⁵⁵
烧　正在　(助)(语)　木老爷　(助)　马上　　急急忙忙　的　阿一旦

to⁵⁵ lɯ³¹ pɯ⁵⁵ zo⁵⁵　kho³³ pho³³ khə³³. mo³⁵ lau³³ zɛ³¹ kho³³ dɯ³³ khɑ³¹ pho³³, mɛ³³ pho³³ mə³³
(助)叫上　(语)开门　去　木老爷　　门　一会　开　(语)开　不

thɯ³³. thɯ³³ nɯ³³ lø³¹ mɛ³³, ntsɿ³¹ kv³¹ khɔ³³ lɔ³¹ ɣo³¹ dɯ³³ ɕø³¹ tɕo³³ ȵio³⁵ kv³³. the³⁵ nv⁵⁵ tɑ³³
能　他　(助)看(语)　钥匙　洞　里　一些　有　像　样子(连)嘴

nɯ³³ ntsɿ³³ kv³¹ khɔ³³ lɔ³³ lɔ³¹ tɕhi⁵⁵ khə⁵⁵. mɛ³³ dɯ³³ ɕø³¹ dɯ³³ ntɔ⁵⁵ lɔ³³ mɯ³¹ tø⁵⁵ tɕhi⁵⁵ tshɿ³¹ tsɿ⁵⁵,
(助)钥匙　洞　里　吸　去　(语)一些　一坨　　外面　吸　来(语)

tʂhə³³ nə³⁵ tʂhə³³ nə³¹ gv³³, mɛ³³ khiə³³ dɯ³³ ntɔ⁵⁵ lɔ³³ ua³¹ mɛ³³ tsɿ⁵⁵. the³⁵ mo³⁵ lau³³ zɛ³¹ tʂhɿ³³ le³³
臭　　臭　　的　(语)屎　一坨　　是(助)(语)(连)　木老爷　(助)　再

tɕo³¹ a⁵⁵ʑi³¹ nta⁵⁵ kə³³ tɕo³¹ piə³¹ lɔ³¹ ntɔ⁵⁵ tsɿ⁵⁵.
次　阿一旦　的　陷阱　里　掉(语).

译文：

木老爷和阿一旦打赌

有一天，木老爷去找阿一旦，要和他打赌。他们俩打赌：谁先能把谁从家里骗出去。阿一旦说："我今天没空。有人说拉市海的水干涸了，可以去捉鱼，我得去捉鱼了。否则一会儿我就来不及了。"木老爷一听，哦，今天可以去拉市海捉鱼，我也得去了。木老爷是个视财如命的人，他赶紧叫上仆人，骑着马赶到了拉市海。从海边一看，拉市海的水根本没有干涸，水位反而上涨，水满得都快溢出来了。眼望这番景象，他都傻眼了。木老爷很生气，回去找阿一旦理论。阿一旦哈哈大笑，笑得连腰都直不起来。木老爷才恍然大悟，自己上了阿一旦的当。木老爷无话可说，只能把苦水往自己肚子里咽。

上一次木老爷和阿一旦打赌,木老爷输了。木老爷觉得很丢脸。又有一天,他再去找阿一旦打赌。这一次他们打赌看谁让谁先吃到屎。阿一旦又说:"我有很多活要做,我没空和您玩儿"。说完他就走了。过了一会,阿一旦找了一捆湿柴,放在木老爷家的一间屋子里。他点火制造火烟然后把房间的门锁好。顺便塞了点屎在钥匙洞里。然后他找到木老爷说:"您的屋子起火了。"木老爷飞快地叫上阿一旦去开门。木老爷开了一会,没把门打开。他感觉到钥匙孔里好像有东西堵着。于是他用嘴对准钥匙孔用力吸。过了一会他感觉有东西被吸出来,并且臭气熏天,原来是一坨屎。木老爷再次上了阿一旦的当。

九　九河乡关上村白语和南高寨村纳西语的词汇表

说明:1. 本词汇表共选词1562个,都是常用的基本词汇。
　　　2. 白语是以关上村梅瓦小组的白语语音为依据。
　　　3. 纳西语是以南高寨村南高小组的纳西语语音为依据。

序号	汉义	英语释义	白语	纳西语
1	*天	sky	xe^{55} tshə^{33}	mɯ^{33}
2	*太阳	sun	mi^{33} phe^{31}	ȵi^{33} me^{33}
3	*月亮	moon	mi^{55} ŋuɑ^{33}	xe^{33} mɛ^{33}
4	*星星	star	ɕi^{55}	kɯ^{31}
5	*天气	weather	xe^{55} tɕe^{31}	mɯ^{33}
6	*云	cloud	vɑ^{31}	tɕi^{31}
7	打雷	thunder	xe^{55} ma^{31}	mɯ^{33} gv^{33}; mɯ^{33} lɯ^{31}
8	*风	wind	pi^{55} sʅ^{55}	xə^{33}
9	*雨	rain	vv^{33}	xɯ^{31}
10	虹	rainbow	kɑ^{55} kɔu^{33} pɑ^{31} tə^{55}	tsha^{33} xɔ^{31}
11	*雪	snow	suɛ^{33}	mpɛ^{33}
12	*雹子	hail	suɛ^{33} ua^{31} tsʅ^{33}	ntsɔ^{33}
13	*霜	frost	sɔu^{55}	ȵi^{33} phə^{31}
14	*露水	dew	kɔu^{31} ɕy^{33}	ntʂə^{33}
15	*雾	fog	vv^{31} kɔu^{31}	tɕhi^{55} sʅ^{33}
16	*冰	ice	sɔu^{55} lɔu^{33} phie^{55}	dzʅ^{31}
17	*火	fire	xuɛ^{33}	mi^{33}
18	*(火)烟	smoke	xuɛ^{33} ɕi^{55}	mə^{55} khv^{31}
19	汽	steam	tɕhe^{33}	sa^{55}
20	*地	earth, ground	tɕi^{31} pɛ^{31}	dɤ^{31}
21	*山	hill, mountain	sv^{31}	ntɕo^{31}
22	山坡	hill² side, mountain slope	pɔu^{31} ta^{31} tsɛ^{33}	ntɕo^{31} bu^{55} lɔ^{33}
23	山谷	valley	kɔu^{31}	lɔ^{31}

24	悬崖	cliff	ŋa³¹ po⁵⁵ tsei³³	tɔ⁵⁵ pɑ³¹
25	岩石	rock	tsou̱³¹ khuɛ⁵⁵ pou⁵⁵	ŋa³¹
26	山洞	mountain cave	sv̱³¹ ŋuɛ³³	a³¹ khɔ³³
27	*洞	cave, hole	ŋuɛ³³	khɔ³³
28	*河	river	ɕy³³ kv⁵⁵	i⁵⁵ bø³¹ / dʑi³³ xɔ³¹
29	*湖	lake	pə³³	xɯ⁵⁵
30	*池塘	pond	ɕy³³ tha⁵⁵ pə³³	ntə³³
31	*沟	ditch, gully	khou³¹	khɔ³³
32	*井	well	tɕɛ³³	dʑi³³ tshe³¹ khɔ³³
33	*坑	pit	khou³¹	khɔ³³
34	*路	road	thv³³	zɿ³³ gv³³
35	*平坝	flatland	ta³¹	dø³¹ lɔ³¹
36	*土	soil, earth	thv³³	tʂɿ³³
37	*(田)地	fields (for wheat & etc.)	xɛ⁵⁵ tɕi³¹	lɯ³³
38	*水田	paddy fields	fv⁵⁵ kou³¹ tɕi³¹	dʑi³¹ lɯ³³
39	*石头	stone	tsou̱³¹ khuɛ⁵⁵	lv³³
40	*沙子	sand	sou⁵⁵ tsɿ³³	ʂə³¹
41	尘土	dust	xuɛ³³ nɛ³¹ sv⁵⁵	ɣɯ⁵⁵
42	*泥巴	mud	n̠i³¹ ŋuɑ̱⁵⁵	ntsa³¹
43	*水	water	ɕy³³	dʑi³¹
44	*森林	forest	tsə³¹ tə³¹ ŋv³³ khv̱³³	dzɿ³¹ pi³³
45	*金子	gold	tɕi⁵⁵	xə³¹
46	*银子	silver	n̠e³¹	ŋv³¹
47	*铜	copper	tv³¹	ə³³
48	*铁	iron	thɛi³³	ʂo³¹
49	*锈	rust	thɛi³³ ʂɿ³³	xuɑ⁵⁵
50	煤	coal	mɛ̱³¹	mɛ³¹
51	*炭	charcoal	thɔ³¹	fv⁵⁵ dʑi³³ ; xɯ⁵⁵
52	*盐	salt	pi⁵⁵	tshɛ³³
53	苏打	alkali, soda	sv³³ tə³³ fə³¹	sv³³ ta³³
54	*草木灰	plant ash	xuɛ³³ nɛ³¹ su⁵⁵	ɣo⁵⁵ tɕo³¹
55	*地方	place	tɕi³¹ fv⁵⁵	dø³¹
56	*街	street	tʂɿ³³	dzɿ̩³³
57	*人家	people	n̠i³¹ kɛ⁵⁵	ɕi³³ ʑø³¹
58	*村子	village	zə̱³³	bɛ³³
59	*监狱	prison	pei⁵⁵ fɔ⁵⁵	zɿ³¹ dʑi³¹ na³¹
60	*庙	temple	miou³³	xɛ³³ dʑi³³
61	*桥	bridge	kv̱³¹	ntsɔ³¹
62	*坟	tomb	mə³¹	fɛ³³
63	*塔	tower, pagoda	tha³⁵	tha³⁵
64	*身体	body	tʂʅ⁵⁵ kɯ³¹	gu³³ mɔ³³
65	*头	head	tou³¹ pou³¹	gu³³ lø³³
66	*头发	hair	tə³¹ ma⁵⁵	kv³³ fv³³

67	*辫子	braid, plait	tə$\underline{\text{ə}}$^{31} ma^{55} pi^{55}	kv^{33} tɕø^{31} pɑ^{55}
68	*额头	forehead	ŋa^{33} tə^{33} khue^{55}	tɔ^{55} mə^{33}
69	*眉毛	eyebrow	ŋuɛ^{33} mɛi^{55}	miə^{33} tsɿ^{31} fv^{33}
70	*眼睛	eye	ŋuɛ^{33} su^{55}	miə^{31}
71	*鼻子	nose	pe^{31} kua^{33} ȵə^{33}	ȵi^{55} ma^{31}
72	*耳朵	ear	ȵi^{33} tə$\underline{\text{ə}}$^{33} kuɔ^{55}	xɛ^{33} tsɿ^{31}
73	*脸	face	tɕu^{33} ŋuɛ^{33}	pha^{33} mɛ^{33}
74	*腮	cheek	tɕu^{33} pɑ^{31}	be$\underline{\text{e}}$^{33} pi^{31}
75	*嘴	mouth	tɕu^{33} kuɔ^{55}	nv^{55} tɑ^{33}
76	*嘴唇	lip	tɕu^{33} pɛ^{31}	nv^{55} pi^{31}
77	*胡子	beard, moustache, goatee	ɣo^{31}	mɯ^{33} tsɿ^{55}
78	连鬓胡	beard	ɣo^{31} tɕi^{55}	ɣo^{31} bɛ^{33}
79	*下巴	chin	ʐɔ^{55} pɑ^{55} khv^{55}	lɔ^{55} dv^{31}
80	*脖子	neck	kv^{31} tsɿ^{33} tɛ^{33}	kiə^{33} pə^{31}
81	*肩膀	shoulder	pə^{33} pi^{55} tɑ^{33}	khua^{55} phi^{31}
82	*背	back	ɣə^{55} tɔu^{31} pɛ^{31}	gɯ^{33} ti^{33}
83	腋	armpit	sə^{33} kv^{33} tsɿ^{33} xə^{31}	la^{31} kua^{55}
84	*胸	chest	ɕi^{55} kv^{33} tsɿ^{33} pɛ^{33}	nv^{55} mɛ^{33} kv^{33}
85	乳房	breast	pɑ^{31}	pɑ^{31}
86	奶汁	milk	pɑ^{31}	pɑ^{31} dʑi^{31}
87	*肚子(腹部)	belly	fv^{33} / vv^{31}	dv^{31} mɛ^{33}
88	*肚脐	navel	ȵə^{31} fv^{33} tɛi^{33}	bv^{33} tɕə^{55}
89	*腰	waist	i^{55} kua^{33}	thɯ^{55}
90	屁股	buttocks	tɔu^{31} khue^{55}	ntə^{31}
91	*大腿	thigh	khua^{31} pi^{55}	phi^{31}
92	*膝盖	knee	khua^{31} tsɿ^{33} tɛi^{33}	ma^{33} khɯ^{33} tv^{55} lv^{33}
93	*小腿	calf	tɕu^{31} pɑ^{33} tsɿ^{33}	da^{33} ba^{31}
94	*脚	foot	kɔu^{33}	khɯ^{33}
95	*脚踝	ankle	kɔu^{33} tsɿ^{31} tɛi^{33}	khɯ^{33} tʂə^{33} tɔ^{55} lɔ^{33}
96	胳膊	arm	sə^{33} pi^{55} tsɿ^{33}	la^{31} tʂə^{55} tʂə^{33}
97	*肘	elbow	sə^{33} kuɛ^{31} tsɿ^{33}	la^{31} ma^{55} thə^{31}
98	*手	hand	sə^{33}	la^{31}
99	手腕	wrist	sə^{33} tsɛi^{33} tsɿ^{33}	la^{31} ua^{33}
100	*手指	finger	sə^{33} tə^{31}	la^{33} ȵi^{31}
101	*拇指	thumb	sə^{33} tə^{31} mɔ^{33}	la^{31} mɛ^{33}
102	*小指	little finger	sə^{33} tə^{31} tsɿ^{33}	la^{33} ȵi^{31} zɔ^{33}
103	*指甲	nail	sə^{33} tə^{31} ka^{33}	la^{33} ntʂɿ^{31} kv^{55}
104	拳	fist	tɕuɛ^{31} khɔu^{33}	la^{31} tʂhə^{55} ȵi^{31}
105	肛门	anus	kha^{55} fv^{33} nɛ^{31}	khiə^{33} khə^{33}
106	男生殖器	male genitals	tv^{33} nɛ^{31}	ȵi^{31}
107	睾丸	tseticle	tsɔu^{33} tsɿ^{33} tə^{31}	la^{33}
108	女生殖器	female genitals	pi^{33} nɛ^{31}	pi^{55}
109	胎盘	placenta	sv^{55} tsv^{33} ȵɔ^{33} khv^{31} pɛ^{31}	zø^{33} i^{55} khə^{31}

110	*皮肤	skin	pɛ³¹	ɣɯ³³
111	*痣	mole	ɕə³¹	tʂɻ⁵⁵
112	*疮	sore, boil	ʑou³³	tshɛ³³ khɑ³³
113	伤口	wound	ʑi³¹ xə⁵⁵ tshv³¹	mɯ³³ khɔ³³
114	*疤	scar	kou⁵⁵ tɕi³³	mɯ³³
115	疹子	measles	thə³¹ ʑou³³	lø³³ lø³³
116	肌肉	flesh, muscle	kɑ³¹	nɑ⁵⁵ /ʂɻ³³
117	*血	blood	suɑ³³	ʂɑ³³
118	*筋	tendon, sinew	tɕi⁵⁵ mɑ³³	gv³³ bɑ³¹
119	*手脉	wrist pulse	mɑ³³	mə³⁵
120	脑髓	brains	nv³³ khv³¹	kv³³ fv⁵⁵ dʑi³¹
121	*骨头	bone	kuɑ³³ tə³¹	sɔ³³ lɔ³³
122	*脊椎骨	spine, backbone	tou³³ kuɑ³³ ɕy³³ ȵə³¹	ʂɻ³³ uɑ³³ mɛ³³
123	*肋骨	rib	kuɑ³³ pi⁵⁵ tsɻ³³	xɔ³¹
124	*骨节	joint	sə³³ tsɛi³³ kou³³ tsɛi³³	sɔ³³ lɔ³³ tʂə⁵⁵
125	*牙齿	tooth	tsɻ³³ pɑ³³	xɯ³³
126	*舌头	tongue	tsɛi³¹ phie³¹	ɕi⁵⁵
127	小舌	uvula	se³³ tsɛ³¹ phe³¹	ɕi⁵⁵ zɔ³³
128	*喉咙	throat	ɕe³¹ xɑ⁵⁵ ȵə³¹	tʂhə⁵⁵ khɔ³³
129	*肺	lung	fɛi³³ khɑ³³	tʂhə⁵⁵
130	*心脏	heart	ɕi⁵⁵	nv⁵⁵ mɛ³³
131	*肝	liver	kɔ⁵⁵	sɻ⁵⁵
132	*肾	kidney	ʑo⁵⁵ tsɻ³³	ʑɔ³³ lø³³
133	*胆	gall bladder	tɑ³³	kɯ³¹
134	*胃	stomach	ui⁵⁵	xo⁵⁵
135	*肠子	intestine	tsou³¹ vy³¹	bv³³
136	膀胱	bladder	phɑ³¹ kuɛ³³	sɻ⁵⁵ bv³³ bv³¹
137	屎	excrement	ʂɻ³³	khiə³³
138	*尿	urine	ʂɻ⁵⁵ sou³¹	bi³³
139	*屁	fart	fv³¹	khiə³³ khɯ⁵⁵
140	*汗	sweat	ŋɑ³¹	tʂv⁵⁵
141	*痰	sputum	tɑ³¹	tʂə³³ phɛ⁵⁵
142	*口水	saliva	tʂhɻ⁵⁵ thou³¹	tɕi⁵⁵
143	*鼻涕	nasal mucus	pi³¹ ɕe³¹	ȵi⁵⁵
144	*眼泪	tears	mi³¹ tɕe³¹	miə³¹ mpə³³
145	*脓	pus	nv³¹	mpə³³
146	污垢	dirt, filth	lv³³ xə⁵⁵ nə³³	ȵə⁵⁵
147	声音	sound	tʂhɻ⁵⁵ tɕhe³³	khuɑ³³
148	*尸体	corpse	ɕi³³ tshou⁵⁵	ɕi³³ mo³¹
149	*生命	life	miɛ³¹	mjə³³
150	寿命	life span	xɛ⁵⁵ sə⁵⁵ tɑ⁵⁵ suɑ³³	ʑɻ³³
151	汉族	Han Chinese	xɑ³¹ xou³³	xɑ³³ pɑ³¹
152	纳西族	Naxi Chinese	mo³¹ sou³¹ xou³³	nɑ³¹

153	白族	Bai Chinese	pa^{31} xɔu^{33}	lɛ^{33} bv^{33}
154	傈僳族	Lisu Chinese	li^{55} sv^{55} xɔu^{33}	lv^{33} sɿ^{55}
155	藏族	Tibetan	kv^{31} tsɔu^{55} xɔu^{33}	gv^{33} dzɿ^{31}
156	*成年人	adult	tɔu^{31} ȵi^{31} xɔu^{33}	ɕi^{33} tə^{31}
157	*小孩儿	child	sv^{55} tsv^{33} ȵou^{33}	zø^{55} zø^{33}
158	*婴儿	baby	pɑ^{33} pɑ^{33}	ə^{55} nɔ^{31} nɔ^{35}
159	*老头儿	old man	kv^{33} pou^{55}	ə^{55} lɔ^{33} mo^{55}
160	*老太太	old lady	kv^{33} zɔu^{31}	ə^{55} na^{33} mo^{55}
161	*男人	man	tsɿ^{31} ȵe^{31}	zɔ^{33}
162	*妇女	woman	ȵo^{33} xɔu^{55} mɔu^{33}	mi^{55}
163	*小伙子	lad, young chap	ɕou^{31} xɔu^{31} tsɿ^{33}	zɔ^{33} zø^{33}
164	*姑娘	girl	ȵo^{33} na^{31} tsɿ^{33}	pha^{55} tɕi^{33} mɛ^{33}
165	百姓	common people	lɔu^{31} pə^{35} ɕiŋ^{55} xɔu^{33}	lɔ^{33} pɛ^{31} ɕi^{55}
166	农民	peasant	tsv^{55} xɛ^{55} tɕɛ^{31} xɔu^{33}	nɔ^{31} mi^{31}
167	*士兵	soldier	kv^{55}	pi^{33}
168	商人	merchant	tsv^{55} sə^{55} ʑɛ^{33} xɔu^{33}	ɣɯ^{33} la^{31} bɛ^{33} ka^{33}
169	*医生	doctor	zou^{33} ʂɿ^{55}	tʂhə^{33} ɣɯ^{33} kua^{33}
170	头人	leader in a (stockaded)	mə^{55} thɔu^{55} ȵe^{31}	ɕi^{33} ko^{33} lø^{33}
171	*木匠	carpenter	ŋv^{33} tɕɛ^{31}	sɿ^{33} nta^{55} po^{55} dzɿ^{31}
172	铁匠	blacksmith	ta^{33} thɛi^{33} nə^{33}	ʂo^{33} tø^{55} po^{55} dzɿ^{31}
173	船夫	boatman	khe^{55} tshuɛ^{31} nə^{33}	lɯ^{31} khɯ^{55} ka^{33}
174	猎人	hunter	tɕe^{31} vv^{31} nə^{33}	xø^{33} ntø^{55} ka^{33}
175	和尚	monk	xə^{31} sa^{55} ȵi^{31}	la^{33} ma^{31}
176	*乞丐	beggar	ȵɔu^{33} tsha^{55} pɛ^{33}	xa^{31} mɛ^{55}
177	*贼	thief	tsə^{31}	ɕi^{33} khv^{33}
178	*病人	patient	sv^{31} ȵi^{31}	ɕi^{33} ŋko^{31}
179	皇帝	emperor	xua^{31} ti^{55}	kha^{31}
180	*官	government official	kua^{55}	suɛ^{33}
181	*朋友	friend	sɔ^{33} kɔu^{31} tɕa^{31}	dzv^{33}
182	*瞎子	a blind person	ŋue^{33} miɛ^{31}	miə^{31} ŋkua^{33}
183	*跛子	a lame person	kɔu^{33} khɛ^{33} ȵi^{31}	khɯ^{33} ŋkhə^{33}
184	*聋子	a deaf person	kv^{55} tɔu^{31} pɔu^{31}	xɛ^{33} bo^{33}
185	秃子	a baldhead	la^{33} ka^{33}	kv^{33} ʑi^{33}
186	麻子	a person with a pockmarked face	ma^{31} tsɿ^{33}	ma^{31} tsɿ^{33} khɔ^{33} lɔ^{33}
187	驼子	a hunchback	vv^{33} lɔu^{55} kɔu^{55} tɕi^{33}	thə^{55} kv^{31}
188	*傻子	fool, blockhead	ɛ^{33} tsɿ^{33} pou^{55}	dɔ^{31}
189	*疯子	lunatic	və^{31} tsɿ^{33}	ɕi^{33} nv^{33}
190	*结巴	stutterer	kə^{31} tsɛ^{31}	ɕi^{55} lo^{33}
191	*哑巴	a mute	ɛ^{33} po^{55}	ɕi^{55} lo^{33}
192	*主人	host	kha^{33} tsə^{33}	nta^{33} xa^{33}
193	*客人	guest	kha^{33}	mpv^{33}
194	伙伴	pal, partner	tɕə^{31}	ntsv^{33}

195	*祖宗	ancestors, forebears	tɔu⁵⁵ pɔu⁵⁵ ɕu⁵⁵ ŋ³³	ə⁵⁵ po³³ ə⁵⁵ la³¹
196	*爷爷	grandfather	ɑ⁵⁵ ʑe³¹	ə⁵⁵ lɔ³³
197	*奶奶	grandmother	ɑ³³ n̠e³³	ə⁵⁵ na³³
198	*父亲	father	ɑ³¹ pɑ³³	ə³¹ bɑ³³
199	*母亲	mother	ɑ³¹ mɔu³³	ə³¹ mɛ³³
200	*儿子	son	tsɿ³³ n̠e³¹	zɔ³³
201	*(儿)媳妇	daughter-in-law	tsɿ³³ vv³³ n̠e³¹	tʂhə³³ mɛ³³
202	*女儿	daughter	n̠o³³ n̠e³¹	mi⁵⁵
203	*女婿	son-in-law	n̠o³³ sɔu³¹ ɣɔ³¹	mo⁵⁵ ɣɯ³³
204	*孙子	grandson	sua⁵⁵ n̠e³¹	lv³³ bv³³
205	孙女儿	granddaughter	n̠o³³ sua⁵⁵ n̠i³¹	lv³³ mɛ³³
206	*哥哥	elder brother	ɑ³¹ kɔu³³	ə⁵⁵ bv³³
207	*姐姐	elder sister	ɑ³¹ ta⁵⁵	ə⁵⁵ tɕi³³
208	*弟弟	younger brother	thi³³ tsɿ³³	gɯ³³ zɿ³³
209	*妹妹	younger sister	n̠o³³ thie³³	go³³ mɛ³³
210	*伯父	uncle	ta⁵⁵ ta⁵⁵	ə³¹ ta⁵⁵
211	*伯母	aunt	ta⁵⁵ mo³³	ə³¹ ta⁵⁵ mo³³
212	*叔叔	uncle	ɑ³¹ puo³⁵	ə⁵⁵ ʂv³⁵
213	*婶母	aunt	ɑ³¹ ɕi⁵⁵ sɔ³¹	ə³¹ tɕi⁵⁵
214	*侄子	nephew	tɕi³¹ tsɿ³³	dzɛ³³ ɣɯ³³
215	*嫂子	sister-in-law	ta⁵⁵ sɔu³¹	mɛ³³ tɕhi³³
216	*舅父	uncle	ɑ³¹ tɕu⁵⁵	ə³¹ tɕo⁵⁵
217	*舅母	aunt	tɕu⁵⁵ mɔu³³	ə³¹ tɕo⁵⁵ mo³³
218	*姨父	uncle	ɑ³¹ pɔu³³	ə⁵⁵ ʂv³⁵
219	*姨母	aunt	ɑ³¹ ʑi⁵⁵	ə³¹ tɕi⁵⁵
220	*姑父	uncle	kv⁵⁵ mɑ³³	ə³¹ kɔ⁵⁵ mo³³
221	*姑母	aunt	ɑ³¹ n̠o³³	ə⁵⁵ n̠i³³
222	亲戚	relatives	tɕhi⁵⁵ nə³³	zɔ³¹ ɔ³¹ ɕi³³
223	*岳父	father-in-law	ɑ³¹ ti³³	ø³¹ phɛ³³
224	*岳母	mother-in-law	ɑ³¹ mɔu³³	ø³¹ mɛ³³
225	*丈夫	husband	sɔu³¹ n̠e³¹	za³³ ka³¹ zɿ³³
226	*妻子	wife	vv³³ n̠e³¹	n̠i³³ nv³¹
227	*继母	stepmother	ɣə³³ mɔu³³	ma⁵⁵ mɛ³³
228	*继父	stepfather	ɣə³³ ti³³	ma⁵⁵ pɑ³³
229	*寡妇	widow	kuɛ³³ lə³¹ mə³³	n̠i³³ tʂhə³³ ma³³
230	*孤儿	orphan	kuɛ³³ tsɿ³³ kuɛ³³ n̠o³³	tʂhə³³ zɔ³³
231	*牲畜	livestock, domestic animal	ɑ³¹ tə³¹	tshv³³ sa³¹
232	*牛	cattle	ŋə³¹	ɣɯ³³
233	*黄牛	oh, cattle	tsə⁵⁵ ŋə⁵⁵	na³¹ ɣɯ³³
234	*水牛	buffalo	ɕy³³ ŋə³¹	dʑi³³ ɣɯ³³
235	*牦牛	yak	mɑ⁵⁵ n̠u⁵⁵	bə³¹
236	牛犊	calf	se³¹ ŋə³¹ tsɿ³³	ɣɯ³³ di³³ zɔ³³
237	公牛	bull	ŋə³¹ pəu³¹	ɣɯ³³ kɔ³³

238	母牛	cow	ŋə³¹ mou³³	ɣɯ³³ mɛ³³
239	*牛粪	cow dung	ŋə³¹ ʂʅ³³	ɣɯ³³ khiə³³
240	*犄角	horn	ko̠³³	khuɑ³³
241	*蹄	hoof	thi⁵⁵ tsʅ³³	khuɑ³³ bɛ³¹
242	*皮	skin	pɛ̠³¹	ɣɯ³³
243	*毛	down, hair	mɑ̠³¹	fv³³
244	*尾巴	tail	ŋv³³ tv⁵⁵	mɑ³³
245	*马	horse	mɛ³³	ʐ̩uɑ³³
246	马驹	pony	se³¹ mɛ³³ tsʅ³³	ʐ̩uɑ³³ khɛ³³ zɔ³³
247	公马	stallion	mɛ³³ pou⁵⁵	ʐ̩uɑ³³ ko̠³³
248	母马	mare	mɛ³³ mou³³	ʐ̩uɑ³³ mɛ³³
249	马鬃	horse mane	mɛ³³ ɕɔ³³	ʐ̩uɑ³³ mpo³¹
250	马粪	horse dung	mɛ³³ ʂʅ³³	ʐ̩uɑ³³ khiə³³
251	*羊	sheep⟨general⟩	n̠ɔ̠u³¹	tshʅ⁵⁵ ʑo³¹
252	*绵羊	sheep	tʂʅ⁵⁵ n̠ɔu³¹	ʑø³¹
253	*山羊	goat	ko̠u³¹ n̠ɔu³¹	tshʅ⁵⁵
254	山羊羔	lamb	se³¹ n̠ɔ̠³¹ tsʅ³³	tshʅ⁵⁵ zɔ³³
255	绵羊羔	kid	se³¹ n̠ɔ̠³¹ tsʅ³³	ʑø³¹ zɔ³³
256	羊毛	wool, fleece	n̠ɔ̠³¹ mɑ̠³¹	tshʅ⁵⁵ ʑø³¹ fv³³
257	羊粪	sheep dung	n̠ɔ̠³¹ ʂʅ³³	tshʅ⁵⁵ ʑø³¹ khiə³³
258	*骡子	mule	lou⁵⁵	ntə³¹
259	*驴	donkey	lou⁵⁵ tsʅ³³	mɑ³³ lø³¹ lø³³
260	*猪	pig	tɕɛ̠³¹	bo³¹
261	公猪	boar	tɕɛ̠³¹ pou⁵⁵	bo³¹ phv³³
262	母猪	sow	tɕɛ̠³¹ mou³³	bo³¹ mɛ³³
263	猪崽	piglet	se³¹ tɕɛ̠³¹ tsʅ³³	bə³³ bə³¹ zɔ³³
264	猪粪	pig dung	tɕɛ̠³¹ ʂʅ³³	bo³¹ khiə³³
265	*狗	dog	khuɑ³³	khə³³
266	猎狗	hound	tɕe̠³¹ vv³¹ khuɑ³³	xø³³ ntø⁵⁵ khə³³
267	*猫	cat	ɑ⁵⁵ n̠i⁵⁵	xɑ⁵⁵ lɛ³¹
268	*兔子	rabbit	thou⁵⁵ lou³³ tsʅ³³	tho⁵⁵ lɛ³³
269	*鸡	chicken	ke⁵⁵	ɑ³¹
270	公鸡	cock	ke⁵⁵ pou⁵⁵	ɑ³¹ kɔ³³ mo⁵⁵
271	母鸡	hen	ke⁵⁵ mou³³	ɑ³¹ mɛ³³
272	雏鸡	chick	se³¹ ke⁵⁵ tsʅ³³	ɑ³³ tsʅ³¹ zɔ³³
273	*鸡冠	cockscomb	ke⁵⁵ pɛ³¹	ɑ³¹ bɛ⁵⁵ bɛ³³
274	*翅膀	wing	n̠i³³ khv⁵⁵	ntv³³
275	*羽毛	feather, plume	tsou³³ tsʅ³³ tsou³³ n̠o³³ mɑ̠³¹	fv³³
276	*鸭子	duck	ɑ̠³³	ɑ⁵⁵
277	*鹅	goose	ɔ³¹	o³¹
278	*鸽子	dove	kou⁵⁵ tsʅ³³	thɔ³³ lɯ³¹
279	*野兽	animal, beast	lou³¹ lou³¹ pɑ̠³³ pɑ̠³³	ɕø³³
280	*老虎	tiger	lou³¹	lɑ³³

281	*狮子	lion	ṣʅ⁵⁵ tə³¹	ṣʅ³¹
282	*龙	dragon	nv̩³¹	lv³¹
283	*爪子	claw, talon	tsua³¹ tsʅ³³	tṣʅ³³
284	*猴子	monkey	ŋv̩³¹ sua⁵⁵	ə⁵⁵ ʑø³¹
285	*象	elephant	zv³¹	tshɔ³¹
286	*豹子	leopard, panther	pa̠³¹	dzʅ³³
287	*熊	bear	tɕi⁵⁵	gv³¹
288	*野猪	wild boar	tsou³¹ tɕ³¹	bo³¹ tɕi³³
289	*鹿	deer	ma̠³¹ lu⁵⁵	tṣhua⁵⁵
290	*老鼠	mouse	sv³³	fv⁵⁵
291	*松鼠	squirrel	pi⁵⁵ li⁵⁵ sv³³	khɔ⁵⁵ ʐua³³
292	狼	wolf	nɑ̠³¹	ə⁵⁵ ʑo³¹ la³³ ; pha³¹ khɯ³¹
293	狐狸	fox	xɔ³¹ li⁵⁵	nta³³
294	*鸟	bird	tsou³³ tsʅ³³	v⁵⁵ ʑi³³
295	鸟窝	bird's nest	tsou³³ tsʅ³³ khv³¹ pɛ³¹	v⁵⁵ ʑi³³ ʑi⁵⁵ khə³¹
296	*老鹰	black-eared kite, hawk	ua³¹	ua³¹
297	猫头鹰	owl	a⁵⁵ ȵi⁵⁵ mɔ³¹	bo³¹ fv³³
298	*燕子	swallow	xɛ⁵⁵ ȵe³³ tsʅ³³	xua³¹ zɛ³³
299	大雁	wild goose	xe⁵⁵ ɔu³¹	kua³³
300	*麻雀	sparrow	lɔ⁵⁵ tsʅ³¹ tsou³¹	ntsa³³ zɔ³³
301	蝙蝠	bat	pou⁵⁵ pou³³ tsʅ³³ tə³¹	pi³³ pə³¹
302	*喜鹊	magpie	ŋu⁵⁵ tsa³¹ li³³	kha⁵⁵ tṣha³¹ tṣha³³
303	*乌鸦	crow	xə³¹ ɔu³³	lɛ³³ ka³¹
304	野鸡	pheasant	tɕɯ³³	fv³³
305	*布谷鸟	cuckoo	kɔ⁵⁵ pu³³ tə³¹	kə⁵⁵ po³³
306	孔雀	peacock	khou³³ tɕhuɛ³⁵	khɔ³³ tɕhuɛ³⁵
307	乌龟	tortoise	u³³ kue³³	kə⁵⁵
308	*蛇	snake	khv³³	ʑʅ³¹
309	*青蛙	frog	ɔ³¹ mɛ⁵⁵	pa³³
310	*蝌蚪	tadpole	tou³¹ tu³¹ pou³¹ kv⁵⁵	pa⁵⁵ ko³³ tø³¹ lø³³
311	*鱼	fish	ŋv⁵⁵	ȵi³³
312	*鳞	scale	kɛ³³ tsʅ³³	ȵi³³ khua⁵⁵
313	*虫	insect, worm	tsv³¹	bo³³ dø³¹
314	*跳蚤	flea	khua³³ ɕi³³ tsʅ³³	khɯ³³ ṣo³³
315	*虱	louse	ɕɛ³³	ṣo³³ ṣə⁵⁵ kv³³
316	*苍蝇	fly	zə³¹	bə³³ lə⁵⁵
317	*蛆	maggot	tsv³¹	lo⁵⁵
318	*蚊子	mosquito	mou³³ tsʅ³³	bə³³ tsʅ³¹
319	*蜘蛛	spider	kɛ³³ tə³¹	tɕhi³¹ ʐua³³ bv³⁵
320	*蜈蚣	centipede	u⁵⁵ kɔu⁵⁵	tv³³ ɕi³¹
321	*蚯蚓	earthworm	tiou³³ ŋv⁵⁵ tsv³¹	a³¹ bv³³ ʑʅ³¹
322	*蚂蟥	leech	tɕɛ³³	ə³¹ pø⁵⁵
323	*蚂蚁	ant	pe³¹ pau³¹ tsʅ³³	tṣhua⁵⁵ a³³

324	*蜜蜂	bee	fv⁵⁵	mpa³³
325	蚂蚱	locust	sua³¹ miɛ³¹ kɛ⁵⁵	ə⁵⁵ nta³³
326	*蜻蜓	dragonfly	ŋau³¹ pe̠³¹ ɕɔ³¹	ȵi⁵⁵ pə³¹
327	*蝴蝶	butterfly	kɔu⁵⁵ li³³	phɛ³³ lɛ³¹
328	*树	tree	tsə³¹	ntsə³¹
329	树干	trunk	tsə³¹ kua³³	ntsə³¹ ua³³
330	*树枝	branch, twig	tsə³¹ kv⁵⁵ tʂʅ³³	ntsə³¹ kə⁵⁵ ntsə³¹ la³¹
331	*根	root	tɛi³³	ntsə³¹ khɯ³³
332	*叶子	leaf	tsə³¹ se̠i³³ tʂʅ³³	phiə⁵⁵
333	*花	flower	xɔu⁵⁵	ba³¹
334	*水果	fruit	ɕy⁵⁵ li⁵⁵ ta̠³¹ tʂʅ³³	ntsə³¹ lø³³
335	*核儿	pit, stone	ua³¹	pɯ⁵⁵
336	芽儿	sprout, shoot	ŋa³¹	khua³³
337	蓓蕾	bud	xɔu⁵⁵ nv³³ tʂʅ³³	ba⁵⁵ ba³³ ntɔ⁵⁵ lɔ³³
338	*柳树	willow	ɣə³³ tsə³¹	ʐo³³ ntsə³¹
339	*松树	pine	ʐau³¹	la³³ kha³³ ntsə³¹
340	柏树	cypress	pa³¹ tsə³¹	ɕø⁵⁵ ntsə³¹
341	松香	resin, colophony	ɕu⁵⁵	thɔ³³ ŋkiɛ³¹
342	*竹子	bamboo	tsv³³	mɯ⁵⁵
343	*刺儿	thorn, splinter	tɕhe̠³¹	tɕhi³³
344	*桃子	peach	ta̠³¹	bv³³ dzv³³ ; bv³³ tɕi³¹
345	*梨	pear	ɕy⁵⁵ li⁵⁵	ɕi³³ li³¹
346	*柿子	persimmon	tha³³ tʂʅ³¹	tha⁵⁵ tʂʅ³¹
347	板栗	Chinese chestnut	tɕhe̠⁵⁵ zi³¹	tʂhʅ⁵⁵ ɣɯ³¹
348	*甘蔗	sugarcane	kɔ⁵⁵ tʂʅ⁵⁵	mpa³³ tʂə⁵⁵
349	庄稼	crops	tsuɔ⁵⁵ tɕa⁵⁵	mpa³³ dʑi³¹
350	粮食	foodstuff, grain	tsha⁵⁵ pe̠³³	xa³³ lø³³
351	*水稻	paddy rice	kɔu³¹	ɕi³¹
352	*糯米	glutinous rice	su³³ me³³	nɔ³³ tʂhua³³
353	*种子	seed	tsv³³	lə⁵⁵
354	*秧	(rice) seedling	tʂʅ³¹ tʂʅ³³	lɯ⁵⁵
355	*穗	ear, spike	tsuɛ³³ tʂʅ³³	mpə³¹
356	*稻草	rice straw	ma̠³³	ɕi³¹ zʅ³³
357	*谷粒	unhusked rice	sv̠³³	xa³³ lø³³
358	小麦	wheat	ma̠³³	dzɛ³³
359	大麦	barley	mi⁵⁵ zɔu³¹	mɯ³³ dzɛ³³
360	青稞	highland barley	kv³¹	zʅ³³
361	荞麦	buckwheat	kv̠³¹ mi̠³¹	a⁵⁵ kha³³
362	麦秸	wheat straw	mə³³ kua³³	zʅ³¹ ua³³
363	麦芒	awn of wheat	mə³³ tsuɛ³³ tʂʅ³³	fv³³ bə³¹
364	*玉米	maize, corn	ȵi⁵⁵ mə⁵⁵	kha³¹ dzɛ³³
365	棉花	cotton	mi⁵⁵ xua⁵⁵	mjɛ³⁵ xua³³
366	蔬菜	vegetable	tshʅ³¹	xɔ³³ phɛ⁵⁵

367	*萝卜	radish	xɛ⁵⁵ tsʅ³¹	lɛ³³ bø³¹
368	*辣椒	hot pepper, chili	la³⁵ tsʅ³³	la³⁵ tsʅ³³
369	*葱	onion, scallion	tshv⁵⁵	tshə³³
370	*蒜	garlic	suɑ³¹	kv³³
371	*姜	ginger	kɔu⁵⁵	ko³¹
372	*洋芋	potato	n̪ɑ³¹ ŋy⁵⁵	ʑɑ³¹ ø⁵⁵
373	*南瓜	pumpkin	tɕi⁵⁵ kuɑ⁵⁵	tɕi³³ kuɑ³¹
374	*黄瓜	cucumber	phɔu³³	dɔ³³ khuɑ³³
375	豆	pea, bean	tə³¹	nv³¹
376	*黄豆	soya bean	ŋv³¹ tə³¹	nv³¹
377	蚕豆	broad bean	tə³¹	dɑ³³ dø³³
378	豌豆	pea	tshe⁵⁵ uɛ³³ tɔu³³	tɕhø⁵⁵ tɕhø³³
379	*花生	peanut	ti⁵⁵ ɕo³³ tsʅ³³	lɑ³¹ ti⁵⁵ sɔ³³
380	芝麻	sesame	tʂʅ⁵⁵ mɑ⁵⁵	tʂʅ³³ mɑ³³
381	*草	grass	tshv³³	zʅ³³
382	*蘑菇	mushroom	ʂʅ³³	mo⁵⁵
383	*米	rice	mɛi³³	tʂhuɑ³³
384	*饭	cooked rice	xɛ⁵⁵ zʅ³¹	xɑ³³ mɑ⁵⁵
385	*稀饭	gruel, porridge	pha⁵⁵ və³¹	ntɑ³³ xɑ³¹
386	面粉	flour	mɔu³³ mi³¹	phø³³
387	肉	meat	ka³¹	ʂʅ³³
388	瘦肉	lean meat	kɔ⁵⁵ pu³³ tsʅ³³	ʂʅ³³ nɑ⁵⁵
389	脂肪油	animal oil	xuɑ⁵⁵ ʐɔu³¹	xuɑ³³ ʐɔ³³
390	清油	vegetable oil	ʑə³¹	ʑɑ³³ a³¹
391	酥油(黄油)	butter	sv⁵⁵ ʐɔu⁵⁵	mɑ³¹ lɛ⁵⁵
392	*花椒	seed of Chinese prickly ash	sv⁵⁵	ntsø³¹
393	*糖	sugar	sɔu⁵⁵ tɔu³¹	mpɑ³³
394	*(鸡)蛋	egg	sɛ³¹	kv³³
395	*汤	soup	xɛ⁵⁵	xɔ⁵⁵
396	*酒	alcoholic beverage	tsu³³	zʅ³³
397	开水	boiled water	xuɑ³³ ɕy³³	dʑi³¹ tshʅ³³
398	*茶	tea	tsɔu³¹	lɛ⁵⁵
399	*烟(香烟)	cigarette, tobacco	n̪i³³	ʐə³³
400	*药	medicine	ʐɔu³³	tʂhə³³ ɣɯ³³
401	*糠	chaff, bran	tshɔu⁵⁵	ɕi³¹ phɯ³³
402	麦麸	wheat bran	tshɔu⁵⁵	ntse³³ mɛ³¹
403	猪食	pig feed, gigwash	tɕi³¹ tʂʅ³³	po³¹ xɑ³³
404	马料	fodder, horse feed	mɛ³³ tshv³³	zuɑ³³ zʅ³³
405	*线	thread	xə³³	khɯ³¹
406	*布	cloth	sɛ³³	phɛ³¹ fv⁵⁵; thɔ³³ pv⁵⁵
407	*衣服	clothing, garment	ʑi⁵⁵	bɑ³³ lɑ³¹
408	衣领	collar	ʑi⁵⁵ ŋɛ³³ tsv³³	bɑ³³ lɑ³¹ kiɑ³³
409	衣袖	sleeve	ʑi⁵⁵ tə³¹	lɑ³¹ ʐɔ⁵⁵ khɔ³³

410	*扣子	button	ȵɛ³¹ tsɿ³³	kiə³³ sa³³
411	*裤子	pants, trousers	kuɑ⁵⁵	lɛ³³
412	裙子	skirt	tɕhy³¹ tsɿ³³	thɚ³¹
413	头帕	a colorful cloth worn on the head	pɔu⁵⁵ tɔu³¹ pɔu³¹ nə³³	ko³³ lø³³ po³³ po³¹ tsɔ³³
414	*帽子	hat	zɔ⁵⁵ mɔu³³	ko³³ mo³¹
415	*腰带	belt, girdle	kuɔ⁵⁵ vv̩³¹ ȵə³¹	bo³¹ kɯ⁵⁵
416	*袜子	sock, stocking	va⁵⁵ tsɿ³³	zɑ³³ kɔ³¹ ; va³⁵ tsɿ³³
417	*鞋	shoe	ŋɛ³¹	zɑ³³
418	靴子	boot	ɕuɛ⁵⁵ tsɿ³³	xɔ³¹ zɑ³³
419	*梳子	comb	su⁵⁵ tə³¹	pə⁵⁵
420	耳环	earrings	ȵi³³ kɔu³¹ tsɑ³¹	xɛ³¹ khv⁵⁵
421	项圈	necklace, necklet	ɕa⁵⁵ ȵɔ⁵⁵ ɕi⁵⁵	ɕa⁵⁵ lia⁵⁵
422	戒指	ring	səu³¹ kv⁵⁵ tɔu³¹	la³¹ pv⁵⁵
423	手镯	bracelet	tɕe³¹ phɔu³³	la³¹ dzo³³
424	毛毯	felt blanket	mɔu³¹ thɑ³¹	mo³¹ thɑ³³
425	*枕头	pillow	tʂhɿ³³ tɔu³¹ pɔu³¹	ko³³ ŋkɯ³³
426	席子	mat	kɔu³¹ tɕi³¹	tshɔ³³ tɕi⁵⁵ ; tshɔ³³ lɛ³¹ tsɿ³³
427	垫子	pad, cushion	ti³³ khɑ³³ nɑ³³	kho³³ lo³³
428	蓑衣	straw or palm-bark rain cape	pi³¹ sɛi³³	dʑi³³ tshɛ³¹ bɑ³³ la³¹
429	*房子	house	xɔu³¹	dʑi³³ dɑ³¹
430	房顶	roof	xɔu³¹ tə³¹ nɑ³³	dʑi³¹ ko³³
431	地基	foundation	ti⁵⁵ tɕe³³	ti⁵⁵ tɕi³³
432	厨房	kitchen	tsɔu³¹ fɑ⁵⁵ kɛ⁵⁵	xɑ³³ thv⁵⁵ ka⁵⁵
433	楼房	building	nə³¹ xɔu³¹	tshɔ³³ dʑi³¹
434	楼上	upstairs	nə³¹ nə³³	tshɔ³³ kv³³
435	楼下	downstairs	nə³¹ zɛ³³	tshɔ³³ ma³³
436	牛圈	cowshed, ox fence	ŋə³¹ ɣo³¹	ɣə³³ bø³¹
437	猪圈	pigsty, hogpen	tɕi³¹ ɣo³¹	bo³¹ bø³¹
438	马圈	stable, horse fence	mɛ³³ ɣo³¹ kɛ⁵⁵	z̩uɑ³³ bø³¹
439	羊圈	sheepfold, sheep pen	ȵɔu³¹ ɣo³¹	tshɿ⁵⁵ ʑø³¹ bø³¹
440	*鸡圈	chicken pen	ke⁵⁵ ɣo³¹	a³¹ bø³¹
441	砖	brick	tsue⁵⁵	uɑ³³ tʂɿ³¹ pjə³³
442	瓦	tile	ŋua³¹	uɑ³³
443	墙	wall	ɣu³³	dʐɑ³³ dv³¹
444	木头	wood, log	ɕi⁵⁵ kuɑ³³	sɿ³³ na³¹
445	木板	plank, board	pɛ³³ zɔu³¹	tɔ³³ mpɛ³³
446	*柱子	pillar, column	tsə³³	tɔ⁵⁵ z̩ə³¹
447	*门	door	mɛ³¹	kho³³
448	门坎	threshold	mɛ³¹ ɛ³³ tsv³³	kho³³ mpo³¹
449	大门	front door, entrance door	tɔu³¹ mɛ³¹	tɑ⁵⁵ mɛ³¹ kho³³
450	窗子	window	tshua⁵⁵ tsɿ³³ tv³³	tʂhua³³ kho³³
451	椽子	rafter	kv³³ tsɿ³³	lɔ³³ khə⁵⁵

452	台阶	flight of steps	ta³¹ thi⁵⁵	tsho³³ lɛ³³ ntɕi³¹ ta³³
453	篱笆	bamboo/twig fence	ɤu³³	tɕhi³³ khua³¹ bo³³
454	园子	garden(plot)	suɔ⁵⁵	khɔ³¹
455	东西	thing	ŋv³³ tə³¹	kv³³ tsə³¹
456	桌子	table	tʂʅ⁵⁵ tsʅ³³	ʂa³³ la³¹
457	凳子	stool, bench	pa³¹ tə⁵⁵	mv³³ ma³³
458	床	bed	tsou³¹ tsou⁵⁵	tʂua³³
459	箱子	chest, box, trunk	ɕɔ⁵⁵ khɔu³³	ta⁵⁵ zɔ³³
460	柜子	supboard, cabinet	kv³¹ khou³³	ŋkv³³
461	盒子	box, case	ɣa³¹ tsʅ³³ kha³³	xɔ³⁵ tsʅ³³
462	肥皂	soap	fɛi³¹ tsou⁵⁵	po³¹ ʑi⁵⁵ tsʅ³³ ; tsho³³ piə³³
463	镜子	mirror	ka³¹ mi³¹ se⁵⁵	kə³³
464	扫帚	broom	tsuɛ³³ kv³¹	mpa³³ kv³¹
465	灯	light, lamp	tə̃⁵⁵	te³³
466	柴	firewood	ɕi⁵⁵	sʅ³³
467	火炭	live charcoal	xuɛ³³ thɔ³¹	fv⁵⁵ tɕi³¹
468	火柴	match	xu³¹ tsha³¹	ʐa³¹ xɔ³³
469	火把	torch	xu³¹ pa³¹	xɔ³³ pha³³
470	(烧的)香	joss stick, incense	ɕo⁵⁵	ɕv⁵⁵ tə³¹
471	垃圾	garbage, rubbish	lɔ³³ tɕe³⁵	ta³³ ma⁵⁵
472	染料	dye(stuff)	ȵɯ⁵⁵ sɔ⁵⁵	za⁵⁵ za³³ tsɔ³³
473	灶	cooking stove, kitchen range	xuɛ³³ tha⁵⁵ ne³¹	lɔ³¹ tsɔ³³
474	铁锅	large iron wok, pan	thɛi³³ tʂʅ⁵⁵ phe³¹	ʂo³³ mpv³³
475	炒菜锅	frying wok	tʂhʅ⁵⁵ phe³¹	xɔ³³ phe⁵⁵ tsho³³ mpv³³
476	盖子	lid, cover	phə³¹ ʐau³¹	ko³³ ka⁵⁵
477	蒸笼	bamboo food steamer	ŋuɛ³³ ne³¹	xa³³ pv⁵⁵
478	*刀	knife	ʑi⁵⁵ tɔ⁵⁵	zʅ³³ thɛ³³
479	(刀)把儿	handle(of a knife)	ʑi⁵⁵ tɔ⁵⁵ kɛ⁵⁵ kua³³	ua³³
480	勺子	ladle	mi⁵⁵ tsou³¹ phe³¹	mpv³³ tse³¹
481	调羹	spoon	thiau³¹ kə³³	thiɔ³¹ ke³³
482	*碗	bowl	kɛ³¹	khua⁵⁵
483	盘子	plate, dish	phɛi³¹ tsʅ³³	ka³¹ be³³
484	*筷子	chopsticks	tsv³¹	a⁵⁵ ʂə³¹
485	瓶子	bottle	kv³¹	tha³¹
486	罐子	pot, jar, tin	kv³¹	piə³³
487	坛子	earthen jar	zʅ³¹	piə³³
488	壶	kettle, pot	tsou³¹ vv³¹	xo³¹
489	*缸	vat, jar	kɔ⁵⁵	gv³³
490	水桶	bucket	ɕy³³ thv³¹ ne³¹	dʑi³¹ thv³¹
491	木盆	wooden tray	pa³¹	sʅ³³ phɛ³¹
492	瓢	gourd ladle, wooden dipper	phiu⁵⁵	pa⁵⁵
493	三脚架	trivet	sa⁵⁵ tɕo³³ tə³¹	ʂo³³ khə³³
494	火钳	fire-tongs	xuɛ³³ tɕe³¹ pa³¹	mi⁵⁵ ga³¹ ʂə³¹

495	吹火筒	a (bamboo) tube for blowing on a fire	xuɛ³³ tsɔu³¹ kuɑ³³	mi³³ mə³¹ xɔ³³ thɔ³³
496	竹筒	a section of bamboo used	tsv̩³³ thv̩⁵⁵	mɯ⁵⁵ thɔ³³
497	背带	a piece of cloth with straps for	ʑi⁵⁵ tʂɿ⁵⁵ n̠ə³¹	pho³¹ kə⁵⁵ ; pɑ³³ pɑ³¹ tsɔ³³
498	秤	steelyard, scales	tɕhy⁵⁵ kv̩³¹	tɕi³¹
499	斗	a container for measuring	tə⁵⁵	tə³³
500	钱	money	tsɛ³¹	tɕi⁵⁵ ʑɔ³³ ; lɑ³³ khɑ³³ phiə⁵⁵
501	本钱	capital, principal	pə³¹ tshɛi⁵⁵	pɛ³³ tɕhɛ³¹
502	利息	interest	li⁵⁵ ɕe³⁵	li⁵⁵ ɕi³⁵
503	尺子	ruler	tʂhɿ³³ tə³¹	lə⁵⁵ lə³³ tsɔ³³
504	*针	needle	tʂɿ⁵⁵	kɔ³¹
505	钉子	nail, tack	tɕɛ⁵⁵	ʂo³¹ pɯ⁵⁵
506	剪子	scissors	tɕhi³¹ tɔ⁵⁵ pɑ³¹	tsɿ³³ te³¹
507	梯子	ladder	nə³¹ thi⁵⁵	lɛ³³ tɕi³¹
508	伞	umbrella	sɔ³¹	ʐɑ³¹ sɑ³³
509	锁	lock	tsɔu³¹	kho³³ sɑ³³
510	钥匙	key	tsɔu³¹ kə⁵⁵	ntsɿ³³ kv̩³¹
511	棍子	rod, stick	kuɑ³¹ kuɑ³³	mə⁵⁵ də³¹
512	轮子	wheel	luɛ³¹ tsɿ³³ pɛi³³	luɑ³¹ tsɿ³³
513	缰绳	reins	sɔu³³ n̠ə³¹	ʐ̩uɑ³³ ə³¹
514	鞭子	whip	ŋə³¹ pio⁵⁵ kuɑ³³	mo³³ pi³¹
515	船	boat, ship	tshuɛ³¹	lɯ³¹
516	斧头	axe	pə³³	lɑ³¹ pɛ³³
517	锤子	hammer	tɕy³¹ khɔu³³	ti³³ tʂhuɛ³¹
518	凿子	chisel	tsɔu³¹ nɛ³¹	dv̩³³ tsɔ³³
519	锯子	saw	fv̩³¹ tshɛi³³	fv̩³³
520	锉	file	mɔu³¹ tsɔu³¹	tshɔ⁵⁵
521	刨子	plane	thui³¹ tə³¹	dv̩³³ tsɔ³³
522	胶	glue, gum	tɕɔu³³ sui³¹	pi³¹
523	犁	plough	kuɑ⁵⁵ tshe⁵⁵ tə³¹	tshɿ³³
524	*锄头	hoe	tsv̩³¹ sɛ³¹	tshɿ³¹ kv̩⁵⁵
525	扁担	carrying pole, shoulder pole	tɑ³¹ pi⁵⁵	tɑ³³ ŋkɔ³¹
526	绳子	rope, string	sɔu³³	ə³³
527	楔子	wedge	tɕɛ⁵⁵ mə³¹	ʂuɑ⁵⁵
528	(茶缸)把儿	grip, handle	kɛ⁵⁵ kuɑ³³	lɑ³¹ tʂhə⁵⁵ kv̩³³
529	背篓	a basket carried on the back	pɛi⁵⁵ nɔ³¹	khə⁵⁵
530	肥料	fertilizer, manure	fɛ³¹ liɔu⁵⁵	khiə³³ ntə³¹
531	镰刀	sickle	n̠e³¹ phie³¹	ʂo⁵⁵ ko³³
532	水槽	open water conduit	ɕy³³ tsu³¹ ne³¹	dʑi³¹ ŋko³³
533	臼	mortar	pi⁵⁵ kə³³ nɛ³¹	lɔ³³ pɑ⁵⁵
534	杵	pestle	kɔ³¹ kuɑ³³	uɑ³³ də³¹
535	筛子	sieve, sifter	sɿ⁵⁵ tə³¹	tʂə⁵⁵ kə³¹

536	簸箕	winnowing fan	pəu³³ mɔu³³ tɕi⁵⁵ sɛ̠³¹	lɑ³¹ ʐɔ³³
537	(石)磨	millstones	ŋuɛ̠³¹ khɔu⁵⁵	lɔ³³ thɑ⁵⁵
538	柴刀	chopper	tsɔu³³ ɕi⁵⁵ ʑi⁵⁵ tɔ⁵⁵ tshə³³	ntɑ³³ phiə³¹
539	刀鞘	sheath, scabbard	ʑi⁵⁵ tɔ⁵⁵ thɔu³³ nɛ³¹	zɿ³³ thɑ³³ khɔ³¹
540	枪	gun, rifle	tshɔu³³	tɕhɑ³³
541	箭	arrow	tɕɛ³¹	lɔ³¹ sɿ⁵⁵
542	陷阱	trap, pitfall	kɔu³³ phiɔu⁵⁵	tɕo³¹ piə³³
543	毒	poison, toxin	tə̠³¹	ntv³¹
544	字	character, word	sv⁵⁵ tsə̠³¹	thə³³ ɣə³³ ntɕø³¹
545	信	letter	ɕə³³	ɕi⁵⁵
546	画	painting	xuɑ³³	tho³¹ xuɑ⁵⁵
547	*书	book	sv⁵⁵	thə³³ ɣə³³
548	纸	paper	tʂɿ³³	ʂə³¹ sv⁵⁵
549	笔	pen	fv³³ kuɑ̠³¹	pi³⁵
550	墨	(Chinese) ink	məu³³	mɔ³⁵
551	话	speech, words	xuɑ³³	kə³³ tʂɿ³¹
552	故事	story	pə³¹ tsɿ³³	khuɑ³³ khɔ³³
553	歌	song	kv³³	gɔ³³
554	舞蹈	dance	thiɔu⁵⁵ vu̠³¹	v³³
555	棋	chess	tɕɛ³¹	tɕhi³¹
556	笛子	bamboo flute	li⁵⁵ lu³³	pi³³ li³¹
557	箫	a vertical bamboo flute	li⁵⁵ lu³³ kuɑ³³	li⁵⁵ lɔ³³
558	喇叭(唢呐)	suona horn	ni⁵⁵ nɑ³³	ni⁵⁵ nə³³
559	神仙	a celestial being	se⁵⁵ ni̠³¹	ʂə³¹ ɕɑ³³
560	鬼	ghost, spirit	kv³³	tshɿ³¹
561	妖精	evil spirit, demon	ʐɔ⁵⁵ tɕiŋ⁵⁵	ʐɔ³³ tɕi³³
562	灵魂	soul, spirit	phɛ³¹ mɛ³¹	uɑ³³
563	运气	fortune, luck	n̠ɛ³¹ tɕhe³³	ø⁵⁵ tɕhi⁵⁵
564	力气	physical strength	ɣə̠³¹	kɑ³³
565	事情	mattor, affair	ʂɿ³¹ və³³	ʂə³³
566	办法	means, solution	pe⁵⁵ fɑ³⁵	phə³³ phə³¹ tsɔ³³
567	记号	mark, sign	tɕe³³ xɔu³³	tɕø⁵⁵ tv³³ tsɔ³³
568	生日	birthday	tɕe³³ xɛ⁵⁵ ni³³ ɕɛ³³	tɕi³³ xɔ³¹ ɲi⁵⁵ uɑ³³
569	生活	life, livelihood	kɔu³¹ ni³³ ɕɛ⁵⁵	ɕi³³ ʐɔ³¹
570	年纪	age	n̠e³³ suɑ³³	khv⁵⁵ phɑ³³
571	姓	surname, family name	ɕe³¹	ɕi⁵⁵
572	名字	name	miɛ⁵⁵ tʂɿ⁵⁵	mi³¹
573	错误	mistake, error	tshɑ⁵⁵ xə̠⁵⁵ ɑ³¹	tʂhɑ³³
574	危险	danger	ve³¹ ɕɛ³¹	uə³¹ ɕɑ³³
575	份儿	share, pórtion, part	fə³³	miɑ⁵⁵ fɛ⁵⁵
576	裂缝	rift, crack, fissure	pe⁵⁵ xə⁵⁵ ɑ³¹	guɯ³³ guɯ³³ kv³³
577	样子	appearance, shape	n̠ɑ³³ fɑ³³ khɑ³³	phɑ³³
578	影子	shadow	ke³³ tʂhɿ⁵⁵	ntɑ³³ uɑ³¹

579	梦	dream	mə³¹	ʑi⁵⁵ mo³³
580	好处	advantage, benefit	ɕou³¹ tʂhv̩³¹	kɑ³³
581	用处	use	ȵou³¹ tʂhv̩³³	tsɛ³¹ kv³³
582	颜色	color	ȵiŋ⁵⁵ sə⁵⁵	ʐɑ³¹ sə³⁵
583	*东(方)	east	tv⁵⁵ (fv³³ nə³³)	ȵə³³ thv³³
584	*南(方)	south	nɑ³¹ (fv³³ nə³³)	ŋkə³³ tɕo³³
585	*西(方)	west	se⁵⁵ (fv³³ nə³³)	ȵə³³ gv³¹
586	*北(方)	north	pə³³ (fv³³ nə³³)	mɯ³³ tɕo³³
587	中间	middle	mə⁵⁵ ɕi⁵⁵ xə³¹	lø⁵⁵ gv³³
588	旁边	side	mə⁵⁵ pi⁵⁵ nə³³	ntɑ³³ ntɑ³¹
589	*左(边)	left	pi⁵⁵	ua³³
590	*右(边)	right	tʂɿ³¹	i³¹
591	前(边)	front	tə³¹	kɑ³³ tɕo³¹
592	后(边)	back	ɤə³³	mɑ⁵⁵ tɕo³¹
593	外(边)	outside	ŋuɑ³³ nə³³	mv³¹ tø⁵⁵
594	里(边)	inside	khə³¹ nə³³	khv³¹ tɕo³³
595	角儿	corner, angle	mə⁵⁵ kv³³ nə³³	kɔ³⁵
596	尖儿	point, tip	mə⁵⁵ tɕi⁵⁵ ŋv⁵⁵	kv³³ tɕi³¹
597	边儿	edge, rim, margin	pi³³ nə³³	pia³³ pia³³
598	周围	the surroundings	mə⁵⁵ pi⁵⁵ tɕhy³³	kho³³ kho³³ ntɑ³³ ntɑ³¹
599	天(上)	in (the sky)	(xe⁵⁵) nə³³	kv³³
600	时间	time	tʂɿ³¹ kɛ³³	ntʂɿ³¹
601	*今天	today	kɛ⁵⁵ ȵe³³	tʂhɿ³³ ȵi³³
602	*昨天	yesterday	tɕe³¹ ȵe³³	ə³¹ ȵi⁵⁵
603	前天	the day before yesterday	tə³¹ ȵe³³	ə³¹ ʂə⁵⁵ ȵi³³
604	大前天	three days ago	tsou³³ tə³¹ ȵe³³	ə³¹ ʂə⁵⁵ kɑ³³ ȵi³³
605	*明天	tomorrow	me⁵⁵ ȵe³³	so³¹ ȵi³³
606	后天	the day after tomorrow	ɑ³¹ tʂɿ³³ ȵe³³	kɔ⁵⁵ so⁵⁵
607	大后天	three days from now	ɑ³¹ ŋuɑ³³ ȵe³³	kɔ⁵⁵ thɯ³³ ȵi³³
608	今晚	tonight	ke⁵⁵ ɕe³³	tʂhɿ³³ xo³¹
609	明晚	tomorrow/night/evening	mɛi⁵⁵ ɕe³³	so³³ xo³¹
610	昨晚	yesterday evening, last night	tɕe³¹ ɕe³³	ə³³ xo³¹
611	白天	day (time)	pɑ³¹ tsu³¹ ȵe³³	ȵi³³ lɛ⁵⁵ gv³³
612	早晨	morning	khɛ⁵⁵ tə³¹	mɯ³³ sɿ⁵⁵ tɯ³³
613	中午	noon	ȵə³³ tə³¹ nə³³	ʐo³³ to⁵⁵
614	*黄昏	dusk, twilight	mi³³ phe³¹ uo³¹	ȵi³³ mɑ³³ gv³¹ nɯ⁵⁵
615	*晚上	at night, in the evening	pɛi³³ kɑ³¹	mɯ³³ kho⁵⁵ khɑ³¹
616	夜里	at night	ʐo³¹ xə³¹	xo³¹ khua³³
617	半夜	midnight	pɑ³¹ ʐo³¹	xo³¹ khua³³(同夜里)
618	子(鼠)	the 1st year of the 12-year	ʂu³³	fv⁵⁵ khv³³
619	丑(牛)	dizhi cycle, mouse 2nd year, ox	ŋə³¹	ɤɯ³³ khv⁵⁵

620	寅（虎）	3rd year, tiger	lɔu³¹	lɑ³³ khv⁵⁵
621	卯（兔）	4th year, rabbit	thɔu⁵⁵ lɔu³³	thɔ³³ lɛ³³ khv⁵⁵
622	辰（龙）	5th year, dragon	nv̠³¹	lo³¹ khv⁵⁵
623	巳（蛇）	6th year, snake	khv³³	z̩³¹ khv⁵⁵
624	午（马）	7th year, horse	mɛ³³	z̩uɑ³³ khv⁵⁵
625	未（羊）	8th year, ram	nɔ̠³¹	zø³¹ khv⁵⁵
626	申（猴）	9th year, monkey	ŋv̠³¹ suɑ⁵⁵	ə⁵⁵ z̩³¹ khv⁵⁵
627	酉（鸡）	10th year, chicken	ki⁵⁵	ɑ³¹ khv⁵⁵
628	戌（狗）	11th year dog	khuɔ³³	khɯ³³ khv⁵⁵
629	亥（猪）	1th year pig	tɛi³¹	bo³¹ khv⁵⁵
630	属相	the 12 animals representing	tsv̠³¹ tsv̠³³	khv⁵⁵
631	日子	the 12 years date	n̠i³³ ɕɛ³³	ȵi⁵⁵ uɑ³³
632	初一	1st day of the lunar month	ŋuɑ³³ xɛ⁵⁵ z̩ɛ³³	tshɔ³³ z̩i³⁵
633	初二	2nd day of the lunar month	ŋuɑ³³ xɛ⁵⁵ nɛ̠i³³	tshɔ³³ ɚ⁵⁵
634	*月	month	ŋuɑ³³	xɛ³³
635	一月	January	tʂ̩⁵⁵ ŋuɑ³³	zə³¹ pɛ³¹
636	二月	February	z̩³¹ ŋuɑ³³	xɛ³¹ ntɕə³³
637	月初	the beginning of a month	ŋuɑ³³ tɑ³¹	xɛ³³ kɑ³³
638	月中	the middle of a month	ŋuɑ³³ ɕi⁵⁵ xɔ³¹	xɛ³³ lø⁵⁵ gv³³
639	月底	the end of a month	z̩uɛ⁵⁵ ti³¹	xɛ³³ mɑ⁵⁵
640	*年	year	suɑ³³	khv⁵⁵
641	今年	this year	kɛ⁵⁵ tʂ̩⁵⁵	tʂ̩³³ bɛ³³
642	去年	last year	nɑ̠³¹ tʂ̩⁵⁵	ə³¹ bɛ³³
643	前年	the year before last	tə³¹ suɑ³³	ə³¹ ʂə⁵⁵ bɛ³³
644	明年	next year	ɣə³³ suɑ³³	sɔ³¹ bɛ³³
645	后年	the year after next	ɑ³¹ tʂ̩³³ suɑ³³	kv³³ bɛ³³
646	*从前	in the past	tə³¹ xə³¹	kɑ³³ ȵə³¹
647	古时候	in ancient times	tə³¹ kɯ⁵⁵	ʂə⁵⁵ ȵə³¹
648	现在	the present	nɑ̠³¹ kɑ³³	ə³¹ z̩i³³
649	近来	recently, lately	nɑ̠³¹ mɑ³³ xə³¹	tʂ̩³³ tʂ̩³¹
650	将来	the future	ɣə³³ xə³¹	mɑ⁵⁵ ȵi³³
651	星期一	Monday	ɕi⁵⁵ tɕhi³¹ z̩ɛ³⁵	ɕi³³ tɕhi³³ z̩ɛ³⁵
652	星期二	Tuesday	ɕi⁵⁵ tɕhi³¹ nɛ̠i³³	ɕi³³ tɕhi³³ ɚ⁵⁵
653	春	spring	tʂ̩⁵⁵ ŋuɑ³³	mɯ³³ lv³¹
654	夏	summer	z̩³¹ sɔ⁵⁵ ŋuɑ³³	mɯ³³ z̩ə³³
655	秋	fall, autumn	sə³³ tʂ̩³³ kɔu³³ tsɔ̠u³¹	mɯ³³ tshɯ³³
656	冬	winter	tv⁵⁵ ŋuɑ³³	mɯ³³ tshɯ³³
657	新年	the New Year's Day	tʂ̩⁵⁵ ŋuɑ³³	khv⁵⁵ ʂ̩⁵⁵
658	节日	festival	kɔu³¹ tɕɑ³³	tɕɑ³³ zɔ³³ tɕɑ³³ mi⁵⁵
659	*一	one	z̩ɛ³³	dɯ³³
660	*二	two	kɔu³³	ȵi³³
661	*三	three	sɔ⁵⁵	ʂ̩³¹
662	*四	four	ɕɛ³³	lo³³

663	*五	five	ŋv³³	uɑ³³
664	*六	six	fv³³	tʂhuɑ⁵⁵
665	*七	seven	tɕhe³³	ʂɚ³³
666	*八	eight	piɑ³³	xɔ⁵⁵
667	*九	nine	tɕɯ³³	gv³³
668	*十	ten	tʂə̠³¹	tshɛ³¹
669	十一	eleven	tʂɿ̠³¹ ʑe³³	tshɛ³¹ dɯ³³
670	十二	twelve	tʂɿ̠³¹ ȵi³³	tshɛ³¹ ȵi³³
671	十三	thirteen	tʂɿ̠³¹ sɔ⁵⁵	tshɛ³¹ sɿ⁵⁵
672	十四	fourteen	tʂɿ̠³¹ ɕe³³	tshɛ³¹ lo³³
673	十五	fifteen	tʂɿ̠³¹ ŋv³³	tshɛ³¹ uɑ³³
674	十六	sixteen	tʂɿ̠³¹ fv³³	tshɛ³¹ tʂhuɑ⁵⁵
675	十七	seventeen	tʂɿ̠³¹ tɕhe³³	tshɛ³¹ ʂɚ³³
676	十八	eighteen	tʂɿ̠³¹ piɑ³³	tshɛ³¹ xɔ⁵⁵
677	十九	nineteen	tʂɿ̠³¹ tɕɯ³³	tshɛ³¹ ŋkv³³
678	二十	twenty	ȵɛ³¹	ȵi³³ tshɿ³¹
679	三十	thirty	sɔ⁵⁵ tʂɿ̠³¹	sɿ³³ tshɿ³¹
680	四十	forty	ɕi³³ tʂɿ̠³¹	lo³³ tshɿ³¹
681	五十	fifty	ŋv³³ tʂɿ̠³¹	uɑ³³ tshɿ³¹
682	六十	sixty	fv³³ tʂɿ̠³¹	tʂhuɑ⁵⁵ tshɿ³¹
683	七十	seventy	tɕhe³³ tʂɿ̠³¹	ʂɚ³³ tshɿ³¹
684	八十	eighty	piɑ³³ tʂɿ̠³¹	xɔ⁵⁵ tshɿ³¹
685	九十	ninety	tɕe³³ tʂɿ̠³¹	gv³³ tshɿ³¹
686	百	hundred	ɑ³¹ pa̠³³	ɕi³³
687	一百零一	one hundred and one	ɑ³¹ pa̠³³ ȵə̠³¹ ʑe³⁵	dɯ³³ ɕi³³ dɯ³³
688	千	thousand	ɑ³¹ tɕhi⁵⁵	tv³¹
689	万	ten thousand	ŋv³¹	mɯ³³
690	十万	one hundred thousand	tʂɿ̠³¹ ŋv³¹	tshɛ³¹ mɯ³³
691	百万	million	ɑ³¹ pa̠³³ ŋv̠³¹	tv³¹ mɯ³³
692	千万	ten million	ɑ³¹ tɕhi⁵⁵ ŋv̠³¹	mɯ³³ mɯ³³
693	一半	a half	ɑ³¹ pau³¹	dɯ³³ ŋkə³³
694	第一	the first	tiɯ³¹ ʑe⁵⁵	ti⁵⁵ ʑe³⁵
695	第二	the second	tiɯ³¹ ȵi³³	ti⁵⁵ ɚ³³
696	*个(一个人)	(one) CL (person)	ȵɛ³¹	gv³³
697	*个(一个碗)	CL (bowl)	pɛ³¹	lø³³
698	*条(一条河)	CL (river)	kv⁵⁵	kha³³
699	张(一张纸)	sheet (of paper)	(ɑ³¹)lɔ⁵⁵	phɛ⁵⁵
700	*页(一页书)	page	(ɑ³¹)me³¹	phɛ⁵⁵
701	*个(一个鸡蛋)	CL (egg)	(ɑ³¹)khue⁵⁵	lv⁵⁵
702	只(一只鸟)	(two) Cl (birds)	(ɑ³¹)tə³¹	me³³
703	根(一根棍子)	CL (stick)	(ɑ³¹)kua³³	dø³¹
704	粒(一粒米)	grain (of rice)	(ɑ³¹)khɔu³³	lø³³
705	把(一把扫帚)	CL (broom)	(ɑ³¹)kv̠³¹	thv³¹

706	把（一把刀）	CL (knife)	(a³¹)tshə³³	pa³³
707	棵（一棵树）	CL (tree)	(a³¹)tsə³¹	tɚ⁵⁵
708	本（一本书）	(two) CL (books)	(a³¹)tʂhue̱³³	tʂha³³
709	行（一行麦子）	line (of wheat)	(a³¹)ʐɛ³¹	mpɔ³³
710	座（一座桥）	CL (bridge)	(a³¹)tɕu³¹	ntsɔ³¹
711	把（一把菜）	bunch/bundle (of vegetable)	(a³¹)pa³¹	kua⁵⁵
712	把（一把米）	handful (of rice)	(a³¹)tshua³³	tʂə³¹
713	枝（一枝笔）	CL (pen)	kua̱³¹	lø³³
714	堆（一堆粪）	pile (of excrement)	tsɛ³³	mpv³³
715	桶（一桶水）	bucket (of water)	thv̱³¹	thv³¹
716	碗（一碗饭）	bowl (of cooked rice)	kɛ³¹	khua⁵⁵
717	块（一块地）	patch (of ground/field)	tɕi³¹	phɛ⁵⁵
718	块（一块石头）	CL (rock, stone)	khui³³/khɔu³³	lv⁵⁵
719	片（一片树叶）	CL (leaf)	si³³	phiə⁵⁵
720	朵（一朵花）	CL (flower)	tɔu³³	ta⁵⁵
721	句（一句话）	sentence (of speech)	tʂʅ⁵⁵	z̩o³¹
722	首（一首歌）	CL (song)	tiɛu³³	tiɔ⁵⁵
723	件（一件衣）	CL (garment)	khɔu⁵⁵	lo⁵⁵
724	双（一双鞋）	pair (of shoes)	tɕi³³	ntsɯ³³
725	对（一对兔子）	pair (of rabbits)	tuɛ̱³¹	ntsɯ³³
726	群（一群羊）	flock (of sheep)	phɔu⁵⁵	xua⁵⁵
727	段（一段路）	section (of road/journey)	thui⁵⁵	thø³³
728	节（一节竹子）	section (of bamboo between 2 joints)	tsɛ̱i³³	tʂə⁵⁵
729	天（一天路）	a day's (journey)	ȵi³³	ȵi³³
730	只（一只鞋）	(a single) CL (shoe)	phɔu³³	pho⁵⁵
731	卷（一卷布）	roll (of cloth)	tɕy³¹	tɕuɛ³³
732	匹（一匹布）	bolt (of cloth)	ma³³	phɛ³³
733	筐（一筐菜）	basketful (of vegetable)	nv³³	thi⁵⁵ lɔ³¹
734	背（一背柴）	load (of firewood) on the back	və³³	khə⁵⁵
735	捆（一捆）	bundle, sheaf	nə⁵⁵, pɔ³¹	kua⁵⁵
736	捧（一捧）	a load of cupped-hands	tshua³³	dzə³¹
737	袋（抽一袋烟）	a bowl (of tobacco)	nɔu³¹	khɯ³³ tshʅ³³
738	队（一队人马）	team/line (of people (& animals)	tuɛ̱³¹	xua⁵⁵
739	排（一排房子）	row (of houses)	phɛ̱i³¹	pha³¹
740	串（一串珠子）	string (of beads)	tshue³³	tʂha⁵⁵
741	滴（一滴油）	drop (of oil)	ti³³	ntiɑ³³
742	面（一面旗子）	CL (flag)	mi³¹	khua⁵⁵
743	层（两层楼）	storey	tsɔu³¹	tshɛ³¹
744	封（一封信）	CL (letter)	fv⁵⁵	fv³³

745	间（一间房）	CL（room）	kɛ⁵⁵	ka⁵⁵
746	包（一包东西）	parcel/sack (of things)	po⁵⁵	po³¹
747	瓶（一瓶酒）	bottle (of wine)	kv̩³¹	tha³¹
748	摊（一摊泥）	puddle (of mud)	thɔ⁵⁵	ntə³³
749	（一）斤	jin ⟨=0.5 kg⟩	tɕi⁵⁵	tɕi³¹
750	（一）两	tael ⟨=50 grams⟩	n̪ɔ³¹	liə³³
751	（一）钱	weight unit ⟨=0.1 tael⟩	tɕhɛ³¹	tɕha³¹
752	（一）里	mile⟨=0.5 km⟩	li³³	li³³
753	（一）庹	fingertip to fingertip of out-stretched arms	thou³¹	lə⁵⁵
754	（一）尺	foot⟨=1/3 meter⟩	tʂʅ³³	tʂʅ³¹
755	（一）元	yuan⟨=Chinese dollar⟩	khou⁵⁵	phɛ⁵⁵
756	（一）角	ten cents	tɕou³⁵	tɕɔ³⁵
757	（一）亩	mu⟨=0.0667 hectare⟩	mou³¹	mo³³
758	一会儿	a while	a³¹pa³¹/³⁵tsʅ³³	dɯ³³kha³¹
759	（一）天	a day's (work)	n̪i³³	n̪i³³
760	（一）夜	a night's (work)	ʐo³¹	xa⁵⁵
761	（一个）月	a month's (work)	ŋua³³	xɛ³³
762	（一）年	a year's (work)	sua³³	khv̩⁵⁵
763	（一）岁	X-year old	sua³³	khv̩⁵⁵（同上）
764	（一）辈子	a lifetime	a³¹sɛ̠³¹xɛ⁵⁵	tʂhə⁵⁵
765	步（走一步）	(to walk) a step	pu³¹	pv̩⁵⁵tə³³
766	次（去一次）	(to go somewhere) X time(s)	pə⁵⁵	zʅ³¹
767	顿（吃一顿）	(to have) X meal(s)	tuɛ̠³³	phə³¹
768	声（喊一声）	(to make) X shout(s)	tʂʅ⁵⁵	tʂa⁵⁵
769	下（打一下）	(to hit) X time(s)	kɛ³¹	tʂa⁵⁵
770	脚（踢一脚）	(to kick) X time(s)	kou³³	khɯ³³
771	口（咬一口）	(to have) X bite(s)	tɕy³³	lɔ³³
772	一些	some	a³¹tɕɛ³³	dɯ³³tʂhə⁵⁵
773	几个	a few, several	tɔ⁵⁵n̪e³¹（人），tɔ⁵⁵khou⁵⁵（东西）	da³³n̪i³³lø³³
774	每天	everyday	xɔ³¹tsʅ³³n̪i³³tsʅ³³	pə³³tshʅ³³n̪i³³
775	每个	each, every	xɔ³¹tsʅ³³n̪i³¹tsʅ³³	pə³³tshʅ³³kv̩⁵⁵
776	（一）倍	the double of	pei³¹	pe⁵⁵
777	*我	I	ŋɔ³¹	ŋə³¹
778	我俩	the two of us	n̪ɔ⁵⁵kou³³n̪e³¹	ə⁵⁵n̪i³³kv̩⁵⁵
779	我们	we	n̪ɔ⁵⁵	ə⁵⁵ŋkɯ³¹
780	*你	you	nou³¹	nə³¹；ŋv̩⁵⁵（尊称）
781	你俩	you two	nɔ⁵⁵kou³³n̪e³¹	nə³³n̪i³³kv̩⁵⁵
782	你们	you⟨pl.⟩	nɔ⁵⁵	nə³³ŋkɯ³¹
783	*他	he	mou³¹	thɯ³³
784	他俩	the two of them	ma⁵⁵kou³³n̪e³¹	thɯ³³n̪i³³kv̩⁵⁵

785	他们	they	mɑ⁵⁵	thɯ³³ ŋkɯ³¹
786	咱们	we ⟨inclusive⟩	n̠ɔ⁵⁵	ə⁵⁵ ŋkɯ³¹
787	咱们俩	the two of us ⟨= you & me⟩	n̠ɔ⁵⁵ kɔu³³ n̠e³¹	ə⁵⁵ n̠i³³ kv⁵⁵（同我俩）
788	大家	the whole group, we	tsɔ⁵⁵ phɔu⁵⁵ tsɿ³³	də³³ xuɑ⁵⁵ mpɛ³³
789	自己	oneself	tɕi³³ tɕi³¹	o³³ to³¹ to³¹
790	别人	other person(s)	n̠i³¹ kɛ⁵⁵	ɕi³³
791	*这	this	ɑ⁵⁵ tɑ³³	tʂɿ³³
792	这些	these	ɑ⁵⁵ tɑ³³ nə³¹ z̠ɔ³¹	tʂɿ³³ tʂə⁵⁵
793	这里	here	ɑ⁵⁵ tɑ³³ ŋv⁵⁵	tʂɿ³³ ko⁵⁵
794	这边	this side, here	ɑ⁵⁵ tɑ³³ fv³³ nə³³	tʂɿ³³ ŋkə³³
795	这样	this(way), (like) this	n̠ɔ³¹ xə³³ nə³³	tʂɿ³³ ɕø³³
796	那（近指）	that	nɑ⁵¹	ə⁵⁵ tʂɿ³³
797	*那（远指）	that (over yonder)	tɑ³⁵ tɑ³³	ə⁵⁵ tʂɿ³³（长音）
798	那些	those	nɔ⁵¹ mə³¹ z̠ɔ³¹	ə⁵⁵ tʂɿ³³
799	那里	there	nɔ⁵¹ ŋv⁵⁵	ə⁵⁵ ko⁵⁵
800	那边	that side, there	nɔ⁵¹ fv³³ nə³³	ə⁵⁵ mpə³¹ ŋkɯ³³
801	那样	that (way), (like) that	nɔ⁵¹ xə³³ nə³³	ə⁵⁵ ɕø³³
802	谁	who	ɑ³¹ tɔu³¹	ə³³ ne³³
803	什么	what	ɑ⁵⁵ xɔ³¹	ə³¹ tsɿ³³
804	*哪里	where	ɑ⁵⁵ nɑ³³	zɛ³¹ ko⁵⁵
805	几时	when	ʂɿ³¹ pɑ³¹	zɛ³¹ khɑ³³
806	怎么	how	tɔ³⁵ xɔ³¹	zɛ³¹ ɕø³¹ mpɛ³³
807	多少	how many/much	tɕi⁵⁵ ɕou³³	zɛ⁵³
808	几个（疑问代词）	how many ⟨a small no.⟩	tɔ⁵⁵ ne³¹	zɛ³³ kv⁵⁵
809	其他	others	mə⁵⁵ tɕɔ³¹	thɛ³³ ntʂv³³
810	各自	respective, individual, each	ku³³ lu³⁵	o³³ to³¹ yo³³
811	一切	all, everything	kɔ⁵⁵ tɕɯ³¹	kə³³ tɕi⁵⁵ mpɛ³³
812	全部	all, the whole	kɔ⁵⁵ tɕɯ³¹	də³³ xə³³ mpɛ³³
813	*大	big, large	tɔu³¹	dɯ³¹
814	小	small	sɛ³¹	tɕi⁵⁵
815	粗	wide ⟨in diameter⟩, coarse	tshv⁵⁵	mpø³³
816	细	thin ⟨in diameter⟩, fine, tiny	mɔu³¹	tɕhi³¹
817	*高	high, tall	kɔ⁵⁵	ʂuɑ³¹
818	低（矮）	low, short	pi³³	xø³¹
819	凸	protruding, raised	kɔu³¹ khə³³	ŋkə³¹ mpɔ⁵⁵ lɔ³³
820	凹	sunken, dented	ɔu³³ thɯ⁵⁵	mə³¹ kɔ⁵⁵
821	*长	long	tsɔu³¹	ʂə³¹
822	*短	short	tshɿ⁵⁵	ntə³³
823	*远	far, distant	tue³³	khɑ³³ khuɑ³³
824	*近	near	tɕi³³	nə⁵⁵ nə³³
825	宽	wide, broad	khuɑ³³	pɑ³¹
826	窄	narrow	tsɿ³³	tsɛ³⁵

827	宽敞	spacious, commodious	khv⁵⁵ khuɑ³³	khuɑ³³ tʂhɑ³³
828	狭窄	cramped, narrow	tʂʅ³³ kɛ̠³¹	tsɛ³⁵
829	*厚	thick	kɑ³³	lɑ⁵⁵
830	薄	thin	pɔu³¹	mpɛ³³
831	深	deep	ʂʅ⁵⁵	xɔ⁵⁵
832	浅	shallow	tɕhi³³	mpɛ³³
833	满	full	mɑ³³	ʂə⁵⁵
834	空	empty	khv⁵⁵ nə³³	mə³³ ntɕo³³
835	瘪	shrivelled, shrunken	ŋv⁵⁵ xə⁵⁵	nɑ⁵⁵
836	*多	many, much	tɕi⁵⁵	mpɯ³¹
837	少	few, little	ɕo³³	nɯ³³
838	圆	circle, circular	ŋuə³¹	uə⁵⁵ lo³³
839	扁	flat (and shallow)	pie³³	piɑ³¹ piɑ³³
840	尖	pointed	mɯ⁵⁵ tɕi⁵⁵ ŋv⁵⁵	khɔ³³ thɑ⁵⁵
841	秃	bald, bare	lɔ³³ kɔ³³	ʑi³³
842	平	level, flat	pɑ³¹	ntø³³ ʐo⁵⁵
843	皱	wrinkled, creased	kv³³ khɑ³³	zɯ⁵⁵ zɯ³³
844	正(面)	the right/obverse side	tui⁵⁵	kɑ³³ ŋkɯ³³
845	反(面)	the reverse side	fɛ³³	mɑ⁵⁵ ŋkɯ³³
846	准(打得准)	(to hit sthg) on the target	tui⁵⁵	tʂue³³
847	偏	slanting, leaning	uɛ⁵⁵	ŋkə⁵⁵
848	歪	askew, wry, blant	uɛ⁵⁵	ŋkə⁵⁵
849	横	horizontal	kuɑ̠³¹	lɛ³³ ntə³¹
850	竖	vertical	tui⁵⁵	lɛ³³ tsʅ³¹
851	直	straight	tui⁵⁵	tɯ⁵⁵ tɯ³¹
852	弯	curved, crooked, bent	uɛ⁵⁵	gə⁵⁵ gə³³ ʂə˞⁵⁵ ʂə˞³³
853	*黑	black	xə³³	nɑ³¹
854	*白	white	pɑ̠³¹	phə³¹
855	*红	red	tʂhə³³	xø³¹
856	*黄	yellow	ŋv³¹	ʂʅ³¹
857	绿	green	lv̠³³	xə³¹
858	蓝	blue	nɑ̠³¹	mɯ³³ xə˞³¹
859	亮	bright	ŋɔ³³	mpo³³
860	重	heavy	tsv³³	lɯ³³
861	轻	light ⟨weight⟩	tshʅ⁵⁵	sɛ³³ ʐo³¹
862	快	quick, fast	tɕi³¹ tsuɑ̠³¹	tʂho³¹
863	慢	slow	khuɑ⁵⁵	xɔ³¹
864	早	early	tsv³³	tʂho³¹
865	迟	late	mɛi³³	xɔ³¹
866	锋利	sharp	ʑe³¹	thɑ⁵⁵
867	钝	blunt, dull	tuɔ³¹	ntø³¹
868	清(清的)	clear (water)	tɕhɛ⁵⁵	tɕi³³ kə⁵⁵
869	浑浊	muddy, turbid	tsv³¹	ntə˞³¹

870	胖	fat	fɛ³³	lɑ³³ lɑ³¹
871	肥（猪）	fat (pig)	fɛ³³	kɑ³³ tɯ³¹
872	瘦	thin	tsɔu³³	ntsɑ³³
873	瘦（地）	poor (land)	xɛi³³	ntsɑ³³
874	干	dry	kɔ⁵⁵	pv³¹
875	湿	wet	xɛ⁵⁵	ntʂə³³
876	稠（粥）	thick (porridge)	phɛ⁵⁵	tɑ⁵⁵ tɑ³³
877	稀（粥）	watery/thin (porrdige)	phɑ⁵⁵ və³¹	pi³¹
878	密（布）	tightly-woven (fabric)	kɯ³³	lɑ⁵⁵
879	稀（头发）	thin (hair)	sv³³	mpɛ³³
880	硬	hard	ŋɑ³¹	ŋɛ⁵⁵
881	软	soft	ȵo⁵⁵	pə³³ nə³³
882	粘	sticky, glutionous	tɕhɔ³³	tɑ⁵⁵ tɑ³³
883	光滑	smooth, glossy, sleek	tsuɛ³¹	xuɑ³³ ʐɔ⁵⁵
884	粗糙	rough, coarse	ʐɑ³⁵ tsuɛ³¹	pɛ⁵⁵ tɯ³³
885	滑（路）	slippery (road)	tsuɛ³¹	kɑ⁵⁵ kɑ³³
886	紧	tense, tight, taut	tɕɯ³¹	nti³⁵ nti³⁵
887	松	lax, loose, slack	sɔu⁵⁵	khə³³ ɕø³³
888	脆	crisp, brittle	tshuɛ³³	khə³³ lɔ³³
889	结实	solid	kɛ⁵⁵ kə³³	nti³¹ di³¹ nti³³ di³³
890	乱	chaotic, disorderly, messy	nuɛ³³	phi³¹ tɕhi³³ phə³³ tʂhə³³
891	对	right, correct	xɔu⁵⁵	xɔ³⁵
892	错	wrong	tshɔ⁵⁵ xə⁵³	tʂhə³³
893	真	true	tʂɿ⁵⁵	uɑ³¹
894	假	false	tɕɔ³¹	mɑ³³ uɑ³¹
895	生（生的）	uncooked, raw	xɛ⁵⁵ nɯ³³	sɿ³¹
896	新	new	ɕi⁵⁵	sɿ⁵⁵
897	旧	used, old	kə³¹	lo³¹
898	好	good	ɕɔu³¹	kɑ³³
899	坏	quick, fast	xɛi³³	khuɑ³¹
900	贵（价钱）	expensive	kɑ³¹ tɔ³¹	phv³³ ʑi³³
901	便宜	cheap	phi⁵⁵ ʑi³¹, ɕɔ⁵⁵ ȵɯ⁵⁵	ɕɑ³³ ʑi³³
902	老（植物）	overgrown (plant)	kv³³	mo⁵⁵
903	嫩（植物）	tender young (plant)	ȵə³¹	ʐɑ³³
904	年老	old, elderly	ȵɛ³³ suɑ³³ tɔu³¹	khv⁵⁵ phɑ³³ də³¹
905	年轻	young	ȵɛ³³ suɑ³³ sɛ³¹	khv⁵⁵ phɑ³³ tɕi⁵⁵
906	美	beautiful	xɛ⁵⁵ tɕhɯ⁵⁵	lɑ³¹
907	丑	ugly	xɛ⁵⁵ xɛi³³	ʂo⁵⁵ khuɑ³¹
908	热	hot	ɯ³¹ ȵɛ³³	tshɿ³³
909	冷	cold (weather, water)	kɯ⁵⁵	tɕhi⁵⁵
910	温（水）	lukewarm (water)	ŋuɛ⁵⁵	lo³¹
911	暖和	warm	ŋuɛ⁵⁵ ŋɔ³³	xo³¹ lo³¹
912	凉快	pleasantly cool	tɕhi⁵⁵ ȵɔ⁵⁵	ʂɛ³³ ʂɛ³¹

913	难	difficult	nɑ³¹	ntɕə³¹
914	容易	easy	uɔ³¹	xə³¹
915	香(气味)	fragrant (smell)	ɕu⁵⁵	ɕø³¹ nə³¹
916	臭	stinking, smelly	xɛ⁵⁵ tʂhʋ³¹	tʂhə⁵⁵ nə³¹
917	酸	sour	suɔ⁵⁵	tɕi³¹
918	甜	sweet	kɔ⁵⁵ ŋʋ³³	mpa³³ sɔ³¹
919	苦	bitter	khʋ³³	khɑ³³
920	辣	hot spicy	tɕhi⁵⁵	pi³¹
921	咸	salty	tʂhou³¹	tʂhe³³ khɑ³³
922	淡(盐)	tastelss, insipid (not salty)	pou³¹	mpɛ³³
923	腥	fishy-smelling	ɕɛ⁵⁵	sɿ³¹ nɯ³¹
924	腻	greasy, oily	nou³³	ȵa⁵⁵
925	闲	not busy, idle	ɕɔ⁵⁵	ɕø³¹
926	忙	busy	tɕɯ³¹	ntɕi³³ ka³¹
927	富	rich	kɔ³¹ ȵi³¹ pou⁵⁵	xɯ³¹
928	穷	poor	kɔ³³ ʂɿ³³	mə³³ xa⁵⁵
929	干净	clean	kɔ⁵⁵ tɕɯ³¹	kɑ³³ tiɔ⁵⁵
930	脏	dirty	tsɔ³³	ȵə⁵⁵
931	活(活的)	living (adj.)	xɛ⁵⁵	sɿ³¹
932	新鲜	fresh	ɕiŋ³³ ɕuɛ³³	ɕi³³ ɕuɛ³³
933	死(死的)	dead	ɕi³³	ʂɿ³³
934	清楚	clear, lucid	sɛi³³, ma³¹	mpo³³ mpo³³
935	好吃	tasty, delicious	ʐɯ⁵⁵ ɕɔ³¹	dʐɿ³³ ʑi³¹
936	好听	pleasant to the ears	tɕhe⁵⁵ ɕɔ³¹	khɔ³³ mi³³ tʂhə³¹
937	好看	pleasant to the eyes, beautiful	xɔ⁵⁵ ɕɔ³¹	lø³¹ tʂhə³¹
938	响	loud	ma³¹	khɔ³³ dɯ³¹
939	辛苦	hard, laborious	sou⁵⁵ khʋ³³	ntɕə³¹
940	急忙	hurriedly, hastily	lɔ³¹ sə³³ tɕe³³	dʐɿ³³ dʐɿ³³ ka³³ ka³¹
941	花(花的)	multicolored/patterned (cloth)	xu⁵⁵ nə³³	xuɑ³³ xuɑ³³ ntsɑ³³ ntsa³¹
942	聪明	clever	tiu⁵⁵	kɯ³³
943	蠢	stupid	ɛ³³	ntɔ³¹
944	老实	honest, well-behaved	lou³¹ ʂɿ³⁵	ntø³¹
945	狡猾	sly, cunning	kuɛ³¹	ka⁵⁵ ka³³
946	合适	suitable	xo⁵⁵ mɯ⁵⁵ nɛ³³	xɔ³³ xɔ³⁵
947	凶恶	fierce, ferocious	tv⁵⁵	uɔ³⁵
948	厉害	severe, fierce, sharp	li⁵⁵ xa⁵⁵	xə³¹
949	客气	polite, courteous	tɕy⁵⁵	tɕø⁵⁵ tɕø³³
950	吝啬	stingy	tɕi⁵⁵ li⁵⁵ tsɿ³³	tsɛ³¹ tsɛ³³
951	勤快	industrious, hardworking	tɕhɯ³¹ kuɛ⁵⁵	ʐuɑ³³
952	懒	lazy	nɑ³¹	pɛ³³ mə³³ mpɯ³³
953	笨拙	clumsy, awkward	pə³³	ntɔ³¹

954	乖(孩子)	well-behaved and lovable	kui⁵⁵ tɕy³¹	khɔ³³ mi³³
955	努力	(child) hardworking, exerting oneself	ȵou³¹ ɕi⁵⁵	ka³³ thv⁵⁵
956	可怜	pitiable, pitiful	ȵi⁵⁵ kv³¹	mə³³ xa⁵⁵
957	高兴	happy and excited	ɕi³¹ xua⁵⁵	tʂhə³¹
958	幸福	blissful	kɔu³¹ ɕou³¹	tsa³¹
959	平安	safe and sound	phi³¹ ɑ³³	ŋko³³ ŋko³³ nɑ³³ nɑ³³
960	讨厌	bothersome, disagreeable	tsəŋ⁵⁵	ntsɿ³¹ kv³¹ tɯ³¹
961	单独	alone	tɕi³³ tɕi³¹	o³³ to³¹
962	陡峭	cliffy, precipitous	phiɛ⁵⁵	dɔ⁵⁵ pɛ³¹
963	挨近	near/close to	khɔu³³ tɕɯ³¹	tɑ⁵⁵ tɑ³³
964	爱	love, like	kɔu³¹	phiə³¹
965	爱(吃)	like (to eat)	ɕi³¹ xua⁵⁵	sɿ³³
966	安装	install	ŋɔ³³ tsuɔ³³	ŋɑ³³
967	按	press (with palm or finger)	zɔ³³	nə⁵⁵
968	熬	decoct (herbal medicine)	kɔu³¹	ŋkɔ³¹
969	拔(草)	pull up (weeds)	mɑ³¹	pv³¹
970	耙(田)	to rake (the fields)	pɑ³¹	phɛ⁵⁵ ; ntsɿ⁵⁵
971	掰开	to grasp with the fingers thumb of both hands	suɛ³³ khe⁵⁵ xə⁵⁵	ma⁵⁵ phɯ⁵⁵
972	摆(整齐)	put in order, arrange	pɛ³¹	tʂɑ⁵⁵
973	摆动	swing, sway	zɔu³¹	xo⁵⁵ xo³³
974	拜(菩萨)	make obeisance to, worship	pɑ³¹	tø³³
975	搬(家)	move (house)	pɛi⁵⁵	piə³³
976	搬(凳子)	move (a stool)	piɛ³¹	mpo³¹
977	帮助	help	pɑ³¹ mɑ³¹	pɑ³³ pɑ³³
978	绑	bind, tie up	fv³¹ khɑ³³	pha³³ pha³³
979	*包(药)	to wrap	pɔu⁵⁵	po³¹
980	剥(花生)	shell (peanuts)	pɛ³¹	thv⁵⁵
981	剥(牛皮)	to skin (cattle)	pɛ³¹	sɿ⁵⁵
982	剥落	(paint) peel off	pɛ³¹ thɯ⁵⁵	le⁵⁵ nɯ⁵⁵
983	保护	protect	pɔ³¹	tʂə³³ xə³³ ; po³³
984	饱	have eaten one's fill	pv³³	ŋkɯ³³
985	抱	hold in the arms, hug	pv³³	tɔ³¹ tɔ³³
986	背(孩子)	carry (a child) on the back	mɑ³¹	pɑ³³ pɑ³¹
987	比	compare	pi³¹	pi³³ pi³³
988	闭(闭口)	close (the mouth)	mə³³	mə⁵⁵ mə³³
989	*编(辫子)	to plait	pi⁵⁵	phiə³¹
990	编(篮子)	weave (a basket)	pi⁵⁵	tɚ³³
991	病	to be ill	sv³¹	ŋko³¹
992	补(衣)	patch (clothing)	pv³³	fv⁵⁵
993	补锅	tinker (pans)	pv³³	fv⁵⁵
994	擦(桌子)	wipe (the table)	mɑ⁵⁵	sɿ⁵⁵ sɿ³³

995	猜（谜语）	guess (a riddle)	tsə³¹	tsʅ³¹
996	裁	cut (paper, cloth)	kɛ³¹	tshʅ⁵⁵
997	*踩	step on, tread	tɑ³¹	thv⁵⁵
998	藏（东西）	hide (sthg)	tsau³¹ khə³³	ŋkv³¹
999	蹭（痒）	scratch (an itch against something)	sou⁵⁵	zʅ³¹
1000	插（牌子）	to poke (a sign into earth)	tshɑ³³	tʂho⁵⁵
1001	插（秧）	transplant (rice seedlings) insert	fv⁵⁵ kɛ⁵⁵	tv³¹
1002	查（账）	audit (accounts)	tshɑ³⁵	lø³¹
1003	拆（衣服）	unseam (clothing)	thɛi³³	khɑ⁵⁵
1004	拆（房子）	pull sown (a house)	thɛi³³	khɑ⁵⁵
1005	塌毁	(a house) fall down/collapse	nə³³ sə⁵⁵	mpiə³¹
1006	搀扶	support sb with one's hand(s)	khɛi⁵⁵	ʂə⁻³³ ʂə⁻³¹
1007	掺（水）	add (water), dilute	tshɛi⁵⁵	tshə³³
1008	缠（线）	to wind (thread onto a keel)	zou³³	lv⁵⁵ lv³³
1009	馋（肉）	want to eat (meat) badly	khə³³	pə³¹ mi³³
1010	馋（嘴）	gluttonous	tshɛi³¹	o⁵⁵ ɕø⁵⁵
1011	尝	taste, try the flavor of	tsou³¹	so³³
1012	偿还	repay	nɛi³³ tɔ³¹ ɣɑ³³	tɕhø⁵⁵
1013	唱	sing	tshə⁵⁵	ntsʅ³³
1014	吵	make a row/racket	sɔ⁵⁵ ə³³	khɑ³³ khɑ³³ ʑi³³ ɣo³³
1015	*炒	stir-fry	tshv³³	tʂho³³
1016	*沉	sink	lou⁵⁵	dɯ³¹
1017	称（粮食）	weigh (food)	tɕhy⁵⁵	gɯ³¹
1018	称赞	commend, praise	tshə⁵⁵	kho³³ dɯ³¹
1019	撑住	prop up, support	tsə³¹ khə³³	ŋɑ³¹
1020	撑（伞）	open (an umbrella)	tsou³¹	khua⁵⁵
1021	成了	be done/accomplished	tɑ³¹ lɑ³¹	piə³³ zɛ³³; thɑ⁵⁵ zɛ³³
1022	完成	accomplish, succeed	tsv⁵⁵ tɕhe³³	pɛ³³ sɛ³³
1023	盛（饭）	fill (a bowl with rice)	kə⁵⁵	khɯ⁵⁵
1024	承认	admit	tshɑ³¹ zə⁵⁵	ua³¹ mpɛ³³ ʂə⁵⁵
1025	*吃	eat	ʐə³³	dzʅ³³
1026	冲（用水）	rinse, flush	tshou⁵⁵	lo³³ lo³¹
1027	*舂	to pestle/pound	tshv³³	tø³³
1028	抽（出）	take out (from in between, a part from a whole)	tshou⁵⁵	ʂv⁵⁵
1029	抽（烟）	to smoke (a cigarette)	ə³³	tə³¹
1030	抽打	whip, thrash	tɑ³³	xə⁵⁵
1031	出去	go out	pɛi³³ tɕhe³³	mɯ³³ tø⁵⁵ ntɕi³³
1032	出（太阳）	(the sun) come out	tshv³¹	thv³³
1033	*出来	come out	ɣə³⁵ tɕhe³³	mɯ³³ tø⁵⁵ lo³³

1034	取出	withdraw, take out	nɛi³³ tɕhe³³	tø⁵⁵ ntʂə³¹
1035	锄(草)	hoe up(weeds)	khɯ⁵⁵	ntsɿ⁵⁵
1036	*穿(衣)	wear(a garment)	ze̠³¹	mv³¹
1037	穿(鞋)	put on(the shoes)	tsou³³	kɯ⁵⁵
1038	穿(针)	thread(a needle)	tshv⁵⁵	khə⁵⁵
1039	传(给后代)	hand down(to posterity)	tɕhuɛ³¹	tʂo⁵⁵ tʂo³³
1040	传染	infect	sɔ⁵⁵ li³³	tʂv⁵⁵ tʂv³³
1041	吹(喇叭)	blow(the trumpet)	phɯ⁵⁵	mv³¹
1042	吹(灰)	blow away(a speck of dust)	phɯ⁵⁵	mv³¹
1043	捶打	beat, thump	tsv³³	tø³³
1044	戳	jab, poke, stab	tou³¹ ȵe̠³³	ŋkv³¹
1045	戳破(被)	pierce through	tou³¹ phou³¹ xə⁵⁵	ŋkv³¹ phə⁵⁵
1046	刺痛	to hurt by stinging	tɕhe³³ sv³¹	tsha⁵⁵ ŋko³¹
1047	搓(绳)	twist(hemp fibers) between the palms	tshou³³	mpi³¹
1048	错(错了)	to be wrong	tshɔ⁵⁵	tʂha³³
1049	答应	promise, consent	tɔ⁵⁵ ȵə³³	ko³³ lø³³ dzɿ⁵⁵
1050	*打(人)	hit(a person)	ta³³	la⁵⁵
1051	打猎	hunt	tɕe³¹ vu³¹	xø³³ dø⁵⁵
1052	打枪	fire(a shot)	ta³³ tshou³³	tɕha³³ kha⁵⁵
1053	打中	have hit(the target)	ta³³ tə³³	kha⁵⁵ tə³³
1054	打架	to fight break up, scatter	sɔ⁵⁵ ta³³	la⁵⁵ la³³
1055	打散(队伍)	to get accidentally	ta³³ sɔ³¹ xɯ⁵⁵	la⁵⁵ kha⁵⁵
1056	打倒	overthrow, down with	ta³³ nə³³ xɯ⁵⁵	la⁵⁵ ko⁵⁵
1057	打(水)	fetch/draw(water)	ta³³	la⁵⁵
1058	打(柴)	gather (firewood)	tsou³³	nta⁵⁵
1059	打赌	to bet	tə³¹ tv³¹	ŋkv³³ ŋkv³¹
1060	打瞌睡	doze/nod off	ŋuɛ³³ tua̠³¹	zi³³ tə³³ pe³³
1061	打嗝	to yawn	ta³³ ə³³ tə³³	ə⁵⁵ tv³³
1062	打开	to open	ta³³ khe⁵⁵ xɯ⁵⁵	ma⁵⁵ pho³³
1063	闪电	(thunderbolt)break	za³¹ tsɿ³³ phia³³	ŋka³³ mia³¹ tse⁵⁵
1064	打雷	to thunder	xe⁵⁵ ma³¹	mɯ³³ lə³¹ mɯ³³ ŋkv³³
1065	带(钱)	to carry (money) on one	nɛi³³	po⁵⁵
1066	带(孩子)	bring up (children)	xɔ⁵⁵	lv⁵⁵
1067	带(路)	to lead (the way), to guide	tsou⁵⁵	ʂv⁵⁵
1068	*戴(帽子)	wear (a hat)	tə³¹	tha³³
1069	戴(包头)	wear(a turban)	tɕi³³	po³¹
1070	戴(手镯)	wear(a bracelet)	tɕi³³	dzɯ³¹
1071	耽误	hold up, delay	tɔ⁵⁵ kou³³	ma⁵⁵ ta³³
1072	挡(风)	to block (the wind)	tɔ³¹	ta³¹
1073	倒(墙)	(a wall)fall down/topple	nə³³ thə⁵⁵	mpiə³¹
1074	弄倒(墙)	to topple/tear down(a wall)	mɔ⁵⁵ nə³³ thə⁵⁵	mø⁵⁵ mpiə³¹
1075	捣碎	pound to pieces	tsa³³ ɕou³¹ xə⁵⁵	tø³³ kha³³

1076	倒掉（水）	pour or throw out (water)	tɕhi⁵⁵ sə⁵⁵	ɤɔ⁵⁵
1077	到达	arrive	phiɔ³³ lɔ³¹	thv³³
1078	得到	get, acquire	təu³³ tə³³	də³³
1079	等待	wait	tə³³	xv³³
1080	地震	(earth)quake	tɕi³¹ ʐɔ³¹	lɯ³³ lø⁵⁵ lø³³
1081	低（头）	lower (the head)	kə³¹ thə⁵⁵	kv⁵⁵ kv³³
1082	点（头）	nod	kə³¹ təu³¹ pəu³¹	ntsʅ⁵⁵
1083	*点（火）	to light (a fire)	kɛ³¹	tɑ⁵⁵ tɑ³³
1084	燃烧	to burn	ȵɯ³³ khə³³	ntsʅ³³
1085	点（灯）	to light (a light)	kɛi³¹	tʂʅ⁵⁵
1086	垫	to pad	ti³³	kho³³
1087	凋谢	wither	tuɑ³¹ sə⁵⁵	ŋkə³¹
1088	叼	hold danglingly in the mouth	khɑ³¹	mpo³¹
1089	掉（下）	to drop	nɑ³¹ thə⁵⁵	ntso³¹
1090	吊	to hang	tiɔu³³	xɑ⁵⁵
1091	*钓（鱼）	to fish	tiɔu³³	pɛ⁵⁵
1092	跌倒	fall over/down	təu³³ fɛ³³	ntɔ⁵⁵
1093	*叠（被）	fold up (a quilt)	tɕɑ³¹	dɑ⁵⁵
1094	叮（蚊子）	(mosquito) bite	ŋɔ³³	tshɑ⁵⁵
1095	钉（钉子）	hammer in (a nail)	tɕɛ⁵⁵ mə³¹	ti⁵⁵
1096	丢失	lose, mislay	sv³³ sə⁵⁵	phi⁵⁵
1097	*懂	understand, grasp	sɛ³³	sʅ³³
1098	冻（肉）	(meat) freeze	təu⁵⁵	ntɕo³³
1099	动（虫子）	move	ʐɔu³¹ luɛ³³	bv³³ bv³¹
1100	动（动一动）	stir, budge	kɔ³³ ʐɔu³¹	lø⁵⁵ lø³³
1101	读	read	ɤə³¹	tʂho³³
1102	堵塞	block up, plug	tɔ³¹ khə³³	tsʅ⁵⁵
1103	渡（河）	cross (a river)	a³¹ kɔu³¹	tshʅ⁵⁵
1104	*断（线）	(thread) snap	tsɛi³¹	phə⁵⁵
1105	弄断（线）	snap (a thread)	təu³¹ tsɛi³¹ xɯ⁵⁵	tshʅ⁵⁵ phə⁵⁵
1106	堆（草）	to heap/stack (hay, grass)	tsɛi³³ khɯ⁵⁵	bv³³
1107	躲藏	hide oneself	ŋuɛ³³ tsɔu³¹ khə³³	nɑ³³
1108	剁（肉）	chop/cut (meat)	təu³¹	ntɑ⁵⁵ ntɑ³³
1109	跺（脚）	stamp (ine's foot)	tɑ³¹	thv⁵⁵ thv³³
1110	*饿	be hungry	khɑ³³	ʐo³¹
1111	发抖	shiver, tremble	fɑ³⁵ təu³¹	tɕhi³¹ tɕhi³³
1112	发酵	ferment	ŋv³³	khɯ³³ khɯ³³
1113	发烧	have a fever	fɑ³³ ȵɛ³³	uɑ³³ ʂʅ³³ ntɕi⁵⁵
1114	发芽	germinate, sprout	fɑ³⁵ ʐɔ³¹	khuɑ³³ pɯ³¹ lɑ⁵⁵
1115	罚（处罚）	punish	fɑ³⁵	tʂʅ⁵⁵
1116	翻过来（衣服）	turn (clothing) inside out, or the reverse	fɛ³³ kɔu³¹	kə⁵⁵ phv³³

1117	翻身(在床上)	turn over (on bed)	fɛ³³ tʂʅ⁵⁵ kə̠³¹	go³³ mo³³ kə⁵⁵ phv³³
1118	放(置)	put sthg somewhere	sə̠³³ khə³³	tsa⁵⁵
1119	放(盐)	put in (salt)	sə̠³³	khə⁵⁵
1120	放牧	put out to pasture	xɔ⁵⁵	tʂhv³³ ʂa³¹ lv⁵⁵
1121	放火	set on fire	tsv³¹	mi³³ khə⁵⁵
1122	*飞	fly	fv⁵⁵	bi³¹
1123	发(东西)	divide/share (things)	fa³³	fa³⁵
1124	分家	(offspring) divide up family property & live apart	fv⁵⁵ tɕɔ⁵⁵	ɔ³³ mpø³³
1125	分开(使)	(cause to) separate	fv⁵⁵ khe⁵⁵ xɯ⁵⁵	ma⁵⁵ bø³³ bø³³
1126	疯	become crazy	vv̠³¹	nv³³
1127	*缝	sew (up)	tsɛi³¹	fv⁵⁵
1128	敷	apply (ointment)	pou⁵⁵	po³¹
1129	孵	hatch, incubate	ŋv̠³³	bv³¹
1130	扶(栏杆)	put one's hand(s) on (sthg) for support	khe⁵⁵	pɑ⁵⁵
1131	腐烂	rot	ɕo³¹ xɯ⁵⁵	zo³³ zo³¹
1132	盖(土)	put (soil) on	phɯ³¹	kɑ⁵⁵
1133	盖(被)	pull (a quilt) over oneself	thɑ̠³³	kɑ⁵⁵
1134	干(干了)	dry	kɔ⁵⁵	pv³¹
1135	赶集	go to market/a fair	tsv⁵⁵ tʂʅ³³	ntsʅ³³ ŋkua³³
1136	敢	dare	kɔ³¹	bø³³
1137	*干活	to work/labor	tsv⁵⁵ tsəu³¹ sə³³	lɔ³³ bɛ³³
1138	告诉	tell	tɕɔ³¹ tsʅ³¹	ʂə⁵⁵
1139	告状	complain about sb to his superior	kɔu³³	po⁵⁵ kɔ⁵⁵
1140	割(草)	mow/cut (grass)	sʅ̠³³	khv³³
1141	硌(脚)	(grit in the shoe) hurt (the foot)	kɑ̠³³	kɑ³³ ; thɔ⁵⁵
1142	*给	give	zə³¹	zə⁵⁵
1143	跟(在后面)	follow	kɯ⁵⁵ khɯ³³	tʂo⁵⁵
1144	耕	plough, till	tsɔ̠u³³	lɯ³¹
1145	钩	to hook	kɯ⁵⁵ tsʅ³³	kiə³¹
1146	够	enough	lv⁵⁵ lɑ̠³¹	mv⁵⁵
1147	估计	assess, estimate	kv³³ tɕi³³	tʂə⁵⁵ tʂə³³
1148	雇	hire, employ	piɛ̠⁵⁵ ɣə³¹	kɑ³³ xɑ³¹
1149	刮(毛)	to shave (hair)	kuɛ⁵⁵	sʅ⁵⁵
1150	刮(风)	(wind) blow	tshɔu³³	thv³³
1151	挂(在墙上)	hang (on the wall)	kua³³	xa⁵⁵
1152	*关(门)	close (the door)	tɕi⁵⁵	tə⁵⁵
1153	关(羊)	to pen in (sheep)	nv̠³¹	tə⁵⁵
1154	管	manage, control	kua³¹	kua³³
1155	灌(水)	to fill (with water)	tsɔu⁵⁵	khɯ⁵⁵

1156	跪	kneel	kv³¹ thə⁵⁵	tshɿ⁵⁵
1157	滚	roll	kuɛ³¹	pi³³ li³³
1158	过年	celebrate(the New Year)	kɔu³¹ tʂɿ⁵⁵ ŋuɑ³³	dʑi³¹ tsɛ⁵⁵ kɔ⁵⁵
1159	过(过了两年)	(two years)go by/pass	kɔu³¹ xɯ⁵⁵	kɔ⁵⁵
1160	*害羞	be shy/bashful	xɤ⁵⁵ nə³¹ ɕe³³	ʂə⁵⁵ ntə³³
1161	*害怕	be afraid	kɛ⁵⁵	ʐ̩ə³³
1162	喊(人开会)	to ask(sb)to come here,fetch	ɯ⁵⁵	lə³³
1163	喊叫	yell,shout	ɯ⁵⁵ tsɔu⁵⁵	lə³¹ nbɑ³¹
1164	焊	weld,solder	xɑ³³	xa⁵⁵
1165	喝	drink	ə³³	thɯ³¹
1166	合适	suitable	xo³⁵ ʂɿ⁵⁵	xɔ³³ xɔ³⁵
1167	合上(书本)	close (a book)	phə³¹ khə³³	ka³³ kɑ⁵⁵
1168	恨	hate	tsə⁵⁵	ntsɿ³¹
1169	烘	dry by fire	kɔu³¹	tɑ³¹
1170	哄	coax	tɕɔ³¹ suɑ³¹	tɑ³³ tɕo³³
1171	划(船)	paddle,row	xuɑ³⁵	khɯ⁵⁵
1172	画(画儿)	draw (a picture)	xuɑ³³	xua⁵⁵
1173	怀孕	to be pregnant	tsɿ³³ fv³³ khɔu³³	zø³³ po⁵⁵
1174	怀疑	to doubt	xuɛ³¹ ʐi³¹	mə³³ ŋkɯ³³
1175	还(账)	to repay (a debt)	sɿ⁵⁵	tɕhø⁵⁵
1176	还(钢笔)	to return (a pen)	sɿ⁵⁵	tɕhø⁵⁵
1177	*换	to change	xuɛ³³	kha³³ kha³¹
1178	*回	return	zɔ³³	le³³ tɕo³¹ tshɿ³¹
1179	回头(看)	turn one's head back	y³¹ tɑ³¹ ɣə³³	le³³ tɕo³¹ lɔ³¹
1180	会(写)	know (to write)	sɛ³³	kv⁵⁵
1181	混合	mix,blend,mingle	po³¹ sɔ⁵⁵ tɕɯ³¹	xua⁵⁵ xuɑ³³
1182	搅浑	muddle (the water)	tɕou³¹ tsv³¹ xə⁵⁵	ʂə³³ ʂə³¹ ntə³¹
1183	活(活了)	become alive/active	xɛ⁵⁵	sɿ³¹
1184	获得	get,gain	tɔu³³ tə³³	də³³
1185	和(泥)	mix(powder) with water	pɑ³¹	tshɑ³³ tshɑ³¹
1186	积攒	accumulate	tsɔ³¹	gɯ³³ dɑ³³
1187	挤(牙膏)	press(a tube of toothpaste)	tɕe³¹	nə⁵⁵
1188	挤(奶)	squeeze(for milk)	tɕe³¹	sɿ⁵⁵
1189	挤(脚)	(shoe)pinch	ka³¹	tɕa³⁵
1190	记得	remember	tsə³³ tə³³	tɕø⁵⁵ tv³³ də³³
1191	寄存	deposit,leave with	tɕe³¹	ɲi⁵⁵
1192	寄(信)	send(a letter)	pə³¹	ɲi⁵⁵
1193	忌妒	envy	tʂɿ³¹ ʂɿ³³ tv³³	nə³³ mə³³ ɲi³³
1194	系(腰带)	buckle up/fasten (a belt)	khɔu⁵⁵	tsɿ³³
1195	夹(菜)	pick up (food with chopsticks)	ka³¹	ŋka³¹
1196	捡	pick up	tʂɿ³¹	sɿ⁵⁵

1197	减	reduce	sv³³ sə⁵⁵	mɑ⁵⁵ nɯ³³
1198	剪	scissor	ka³¹	ŋka³¹
1199	讲(故事)	tell (a story)	tɕɔ³¹	ʂə⁵⁵
1200	降落	land, descend	na³¹ thə³³	mɑ³¹ ntso³¹
1201	交换	exchange	sɑ⁵⁵ xuɛ³³	kha³³ kha³¹
1202	交付	turn, hand over	tɕu⁵⁵ / tshv³³	ko³¹
1203	交(朋友)	make friends with	tɕu⁵⁵ / tsv⁵⁵	tʂo⁵⁵
1204	浇(水)	to water/sprinkle/irrigate	ɔu³³	kɔ³³
1205	焦(烧焦)	to be burnt/scorched	tsa⁵⁵	khiə⁵⁵
1206	*嚼	chew	tsɔɔ³¹	ŋkɯ³³
1207	教	teach	kɔ⁵⁵	mɛ⁵⁵
1208	叫(公鸡叫)	(cocks) to crow	ma³¹	tɕo³¹
1209	叫(母鸡叫)	(hens) to crow	ma³¹	mpa³¹
1210	叫(狗叫)	to bark	piɑ³¹	lv³¹
1211	揭(盖子)	lift (the lid)	ɕy⁵⁵	lɛ⁵⁵
1212	结(果子)	bear (fruit)	tsɔu³¹	ta⁵⁵
1213	结冰	freeze, ice up	khɯ³³	bɛ³³ lɛ⁵⁵ xɑ⁵⁵
1214	结婚	to marry	tɕe³⁵ xuɛ³³	ʂə³³ pa⁵⁵ ; bə³³ thv⁵⁵
1215	借(钱)	to borrow (money)	tɕe³³	thv³³
1216	借(工具)	to borrow (tools)	tɕe³³	ȵi³³
1217	浸泡	soak, steep	phɔu³³	ta⁵⁵
1218	进(屋)	to enter (a house)	pɛi³³ ȵi³³	khv³¹ ntɕi³³
1219	受惊	be startled, (animals) shy	kiɛ⁵⁵ tə³³	ntsə³³ də³³
1220	救	rescue, save	kə³¹	tɕo⁵⁵
1221	居住	live, reside	kv³¹ khə³³	ntsɿ³¹
1222	举(手)	to raise (the hand)	tɕy³¹	tʂho³³
1223	锯	to saw	ʂɿ³³	xə³³
1224	聚齐	get together, assemble	tsei³³ sɔ⁵⁵ tɕu³¹	nta³³ xə³³ bɛ³³ thv³³
1225	卷(布)	roll up (cloth)	tɕy³¹	tɕuɛ³³
1226	蜷缩	huddle/curl up	tɕhy³¹ tsə⁵⁵ khɔu³³	zɿ⁵⁵ zɿ³³
1227	掘	dig, excavate	tɕhɔu³³	phɛ⁵⁵
1228	卡住	block, obstruct	ta³¹ khə³³	ka³¹ ʑi³³ tʂə³¹
1229	*开(门)	open (a door)	khɯ⁵⁵	pho³³
1230	开(水开了)	(water) be boiling	xuɑ³³	tshɿ³¹ thv³³
1231	*开(花开了)	(flowers) blossom	khɛ⁵⁵	pa³³
1232	开(车)	start/drive (a car)	khɛ³³	khə³³
1233	开始	start, begin	pɯ⁵⁵ tə³¹ li⁵⁵	ka³³ pɛ³³
1234	开荒	open up wasteland	khɛ³³ xuɑ³³	kha³³ xuɑ³³
1235	砍(砍树)	chop down (trees)	tsɔu³³	nta⁵⁵
1236	*看	watch	xɔ⁵⁵	lø³¹
1237	看(给)	(let sb) see, show	zɿ³¹ xɔ⁵⁵	lø³¹ tʂə³¹
1238	*看见	see	xɔ⁵⁵ kɛ³¹	lø³¹ to³¹
1239	看病	see (a doctor)	xɔ⁵⁵ pɛ³¹	ŋko³¹ lø³¹

1240	扛	to shoulder	khɑ³³	mpo³¹
1241	烤(火)	warm oneself by (a fire)	kɔu³¹	tɑ³¹
1242	靠	rely, depend on	khɔu³³	lɔ³³
1243	磕头	to kowtow	tɔu³³ tɔu³¹ pɔu³¹	lo⁵⁵ pv³³ tø³³
1244	咳嗽	to cough	khɔu⁵⁵ sə̠³¹	tʂə³³
1245	渴	be thirsty	khɑ̠³³	pv³¹
1246	刻	carve, engrave	kɛi³³	dv³³
1247	肯	agree, consent	tsɿ³³ tɑ̠³¹	e³⁵
1248	*啃	gnaw, nibble	khɔ⁵⁵	khɑ³³
1249	抠	dig out with finger	kɛi³³	kiə⁵⁵ lə³³
1250	扣(扣子)	to buckle/button up	pɑ̠³¹	sɑ³³
1251	空闲	be idle/unoccupied	mi³¹	ɕo³¹
1252	*哭	cry	khɔu³³	mv³¹
1253	困倦	be sleepy	sɔu³³ khv³³	kɑ³¹
1254	拉	pull, tug	tɕi³³	tɑ³¹
1255	拉(屎)	empty the bowels	e³³	lə⁵⁵
1256	辣	peppery	tɕhi⁵⁵	pi³¹
1257	落(遗漏)	leave sthg behind	sv³³ sə⁵⁵	phi⁵⁵
1258	来	come	ɣə³⁵	lo³³
1259	捞	drag for, dredge up	kɔu³³	ɣə³¹
1260	老	be old	kv³³	mo⁵⁵
1261	勒	rein in	fv³¹	tsɿ³³
1262	累	be tired/fatigued	sɔu³³ khv³³	kɑ³¹
1263	连接	connect, join	tɕɑ̠³³ khə³³	tʂo⁵⁵ tʂo³³
1264	量	to measure	nɔ⁵⁵	lə⁵⁵ lə³³
1265	晾	to dry (clothes) in the air	xɔu³¹	se³¹; ŋkie⁵⁵
1266	聊天	chat	phɯ⁵⁵	ɕø³¹ tsho³¹ khɯ⁵⁵
1267	裂开	split open, rend	pɛ⁵⁵ xə⁵⁵	mɑ⁵⁵ ŋkɯ³³
1268	淋	drench	miɑ̠³³	tø³³
1269	流(水)	(water) flow	kə³¹	ntɕi³³
1270	留(种)	reserve (seeds)	liu⁵⁵	tɕø⁵⁵
1271	聋	be deaf	kv⁵⁵	mpo³³
1272	搂(搂在怀里)	cuddle, embrace	ɣo³¹	ɣə³¹
1273	漏(漏)	to leak	ɣə³¹	ʑi³¹
1274	轮到	be sb's turn	luɛ³¹ phiɔ³³	ntə³³
1275	滤	to filter/strain	le³³	li⁵⁵
1276	摞	pile/stack up	tsɛi³³	tʂhɿ³³
1277	落(太阳)	(the sun) set	ɣo̠³¹	gv³¹
1278	麻木	be numb	piɑ³¹ xə⁵⁵	xɑ³³
1279	骂	to scold	ə³³	khɑ³³ khɑ³³
1280	埋	bury	kɔu³¹	nv³³
1281	买	buy	mɑ̠³¹	xɑ³³
1282	卖	sell	kə³¹	tɕhi³³

1283	满（了）	be full/filled with	mɑ³³	ʂə⁵⁵
1284	没有	do not have	ʑɑ³⁵ mɔ³³	mə³³ tɕo³³
1285	蒙盖	cover up (objects)	mə³³ khə³³	ka⁵⁵ kɑ³³ po³³ po³¹
1286	鸣（鸟）	(birds) cry/chirp	mɑ³¹	mpɑ³¹
1287	灭（火）	(fire) die out	u³³ xə⁵³	khə⁵⁵
1288	抿着（嘴）	close (the mouth) lightly	mə³³ khə³³	mə⁵⁵
1289	明白	understand	sɛi³³	khə³³ khə³³
1290	摸	stroke, touch	mou³³	kho⁵⁵ kho³³
1291	磨（刀）	whet (a knife)	mou³¹	sʅ³³
1292	磨（面）	grind (flour)	ŋuɛ³¹	ɣə³¹
1293	拿	take, hold, get	nɛi³³	tʂə³¹
1294	挠（痒）	scratch (an itch)	sou⁵⁵	zʅ³¹
1295	能够	can	tɑ³¹ lə³³	thɑ⁵⁵
1296	蔫（花）	shrivel up, wither	ŋv⁵⁵	na⁵⁵
1297	拧（毛巾）	twist (a towel)	tsuɛ³³	ʂə⁵⁵ lə³³
1298	凝固	to solidify/congeal	xɑ³³ khə³³	xɑ⁵⁵
1299	呕吐	to throw up/vomit	tɕɛ³³	phə⁵⁵
1300	爬（人）	(people) crawl	mɑ³³	mpv³¹
1301	爬（虫子）	(insects) crawl	mɑ³³	mpv³¹
1302	爬（山）	climb (a mountain)	mɑ³³	tʂua⁵⁵
1303	爬（树）	climb up (a tree)	mɑ³³	tʂua⁵⁵
1304	拍（桌子）	strike (the table)	pou³³	phə³⁵
1305	排（队）	to line up	phɛ³¹	xø⁵⁵
1306	派（人）	send/dispatch (a person)	phɛi³³	tʂə³³
1307	*跑	run	phou³³	ntɕɛ³¹
1308	泡（茶）	make (tea)	phou³³	phə⁵⁵
1309	赔偿	compensate	pɑ³¹	tɕhə⁵⁵
1310	赔（本）	sustain losses (in business)	thi⁵⁵	khuɛ³³
1311	佩带	wear, bear	tɛi³³ khə³³	piə³⁵
1312	膨胀	expand, swell	phv³¹ khɯ³³	tʂə³³
1313	碰撞	collide, run into	phə³³	tø³³ tø³³
1314	披（衣）	drape (a garment) over one's shoulders	pɛ³¹	xɑ⁵⁵ xɑ³³
1315	劈（柴）	chop (firewood)	phou³¹	lɑ⁵⁵ khə³³
1316	漂浮	float	pə³¹	tɑ³¹
1317	*泼（水）	splash, sprinkle	tɕhi⁵⁵	uɔ⁵⁵
1318	破（篾）	split up (bamboo strips)	phou³¹	khə³³
1319	破（衣服）	(clothing) become worn out/torn	thɑ³³	tʂhʅ⁵⁵
1320	破（碗）	(bowls) be broken	phou³¹	khə³³
1321	打破（碗）	break/smash (a bowl)	tɑ³³ phou³¹ xə⁵⁵	lɑ⁵⁵ khə³³
1322	剖	cut/rip open	phɑ³³	khɔ⁵⁵
1323	铺	pave, lay	khou⁵⁵	kho³³

1324	欺负	to bully, treat sb roughly	tɕha³³ pɑ³³	ntsɑ³³ ɕi³¹
1325	欺骗	deceive, cheat	phə³¹ tsou³¹	kuɑ³³
1326	砌	build by laying bricks, stones	tsou³¹	tsɛ⁵⁵
1327	骑	ride (a horse)	kə³¹	ntʂa³³
1328	起来	rise/stand up	tsə³¹ khə³³	kə³¹ tɯ³³
1329	牵(牛)	pull/lead (a cow) along	khei⁵⁵	ʂə̱³¹
1330	欠(钱)	to owe (money)	vv̩³³ tsɑ³³	ə³³
1331	抢	rob, loot	tɕha³¹	ntʂua⁵⁵
1332	敲	knock, strike	tsɑ³³	tø³³
1333	翘(尾巴)	raise (the tail)	tɕhou³³	ko³¹
1334	撬	prise, pry	tɕhou³³	ŋkə³¹
1335	切(菜)	cut up (vegetable)	tshuɑ³³	ɣə³¹
1336	亲(小孩)	kiss a child cheek to cheek (kiss him)	tɕy³¹	tɕhi⁵⁵
1337	驱逐	drive out, expel	xa³³	dø⁵⁵ lɑ⁵⁵
1338	取	get, fetch	nɛi³³	tʂə³¹
1339	娶	marry (a woman)	tha̱³¹	tha³¹
1340	去	go, leave	a³¹	fa³¹
1341	痊愈	recover (from an illness)	xɯ³³	lə³³ kɑ³³
1342	缺(口)	chip (the rim)	tɕhy⁵⁵	mpo³³
1343	全(全了)	be complete	lv⁵⁵	mo⁵⁵
1344	染	dye	zɛ³³	zɑ⁵⁵
1345	嚷	shout, yell	ɯ⁵⁵ tsou⁵⁵	pɑ³¹
1346	让路	make way for, give way	zou³¹ thv³³	z̩o³³ ko³³ z̩ɑ⁵⁵
1347	热(饭)	heat up (cold rice)	ŋuɛ³⁵	tshɿ³³
1348	忍耐	endure, be patient	zə³¹	zɿ³³
1349	认(字)	distinguish	zou³³	zɿ⁵⁵
1350	认得	(characters) recognize	zou³³ tə³³	sɿ³³
1351	扔	throw, toss	zɿ³¹	ko⁵⁵
1352	溶化(溶化了)	dissolve	xuɑ³³ sə⁵⁵	xuɑ⁵⁵
1353	溶化(使溶化)	(cause to) dissolve	sou³³ mou³¹ xuɑ³³ sə⁵⁵	xuɑ⁵⁵ tʂə³¹
1354	揉(面)	knead (dough)	ɣu³¹	n̠ʑa³¹
1355	洒(水)	sprinkle, spray	phɯ⁵⁵	phv⁵⁵
1356	撒(尿)	piss, pee	ʂɿ⁵⁵	lɯ⁵⁵
1357	撒(种)	scatter (seeds)	kou³³	phv⁵⁵
1358	散(会)	(meeting) break up/end	sa³¹	sa⁵⁵
1359	散开(鞋带)	(shoelace) come loose	uɛ³¹ xə⁵⁵	kha⁵⁵
1360	解开	untie, undo	thei³³ khe⁵⁵ xə⁵⁵	phə³³ phə³¹
1361	扫	sweep	tshou³³	pɑ³¹
1362	杀	kill	ɕɑ³³	ɕø⁵⁵
1363	筛(米)	to sieve/sift	lou³¹	kə³¹
1364	晒(衣服)	dry (clothes) in the sun	xou³¹	ɕiɛ⁵⁵

1365	晒(太阳)	sunbath	xɔu³¹	tɑ³¹
1366	伤(手)	injure/hurt (the arm)	ʐe³¹ xə⁵⁵	tʂʅ⁵⁵
1367	商量	consult, discuss	sɑ⁵⁵ ȵɔ⁵⁵	ntsʅ³¹ ŋkɔ³³
1368	上(楼)	go upstairs	ɣa³¹ tsou³³	tʂhuɑ⁵⁵
1369	射(箭)	shoot (an arrow)	tsou³¹	khɑ⁵⁵
1370	射中	have shot (the target)	tsou³¹ tə³³	khɑ⁵⁵ də³³
1371	伸	stretch out (the arm)	tɑ⁵⁵	tʂho³³
1372	渗(入)	seep into, permeate	tɕɯ³³	v³¹
1373	生长	grow	xɛ⁵⁵ khə³³	gə³¹ də³¹
1374	生锈	to rust	khə³¹ thei³³ ʂʅ³³	xuɑ⁵⁵ nɯ³³ lv⁵⁵
1375	生疮	grow (a boil)	thə³¹ tshuɑ³³	tɕɑ³³
1376	生(孩子)	give birth to	tʂʅ³³	tɕi³³ xə³¹
1377	生气	be angry, take offence	xɔu³¹ khə³³	mə³³ xɯ³¹
1378	剩	be left over, remain	zɯ³¹	le³³ xɑ⁵⁵
1379	升起	rise, go up	sə⁵⁵ khə³³	thv³³
1380	使	make, cause	sou³³	tʂə³³
1381	释放	release, set free	tsv³³ tɕhe³³	khɯ⁵⁵
1382	试	try, attempt	ʂʅ³¹	ʂʅ⁵⁵ ʑɑ⁵⁵
1383	是	to be	tɕi³¹ tsou³³	uɑ³¹
1384	收割	to harvest/reap	sə⁵⁵ ʂʅ³³	khv³³
1385	收到	receive	sə⁵⁵ tə³³	tʂə³³ də³³
1386	收(伞)	close(an umbrella)	sə⁵⁵	ʂɑ³⁵
1387	收拾	put in order, to tidy	sə⁵⁵ ʂʅ³³	kə⁵⁵ tɑ³³
1388	守卫	to guard/defend	xɑ⁵⁵ khə³³	lə³¹
1389	梳	to comb	sv³¹	pə⁵⁵
1390	输	lose (a game)	tshʅ⁵⁵	phi⁵⁵
1391	熟悉	be familiar with, know sthg/sb well	sv³⁵ ɕi³⁵	sʅ³³ sʅ³³
1392	熟(饭)	(rice) be cooked/done	xɯ³³	mi⁵⁵
1393	熟(果子)	(fruit) be ripe	kue³¹	mi⁵⁵
1394	瘦(瘦了)	(body) get thinner	tsou³³	ntsɑ⁵⁵
1395	数(数目)	count (numbers)	sə⁵⁵	ʐuɑ³¹
1396	漱(口)	rinse (the mouth)	se³³	lɔ³³ lɔ³¹
1397	摔(下来)	fall/tumble down	tou³³	ntɕ⁵⁵
1398	甩	fling, toss	sue³¹	xo⁵⁵ xo³³
1399	闩(门)	bolt (the door)	khɑ³³	kho³³ ɕɔ⁵⁵
1400	拴(牛)	tie(a cow)to	fv³¹	phɑ³³
1401	睡	sleep	tshʅ³³	ʑi⁵⁵
1402	睡着	fall asleep	tshʅ³³ sue³³ xə⁵⁵	ʑi⁵⁵ ŋv³³
1403	吮	suck	ɕi⁵⁵	tɕhi⁵⁵
1404	说	speak	tɕɑ³¹	ʂə⁵⁵
1405	撕	tear up, rip	phɛi⁵⁵	ʂə³¹
1406	死	die	ɕi³³	ʂʅ³³

1407	算	calculate	suɑ³¹	tsʅ³¹
1408	碎（米粒）	(grain) break to pieces	tsɛi³¹	bø³³ bø³¹
1409	压碎	crush to pieces	ɕou³¹	nə⁵⁵ khə³³
1410	损坏	damage, spoil	tou³¹ nɑ³³ xə⁵⁵	phiə⁵⁵ phiə³³
1411	锁（门）	lock (the door)	tsou³¹	sɑ³³
1412	塌	collapse, cave in, fall down	nə³³	mpiə³¹
1413	踏	step on, trample, stamp	tɑ³¹	thv⁵⁵
1414	抬	lift up, carry	piɛ³¹	lv³¹
1415	淌（泪）	shed (tears)	tou³³	ʑi³³
1416	躺	lie down	tʂʅ³³	ʑi⁵⁵
1417	烫（手）	scald/burn (the hand)	luɛ³³	ntɕi⁵⁵
1418	逃跑	escape, run away	mou³¹ sə⁵⁵	pho³¹
1419	讨（饭）	beg (for food)	ȵou³³	mɛ⁵⁵
1420	套（衣服）	put on (another layer of clothing)	thou³³	ntsʅ³¹
1421	痛（头）	(head) ache	sv³¹	ŋko³¹
1422	踢	kick	tɑ⁵⁵	tʂʅ³³
1423	剃（头）	shave (the head)	kuɛ⁵⁵	ntsɛ³³
1424	天阴	(sky) be cloudy/overcast	xɛ⁵⁵ tɕe³¹ tshə³³	muɯ³³ lo³³ lo³³
1425	天晴	(weather) be clear/sunny	xɛ⁵⁵ tɕe³¹ xu³³	muɯ³³ thv³³
1426	天亮	(the day) dawn	mɑ³¹ pɑ³¹	miə³³ to³¹
1427	天黑	get dark	xɛ⁵⁵ miɛ³³	nɑ³¹ fv⁵⁵
1428	填（坑）	fill up (a hollow)	tshʅ⁵⁵	fv³¹
1429	舔	lick, lap	tsʅ³³	ʐə³¹
1430	挑选	choose, pick	thou³¹	sʅ³¹
1431	挑（水）	carry (sthg) with a pole on the shoulder	tɑ⁵⁵	mpo³¹
1432	跳舞	to dance	thiou⁵⁵ vv³¹	v³³ tshə³³
1433	*跳（远）	to jump	thiou³³	tshə³³
1434	跳（脉跳）	to pulse/beat	thiou³³	tshə³³
1435	贴	to paste/stick/glue	tɕhɑ³³	khiə⁵⁵
1436	听	listen	tɕhɛ⁵⁵	mi³³
1437	听见	hear	tɕhɛ⁵⁵ tə³³	mi³³ də³³
1438	停止	stop, cease	thiə³¹ thə⁵⁵	xɛ³³
1439	通知	notify, inform	thou³³ tsʅ³³	nə³³ nə³³
1440	偷	steal	tɑ³¹	khv³³
1441	投掷	throw, hurl	piɛ⁵⁵	ko⁵⁵
1442	吐（痰）	spit	tʂhʅ⁵⁵	phi⁵⁵
1443	推	push, shove	mɑ⁵⁵	mø⁵⁵
1444	退（后）	back up, retreat	thuɛ³³	mɑ⁵⁵ ntɕi³³
1445	吞	swallow	ɛi³³	kuɑ³³
1446	蜕（蜕皮）	(snake) slough off	xuɛ³³	phv⁵⁵
1447	拖（木头）	pull/drag (a log)	tɕi³³	tɑ³¹

1448	脱(衣)	take off (clothes)	lui⁵⁵	pʰv⁵⁵
1449	驮	(pack animals) carry (loads)	tsəu³¹	tɕi⁵⁵
1450	挖	dig/scoop out	uɑ³¹	ntv³³
1451	剜	cut/gouge out	kɛ³³	kiə⁵⁵
1452	弯	become curved/bent	uɛ⁵⁵	gv³¹
1453	弄弯	bend	tou³¹ uɛ⁵⁵ xə⁵⁵	gv³¹ tʂə³¹
1454	完	finish, be over	tɕʰe⁵⁵	sɛ³³
1455	玩耍	play, amuse oneself	uɑ³¹ zɛ⁵⁵ tsʅ³³	ŋkɑ³³ xɛ³³
1456	忘记	forget	pʰe³³ mə³¹ ɕi⁵⁵ xə⁵⁵	lɛ³³ mi⁵⁵
1457	喂(奶)	breast-feed, suckle	ou⁵⁵	ʑə⁵⁵
1458	嗅	to smell	tsʰv⁵⁵	nɔ³³
1459	问	ask, question	piɛ³³	mɯ⁵⁵ dø³³
1460	握(笔)	to hold (a pen)	pɛ³³	tʂʰə⁵⁵
1461	捂(嘴)	cover (the mouth)	pʰə³³ kʰə³³	nə⁵⁵
1462	吸(气)	inhale	ɕi⁵⁵	ɕi³⁵
1463	洗(衣)	wash (clothes)	sɛ³³	tʂʰə³³
1464	喜欢	like, love	ɕi³¹ xuɑ⁵⁵	pʰiə⁵⁵
1465	瞎	be blind	miɛ³¹	ŋkuɑ³³
1466	下(楼)	go downstairs	tʰɯ⁵⁵	zɑ³¹
1467	下(猪崽)	give birth to (piglets)	məu³¹	ʂv³³
1468	下(蛋)	lay (eggs)	sɛ³¹	kv³¹
1469	下(雨)	(rain) fall	ɣo³¹	gə³³
1470	下垂	hang down, droop	tiɛu³¹ tʰɯ⁵⁵	mə³¹ tʂʰʅ³³
1471	吓唬	frighten, scare	ɕɑ⁵⁵ xu³³	ʂə³³ kʰiə³³
1472	献	offer, dedicate	zɯ³¹	ʑə⁵⁵
1473	羡慕	admire and envy	tsou⁵⁵ ɕi⁵⁵	mo³³
1474	相信	believe, trust	ɕe³¹	ŋkə⁵⁵
1475	想	think	mi³³	sʅ³³ ntɯ³³
1476	想(去)	want (to go)	kʰɔ³³	pə³¹ mi³³
1477	像	look like, resemble	sɔ⁵⁵	ȵi⁵⁵ ȵi³³
1478	消化	digest	ɕɔ³³ xuɑ⁵⁵	ɕɔ³³ xuɑ⁵⁵
1479	消失	disappear, vanish	xɔ⁵⁵ ʐɑ³⁵ kɛ³¹	mə³³ do³¹ xɛ³³
1480	消(肿)	(swelling) subside	ɕu⁵⁵	ɕø⁵⁵
1481	削	pare/peel with a knife	ɕou³³	ʂʅ⁵⁵
1482	小心	be careful/cautious	sɛ³¹ ɕi⁵⁵	tʂə³³ xɔ³³
1483	笑	laugh, smile	sou³¹	ʐɑ³¹
1484	写	write	vɑ³¹	pə⁵⁵
1485	泻	have diarrhea	suɛ³¹	ʑi³³
1486	*擤	blow (one's nose)	xɯ³³	tʂʰə³³
1487	醒(醒)	wake up	ɕɛ⁵⁵ ɕɛ⁵⁵	nɔ³³
1488	休息	to rest	ɕɔ⁵⁵	kɑ³¹ ɕɔ³¹
1489	绣(花)	embroider	tɕʰɚ³³	ʐʅ³¹

1490	学	learn	ɣə³¹	sɔ³¹
1491	熏	smoke, fumigate	ŋv̠³¹, phio⁵⁵	mv⁵⁵
1492	寻找	find, look for	ɔ³³	ʂo³³ ʂo³¹
1493	压	press, push down	ʑɑ³³	nə⁵⁵
1494	阉(鸡)	castrate(cocks)	ɕɯ⁵⁵	ɕa⁵⁵
1495	研(药)	grind/pestle(medicine)	tsɔ³³	tø³³
1496	痒	to itch/tickle	n̠o³³	ua³³ ka³³
1497	养(鸡)	raise(chickens)	ŋuɛ³¹	ɕi³¹
1498	摇晃	rock, sway	ʑau³¹	xo⁵⁵ xo³³
1499	摇(头)	shake(one's head)	ʑau³¹	xo⁵⁵ xo³³
1500	咬	to bite	ŋɑ³³	tshɑ⁵⁵
1501	舀(水)	scoop up(water), ladle out	kɯ⁵⁵	kuɑ³³
1502	要	want, need	n̠o³³	ni³³
1503	引(路)	lead the way	khe⁵⁵	li³³
1504	依靠	rely/lean on	khɔu³³	thɔ³¹
1505	溢(出来)	overflow, spill	phiə³³ tɕhe³³	mpiə³³
1506	隐瞒	withhold the facts, conceal	phɯ³¹ tsou³¹	kɑ⁵⁵ kɑ³³
1507	赢	win	ɣo̠³¹	ma³³
1508	迎接	bid sb welcome, greet	ŋɑ³¹	tʂv³³
1509	拥抱	embrace, hug	pv³³	ɣɯ³³ ɣə³¹
1510	游泳	swim	se⁵⁵ pɛi³¹	ŋki³³ ta³¹
1511	有(钱)	have (money)	tsɿ³³	tɕø³³
1512	有(人)	there are(people)	tsɿ³³	tɕø³³
1513	遇见	meet, come across	y³³ tɕʑ³¹	kɔ³¹ pv⁵⁵
1514	约定	argee on, arrange	ʑu⁵⁵ khɑ³³	kuɑ³³ kuɑ³¹
1515	越过	cross, pass	ləu⁵⁵ kəu³¹	lɔ⁵⁵
1516	晕(头)	feel dizzy/giddy	ʑə³¹	ʑɿ³³
1517	允许	prermit, allow	tɑ̠³¹ lɔ³³	thɑ⁵⁵
1518	*栽(树)	to plant (trees)	tsv̠³¹	tv³¹
1519	在(屋里)	to be (in the house)	tsɿ³³	ntɕo³³
1520	增加	to increase/gain	tsə⁵⁵ khə³³	gə³¹ bə³¹
1521	凿	to chisel, to bore (a hole)	kɛi³³	ntv³³
1522	扎(刀)	stick into, stab	thv⁵⁵	ŋkv³¹
1523	扎(刺)	be pricked (on a thorn)	tɕhɛ³³	ŋkv³¹
1524	眨(眼)	blink, wink	tsua³³	ntsɿ⁵⁵
1525	榨(油)	extract (oil)	ko̠³³	nə⁵⁵
1526	摘(花)	pluck(flowers)	khuɑ³³	khiə³³
1527	粘(信)	stick down(an envelope)	tɕhɔ³³	ta⁵⁵

1528	站	stand	tsə^{31}	ɕø^{55}
1529	张（嘴）	open (the mouth)	pɛ^{55}	xɑ^{55}
1530	长（长大）	grow up	tou^{31} khɯ^{33}	ʂə^{55}
1531	胀（肚子）	(the stomach) feel bloated	tʂɑ^{33}	tʂə^{33}
1532	着（火）	catch(fire), be (on fire)	xəu^{55} khə^{33}	ntsʅ^{33}
1533	着凉	catch cold	kɯ^{55} tə^{33}	tɕhi^{55} dɯ^{33}
1534	找到	have found/located	ɔ^{33} tə^{33}	ʂo^{31} dɯ^{33}
1535	蛰	(wasps) sting	tshou^{33}	ntɔ^{33}
1536	遮蔽	cover, hide from view	phə^{31} khɯ^{33}	kɑ^{55} kɑ^{33}
1537	震动	shake, quake	zɔo^{31}	lø^{55} lø^{33}
1538	争夺	fight/vie for	tsə^{55}	ntʂuɑ^{55} ntʂuɑ^{33}
1539	蒸	steam	tsə^{55}	pv^{55}
1540	知道	know	sɛi^{33}	sʅ^{33}
1541	指	point at/to/out	tʂʅ^{31}	tʂʅ^{33}
1542	种（麦子）	plant/raise (wheat)	kɔu^{33}	tv^{31}
1543	肿	(tissue) swell	tʂhʅ^{55} khɯ^{33}	ɣo^{33}
1544	拄（拐棍）	use or lean on (a walking stick)	tsə^{33}	tv^{55}
1545	煮	cook, boil	tsv^{33}	tɕə^{55}
1546	抓	grab, seize, catch	kɑ^{33}	ntʂə^{31}
1547	转（身）	turn around	tsuɛ^{31}	tʂuə^{55}
1548	转弯	turn (a corner)	tsuɛ^{31} kɔu^{31}	tʂuə^{55}
1549	转动	turn(round & round)	tsuɛ^{31} khɯ^{33}	tʂuə^{55}
1550	装（进）	put into a container, pack	tɕhe^{31}	khɯ^{55} khɯ^{33}
1551	追	chase after	tɕe^{31}	ntø^{55}
1552	准备	prepare, get ready, intend	tsuɛ^{31} pɛi^{55}	xɔ^{55} xɔ^{33}
1553	捉	catch, capture	kɑ^{33}	ntʂə^{31}
1554	啄（米）	(chicken) peck at (rice)	tv^{33}	khv^{55}
1555	走	walk	pɛi^{33}	ntɕi^{33}
1556	钻（洞）	bore/drill(a hole)	kɛi^{33}	pv^{31}
1557	钻（用钻子钻）	to drill	kɛi^{33}	dv^{33}
1558	醉	be drunk	tsuɛ^{33}	kuɑ^{31}
1559	坐	sit down	kv^{31}	ntsʅ^{31}
1560	做	do, make	tsv^{55}	bɛ^{33}
1561	*做（梦）	to dream	mə^{31} (ŋv^{33})	ʑi^{55} mo^{33}
1562	做生意	do/be in business	tsv^{55} sən^{55} ʑi^{33}	ɣə^{33} lɑ^{31} bɛ^{33}

十　照　片

1. 南高寨村新建的民居大门

2. 九河乡民居照壁

3. 金普的油菜又要丰收了

4. 关上村白族少女

5. 白汉场纳西奶奶和孙子孙女

6. "白语、汉语我们都会!"

7. 龙应村幼儿园的白族孩子们

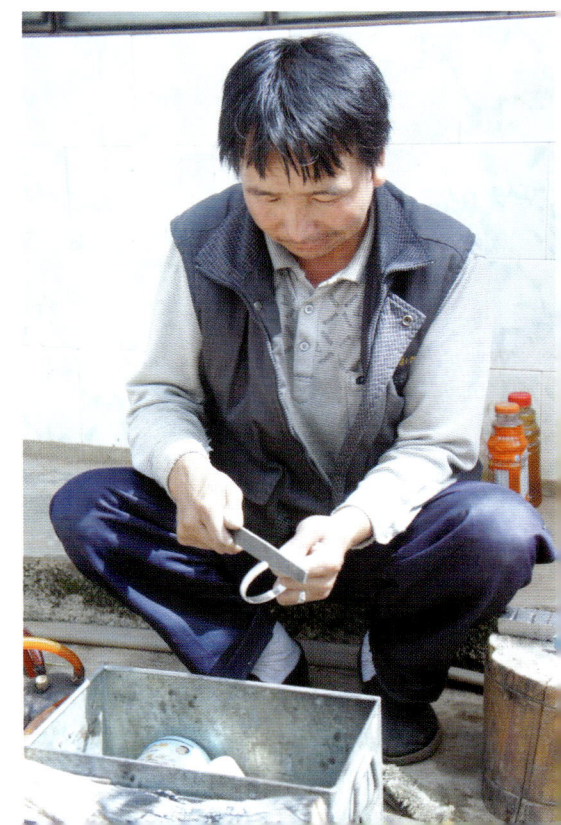

8. 高登村白族银匠

9. 景乡长（中）、李副乡长（左一）向课题组介绍九河概况

10. 在金普村火塘边调查纳西人的语言情况

11. 向高登村民了解村中语言使用情况

12. 在龙应村向白族老人了解村中的情况

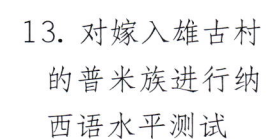

13. 对嫁入雄古村的普米族进行纳西语水平测试

14. 在关上村梅瓦小组测试白族青年兼用纳西语的水平

15. 金普的东巴祭司向课题组解说经书

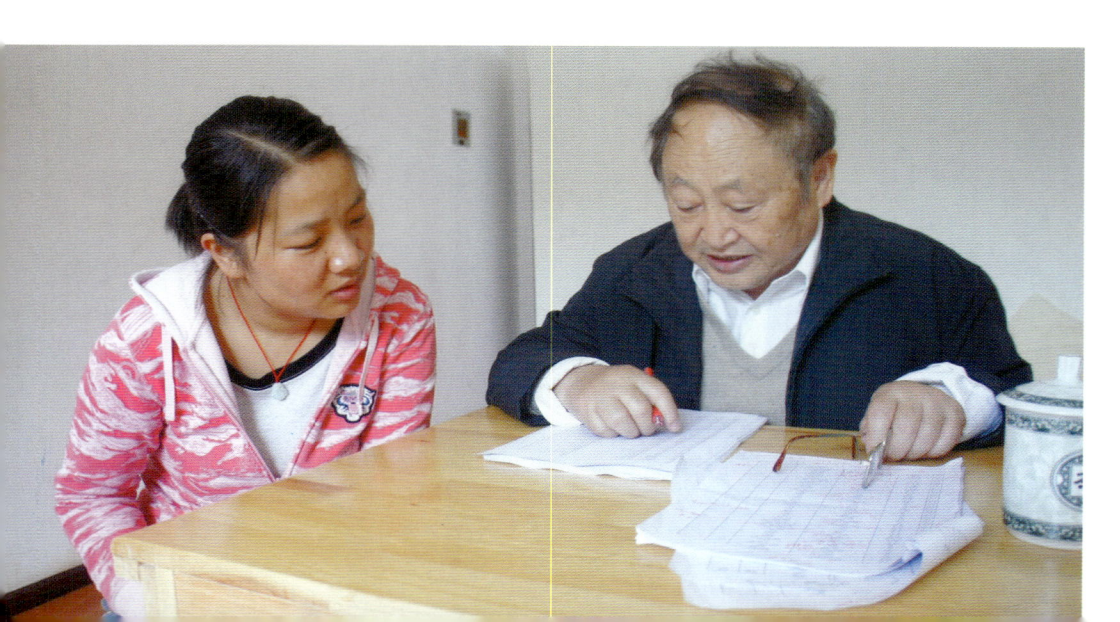

16. 记录白族汉语中介语

17. 核对纳西语音系

18. 专访梅瓦小组组长

19. "您是哪年嫁到白族人家的?"

20. "看！我也会写东巴文！"

21. 课题组与白汉场群众共度火把节

十一　调查日志

2012 年 6 月 1 日

　　确定"云南丽江九河乡少数民族的语言生活"的课题。在北京、昆明开始做了先期的准备工作,包括搜集有关这方面的文献资料,物色课题组成员,确定调查方案,计划经费开支等。

2012 年 7 月 5 日

　　在京正式召开课题组第一次会议,对课题调查的任务及分工进行了研究。

2012 年 8 月 3 日

　　上午 11:00 课题组的四名北京成员:中央民族大学戴庆厦,北京华文学院闻静、李春风,中国传媒大学范丽君离京,晚 9:30 到达丽江市,与课题组成员和智利汇合并入住金泉宾馆。云南师大编辑部和映红编辑、玉龙县委政研室张丽生主任在藏民餐馆热情招待我们。张主任帮我们联系上了九河乡政府相关领导,希望他们能够全力帮助我们工作。

2012 年 8 月 4 日

　　课题组成员云南民族大学余金枝、杨露,云南师范大学李旭芳、中央民族大学木粲成四人到达宾馆,与北京课题组成员会合。课题组成员已全部到齐。

　　上午 9:00—10:10 召开全组会议,安排调查工作。课题负责人戴庆厦就这次调查的任务、意义及工作方案做了说明。指出,这次调查是教育部"985 工程"语言国情项目的一个子项目,对于我国语言学研究具有一定的价值,而且对有关语文机构的决策能够提供参考。课题项目定为"云南丽江九河乡各民族的语言生活"。要求通过具体案例来揭示九河乡双语、多语的类型、特点及使用规律,揭示其成因,并指出今后的发展趋势及应用价值。会议确定本次调查的最终成果将以著作形式出版,出版机构为商务印书馆。会上最后对课题组成员的具体工作做了细致地安排。

　　中午 11:30 乘车前往九河乡,下午 1:30 到达九河乡乡政府,在白汉场招待所入住。下午 4:00 九河乡乡长景灿春、副乡长吕志强与课题组成员见面。课题组简要地说明来意后,景乡长就全乡的民族构成、民族特点、地理、资源条件、经济状况、语言使用特点等做了大致的介绍。

　　九河乡是我们项目组此次调查的对象,课题组将在这里驻扎近一个月。一进政府大门,便看见白色照壁上赫然醒目的五个红色草体大字"为人民服务",整个庭院整洁、朴实,空气中隐隐散发着白玉兰的清香。照壁南、东、西三坊是三栋不同风格的小楼,南面的木质结构两层小楼是九河乡司法所所在,东面的两层小白楼是九河乡为民服务中心,西面是乡政府办公楼。整个乡政府给人一种简洁、清新、务实之感。

乡长根据民族分布由北向南的纵轴线,帮助挑选了中古、关上、南高、龙应、九河、金普六个村委会作为此次调查的个案专访点。乡长热情地表达了乡政府愿意协助项目组完成各种调查工作的心意。最后,余金枝对景灿春乡长进行了专访。

晚上6:30两位乡长邀请课题组成员共进晚餐。

2012年8月5日

上午11:15课题组到达南高寨村委会进行调查。村委会主任和志强热情接待了我们。根据民族分布的特点,我们在南高寨确定两个专案点:纳西族彼古村组、白族易之古村组。

今天正值易之古村白族"羊日节"的第一天。中午1:30,易之古村养殖大户杨亚兵先生邀请我们去他家共进午餐,欢度节日。白族杨先生家是典型的"三坊一照壁"建筑形式。正对大门的白色照壁是一个大大的"福"字,字体浑厚、刚劲有力。杨先生介绍说这是他父亲的书法。庭院是青砖铺地,敞亮、整洁,周围三坊是一围两层小楼,楼板、楼面全是实木结构,门窗是白族的实木雕花,整个庭院显得古朴典雅。对着"福"字照壁的是一壁围墙,上面是整墙青山绿水的山水油画,杨先生说这是他女儿的作品。听后,我们不禁对白族的能人雅士啧啧赞叹。透过杨先生的一家,课题组更具体地了解到白族的传统文化和语言使用情况。此时,庭院内、会客厅里已经坐满了客人。我们在杨先生的引领下在会客厅坐下。杨先生给我们介绍了他家的一些情况,得知他的父亲是全国书法家协会的会员,两个女儿都已上大学,他自己虽只是小学毕业,但经过一番奋斗创下了今天的一片产业。杨先生说今天是白族的"羊日节",中午一律以凉粉、粑粑待客。不一会儿,我们的餐桌就上满了清爽的凉粉和热腾腾的粑粑。大家斟满美酒,举杯共祝白族美好的节日并预祝生活、工作的圆满。

下午2:00,课题组返回南高寨村委会,对彼古村进行专访、调查。课题组9名成员分为两组,一部分负责彼古村全村的户籍录入及调查,另一部分负责个人专访、四百词问卷测试。

下午4:30,南高寨彼古村的个案调查完毕。5:00课题组返回驻地。

下午5:40课题组召开全体会议,对第一天的入寨调查工作进行了总结。提出此次调查需要思考的理论问题:1.白族、纳西族文化水平较高,且交通发达、不闭塞,为什么九河乡的母语还能如此完好的保存?2.白语、纳西语、汉语三种语言的关系如何?母语一般被认定为本族语,这一理论是否符合九河乡的实际情况。3.母语的保存与文化的关系如何?纳西族、白族的传统文化保存完好,四处可见白族鲜明的建筑风格、木雕工艺、养花养草的生活习惯,还有纳西族村寨都保留着"天雨(书)流(去)芳(看)"(纳西语)的民族教育传统,这些都有利于民族语言的完好保存。

随后,对第二天的工作进行了部署:南高寨易之古村组由闻静、李旭芳、杨露进行调查,闻静负责整个个案的调查工作。

此外,还选取了第三个专访点——九河村委会高登村组作为第二天的专案调查。此点的调查人员有:余金枝、范丽君、李春风、木粲成,由李春风负责整个个案的调查工作。

晚上8:30,课题组回招待所对彼古村数据进行整理、统计。

2012年8月6日

上午10:00,课题组成员7人出发前往南高寨、九河村。戴庆厦、和智利留在驻地,进行纳西语两千词音系整理及九河乡概况的写作工作。

上午10:30,闻静、李旭芳、杨露3人到南高寨易之古村组,进行入户调查、个人访谈。

上午10:50,余金枝、李春风、范丽君、木粲成4人到达九河村高登村组,进行入户调查、个人访谈。

下午5:30,在外调查的两组人员在易之古村汇合后返回驻地。

下午6:30,课题组召开会议,总结一天工作。易之古负责人闻静、高登负责人李春风分别对两村的民族成分、语言使用情况、周边的环境、村民的语言态度、语言兼用特点及其相关成因等分别进行了汇报。

晚上8:00,课题组返回招待所,分组进行工作:戴庆厦、和智利与25岁纳西族发音人和翕继续进行纳西语音系整理;其他成员对调查资料进行整理、统计。

2012年8月7日

课题组在驻地对调查资料进行汇总、整理、统计,纳西语、白语2000词音系整理。

2012年8月8日

上午9:00,课题组召开全体会议。对此次调查的文字工作做了规范、统一。指出个案采取专人负责制,由负责人进行村组的概况写作,并将个案资料进行汇总整理、统计、分析,最后按要求来规范、统一文字格式。决定全书的体例统一由李春风负责。最后,确定第二天去中古村做个案调查,个案材料由杨露汇总。

2012年8月9日

上午9:30,课题组到达中古村雄古小学,选取雄古二组作为第三个个案的调查点。第一组负责选取不同年龄段的村民进行四百词测试,第二组负责户籍录入及语言情况调查,第三组进行专访。

中午12:10,雄古二组调查基本完成。课题组来到中古村委会,村委会书记杨秀林、副书记和建军接待了我们。随后,课题组对新文一组进行了专案调查。闻静负责新文一组村长的个人专访及村小组概况写作,其他成员负责完成四百词测试及个人专访。

下午4:30,新文一组调查工作基本完成,返回驻地。

下午5:00,开会总结、布置工作。大家认为,雄古二组、新文一组都是纳西族村寨,母语使用稳固，保留完好，普遍兼用汉语。两个村寨虽然都在国道旁，但大部分村民都对母语信心十足，甚至有的认为："什么语言都能学，但母语不能丢"。很多语言学家担心，在少数民族地区汉语学得好的话，母语就会丢失；或是母语如果好，汉语就会不好。但是，这次调查发现，很多村寨的情况并非如此。

经过讨论，大家一致认为，这次调查的亮点有三方面：一是全新的语言调查材料，材料都是一线田野调查的第一手资料，具有原创性。二是理论归纳有新意：通过这次调查发现，双语的类型不仅有先、后型，而且还有同步型；提出涉及民族成分与语言关系的"双母语"这一理论问题；以及兼用语与母语的同步习得、兼用语转为第一语言等理论问题。三是这次调查有三个新的课题内容：1、全新的概况写作，此次的概况都采用采访所得的新材料、新见闻来归纳；2、母语使用情况的理论分析；3、兼用语使用情况的理论分析。

最后选定龙应史家坡作为第二天的专访点。木粲成、和智利、李旭芳三人先打前仗，然后由木粲成负责整个个案材料的汇总。

2012 年 8 月 10 日

上午 9:30，课题组成员木粲成、和智利、李旭芳三人到达龙应村村委会，对史家坡进行前期的访问调查、资料搜集。其他成员在驻地整理调查资料、统计数据，以及对纳西语、白语语言本体的音系整理和核对工作。

上午九河乡政府召开例会，各村干部都集中到乡政府，使我们有机会与各村基层干部见面，了解情况。中午，乡政府邀请我们参加村干部的午宴。下午留在驻地的部分课题组成员继续做资料的整理工作。

下午 4:00，木粲成、和智利、李旭芳三人的前期调查工作结束，返回驻地。

下午 5:30，玉龙县县委叶副书记看望课题组，并邀请课题组共进晚宴。叶书记在宴会上说："非常钦佩你们扎实、敬业，不畏辛苦下乡蹲点的治学精神，我们要向你们学习！"并对九河乡党支部书记和武装部长说："你们一定要好好照顾这些国家的科学人才，保证他们在这里安全、踏实、顺利地工作、生活，他们在这里的一切就都交给你们了！"九河乡党委李金明书记说："放心吧，我们一定会全力协助他们的工作！"有当地政府的鼎力支持，我们全体项目组成员对完成这次调查工作更加有信心。

晚上 7:00，召开工作会议。木粲成汇报了史家坡的前期调查工作，对史家坡的地理状况、民族构成、经济条件、婚姻关系、教育情况、传统文化做了大致的描述，认为史家坡白族是一个文化氛围浓厚的民族，这里极为重视教育，涌现了许多优秀的青年人才。在史家坡的幼儿园，汉语经典古诗也被译成白语来教授，老师会自发教授幼儿白族歌舞。

之后，对近两天的工作做了小结。目前的情况是：语言本体还未完成，但大体已经拿下，语音音系眉目已基本清楚。后期还需继续思考、攻克的问题：1、中介语特点的调查，包括纳西族说白语的特点，白族说纳西语的特点，纳西族、白族说汉语普通话的特点。2、相关理论问题的完善,包括九河乡概况,以及母语、兼用语的使用情况及其特点。

最后,对次日的工作做了布置:一部分人员前往龙应史家坡村组做进一步细致的调查,一部分人在驻地做白语、纳西语的词汇、音系的记录、整理,并确定了后期的两个田野调查点:关上村梅瓦村组、金普村的拉普村组,分别由李旭芳、余金枝负责。

2012年8月11日

上午9:00 课题组一行7人驱车前往龙应村史家坡村组,分头进行调查。木粲成对村长进行访谈,其他人负责不同年龄段的四百词测试及入户语言调查。下午4:00 七人返回驻地。晚,全体课题组分别整理白天所调查的材料。

2012年8月12日

今天是火把节。乡镇上格外热闹,纳西族的小女孩们已经盛装上身,各村组的纳西族都来到九河乡的亲朋家中,准备参加今晚的"打跳"篝火舞会。一大早,村民们就用吊车在道场中央竖起一根粗大的松树树干,树干周围缠满了松枝,作为火把节上的主火把。

晚上8:00我们来到道场。巨大的火把已被点燃,旁边还燃起了一堆一人高的篝火,道场上火光冲天,火星随着晚风四处飞溅,小孩们手拿小火把在空中挥舞,熊熊的篝火映得满天绯红。不一会儿,道场上响起了纳西族欢快的"阿哩哩",和着纳西族老乡的欢呼声,人们手拉手开始了"打跳"。"打跳",是纳西族节日里人们欢聚的一种形式。打跳的模式不固定,但遵循几种基本套路,主要是脚部动作依音乐的节奏而变换步伐,双手同时随着韵律上下甩动。

篝火的周围是手拉手围作一圈跳舞的纳西族老乡。火光映着一张张红艳的面孔。随着音乐的变换,人们踏着鼓点或是欢快跳动,或是优雅地双手叉腰、晃动双肩。整整一圈上百人的舞会,无人指挥,但所有人的脚步动作却出奇的整齐划一;即使有音乐的变换,人们也能不约而同默契地改变舞姿。

篝火周围"打跳"的人越聚越多。看着看着,我们也忍不住加入"打跳"的队伍,与纳西族老乡们手拉手一起跳着、应和着,不管是相识或是不相识的。虽然开始时我们显得有点笨拙,不是脚乱了就是手乱了,但很快在周围人的浸染之下,我们也能随着音乐整齐地律动,融入其中了。这时,我们才真真切切地感受到纳西族那份巨大的民族凝聚力,那份人与人之间与生俱来的和谐与交融。人们的热情就像这道场上的篝火一般越烧越旺,恐怕连玉龙雪山的千年冰川也要被这如火的热情融化。"火把节"的歌舞声、欢笑声响彻整个九河乡上空。舞会一直持续到晚上12点。直到散场,我们仍不觉疲惫,久久沉浸在与纳西族老乡欢聚的喜悦之中。

2012年8月13日

上午9:00,课题组一行8人驱车前往关上梅瓦村调查。梅瓦村是纳西族和白族的杂居村组,分为南社、北社,南社以白族为主,北社以纳西族为主。课题组主要对南社进行了调查,李旭芳负责村长的个人专访,其他成员分头进行入户调查、四百词测试。

工作直至下午1:00。没想到调查对象户主杨灿发连忙宰了鸡要请我们吃饭。我们婉言谢绝。待调查一结束就返回驻地,其时已是下午2:00。晚上,课题组将所有资料输入电脑,并进行资料的汇总、统计工作。

2012年8月14日至8月15日

全体课题组在驻地对六个点的个案材料整理、统计、分析,并继续整理、核对白语、纳西语的词汇、音系。

2012年8月16日

上午9:00,课题组一行7人驱车前往金普村。途经1小时弹石路到达金普村村委会。金普村是普米族的聚居村,海拔2650多米,是九河乡海拔最高的村寨。普米族居住分散,民族传统文化受到外来文化冲击较大,但本寨普米族母语保留完好,很多普米族人是会说汉、白、纳西语的"多语人"。

由于今天是周末,村公所的人都出去了。课题组先来到拉普小组的卫生所。卫生所内窗明几净,几排供病人休憩、等候的长凳依次摆放在庭院周围,院内的草木显然都经过精心的修剪,看上去虽不如专业的园林工人修剪的那般错落有致,但足见这里工作人员心思的细腻缜密。真没想到,一个偏僻的山寨竟有这样条件的卫生所。在这里,我们见到普米族医生和完全,便与他攀谈起来,得知他在此地从医已经30多年,熟知乡里情况。和医生虽已60有余,但思维敏捷、阅历丰富,课题组决定由余金枝对他做进一步细致的访谈。其他成员分头进行拉普村的四百词测试和入户语言调查。

下午1:30,金普新乐小组的企业家和贵武先生听说课题组的到来,专程徒步从20多公里外的村寨下来,邀请我们去他家吃午饭。和先生的父亲和国选是东巴文化的传人之一,老人见到我们,热情地把自己亲手所绘的东巴文展示给我们。这一个个似物似神的象形文字,让我们对神秘的东巴文化多了一份敬畏之感。饭后,和先生带我们参观了自家的名贵中草药"重蒌"种植基地。经他介绍得知,"重蒌"要经十几年精心培育才能成才,一亩"重蒌"价值竟高达数十万元。这一生长在高寒山区的精灵,是云南白药的主要成分,药用价值极高。种植中草药成为金普村村民致富的途径之一。之后,我们在他家还做了语言能力测试。临走前我们给了和老先生一点劳务费,他硬是不拿,一直追到我们的车上。不论我们再三劝说,老人还是把钱还给了我们。我们在心中默默地感谢这些淳朴、善良的金普村人。

下午3:00,课题组来到金铺村村委会主任张怀军的家中。我们难以想象在这样的偏僻山寨里竟有如此古朴而具现代气息的住房。张怀军介绍说,自己只是小学毕业,但经过艰苦创业,现已拥有丽江市唯一的200亩芥末种植基地。种植的芥末出口日本,年盈利达二、三十万元。张怀军不仅自己富裕起来,还带动全村人发家致富,被村民选为村委会主任。课题组对张主任做了专访,并对他一家进行了普米语测试。5:30调查工作完毕,课题组返回驻地。

晚上7:30课题组召开会议,总结一天的调查工作。认为以下两个理论问题值得思考:一是,许多语言学家预言21世纪80%的弱势语言将会消亡,担心弱势语言会被强势语言吞噬。但从今天对金普村的调查以及以往的调查结果来看,这种论调不见得合理,弱势语言的命运并非只有消亡。金普村的普米族仅584人,普米语在汉语、白语、纳西语三种强势语言的包围之下,功能非但没有下降,而且还在被稳定使用。不可否认,在族际婚姻家庭中,语言的使用会有变化。特别是年轻人,可能会出现语言不纯的现象,但是部分借词的使用,并不能代表整个语言状况的不健全。二是,不同语言习得的途径不尽相同。第一语言母语习得途径相对单纯,第二语言习得途径较为复杂,可分为人为习得、自然习得。普米族习得纳西语、白语都是自然习得,但汉语习得途径不单是自然习得,还有家庭的影响。

到今天为止,田野个案调查的主要部分已经结束,下一阶段开始驻点写材料。目前的个案写作进展情况是:范丽君的彼古个案、闻静的易之古个案、李春风的高登个案写作已经完成;余金枝的和建军一家三代家庭个案、杨露的雄古个案、木粲成的史家坡个案还在继续整理之中。其他方面,余金枝的母语使用情况以及李春风、范丽君兼用语使用情况的专题写作仍在进行;概况写作分别由和智利、李旭芳、木粲成继续完善;工作日志的记录由闻静随调查的开展而进行。

2012年8月17日

下午1:00李旭芳和发音人杨文江前往梅瓦村,进行北社的调查工作。5:30返回驻地。其他成员在驻地整理相关资料。

2012年8月18日至8月19日

全体课题组在驻地分别进行整理调查资料、专题写作、音系整理的工作。

2012年8月20日

全体课题组在驻地继续整理调查资料、音系,并进行专题写作。

拉普小组的普米族情况已经得到了较丰富的材料,并能进行必要的理论归纳,但是河源村的普米族我们还不甚了解。为此,余金枝抓紧时间,在20号下午找到村干部和双秀调查。她是土生土长的河源村河源小组的普米族,比较清楚当地普米族的情况。与她交谈后,余金枝发现河源市还有十多家普米人由于人口太少、分布零散,青少年已出现明显的语言转用趋势,他们只能听懂普米语,而不会说。回来后,她决定趁热打铁,要把河源村普米族的语言转用情况了解到位。由于河源村路途较远,交通不便,时间不允许我们亲自到那里调查,于是找到了乡长,与乡长商议从河源调来一两个熟悉当地语言情况的人到我们驻地做专访。

到今天为止,八个个案写作基本完成并修改完毕。从个案的内容看,材料丰富,能够反映当地的语言生活状况,是难得的语言国情资料。

2012年8月21日

上午9:00 课题组派代表向九河乡相关干部汇报此次调查工作的进展情况,对于乡政府的热情帮助、支持表示衷心地感谢。

目前的工作完成状况:戴庆厦、和智利、李旭芳负责的纳西语、白语音系、两千词汇,以及白族、纳西族说普通话,说当地方言的中介语已记录、整理完毕。和智利、李旭芳的话语材料已做了初步记录,有待进一步核对、注释。闻静的工作日志已写出初稿,进入修改阶段。余金枝的母语专题写作,母语使用的特点已基本完成,其他相关部分将于明、后天完成。李春风、范丽君的兼用语使用写作又做了调整。

课题组将《云南玉龙县九河白族乡少数民族的语言生活》一书的选题出版申请报商务印书馆审核。

2012年8月22日

上午10:30,河源村小栗坪社组长颜江平、村民和庆生专程冒雨从50公里外的村寨赶来,使我们得到很多客观、真实的新材料。从调查得知,小栗坪社普米族母语使用出现衰退现象,部分青少年已不能熟练使用母语,第一语言已基本转为白语。导致衰退的原因是人口少、族际婚姻普遍、地域分布零散。

专题写作中,重新确定李春风、范丽君的兼用语使用情况的写作框架,李春风负责兼用民族语部分,范丽君负责兼用汉语部分。

和智利、李旭芳、木粲成的概况写作基本完成,进入修改阶段。

2012年8月23日

上午8:30,全体课题组成员召开会议。由于河源小栗坪普米族语言使用情况的特殊性,决定增加小栗坪社的个案调查,由余金枝、杨露负责调查资料的汇总、整理。母语和兼用语使用情况的写作要根据小栗坪的调查情况略做调整。另外,对于全书的修改、统稿做了分工,概况部分由闻静负责,九个个案由木粲成、李旭芳、和智利分别负责,母语、兼用语使用情况的专题部分由余金枝、李春风、范丽君负责,2000词音系、话语材料由李春风负责。

下午4:30,九河乡政府热情邀请我们参观"天下第一湾"石鼓镇。该镇是金沙江的流经之地,是当年红军横渡金沙江的旧址。武装部杨部长等全程陪同。石鼓镇文化站赵站长(纳西族)代表镇政府,用当地的特色菜肴盛情接待了我们。

晚上9:00,回到驻地后,全体课题组继续紧张地进行文稿的写作、修改。

2012年8月24日

上午继续进行文稿的修改和体例的统一。

中午12:00,课题组为感谢九河乡的热情支持和帮助,邀请九河乡领导和工作人员一起吃便饭。九河乡领导很重视我们的邀请,12人赴宴。课题组负责人戴庆厦表达了对九河乡政府衷心地感谢。戴庆厦说:"此次调查能够顺利的完成,得益于九河乡乡政府的大力支持。九河乡的领导和工作人员在生活、工作上都给予了我们无微不至的关照。我们这次的书稿是专门反映九河乡不同民族的文化、生活以及语言使用状况。我们每到一个村寨,村政府都热情地接待,积极地配合,帮助找老乡做访谈、做语言水平测试。这两天,我们的田野调查工作已经结束,正在驻地进行资料的整理和写作工作。此次调查工作已进入尾声。后天,我们课题组一行9人就要返回各自的工作岗位。这里真诚地感谢乡政府对我们的帮助和支持!也欢迎各位有时间到北京、到昆明做客!"

下午、晚上,全体成员仍紧张地进行文稿的修改和校对,争取在第二天中午前全部合稿。

2012年8月25日

全书合稿。对局部章节的内容和体例做了微调。封面、目录、后记都已定稿。

晚,课题组进行小结。

2012年8月26日

上午9:00,北京、昆明的成员乘车前往丽江机场,登下午2:00的飞机返回北京、昆明。部分家在丽江的成员回丽江。

2012年8月27日至9月5日

由在北京工作的成员李春风、闻静、范丽君三人进一步修改、规范初稿。

2012年9月5日

初稿送商务印书馆。

参考文献

白碧波主编《元江县因远镇语言使用现状及其演变》,商务印书馆,2010。

陈章太《论语言资源》,语言文字应用,2008年第1期。

戴庆厦、关辛秋《中国少数民族双语教育的现状及发展趋势》,黑龙江民族丛刊(季刊),1998(1)。

戴庆厦《语言竞争与语言和谐》,语言教学与研究,2006(2)。

戴庆厦《构建双语和谐的多语社会》,民族教育研究,2007(2)。

戴庆厦主编《基诺族语言使用现状及其演变》,商务印书馆,2007。

戴庆厦、罗仁地、汪锋《到田野去——语言学调查研究的方法与实践》,民族出版社,2008。

戴庆厦《构建我国多民族语言和谐的几个理论问题》,中央民族大学学报(哲学社会科学版),2008(2)。

戴庆厦《云南里山乡彝族语言使用现状及其演变》,商务印书馆,2009。

戴庆厦《泰国万伟乡阿卡族及其语言使用现状》,中国社会科学出版社,2009。

戴庆厦《西摩洛语语言使用现状及其演变》,商务印书馆,2009。

戴庆厦主编《四川盐源县各民族的语言和谐》,商务印书馆,2011。

丁石庆《双语类型及我国双语研究综析》,西南民族学院学报(哲学社会科学版),1993(3)。

盖兴之、高惠仪《纳西族文化中的多元现象》,云南民族学院学报(哲学社会科学版),2001.9。

和即仁、姜竹仪《纳西语简志》,民族出版社,1983。

和智利《玉龙纳西族自治县多语现象研究——以九河白族乡为个案》,云南师范大学2012年硕士论文。

蒋颖、朱艳华《耿马县景颇族和谐的多语生活——语言和谐调查研究理论方法的个案剖析》,暨南学报(哲学社会科学版),2010。

骆小所、王渝光、王兴中《文化与语言:云南少数民族语言与汉语的语言文化比较研究》,云南人民出版社,2010。

徐琳、赵衍荪《白语简志》,民族出版社,1984。

平女《白乡拾穗》,云南大学出版社,2011。

玉龙纳西族自治县九河白族乡党委政府编2007《九河乡志》(内部资料)。

袁焱《语言接触与语言演变——阿昌语个案调查研究》,民族出版社,2001。

赵燕珍《赵庄白语参考语法》,中国社会科学出版社,2012。

后　　记

《云南省玉龙县九河白族乡少数民族的语言生活》项目的立项和完成,既有必然性,又有偶然性。因为,双语、多语问题是当今世界社会生活、语言生活中的一个重大问题,也是语言国情调查中的一个重要内容,需要立题去做。

2012年4月27日,我应聘担任云南师范大学汉藏语研究院院长,到昆明参加成立大会。其间,时任《云南师范大学学报》主编和汉藏语研究院常务副院长罗骥教授的硕士生和智利给我看了她的硕士论文《玉龙纳西族自治县多语现象研究——以九河白族乡为个案》。其中各少数民族丰富多彩的多语生活,引起了我的浓厚兴趣,促使我产生了去研究这一地区多语生活的萌念。我与罗骥教授商量,在中央民族"985工程"语言国情项目中立个研究九河乡少数民族多语生活的子课题,由中央民族大学"985工程"语言中心和云南师范大学汉藏语研究院联合实施,罗骥教授当即同意。事情就这样定下了。我回到北京不久,就开始运作,包括立体方案的设计、人员的选定以及时间的安排等问题。并决定8月初趁暑假空闲之际,完成课题的田野调查。

我虽然研究过纳西语、白语,但没有到过纳西族、白族的村寨进行田野调查。对纳西人和白族人的语言文化状况只有一些朦胧的认识,如何把握这次调查心里没底。

8月3日,我们从北京到了丽江,次日中午就到了玉龙县九河白族乡。这个乡是以白族、纳西族为主的民族乡,此外还有普米族、傈僳族、汉族等民族。经过后来连续9个点的个案调查,使我们对九河乡的民族文化、语言状况有了新的了解,语言生活中的许多新现象、新问题引起了我们对理论问题的思考。

我们感触最深的是,这里的白族、纳西族以及其他民族都具有艰苦创业、尊师重教的优良传统。九河乡是一个条件不算好、并不富裕的乡镇,每人只有一亩多的土地,而且许多地方缺水。但就是在这样的条件下,他们祖祖辈辈辛勤劳作、不断创业,从种植玉米、水稻到改种烤烟、果树,再到后来有的正在试验种植高收益的名贵草药、山崳菜等。因为土地少,许多人还到外地寻找新的收入资源。当我们走进一户户农户家中,看到每家敞亮的道场、精美的窗栏木雕、一应俱全的家用电器,以及鸡鸭满圈,房前屋后种满果树,九河乡人民对美好生活的追求和热爱使我们肃然起敬。一位乡干部对我们说,我们白族、纳西族虽然吃的、穿的不算好,但是我们都把家料理得好好的,要有个像样的家留给后代。我们在调查期间,亲眼目睹了九河乡遭受四次冰雹的袭击,农民辛辛苦苦种植即将收获的烤烟大面积毁于几秒钟。我们都为农民的不幸感到心痛,但他们仍然乐观地、冷静地在思考灾后的打算。

"尊师重教"是九河乡人的一个优良传统和坚持民族自立的法宝。进入偏僻的拉普山寨，农户墙上一幅"家事国事天下事，唯有教育是大事"的标语醒目地映入我们的眼帘。正如村中的老百姓所说，我们即便吃不好、穿不好也要让孩子念书。不满十岁的孩子几年如一日地坚持到十里外的小学念书。生活再困难，也要读完高中。这个优良传统是多少代延续下来的，已根深蒂固不可改变。正因为有了这样一个好传统，九河乡早已普及九年义务教育，乡政府和各企业部门有不少大学生。而且九河乡还出现了今年的文科高考状元。正是有了"尊师重教"的优良传统，才使得九河乡的持续发展有了牢固的根基。

　　我们亲眼看到，九河乡党委和乡政府是一个很好的为老百姓服务的基层组织。我们课题组初到这里，对乡政府就有一种整洁、清新、务实之感。他们每天都在紧张地工作着，这里的便民服务站为群众全方位开放。书记和乡长关心公务员的生活，乡政府的食堂像家里的火堂一样亲切、温暖。每到开饭时，铃声一响，人们便围聚在热腾腾、香喷喷的饭菜周围，一起吃、一起说、一起笑，食堂成为乡政府公务员交流、畅谈，凝聚人心的一个场所。

　　我们的课题已按计划基本完成了。课题组的成员在九河乡共同度过了二十多天。这是一支能够持续作战的语言国情调查队伍，无论新手、老手都能按计划、按时间、按要求完成任务。大家像一家人一样，齐心团结，共同为完成任务在辛苦着、快乐着。我们课题组中的三位，是在当地土生土长的白族、纳西族研究生。他们在调查中发挥了自己的长处，做出了特殊贡献。

　　我们要感谢玉龙县委政策研究室张丽生主任对我们的支持，我们一到丽江，他就为我们去九河乡调查做了周密的安排。还要衷心感谢九河乡党委和乡政府对我们的全力支持，感谢党委书记李金明（白族）、乡长景灿春（白族），武装部长杨千（白族）对我们工作的热情帮助。他们一见到我们就问我们工作中有什么困难，需要什么帮助。每当我们进寨的前一天，他们就用电话通知村干部准备帮助我们做好调查。乡干部李自龙、木仕勇（纳西族），在百忙中还专程陪我们入寨调查。乡干部和翛（纳西族），杨富贵、杨重敬（白族），和双秀（普米族）还为我们提供了大量宝贵的语料。我们深深体会到，语言国情调查没有当地领导和村民的衷心支持是不可能获得真知灼见的。

　　我们愿把这本付出辛勤劳动的书稿，献给勤劳、朴实、艰苦创业的九河乡各民族的人们。祝他们未来的日子一天比一天更好！

戴　庆　厦
2012 年 8 月 25 日　于玉龙县九河乡白汉场招待所